DEVELOPMENT AS FREEDOM
AMARTYA SEN

DEVELOPMENT AS FREEDOM by Amartya Sen
Copyright ⓒ 1999 by Amartya Sen
All rights reserved.
This Korean edition was published by Galapagos Publishing Co. in 2013 by
arrangement with ALFRED a. Knopf, an imprint of The Knopf Doubleday Group,
a division of Random House, Inc. through KCC(Korea Copyright Center Inc.), Seoul.

이 책은 (주)한국저작권센터(KCC)를 통한 저작권자와의 독점계약으로
갈라파고스에서 출간되었습니다. 저작권법에 의해 한국 내에서 보호를 받는
저작물이므로 무단전재와 복제를 금합니다.

DEVELOPMENT AS FREEDOM

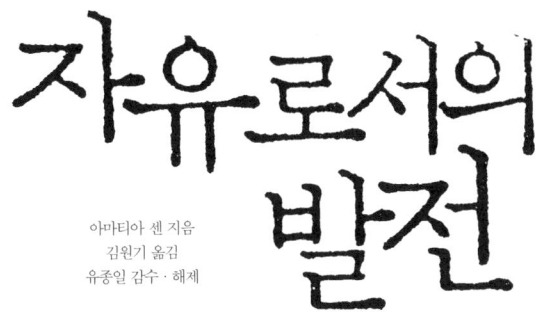

아마티아 센 지음
김원기 옮김
유종일 감수·해제

AMARTYA SEN

갈라파고스

『자유로서의 발전』에 쏟아진 찬사의 글

경제학자 중에서 아마티아 센보다 세계의 가난하고 빈곤한 이들에게 더 정교하고 통찰력 있는 옹호자를 찾기는 어려울 것이다. 그의 저작은 우리 삶의 질이 부가 아니라 자유에 의해서 측정되어야 한다는 것을 보여줌으로써 발전의 이론과 실천을 혁명적으로 바꾸어왔다.

— 코피 아난(전 유엔 사무총장)

이 책은 지금의 '경제발전론'과 '인적자본론', 나아가 '주류경제학'까지도 넘어선, 경제학의 새로운 영역을 개척하고 있다. "경제발전이란 본질적으로 자유의 확산"이라 개념하면서, 발전이란 자유에 반하지 않으며 오히려 자유의 확대로 구성되고 있음을 우아하고 간결하게 잘 설명하고 있다.

— 케네스 애로우(노벨경제학상 수상자, 스탠포드대학교 교수)

놀라운 책…… 전체적인 논증—자유가 발전의 기본적인 목표이며 목적이라는 것—이 충분히 상세하게 논의된다. 센이 어려운 주제를 풀어내는 조용하고 실용적인 지혜를 포함해 독자의 노력에 보상을 주는 책이다. 유창하며 면밀하다.

— 《뉴욕타임스》

센은 지구적인 경제발전에 관한 이론을 제시하는데, 이것은 강력하고 거대하며 동시에 명쾌하고 간결하다. 사회과학의 대가가 완성한 아주 짜릿한 책이다.

— 《보스턴 북 리뷰》

『자유로서의 발전』은 경제학의 수십 년을 바로잡는다. 광범위한 독자들이 읽고 즐길 수 있을 것이다. 이 책은 이 시대의 고전이다.

— 《토론토 글로브 앤 메일》

센에게 동의할 수밖에 없다. (그의 논증은) 관습적인 지혜에 대한 유용한 교정 방안을 제시하며, 현재의 논쟁에서 점점 중요하게 다루어질 것이다.

— 《파이낸셜 타임스》

대부분의 노벨상 수상 경제학자들과 달리, 센은 사회 꼭대기의 효율성이 아니라 사회 밑바닥의 복지에 초점을 맞추어왔다.

— 《시카고 트리뷴》

아마티아 센은 경제적 효율성의 고려사항을 평가하는 오래되고 풍요로운 전통—이것은 대부분의 현대적 경제 분석을 지배하고 있다—으로 돌아가 그 일반적인 사회적 귀결을 탐색한다. 그의 명제에는 급진적인 함의가 있다.

— 《포린 어페어》

센이 기술하고 주장하는 관점은 상당한 매력을 갖고 있다. 그중 가장 두드러진 것은 이것이 시장을 옹호하거나 반대하는 무미건조한 논쟁을 관통하며 공공정책에 대한 더 날카로운 질문을 더 쉽게 던지도록 해준다는 것이다.

— 《이코노미스트》

차례

해제: 아마티아 센, 경제학의 양심 | 유종일 9
서문 31
감사의 말 35

서론: 자유로서의 발전 39
1장 자유의 관점 53
2장 발전의 목표와 수단 81
3장 자유 그리고 정의의 기초 105
4장 역량 박탈로서의 빈곤 149
5장 시장, 정부, 사회적 기회 179
6장 민주주의의 중요성 223

7장 기근과 기타 재난 243

8장 여성의 행위주체성과 사회변화 279

9장 인구, 식량, 자유 299

10장 문화와 인권 327

11장 사회적 선택과 개인의 행위 357

12장 사회 참여로서의 개인의 자유 399

옮긴이의 말 420

주 423

찾아보기 500

해제

아마티아 센, 경제학의 양심[1]

1

1985년 가을, 하버드 대학의 경제학 박사과정을 시작한 지 한 달여밖에 되지 않았을 때다. 학생운동을 하느라 공부도 많이 못했고, 다른 유학생들처럼 한국에서 대학원을 다니지도 않았기에 나는 경제학에 대해서 기본적인 것 외에는 매우 무지했다. 그런 내가 운 좋게도 아마티아 센과 오붓한 저녁식사를 함께하고 와인 잔을 기울이며 경제학 논쟁을 하게 되었다. 센의 이름도 들어본 적이 없었던 나는 옥스퍼드 대학에서 왔다는 이 자그맣고 까무잡잡한 인도 출신의 경제학자를 만만하게 보고 한판 붙은 것이다. 나를 저녁식사에 초대해준 스티브 마글린Steve Marglin 교수는 미소 띤 얼굴로 우리들의 논쟁을 지켜보고 있었다. 필수과목 듣기에도 벅차할 신입생이 자신의 선택과목을 듣고 있었고, 어설픈 영어로 수업시간에 열심히 문제를 제기하고 의견을 개진하는 나를 기특하게 여긴 마글린 교수가 영국에서 찾아온 자신의 친구 센 교수와의 저녁식사에 초대해준 것이었다. 정말 특별한 배려였다. 그런데 나는 센이 누군지도 몰라보고 '감히' 마구 반론을 제기하면서 한판 붙었던 것이다. 이렇게 나는 센을 처음 만났고 그 후 우리의 인연은 길게 이어져왔다.

내가 한국출신이라는 이야기를 들은 센 교수는 얼마 전 베이징에서 열린 어떤 학술대회에서 있었던 일이라면서 북한대표가 강력히 항의하는 바람에 발표문을 고쳐야 했다는 어처구니없는 에피소드를 이야기해주었다. 당시만 해도 중국은 개혁개방의 초기단계였기 때문에 학술대회 발표문도 사전에 검열하고 통제했던가 보다. 당시 세계 경제발전학회 회장이었던 센은 발표문에서 세계 여러 나라의 발전의 성과를 평가하였는데, 경제성장을 한 축으로 하고 소득분배나 교육, 건강 등 삶의 질의 개선 등을 포괄하는 사회발전을 다른 한 축으로 삼아 평가하면서 두 가지를 다 잘 한 나라의 예로 한국을 적시했다가 결국 발표문에서 한국을 뺄 수밖에 없었다고 한다.

가볍게 웃어넘기랴고 들려준 이 이야기를 들은 나는 당황했다. 나는 한국경제는 모순덩어리고 박정희 체제하의 한국이 이룬 경제성장은 민중의 희생 위에 쌓아놓은 사상누각과 같은 것이라고 굳게 믿었기 때문이다. "당신이 한국 노동자들의 비참한 현실을 모르고 경제성장도 사회발전도 모두 잘한 나라라고 보는 것은 잘못인 것 같다"고 항의했더니 센 교수는 "그러냐, 사실 난 잘 모른다. 그런데 통계를 보니까 실질임금도 많이 올랐고, 평균수명이나 건강상태도 많이 개선된 것으로 나타난다. 나는 이것만 보고 그랬는데, 그럼 이 통계들이 다 틀린 거냐?"며 매우 겸손하게 그러나 날카롭게 대응했다. 난 일순간 당황했지만, 폐병에 걸리고도 공장에서 해고될까 봐 병을 숨기고 다니던 한 여공을 떠올리며 "그따위 통계 다 엉터리다"라고 말도 안 되는 주장을 하고 말았다. 아마도 센 교수에게 내 꼬락서

니는 베이징에서 항의하던 북한대표와 별로 다를 바 없었을 것이다.

그 후 나는 제3세계의 현실을 폭넓게 이해하게 되면서 내가 그야말로 '우물 안 개구리'였음을 인식하게 되었고, 한국에서 일어난 경제발전의 진보성을 인정하게 되었다. 센의 지도교수였던 로빈슨Joan Robinson의 유명한 표현을 빌자면, 착취도 당하지 못하는 비참함은 착취당하는 비참함과는 비교도 안 될 정도로 더하다는 사실을 깨닫게 된 것이다. 그러나 센의 시각에도 문제는 있어 보였다. 아무리 결과가 비교적 괜찮았다고 하더라도 박정희 정권 아래서 있었던 독재와 인권유린과 노동탄압을 외면하는 것은 옳지 않은 일이라는 생각은 버릴 수 없었다. 그래서 몇 년 후 센이 드레즈Jean Drèze와 함께 기아와 공공정책에 관한 책을 집필할 때, 민주화와 사회정의를 위한 저항과 투쟁이 박 정권의 타락을 막고 어느 정도의 진보성을 지켜주는 역할을 했다는 주장을 제기했다. 이 논점은 누구보다 천박한 결과주의를 뛰어넘고자 했고, 민주주의에 대한 강한 신념과 깊은 성찰을 유지해온 센이 흔쾌히 인정하고 책에 반영해주었다([7]).

이후 센은 하버드에 경제학과 철학을 가르치러 오게 되었고, 내가 그의 강의를 들은 적도 있고 함께 식사를 하기도 했지만 전공분야와 관심사가 좀 달랐던 까닭에 깊은 관계를 유지하지는 못했다. 시간을 건너뛰어 1998년, 출범한 지 얼마 안 되는 김대중 정부가 한편으로는 외환위기와 싸우면서 다른 한편으로는 박정희 패러다임을 대체할 새로운 발전패러다임을 확립하고자 애쓰고 있었다. 그 일환으로 '민주주의와 시장경제'라는 주제하에 국제회의를 세계은행과 공동주최해서 열기로 했다. KDI가 그 준비를 맡았는데 우연히 매우 보수적인 인사들이 초청대상으로 되어 있는 초안을 보고 깜짝 놀랐다. 그래서 이건 안 되고 이러이러한 분들을 초청해야 한다고 한마디 한 것이 화근이 되어 국제회의 준비에 간여하게 되었다. 그리고 내가 주제강연을 센 교수에게 부탁해서 긍정적 반응을 얻었다. 그런데 그해 가을 노벨경제학상을 받고 극도로 바빠진 그가 1999년 1월에 예정된 회의에 참석하기 어렵다고 했지만, 김대중 대통령의 친서를 포함하여 만방으로 노력한 끝에 결국 오게 되었다.² 국제회의는 대성공을 거두었다. 그때 강연주제가 "민주주의와 사회정의"였다([11]). 사실 민주주의와 사회정의, 이 두 가지는 센이 평생을 두고 고민하고 성찰해온 핵심적 연구주제였다.

2

센은 아시아인 최초로 노벨경제학상을 받았을 뿐만 아니라 학자로서 이룰 수 있는 최고의 성취와 명예를 얻었다. 30권에 이르는 책과 250편이 넘는 논문을 발표했고, 전미경제학회장을 비롯하여 수많은 학회장을 역임했으며, 90개가 넘는 명예박사학위를 받았다. 박사과정을 마치기도 전에, 불과 23세에 자다브푸르Jadavpur 대학의 교수가 되어 경제학과를 설립한 것을 시작으로 이후 런던 정경대학, 옥스퍼드, 하버드, 케임브리지에서 차례로 교수직을 역임했고, 2004년부터는 다시 하버드에 재직 중이다. 센은 사회선택이론, 후생경제학, 경제발전론 분야에서 지대한 공헌을 했고, 도덕철학이나 정치철학에서도 결코 무시할 수 없는 존재다. 센의 글들에는 동서양의 고전과 문학작품이 자주 등장하여 고난도 수학으로 점철된 현대경제학 논문의 스타일과 대조를 이룬다. 센은 오늘날 경제학계에서 보기 드문 르네상스형 지식인이다. 센은 정치적 논쟁에 직접 개입하거나 정치적 행동에는 거의 참여하지 않았다. 그럼에도 불구하고 빈곤연구 등 그의 지적 작업은 무엇보다도 커다란 영향력을 미친 사회적 실천이었다.

센이 노벨상을 수상했을 때 인도에서는 그를 경제학의 마더 테레사라고 불렀다. 그의 경제학이 가난한 자들의 문제를 항상 중심에 놓고 있었기 때문이다. 하지만 센은 자신은 마더 테레사와 같은 자기희생의 길을 걷지 않았다는 이유로 마더 테레사라는 비유를 거부한다. 그러니 그를 '경제학의 양심' 정도로 부르는 것이 적절할 것이다. 노벨상위원회는 센이 "경제학과 철학의 도구들을 활용하여 핵심적 경제문제들에 관한 논의에 윤리적 고려를 복원하였다"고 수상자 발표문에서 말한다.

1933년 벵골에서 태어난 센은 아홉 살 때 벵골 기근을 경험한다. 기근이 하층계급에게만 영향을 주는 것을 보았고, 40일을 먹지 못했다는 한 걸인과의 대화는 센의 머리를 떠나지 않았다. 센은 또한 인도의 독립을 전후해서 벌어진 힌두교도와 이슬람교도 사이의 분파주의적 갈등과 폭력사태의 와중에서 식구들이 먹을 것을 얻기 위해 힌두교도 지역에 찾아온 한 이슬람교도가 살해당하는 것을 목도하고 빈곤의 끔찍한 결과에 전율했다. 아마도 이러한 경험 때문에 센은 평생 사회정의를 추구한 것 같다.

사회정의와 평등에 대한 믿음을 굳게 가진 센은 캘커타의 명문 프레지던시 칼리지Presidency College에 다닐 당시 대학을 휩쓸던 좌파 정치운동에 대해 강한 동지의식을 느끼면서도 또한 문제의식을 갖게 된다. 민주적 절차와 다원주의 같은 것을 '부르주아 민주주의'라고 치부하며 당 중앙의 독재를 정당화하는 풍토는 그에게 받아들이기 어려운 것이었다. 어렸을 때 다닌 타고르 학교(유명한 시인 라빈드라나드 타고르가 설립한 학교)에서 인도의 문화유산을 중시하면서도 전 세계의 문화에 대해 개방적 태도를 익힌 영향도 있었을 것이다. 그리고 종교분쟁을 보면서 나와 다름을 인정하는 관용tolerance의 필요성을 절감했던 경험도 한몫했을 것이다. 그래서 센의 정치적 성향은 평생 좌파였지만 민주주의에 대한 신념과 자유주의적 취향은 고이

간직했다. 그가 사회선택론에 깊은 흥미를 느낀 것도 정치과정이나 민주주의 대한 관심이 바탕이 되었다.

센이 케임브리지 대학에서 박사과정을 밟을 때 케임브리지 대학에서는 이른바 자본논쟁을 둘러싸고 케인스주의적 좌파와 신고전파 사이에 치열한 대결이 벌어졌다. 센은 마르크스주의자인 돕Maurice Dobb의 아이디어를 살려서 개발도상국에서의 기술선택 문제를 학위논문의 주제로 삼았지만 분파적 논쟁은 멀리 했다. 센은 이때부터 좌파적 관심을 가지면서도 주류이론을 배척하지 않았고, 신고전파 경제학을 신랄하게 비판하면서도 그 방법론을 수용하여 내재적 비판을 전개했다. 그 덕분에 센은 주류경제학의 핵심부에는 진입하지 못하면서도 학자로서 최고의 커리어를 쌓아나갈 수 있었다.

센의 학문적 성과는 세밀한 경제이론 탐구와 신중한 경제현실 연구를 포괄하고 있는데, 놀라운 것은 그가 결코 상아탑의 논쟁 속에 머무르지 않고 발전의 근본적 의미, 민주주의와 사회정의 등 세상의 근본적인 문제들에 대한 해답을 집요하게 추구했다는 점이다. 그는 직접 정치적 행동에 나서지는 않았으나, 가난한 이들과 정의의 편에서 발언하는 것을 주저한 적은 없었다. 그는 항상 주류사회가 무시하기 어려운 학문적 권위와 엄밀한 논리에 기초하여 주장을 전개하며, 열정적인 대결의 언어보다는 차분한 설득의 언어를 사용함으로써 영향력을 더했다. 그는 2011년 환경보전과 지구적 차원의 분배정의 실현을 위한 즉각적인 행동의 중요성을 역설한 '스톡홀름 메모랜덤'에 서명한 20명의 노벨상수상자들 중의 한 명이었다.

3

센이 초창기에 가장 역점을 두고 연구한 분야는 사회선택론이다. 사회선택론은 사람들의 선호와 견해가 서로 다를 때 집단적 선택의 규칙을 다루는 분야로서 1950년대 초 애로우Kenneth Arrow의 그 유명한 불가능성 정리 Impossibility Theorem가 넘기 어려운 장벽이 되어 있었다. 센은 이와 관련하여 다수결의 문제, 개인의 권리, 개인 간 효용수준의 비교 등의 주제로 주목받는 연구논문들을 발표했다([1]). 특히 개인의 권리와 관련해서 최소한의 자유주의적 입장만을 취한다고 하더라도 경제학이 신성시하는 파레토 효율성을 포기해야 한다는 것, 나아가 애로우의 조건을 만족시키는 어떠한 집단적 선택의 규칙도 존재하지 않는다는 점을 밝혔다. 센은 여기서 그치지 않고 개인 간 효용 혹은 후생수준은 비교 불가능하다는 신고전파 경제학의 전통적 가정을 공격한다. 이 가정을 받아들이면 불평등에 관해서 제대로 논의할 수 없을뿐더러 집단적 선택 혹은 사회적 평가의 룰을 도출할 수도 없기 때문이다. 사회선택론에 대한 센의 가장 중요한 공헌은 개인 간 효용의 비교 가능성을 전제로 하면 불가능성 정리를 극복하고 일관성 있는 집단적 선택의 룰을 찾을 수 있음을 보여준 것이다.

예를 들어 집단적 선택을 위한 사회적 후생의 평가에서 흔히 활용되는 공리주의utilitarianism는 '최대다수의 최대행복' 혹은 '각 개인 효용의 총합의 극대화'를 추구하는 것으로서 개인 간 효용수준의 차이를 비교할 수 있음을 가정해야만 성립한다. 반면에 롤스John Rawls의 정의론은 사회적 후생을 그 사회에서 가장 후생수준이 낮은 개인의 후생으로 평가해야 한다고 주장하는데([18]), 이러한 기준은 모든 개인의 효용수준을 비교할 수 있음을 전제한다. 센은 공리주의를 강력하게 반대한다. 각 개인의 효용의 총합만을 따지는 것은 분배에 관해서는 전혀 관심을 두지 않는다는 것을 의미하기 때문이다.[3] 나아가 센은 개인의 생활수준standard of living이나 사회현실을 평가하는 데 효용utility 혹은 후생welfare만을 기준으로 삼는 것에 반대한다. 효용이라는 게 매우 주관적인 것이어서 효용에 관한 정보를 얻기도 어렵고 개인 간 비교의 난점도 있거니와, 설사 그러한 문제가 없다고 하더라도 효용은 사회적 평가의 좋은 기준이 되지 못한다는 것이다.

후생경제학에 대한 센의 가장 독특한 공헌은 평가의 기준으로서 효용, 소득 또는 상품 등을 넘어서서 건강이나 수명, 교육수준, 정치적 자유 등 다양한 정보를 활용할 것을 주장하고 그 이론적 근거를 제공한 것이다. 센은 개인의 역량capability이 평가의 기준이 되어야 한다고 주장하는데, 역량이란 한 개인이 달성할 수 있는 기능functioning들을 선택할 수 있는 자유라고 정의된다(⟨5⟩). 예를 들어 자전거라는 물건은 교통수단으로서의 특성이 있어서 이를 활용하면 일정한 이동 기능을 달성할 수 있는 바, 자신의 판단에 따라 이러한 기능을 달성할지 안 할지를 선택할 수 있는 것이 바로 역량이다. 따라서 음식이 없어서 굶는 경우와 종교적 실천으로 금식하는 경우 결과는 같지만 역량은 다르다. 역량접근법의 장점은 객관적 정보에 기초해서 삶의 질을 평가할 수 있다는 것이다. 뿐만 아니라 역량접근법을 취하면 절대적 빈곤과 상대적 빈곤의 개념을 통합할 수도 있다. 즉, 역량이라는 면에서 빈곤은 절대적인 개념으로 정의할 수 있지만 그러한 빈곤선을 가능하게 하는 상품묶음은 사회적 여건에 따라 달라지는 상대적 개념이 된다. 예를 들어 '남들 앞에 부끄럽지 않은 모습 갖추기'라는 사회적 기능을 가능하게 하는 상품묶음은 부유한 나라와 가난한 나라에서 매우 다를 것이다(⟨9⟩).

이렇게 센이 역량이라는 개념을 사회적 평가의 기준으로 제시한 것은 이론을 위한 이론에 그치지 않는다. 후생 혹은 소득만을 평가 기준으로 삼았을 때 가난한 나라들의 과제는 경제성장이 최우선이 될 것이다. 그러나 센은 사람들의 역량을 증대시키는 것이 곧 자유의 확장이고 이것이 바로 경제발전의 요체라고 설파한다(〔10〕). 그리고 기대수명이나 문자해독력 literacy 등 역량 측정 변수들을 직접 살펴보는 방법에 의해 매우 다른 정책적 함의를 도출한다. 센이 자주 거론하는 예가 있는데, 케랄라 Kerala 주는 인도에서도 가장 가난한 주인데도 다른 주에 비해 이렇게 측정된 사회적 성취가 훨씬 높고, 중국이나 스리랑카의 경우 유사한 소득수준을 보이는 다른 나라들에 비해 매우 높은 사회적 진보를 이룩했다. 또 영국에서 20세기에 기대수명이 증가한 것을 연대별로 분석한 결과 경제성장률과는 아무런 관계가 없고, 두 차례에 걸친 세계대전 기간에 기대수명이 비약적으로 증가하였다. 센은 이러한 사례들을 통해 사회정책이 강력한 나라들이나 사회정책이 확대된 시기의 성과를 뚜렷이 부각함으로써 공공정책의 중요성을 지적하고자 하였다.[4] 즉, 가난한 나라도 경제성장으로 소득이 높아지기만을 기다릴 게 아니라 공공정책에 의해 삶의 질을 급격하게 증대시킬 수 있다는 것이다. 바로 이러한 문제의식을 가지고 있던 유엔개발계획(UNDP)의 울하크 Mahbub Ul-Haq가 자신의 절친한 친구인 센을 설득하여 작업한 결과가 오늘날 발전에 관한 국제비교의 가장 권위 있는 척도로 여겨지는 인간개발지수 Human Development Index다. HDI는 역량접근법의 현실적용 사례라 할 수 있다.

불평등문제에 큰 관심을 가졌던 센은 소득불평등도의 측정에 관해서도 많은 공헌을 했고, 한 국가의 실질적 소득수준을 소득×(1-G)로 평가해야 하는 이론적 근거를 제시하기도 했다.[5] 불평등문제에 대한 센의 관심은 이른바 '사라진 여성' 문제를 제기하기에 이르렀다(〔8〕). 중국, 인도, 북아프리카, 서아시아 등지에서 매년 수백만의 여성이 사회적 차별로 조기에 죽어가고, 그에 따라 인구구성에서 남여의 성비가 자연적 비율에 비해 여성이 부족하게 나타난다는 그의 지적은 큰 반향을 불러일으켰다. 센은 빈곤의 측정에 관해서도 중요한 기여를 했다. 특히 가난한 사람들 내부의 불평등문제를 도외시하는 일반적인 빈곤측정을 비판하고 센 지표를 개발하기도 하였다. 그러나 이러한 노력들이 현실정책에 미친 영향은 그다지 크지 않았다. 반면에 빈곤의 가장 극단적 표현인 기근의 원인에 관한 그의 분석은 기근에 대한 인식뿐만 아니라 실제 정책대응에까지도 심대한 영향을 주었다. 센은 기근이 식량부족으로 인해 일어난다는 과거의 상식을 완전히 뒤집어버렸다. 식량생산이 줄어들지 않더라도 불평등한 사회구조 때문에 특정한 처지의 사람들이 식량 '획득권한entitlement'을 잃게 되면 기근이 일어난다는 것을 실증적으로 보여주었다(〔4〕). 센의 영향으로 기근에 대응하는 정책에서도 단순히 굶주리는 사람들에게 식량을 나누어주는 것보다는 공공근로사업 등을 통해서 소득보전을 하도록 해주는 등 식량획득권 확보를 도와주는 접근법이 유행하게 되었다. 센은 또한 20세기에 들어선 후 아무리 가난한 나라라고 하더라도 민주주의국가인 경우에 기근이 일어난 적이 없다는 사실에 주목하고, 이는 기근이 그만큼 방지하기 쉬운 것이며 민주주의하에서는 기근을 방지할 강력한 정치적 인센티브가 존재하기 때문이라고 분석하였다.

앞서 언급한 바와 같이 민주주의는 사회정의와 더불어 센의 주요 관심사였다. 한 인터뷰에서 20세기에 일어난 가장 중요한 사건을 꼽아달라는 요청에 민주주의의 등장이라고 답했을 정도로 센은 민주주의를 중시한다(〔22〕). 민주주의는 기근을 방지한다는 데서도 보이듯이 정부로 하여금 민중의 소리에 어느 정도는 귀를 기울일 수밖에 없게 하는 도구적instrumental 기능이 있을뿐더러, 정치적 자유는 좋은 삶을 위해 필수적인 정치사회적 참여를 가능하게 하는 기본적 역량이라는 점에서 민주주의의 본질적intrinsic 가치가 있고, 나아가 민주주의는 공론의 장을 마련함으로써 시민들이 서로 배우면서 지적 및 윤리적 발전을 이루는 기회를 제공한다는 점에서 건설적constructive 혹은 구성적constitutive 역할을 한다고 본다([11]). 따라서 민주주의는 시장의 자유와 사회적 기회와 더불어 경제발전의 기본적 요인이라는 것이다. 그렇다고 센이 민주주의를 만병통치약으로만 생각하는 것은 아니다. 민주주의를 한 인도에 기근이 없었고 공산당이 장악한 중국에 대기근이 있었던 것은 사실이지만, 인도에 온존하는 만성적 빈곤과 문맹을 비롯한 사회적 차별을 사회주의 중국은 급격하게 퇴치해나갔다는 사실을 누구보다 먼저 지적한다([14]). 센은 인도의 경우 토지개혁 등 필요한 개혁조치까지 이를 수 있으려면 민주주의의 작동과 관련한 다양한 제도의 기능이 강화되어 민주주의가 심화되어야 한다고 보는데, 특히 센이 강조하는 것은 민주주의의 건설적 역할, 즉 공론을 통해서 시민들의 가치형성에 기여하는 부분이다. 중국의 경우에도 개혁개방 이후에 경제성장이 매우 급격하게 이루어지는 것에 비해 평균수명의 연장은 매우 더딘 것을 지적하면서 이를 민주주의 결여에서 오는 한 단점으로 파악한다.

4

　　센은 경제학자일 뿐만 아니라 본격적으로 철학을 공부했고, 하버드에서 철학 강의를 하고 있는 도덕철학자이기도 하다. 그는 후생경제학과 사회선택론 분야의 연구성과를 기초로 사회적 평가에 관한 철학적 논의에 개입하였다. 주로 롤스의 이론을 중심으로 전개된 정의론을 비판적으로 고찰하면서 새로운 지평을 여는 성과를 거두었다. 2009년에 출간한 『정의라는 관념Idea of Justice』은 이러한 성과를 집대성하고 있다(([17])).

센의 정의론이 강조하는 바는 '완전한 정의'라는 개념적으로 규정하기도 어렵고 현실에서 실현하기는 더욱 어려운 목표를 추구하기보다 누구나 동의할 수 있는 잣대에 입각해서 명백한 부정의를 제거하고 극복하는 일에 초점을 맞추어야 한다는 것이다. 이런 점에서 그는 롤스와 그의 후계자들이 추상적인 논리에 입각해서 정의로운 사회의 모형을 정치한 수학공식으로 도출하려고 한 노력에 대해 매우 비판적이다. 센이 보기에 그런 일은 불가능할뿐더러 필요하지도 않다. 완벽한 제도란 존재하지 않으며 중요한 것은 개인들의 구체적인 삶으로 나타나는 사회적 결과를 평가하는 것이라는 게 그의 입장이다.

센은 '완전한 정의'의 기준이 없이도 사회적 결과를 얼마든지 평가할 수 있다는 것, 즉 정의는 상대적인 것이라는 점을 강조한다. 물론 여전히 평가의 기준이 필요한데, 이를 뛰어난 철학자의 완벽한 공식에서 구하는 것은 연목구어이고 오히려 대중이 참여하는 공론의 역할에 기대야 한다는 것이 민주주의자 센의 입장이다. 기본적인 정의의 기준에 대해서는 누구나 쉽게 공감할 수 있다는 것이다. 현실세계는 기아와 빈곤, 억압과 폭정, 다양한 종류의 사회경제적 불평등과 같은 명백한 부정의가 넘쳐나고 있으며, 이런 문제에 대한 분노를 촉구하고 해결책을 마련하는 것이 중요하다는 것이다.

나는 이러한 센의 정의론에 매우 깊게 공감한다. 우리나라에서 마이클 샌델의 『정의란 무엇인가』가 엄청난 베스트셀러가 된 반면(([23])), 센의 정의론은 거의 소개되지 않은 것은 참으로 안타까운 일이다. 샌델 또한 센과 마찬가지로 하버드대 철학과에서 도덕철학을 강의하는 롤스의 제자인데, 내가 보기에 그는 뛰어난 선생이기는 하지만 학문적 성취 면에서는 센과 비교할 수 없다. 나는 센의 『정의라는 관념』을 읽기 전에 샌델의 저서에 대한 매우 비판적인 서평을 발표한 적이 있는데, 나중에 나와 센의 관점이 유사한 것을 발견하고 놀라기도 하고 반갑기도 했다([24]). 참고로 나의 서평에서 일부를 발췌하여 소개한다.

> 이 책을 읽다 보면 현대사회, 특히 미국사회에서 정의의 문제는 다양한 철학적 입장 사이의 미묘한 차이에 따라 합의가 어려워서 발생하는 문제인 것처럼 보인다. (……)
>
> 문제는 도덕적 딜레마와는 무관할뿐더러 진정으로 심각한 불의가 이러한 고상한 논의의 장막에 가려져버린다는 것이다. 예를 들어, 샌델이 제시한 도덕적 딜레마 하나를 보자. 정보당국이 시한폭탄을 설치해서 수많은 사람의 생명을 앗으려고 하는 테러 용의자를 검거했다. 용의자는 입을 굳게 다물고 있고, 시한폭탄의 시계는 째깍째깍 가고 있다. 많은 인명을 구하기 위해 용의자의 인권을 무시하고 그나 혹은 그가 사랑하는 딸을 고문하는 것이 정당화될 수 있는가? 어려운 문제다. 그런데 현실에는 이렇게 어려운 문제가 아니면서 한결 더 심각한 문제가 존재한다. 강력한 힘을 가진 자가 자신의 사적 이익을 위해 수많은 사람의 목숨을 위협하거나 재산을 빼앗는다고 하자. 거짓으로 구실을 만들어 전쟁을 일으킨다거나, 약탈적 대출과 위험성을 숨긴 난해한 파생상품 판매로 막대한 이익을 취한다거나 하는 일들 말이다. 여기에 찬반논란의 여지는 별로 없어 보인다.
>
> 필자는 미국사회에서 정의를 논하면서 소수 힘 있는 자들에 의해 공권력의 행사가 왜곡되어 명백한 불의가 행해지고 있으며 더구나 이것이 매우 구조

적으로 공고화되어 있다는 사실을 외면하는 것은 옳지 않다고 생각한다. 도덕적 딜레마에 관한 현란한 지적 논의의 장막 뒤에서 거대한 불의의 구조가 온존되고 강화되기 때문이다. 일찍이 아이젠하워 대통령이 그 위험성을 경고했던 군산복합체military-industrial complex에 의한 미국정치의 왜곡을 보라. 통킹만 사건이나 이라크의 대량살상무기 조작 등으로 전쟁을 일으키고 확대하여 헤아릴 수 없는 인명피해를 내는 뒤편에서 군비증강에 따른 군수산업의 이익을 챙길뿐더러 핼리버튼이나 블랙워터처럼 온갖 불법과 부패행위를 자행하면서 돈을 벌어대는 현실을 언급하지 않고 어떻게 정의를 논할 수 있단 말인가? 세계 유일의 초강대국 미국이 자국의 국가이익이라는 명분 아래 저지른 끔찍한 범죄행위들을 떠올리면 샌델이 말하는 연대와 충직의 의무가 더욱 위험하게 느껴진다. (……)

도덕과 정의의 문제에 무슨 수학 문제처럼 유일한 정답이 있는 것은 아니라는 것은 충분히 인정한다. 하지만 절대다수가 공감하는 정의와 불의의 기준은 존재한다. 딜레마를 논의하는 것도 필요하겠지만 그에 앞서 더욱 공고한 기준에 입각해서 불의한 사회구조를 분석하고 정의로운 사회구조를 상상하는 작업을 좀 해 줘야 하는 것 아닐까. 현실의 문제가 단지 예화가 아닌 사회구조의 문제로 분석되는 정의론이 필요한 것 아닐까.

필자는 우리나라의 정책논의와 관련하여 센의 정의론이 시사하는 바를 지적하기도 했다([25]). 최근 우리 사회에서 복지 논의가 활발해지면서 일각에서 복지보다 정의가 우선이며, 복지 이전에 시장과 사회의 불공정을 개선하는 것이 더욱 급선무라는 주장에 관한 것이다. 이러한 정의우선론이 가진 호소력에도 불구하고 이를 현실 정책구상의 차원에서 고집하는 것은 잘못이라는 것이 나의 생각이다. 무엇보다 완전한 정의의 실현은 불가능하기 때문이다. 인류사회는 끊임없이 정의를 추구해왔지만 아직도 현실은 불의하기 이를 데 없다. 우리는 언제나 정의를 위해 노력해야 하지만 상대적으로 정의를 개선하고 점진적인 진보를 이룰 수 있을 따름이다. 완벽하게 공정한 시장이라는 것도 마찬가지로 추구해야 할 이상이지 조만간 실현 가능한 목표는 아니다. 반면에 복지는 정치적 의지만 있으면 비교적 쉽게 실현할 수 있다. 법 만들고, 세금 걷고, 정책 집행 하면 되는 것이다. 따라서 정의실현부터 먼저하고 복지를 추구해야 한다고 보는 것은 매우 잘못된 사고방식이다. 그보다는 복지확대를 하면서 끊임없이 정의를 향해 나가야 할 것이다. 센이 완벽하게 정의를 구현하는 사회제도social institutions에 대한 연구에 몰두하기보다는 삶의 현실 또는 사회적 결과social outcomes에 더 관심을 갖자고 주장하는 것을 이러한 맥락에서 이해할 수 있을 것이다.

5

센은 근본적으로 자유주의자이며, 그의 지적 영웅은 애덤 스미스다. 그러나 센의 자유주의는 강한 사회적 관심과 평등지향을 수반하는 진보적 자유주의이고, 그는 스미스의 이론과 사상이 자유방임주의 혹은 시장만능주의로 곡해되는 현실을 개탄했다.

흔히 우리는 '보이지 않는 손'의 스미스만을 생각하지만 스미스는 경제학자이기 이전에 도덕철학자였다. 센 또한 궁극적으로 도덕철학자라고 볼 수 있다. 스미스의 대표작은 『국부론The Wealth of Nations』만 있는 게 아니라 『도덕감정론The Theory of Moral Sentiments』도 있다. 『국부론』에서 그는 '보이지 않는 손'이라는 개념으로 어떻게 이기적 동기에서 영위하는 개인의 경제활동들이 시장 메커니즘에 의해 조정되어 사회적으로 효율적인 결과를 가져오는지 설명했지만, 『도덕감정론』에서는 이기심과 더불어 동정심sympathy 또한 인간의 근본적 동기임을 인식한다. 센은 여기에서 한걸음 더 나아가 원칙의 고수commitment가 또 하나의 동기임을 주장하였다([3]). 그리고 동정심이나 이타심은 효용함수에 타인의 효용을 한 변수로 집어넣음으로써 신고전파 경제학의 효용극대화 가설에 통합할 수 있으나, 원칙 때문에 명백하게 자신의 이익에 반하는 행동을 하는 경우는 도저히 효용극대화론의 틀로는 설명이 불가능하다고 지적하였다. 센은 신고전파 경제학이 상정하는 합리적 인간, 즉 이기심으로 똘똘 뭉친 인간은 도저히 사회생활을 제대로 영위할 수 없는 '합리적 바보'라고 풍자하면서 이러한 인간상을 전제로 구축된 신고전파 이론을 비판하였다.

이러한 센의 신고전파 경제학 비판과 그의 정치적 진보성 때문에 일부에서는 그가 시장이나 세계화에 대해 부정적일 것이라고 의심하기도 하고 혹은 기대하기도 한다. 하지만 시장과 세계화에 대한 그의 견해는 그리 단순하지 않다. 네루 시절부터 시행된 계획경제 전통을 이어받아 정부의 통제가 극심했던 인도가 시장개혁정책을 추구한 것에 대해 센의 평가는 대체로 긍정적이어서 개혁을 반대하던 좌파들을 실망시켰다. 세계화에 대해서도 세계화가 불평등을 낳는 것이 아니라 오히려 생활수준의 비약적 향상의 원천이 될 수 있다고 주장하여 반세계화론자들을 화나게 했다. 심지어 일부 좌파들은 그가 시장에 대한 부정적 견해를 시류에 영합하여 수정한 것이 아닌가 의심하기까지 한다.

센은 일부 진보적인 이론가들이 시장의 자유에 반대하는 것을 강하게 비판하였다. 그는 애덤 스미스가 가난한 이들에 대한 특별한 관심을 표명하고 적절한 정부규제의 필요성을 인식한 것에 주의를 환기시키며 스미스가 자유방임주의이나 자유지상주의와는 거리가 멀었음을 강조하기도 하였지만, 동시에 스미스가 권력과 유착하고 경쟁을 억제하려는 자본가들이야말로 시장의 적이라고 본 사실을 또한 부각하였다. 센은 시장을 반대하는 진보는 진정한 진보가 아니라 사실은 특권적 자본가의 편에 서는 것이라고 비난한다.[5]

물론 센은 시장의 순기능과 더불어 그 한계 또한 분명하게 인식한다. 그는 결코 시장만능주의자나 세계화예찬론자가 아니다. 특히 빈곤으로 인하여 건강과 교육과 최소한의 자본도 결여된 경우나 사회적 차별로 인하여 경제적 기회가 박탈된 경우 시장의 자유는 무의미하다는 것을 강조한다. 그래서 세계화에 대한 센의 비판도 기초교육이나 의료, 양성평등, 토지개혁 등 보완적인 정책의 결여 때문에 가난한 사람들에게 기대만큼 큰 혜택을 주지 못하고 있다는 데 집중된다(〔12〕). 시장경제 한다고, 세계화 한다고 무조건 발전이 되는 것은 결코 아니라는 것이다. 시장은 다양한 사회제도들 중 하나일 뿐이며, 다른 제도들의 발달도 시장 못지않게 중요한데 특히 민주주의의 발달이 중요하다고 본다.[6]

시장경제나 민주주의에 대한 센의 견해는 그의 자유주의적인 신념에 토대를 두고 있다. 그가 이 책 『자유로서의 발전』에서 체계적으로 주장하듯이 그에게는 개인의 자유야말로 가장 근본적인 가치다(〔10〕). 이러한 맥락에서 그는 시장의 자유를 강하게 옹호한다. 시장의 자유가 단지 효율적 자원배분이나 경제성장을 가져다준다는 도구적 역할 때문에 필요한 것이 아니라 자유 그 자체로서 귀중한 것임을 역설하고 있다. 단 이 자유freedom는 단순히 행동이 구속받지 않는 무제약liberty과는 달리 실제로 사람들이 원하는 것을 행할 수 있는 실질적 자유를 의미하며, 따라서 사회적 존재인 인간의 자유란 사회현실의 토대 위에서만 의미를 가진다. 센의 자유는 형식적 자유가 아닌 실질적 자유이며, 그는 모든 이가 가급적 평등하게 자유를 누리는 사회정의를 동시에 추구하기 때문에 나는 센의 자유주의를 진보적 자유주의라고 규정한다.

센은 스미스는 물론 데이빗 리카도와 존 스튜어트 밀로 이어지는 자유주의자들의 진보성을 강조하였다. 필자의 견해로는 존 메이너드 케인스 또한 경제학 분야에서 진보적 자유주의 사상에 기초한 탁월한 이론을 구축하였고, 최근에는 조지프 스티글리츠나 폴 크루그먼이 이러한 전통을 이어받고 있다.

진보적 자유주의는 최근 우리나라에서도 일정한 관심을 불러일으키는 주제다. 한림국제대학원의 정치경영연구소를 중심으로 일군의 학자들이 관련 연구를 꾸준히 진행하고 있으며, 필자도 여기에 관여하고 있다([29]). 정치권에서도 진보적 자유주의에 대한 관심이 지속되고 있다. 과거에 손학규 씨가 진보적 자유주의를 주창한 바 있으며([30]), 일전에는 안철수 씨의 정책네트워크 '내일' 창립 기념 심포지엄에서 '내일' 이사장을 맡았던 최장집 교수가 진보적 자유주의 이념을 전면에 내세우기도 했다. 이러한 맥락에서 우리 사회가 센의 저작에 더욱 깊은 관심을 가지는 것이 논의의 진전에 상당한 도움이 되리라고 생각한다.

2013년 10월
유종일(KDI 국제정책대학원 교수)

■ 센의 주요저작

[1] *Collective Choice and Social Welfare*(San Francisco: Holden-Day, 1970).

[2] *On Economic Inequality*(New York: Norton, 1973).

[3] "Rational Fools: A Critique of the Behavioural Foundations of Economic Theory," *Philosophy and Public Affairs* 6(1977).

[4] *Poverty and Famines: An Essay on Entitlements and Deprivation*(Oxford: Clarendon Press, 1982).

[5] *Commodities and Capabilities*(Amsterdam, North-Holland, 1985).

[6] *On Ethics and Economics*(Oxford: Basil Blackwell, 1987).

[7] *Hunger and Public Action*(Oxford: Clarendon Press, 1989)(with Jean Drèze).

[8] "More Than 100 Million Women Are Missing," *New York Review of Books*(1990).

[9] *Inequality Reexamined*(Oxford: Oxford University Press, 1992).

[10] *Development as Freedom*(Oxford: Oxford University Press, 1999).

[11] "Democracy and Social Justice," Farrukh Iqbal and Jong-Il You(eds.), *Democracy, Market Economics & Development*(Washing-ton, D.C.: The World Bank, 2001).

[12] "Globalization, Inequality and Global Protest," *Development* 45(2002).

[13] *Rationality and Freedom*(Harvard: Harvard Belknap Press, 2002).

[14] "Passage to China," *New York Review of Books*(2004).

〔15〕 *The Argumentative Indian*(London: Allen Lane, 2005).

〔16〕 *Identity and Violence: The Illusion of Destiny*(W. W. Norton, 2006).

〔17〕 *The Idea of Justice*(Harvard University Press & Allen Lane, 2009)

■ 기타 참고문헌

〔18〕 John Rawls, *A Theory of Justice*(Oxford: Clarendon Press, 1971).

〔19〕 The Royal Swedish Academy of Sciences, "The Prize in Economics: Press Release," http://nobelprize.org/nobel_prizes/economics/laureates/1998/index.html, 1998.

〔20〕 Anthony B. Atkinson, "The Contributions of Amartya Sen to Welfare Economics," *Scandinavian Journal of Economics* 101(2)(1999), 173~190.

〔21〕 Amartya Sen, "Autobiography," in Tore Frängsmyr ed., Les Prix Nobel. The Nobel Prizes 1998, Stockholm: Nobel Foundation, 1999. (http://nobelprize.org/nobel_prizes/economics/laureates/1998/senautobio.html).

〔22〕 Amartya Sen, "Development as Freedom: AsiaSource Interview with Amartya Sen," http://www.asiasource.org/news/special_reports/sen.cfm, 2004.

〔23〕 마이클 샌델(이창신 역), 『정의란 무엇인가』(김영사, 2010).

〔24〕 유종일, 「『정의란 무엇인가』: 정의론의 참을 수 없는 가벼움」, 《이코노미 인사이트》 2010년 10월호.

〔25〕 유종일, 「성장과 분배의 선순환」, 유종일 엮음, 『경제민주화: 분배 친화적 성장은 가능한가』(모티브북, 2012).

[26] Ben Fine, "Amartya Sen: A Partial Appreciation," CDPR Discussion Paper 1601, SOAS, 2001.

[27] S. E. Corbridge, "Development as Freedom: the Spaces of Amartya Sen," *Progress in Development Studies* 2(2002), PP.183~217.

[28] 이근식·최장집·고세훈·박동천·홍종학·유종일·선학태·최태욱 공저, 『자유주의는 진보적일 수 있는가』(폴리테이아, 2011).

[29] 손학규, 『진보적 자유주의의 길』(생각의나무, 2000).

서 문

우리는 한두 세기 전에는 상상조차 할 수 없었던, 전례 없이 풍요로운 세계에 살고 있다. 경제뿐만 아니라 다른 영역에서도 주목할 만한 변화들이 많았다. 20세기에 들어서면서 민주적이고 참여적인 정부가 정치조직의 탁월한 모델로 자리 잡았다. 인권과 정치적 자유는 누구나 이야기하는 정치적 수사가 되었다. 사람들의 평균수명은 그 어느 때보다도 길어졌다. 또 지구상의 많은 지역들이 유례가 없을 정도로 서로 밀접하게 얽혀 있는데, 교역과 상업, 통신뿐만 아니라 관념과 이상의 상호작용이라는 관점에서도 밀접하게 얽혀 있다.

그러나 우리는 여전히 만연해 있는 박탈과 빈곤, 억압의 세계에서 살고 있기도 하다. 오래전부터 있었던 문제와 더불어 새로운 문제들이 더해지고 있다. 여기에는 지속되는 빈곤과 기초 생필품의 부족, 기근과 광범위한 기아, 기본적인 자유권과 기초적인 정치적 자유에 대한 침해, 여성의 이익과 활동에 대한 심각한 방기放棄, 그리고 환경과 함께 경제적·사회적 생활의 지속 가능성에 대한 위협의 증대 등이 포함된다. 이러한 심각한 박탈은 가난한 나라뿐만 아니라 부유한 나라에서도 여러 형태로 발견된다.

이런 문제들을 극복하는 것은 발전 과정에서 중요한 부분이다. 이 책에서 주장하고자 하는 것은 이러한 불운과 맞설 때 다양한 종류의 자유가 수행하는 역할을 인식해야 한다는 것이다. 사실 궁극적으로 개인 행위주체agency는 이러한 박탈을 해결하는 과정에서 중심이 된다. 동시에 각 개인들이 향유하는 행위주체의 자유는 주어진 사회적, 정치적, 경제적 기회에 의해 불가피하게 규정되고 제한된다. 이렇게 개인 행위주체와 사회적 제도배열arrangements 사이에는 깊은 연관성이 있다. 그러므로 개인적 자유가 중심이 된다는 사실과 함께, 사회적 영향력이 개인적 자유의 범위와 한계에 행사하는 힘을 동시에 인식하는 것이 중요하다. 우리가 직면한 문제를 해결하기 위해서 개인적 자유를 사회적 기여commitment로 간주해야만 한다. 바로 이것이 이 책에서 탐구하고 검토하려는 기본적인 접근법이다.

이러한 접근법은 자유의 확장을 발전의 일차적 목적이자 주요한 수단으로 바라본다. 발전은 부자유를 제거함으로써 이루진다. 다양한 형태의 부자유는 사람들이 이성적으로 판단한 행위들을 실행할 수 있는 선택과 기회를 제약한다. 이 책은 실질적인 부자유를 제거하는 것이 바로 발전이라고 주장한다. 그러나 발전과 자유 사이의 관계를 충분히 이해하기 위해서 이러한 기본적 인식(이 중요하긴 하지만)을 넘어 더 나아가야 한다. 일반적으로 발전의 최우선 목적은 인간의 자유다. 이것이 인간 자유가 지닌 내재적 중요성이다. 나아가 특정한 종류의 자유와 효율성도 존재하며, 이들 사이에는 강력한 보완성이 있다. 서로 다른 유형의 자유들은 구성적이라기보다는 실증적이고 인과적으로 관련된다. 예를 들어, 경제적 자유와 정치적 자유는 (종종 일반적으로 간주되는 것처럼) 서로 적대적이라기보다 서로를 강화시키는 데 도움이 된다. 마찬가지로 교육과 보건 같은 사회적 기회는 (이것들은 공공정책public action이 필요할 수도 있는데) 개인의 경제적, 정치적 참여의 자유를 보완하는 동시에 각각의 박탈deprivations을 극복하려는 개인들의 행위에 동기를 부여하고 그것을 장려하기도 한다. 만일 이러한 접근법의 출발점이 자유를 발전의 주목표로 인식하는 것이라면, 발전 과정을 안내하는 시각인 자유라는 관점을 적절하고 설득력 있게 만들어주는 경험적 연관성이 정책 분석의 범위에 들어간다.

이 책은 다양한 제도와 상호작용하는 많은 행위자들을 포함해 경제적, 사회적, 정치적 활동을 통합적으로 분석하는 개요를 그려낸다. 특히 몇몇 핵심적인 도구적 자유의 역할과 상호연관성에 주목하는데, 여기에는 경제적 기회, 정치적 자유, 사회적 편익, 투명성 보장, 안전보장 등이 포함된다. 많은 제도들(그중에서도 국가, 시장, 사법체계, 정당, 매체, 공익단체, 공적 토론)을 포함하는 사회적 제도배열은 개인들의 실질적인 자유의 확장과 보장에 대한 기여라는 관점에서 탐구되는데, 이때의 개인들은 수동적인 수혜자가 아니라 변화의 능동적인 행위자로 간주된다.

이 책은 1996년 가을 세계은행World Bank에서 총재 초빙 연사의 자격으로 행한 다섯 개의 강의에 기초하고 있다. 그리고 전반적인 접근법과 그 함의를 다룬 후속 강좌가 1997년 11월에 한 차례 더 있었다. 이 일을 통해 얻게 된 기회와 과제에 감사하며 특히 이것이 제임스 울펀슨James Wolfenshon 총재의 초대로 이루어졌다는 사실에 기쁨을 느끼는데, 그의 통찰력과 재능, 그리고 인성을 깊이 존경하기 때문이다. 나는 프린스턴 고등연구소 이사로 있을 때부터 일찍이 그와 긴밀하게 협력하는 영예를 누렸고 최근에는 세계은행에서 울펀슨의 창조적인 영향력을 깊은 관심을 갖고 지켜볼 수 있었다.

세계은행은 내가 항상 선호하던 기관은 아니었다. 좋은 일을 할 수 있는 권력은 항상 그 반대의 일을 할 가능성도 함께 갖고 있다. 나는 전문적인 경제학자였으므로 과거에 세계은행이 더 나은 일을 할 수 있지 않았냐는 의문을 종종 제기했다. 이러한 유보와 비판은 이제 책으로 출간되었으니 회의적인 생각을 갖고 있었다고 굳이 '고백'할 필요는 없을 것이다. 오히려 이러한 사정 때문에 발전과 공공정책에 대한 내 견해를 세계은행에 제시할 수 있는 기회를 갖게 되어 더욱 기쁠 뿐이다.

그러나 이 책은 세계은행이나 다른 국제기구에서 일하거나 그들을 위해 일하는 사람들을 주 대상으로 삼지 않았다. 또한 정부의 정책 입안자들을 위한 것도 아니다. 오히려 이 책은 발전과 그 아래 깔려 있는 실제적인 이유들에 대한 일반적인 저작으로, 특히 공공의 논의를 위한 것이다. 나는 논의를 좀 더 명료하게 하고 비전문가 독자들이 접근하기 편하게 하기 위해서 6번의 강의를 12개의 장으로 다시 나누었다. 사실 가능한 한 논의를 비전문적으로 제시하려고 애썼고 (이 노선에 흥미를 느낀 사람들을 위해서) 좀 더 딱딱한 문헌들은 주석에서만 언급했다. 또한 강좌가 열렸던 시점(1996년) 이후에 일어난 최근의 경제적 사건들에 대한 논평도 이 책에 포함시켰는데, 예를 들자면 아시아의 경제위기가 그렇다(이것은 내가 이 강좌에서 언급한 최악의 우려 중 일부를 확증해주었다).

본문을 통해 명확하게 이야기하겠지만, 나는 사회의 변화와 경제적 진보를 이끌어내는 수단으로서 공공토론이 하는 역할을 중요하게 생각한다. 이 책은 열린 논의와 비판적 검토를 위한 것이기도 하다. 나는 지금껏 '당국'에 조언하는 일을 피해왔다. 사실상 나는 어떤 정부의 자문도 맡은 적이 없고 대신 나의 제안과 비판을 (그것에 어떤 가치가 있다면) 공공영역에 놓아두는 걸 선호했다. 대체로 언론이 제약받지 않는 세 민주국가(인도, 영국, 그리고 미국)에서 사는 행운을 누렸기에, 나의 생각을 공개적으로 발표할 기회가 적었다고 불평할 이유가 없다. 만일 내 주장이 관심을 끌고 이 중요한 문제들에 대한 공공의 토론이 이루어진다면, 그것으로 나에게는 충분한 보상이 될 것이다

감사의 말

　　　　　　　　이 책의 근간을 이루는 연구를 수행하면서 나는 맥아더 재단으로부터 앵거스 디튼Angus Deaton과의 협동 연구에 대해 도움을 받았다. 그 연구는 당시 랄 자야와르데나Lal Jayawardena가 수장을 맡았던 헬싱키의 세계개발경제학연구소(WIDER)를 위해 수행한 작업을 이어간 것이었다. 이것은 또한 유엔개발계획의 『인간개발보고서Human Development Report』에 대한 나의 자문역과 밀접한 관련이 있다. 그 감독 역을 탁월하게 수행한 파키스탄 경제학자 마붑 울하크Mahbub ul Haq는 대학 시절부터 가까운 친구였는데, 나는 1998년 그의 이른 죽음으로 인한 충격에서 아직 완전히 벗어나지 못했다. 1998년까지 교단에 섰던 하버드대학교에서는 여러 해에 걸친 나의 연구 작업을 훌륭하게 지원해주었다. 또 하버드 국제개발연구소, 하버드 인구와 개발 연구센터, 캠브리지 킹스 칼리지의 역사와 경제 연구소에서 자료를 찾는 데 도움을 얻었다.

　　멋진 동료들을 만날 수 있었던 것은 내게 행운이었다. 몇 년 동안 장 드레즈Jean Drèze와 함께 일하며 몇 권의 책을 같이 썼는데 이 책도 당연히 그 영향을 받았다(장과의 협업에서 명성은 내게 돌아왔지만 그가 대부분의 작업을 했다). 그리고 이 책과 관련된 주제로 수디르 아난드Sudhir Anand와 공동작업을 할 기회를 가졌던 것도 멋진 경험이다. 그 외에도 나는 앵거스 디튼, 메그나드 데사이Meghnad Desai, 제임스 포스터James Foster, 시디크 오스마니Siddiq Osmani 등과 매우 생산적인 교류를 해왔다. 1987~1989년 사이에 마사 누스바움Martha Nussbaum과 함께 연구한 것은 이 책에서 광범위하게 사용된 역량과 삶의 질 개념을 탐색하는 데 매우 중요한 경험이었다.

나는 『인간개발보고서』의 작업을 도울 때 마붑 울하크 외에도 사키코 후쿠다-파르Sakiko Fukuda-Parr, 셀림 자한Selim Jahan, 메그나드 데사이, 폴 스트리튼Paul Streeten, 그리고 마붑의 뒤를 이은 리처드 졸리Richard Jolly 등과도 알차게 교류했다. 그 외에도 나에게 크게 도움을 준 동료, 조언자, 비평가를 꼽는다면 토니 앳킨슨Tony Atkinson(나는 자주 그의 생각을 빌어왔다), 카우시크 바수Kaushik Basu, 알로크 바르가바Alok Bhargava, 데이비드 블룸David Bloom, 앤 케이스Anne Case, 링컨 첸Lincoln Chen, 마사 첸Martha Chen, 스탠리 피셔Stanley Fischer, 캐런 그로운Caren Grown, S. 구한S. Guhan, 스테판 클라젠Stephan Klasen, A. K. 시바 쿠마르A. K. Shiva Kumar, 로버트 노직Robert Nozick, 크리스티나 팩슨Christina Paxon, 벤 폴락Ben Polak, 제프리 삭스Jeffrey Sachs, 팀(토머스) 스캔론Tim(Thomas) Scanlon, 조 스티글리츠Joe Stiglitz, 코타로 스즈무라Kotaro Suzumura, 그리고 유종일Jong-il You을 언급해야 할 것이다. 또한 이 책의 기본적인 개념과 여러 단계의 초고들에 대해 유용한 조언을 해준 사람으로 수디르 아난드, 아미야 바그치Amiya Bagchi, 프라납 바르드한Pranab Bardhan, 아심 다스굽타Ashim Dasgupta, 앵거스 디튼, 피터 디목Peter Dimock, 장 드레즈, 제임스 포스터, 시디크 오스마니, 잉그리드 로베인스Ingrid Robeyns, 아델 시몬스Adel Simons가 있었다.

나는 오랫동안 유능한 연구 조교 아룬 아브라함Arun Abraham의 도움을 받았는데, 최근에는 잉그리드 로베인스와 타니 무코파댜이Tanni Mukhopadhyay가 수고해주었다. 안나 마리 스베드로프스키Anna Marie Svedrofsky는 자료를 분류하는 데 큰 도움을 준 관리자였다.

    서문에서 언급했듯이 이 강연은 세계은행 총재였던 제임스 울펀슨의 초대에 의한 것이었고 그와 논의하며 많은 것을 배웠다. 강연의 사회자로 나온 사람들은 제임스 울펀슨, 카이오 코흐베저Caio Kochweser, 이스마일 세라겔딘Ismail Serageldin, 칼리스토 마다보Callisto Madavo, 그리고 스벤 산트스트룀Sven Sandstrom이었는데 이들은 내가 설명하려고 애쓴 문제들에 대해 중요한 논평을 해주었다. 덧붙이자면 나는 강연 후의 토론에서 나온 질문과 답변들에서 많은 자극을 받았다. 세계은행 직원들과의 협력은 매우 훌륭한 것이었는데, 이 강연의 총 책임을 맡아 진행한 타리크 후세인Tariq Hussain은 흠잡을 데 없이 효율적으로 일을 진행해주었다.

    마지막으로 나의 아내인 엠마 로스차일드Emma Rothschild는 여러 번에 걸쳐 달라진 형태의 주장들을 읽어야만 했는데, 그녀의 조언은 나에게 너무나 소중하였다. 애덤 스미스Adam Smith에 관한 그녀의 연구는 나에게 영감을 주는 중요한 원천이었는데, 이 책이 스미스의 분석에 크게 기대고 있기 때문이다. 물론 나는 엠마를 알기 전부터 애덤 스미스와는 친밀한 관계를 유지하고 있었다(나의 이전 저작에 친숙한 사람들은 알고 있을 것이다). 그러나 중요한 점은 아내의 영향으로 이 책의 내용이 더 탄탄해질 수 있었다는 것이다.

서론
자유로서의 발전

이 경험은 내게는 매우 충격적인 것이었다. 이로 인해 나는 훗날 공동체와 집단에 확고하게 뿌리내린 것을 포함해, 편협하게 정의된 정체성이 어떤 끔찍한 결과를 가져오는지 숙고하게 됐다. 하지만 더욱 직접적으로, 이 사건은 사람들이 극단적인 빈곤이라는 형태로 나타난 경제적 부자유 때문에 다른 종류의 자유를 침해 받는 희생자가 될 수 있다는 사실을 극적으로 보여준다. 카데르 미아는 그의 가족이 필요로 하지 않았다면 푼돈을 벌기 위해 적대적인 지역으로 일하러 올 필요가 없었다. 사회적·정치적 부자유가 경제적 부자유를 길러낼 수 있는 것처럼, 경제적 부자유도 사회적 부자유를 키울 수 있다.

여기에서 주장하려는 것은 발전을 사람들이 향유하는 실질적 자유를 확장하는 과정으로 간주할 수 있다는 것이다. 인간의 자유에 초점을 맞추는 것은 발전에 대한 협소한 관점과 대비된다. 그 관점은 발전을 GNP의 성장이나 개인 소득의 증대, 혹은 산업화, 기술적 진보, 사회의 근대화 등과 동일시한다. 물론 GNP나 개인 소득의 증대는 사회구성원들이 향유하는 자유를 확장시키는 수단으로써 매우 중요할 수 있다. 하지만 자유란 다른 요소들에도 의존하는 것이고, 여기에는 사회 경제적 제도(예를 들어 교육이나 보건 체계)나 정치적·시민적 권리(예를 들어 공적 논의나 감사활동에 참여할 수 있는 자유) 등이 포함된다. 마찬가지로 산업화나 기술적 진보 혹은 사회의 근대화도 인간 자유의 확장에 실질적으로 기여할 수 있지만, 자유는 또한 다른 것으로부터도 영향을 받는다. 만일 자유가 발전을 통해 촉진되는 것이라면, 우리는 어떤 특정한 수단이나 도구가 아니라 바로 이 최상위의 목표(자유)에 초점을 맞추어야 할 것이다. 실질적인 자유의 확장이라는 관점에서 발전을 바라보면, 그 과정에서 두드러진 역할을 하는 몇몇 수단이 아니라 발전의 최종적 목표(인간 자유의 확장)에 관심을 집중하게 된다.

발전을 위해서는 부자유의 주요한 원인이 제거되어야만 한다. 그것들은 가난, 독재, 빈약한 경제적 기회와 체계적인 사회적 박탈, 공공시설의 방치, 억압적인 정부의 불관용 혹은 과도한 활동 등이다. 예전에는 예상할 수 없었을 만큼 풍요로워졌음에도 현재 세계의 수많은 사람들은 기본적인 자유조차 누리지 못하고 있다. 때로 실질적 자유의 결여는 경제적 빈곤과 직접적으로 관련되는데, 사람들은 궁핍 때문에 굶주림을 채울 수 있는, 혹은 충분한 영양을 섭취하거나 질병을 치료할 수 있는 자유를, 또는 적절한 의복과 주거의 기회, 깨끗한 물과 위생적인 환경을 누릴 기회를 박탈당한다. 또 다른 경우, 부자유는 공적 시설과 사회적 보호가 결여되어 발생하기도 한다. 여기에는 전염병에 대한 역학적 프로그램이나 보건 혹은 교육시설의 조직화된 제도배열의 결여, 혹은 지역의 평화와 질서를 유지하기 위한 효과적인 제도의 부재도 포함된다. 또는 독재체제가 정치적·시민적 자유를 부정하거나 공동체의 사회적, 정치적, 경제적 생활에 참여할 수 있는 자유를 제약해서 자유가 침해되기도 한다.

효율성과 상호연관성

자유는 두 가지 이유로 발전 과정에서 중심적이다.

(1) 평가적 이유: 진보를 평가할 때는 기본적으로 사람들이 누리는 자유가 확대되었는지 여부를 봐야 한다.

(2) 효율성의 이유: 발전의 성취는 전적으로 사람들의 자유로운 활동에 달려 있다.

이미 첫 번째 동기에 대해서는 언급한 적이 있다. 자유에 집중해야 할 이유로 평가 기준을 언급했기 때문이다. 이제 효율성이라는 두 번째 이유에 대해 말하기 위해 실증적 연관관계를 확인해야 한다. 특히 서로 다른 종류의 자유들이 서로를 강화시키는 관계를 살펴야 한다. 자유롭고 지속 가능한 행위주체가 발전의 주된 동력으로 떠오를 수 있는 것은 바로 이 책에서 상세하게 검토될 이 상호연관성 덕분이다. 자유로운 행위주체는 그 자체로 발전의 '구성'일 뿐만 아니라 다른 종류의 자유로운 행위주체들을 강화하는 데 기여하기도 한다. 이 연구에서 광범위하게 검토할 실증적 연관관계는 '자유로서의 발전'이라는 생각의 두 측면을 연결시켜준다.

개인적 자유와 사회적 발전의 성취 사이의 관계는 구성적 연관관계를 훨씬 넘어선다―그것도 중요하긴 하다. 사람들이 적극적으로 성취하는 결과는 경제적 기회, 정치적 자유, 사회적 권력, 그리고 좋은 건강 상태를 가능하게 하는 조건, 기초교육, 동기부여 등에 의해서 영향을 받는다. 이러한 기회들에 대한 제도적 배열은 사람들이 행사하는 자유에 의해 영향을 받는다. 즉 이런 기회의 진보를 추진하는 공적 결정과 사회적 선택에 참여할 수 있는 자유를 통해서 이루어지는 행위에 영향을 받는다. 이러한 상호연관성 역시 여기에서 탐구될 것이다.

예증: 정치적 자유와 삶의 질

자유를 발전의 주된 목표로 간주함으로써 생겨나는 다른 관점과의 차이점은 몇 가지 단순한 사례로 설명할 수 있다. 이러한 관점이 포괄하는 전 영역은 훨씬 더 폭넓은 분석(이 책의 나머지에서 시도될 것이다)을 해야만 알 수 있지만, '자유로서의 발전'이라는 생각의 근본적 성격은 몇 가지 기본 사례들을 통해서도 쉽게 설명할 수 있다.

먼저 GNP의 성장이나 산업화에만 치우쳐 발전을 생각하는 편협한 관점에서는 정치에 참여하거나 이의를 제기할 자유, 기초교육을 받을 기회 등과 같은 정치적·사회적 자유가 '발전에 이바지하는지'에 대해 의구심을 품는다. 자유로서의 발전이라는 더 근본적인 관점에서 보면 이 의문은 실질적 자유가 (즉 정치적 참여의 자유나 기초교육 및 보건의료를 받을 기회가) 발전을 구성하는 요건이라는 기본적인 이해를 간과한 것이다. 이러한 자유와 발전의 상관성을 새롭게 확립하기 위해 자유가 GNP의 성장이나 산업화의 진전에 간접적으로 기여한다고 말할 필요는 없다. 사실 이러한 자유와 권리들은 경제적 진보에 매우 효율적으로 기여하기도 한다. 나중에 그 연관성을 광범위하게 조명할 기회가 있을 것이다. 이 인과관계는 매우 중요하지만, 자유와 권리의 가치를 이런 인과관계를 통해 입증하는 것은 이러한 자유들이 발전에서 직접적인 구성적 역할을 한다는 사실에 비하면 부차적이다.

두 번째 사례는 1인당 소득(물가상승률을 고려하여 수정한 뒤에도)과 건강하게 장수할 수 있는 개인의 자유가 일치하지 않는다는 것과 관련 있다. 예를 들어 가봉, 남아프리카공화국, 나미비아, 브라질의 시민은 1인당 소득 면에서는 스리랑카, 중국, 인도의 케랄라 주 사람들보다 훨씬 부유하다. 하지만 전자보다 후자가 평균수명이 훨씬 더 길다.

다른 유형의 사례로 보면, 미국의 흑인들은 백인들에 비해 상대적으로 가난하지만 제3세계의 사람들보다는 훨씬 부유하다. 하지만 이 흑인들은 중국, 스리랑카, 혹은 (보건의료, 교육, 지역 공동체들의 관계 등 사회적 환경이 서로 다른) 인도 일부 지역 등 제3세계의 많은 사람들보다 성년까지 살아남는 비율이 절대적으로 낮다는 것을 알아야 한다. 이런 발전에 대한 분석방법을 훨씬 부유한 나라들에도 적용한다면(나중에 이 책에서 실제로 주장할 내용이다), 부유한 나라에 있는 내부집단 간의 차이는 발전과 저발전을 이해하는 데 중요한 측면이 될 수 있다.

거래, 시장과 경제적 부자유

세 번째 사례는 발전 과정의 일부로서 시장이 하는 역할과 관련 있다. 시장 메커니즘이 높은 경제성장과 전반적인 경제적 진보에 기여한다는 점은 발전에 관한 연구 문헌에서 널리, 그리고 정당하게 인정받고 있다. 하지만 파생적 관점에서만 시장 메커니즘의 위상을 이해하는 것은 오류가 될 수 있다. 애덤 스미스가 언급했듯이 교역과 거래의 자유는 그 자체로 사람들이 가치 있게 평가할 만한, 기본적 자유의 본질적인 부분이기 때문이다.

시장에 대해 전반적으로 반대하는 것은 사람들 사이의 대화를 반대하는 것만큼 기이한 일이 될 것이다(비록 어떤 대화가 명백히 비열하고 다른 사람들에게, 심지어는 화자 본인에게까지 문제를 일으킨다고 해도 말이다). 말, 재화, 혹은 선물을 교환할 자유가 즉각적이지는 않지만 바람직한 결과를 낳는다는 식으로 굳이 정당화할 필요는 없다. 규제나 명령에 의해 금지되지 않는 한, 그것은 인간이 사회에서 살아가며 상호작용하는 방식의 일부다. 시장 메커니즘이 경제성장에 기여한다는 것은 물론 중요한 사실이다. 하지만 이것은 교류―말, 재화, 선물―의 자유가 갖는 직접적인 중요성을 인정한 다음의 문제다.

사실상 노동시장에 참여할 자유를 거부하는 것은 사람들을 속박과 감금 상태에 놓이게 하는 방법 중 하나다. 강제노동이라는 부자유에 대한 투쟁이 미국의 남북전쟁에서 중요했던 것처럼, 오늘날 많은 제3세계 국가에서도 이 문제가 중요해졌다. 시장에 진입할 수 있는 자유는 그 자체로 발전에 중대하게 기여한다. 이것은 시장 메커니즘이 경제성장 혹은 산업화에 무엇을 기여할 수 있느냐 하는 문제와는 별개다. 사실 칼 마르크스가 자본주의를 칭송하고 (그가 반드시 자본주의를 찬양했던 것은 아니지만) 『자본론Das Kapital』에서 미국 남북전쟁을 '당대의 역사에서 가장 중요한 사건'이라고 한 것은 노동계약의 자유가 갖는 중요성과 관련 있다. 노예제도 및 노동시장에서의 강제 퇴출과 대조되는 것이 바로 이 자유다. 앞으로 논의하겠지만 오늘날 많은 저개발국가에서는 열린 노동시장으로의 접근을 거부하는 (명시적이거나 암묵적인) 속박 상태가 발전에 중대한 장애로 작용한다. 이 속박을 해소시킬 필요가 있다. 마찬가지로 상품시장에 대한 진입장벽은 봉건적 제도와 제약 아래 고통 받는 소농이나 영세 생산자들에게 박탈감을 느끼게 한다. 경제적 거래에 참여하는 자유는 사회생활에서 기초적인 역할을 한다.

이런 사안들은 종종 간과되곤 한다. 그런데 이 점을 지적한다고 해서 시장 메커니즘의 중요성을 부정하는 것은 아니다. 경제성장을 촉진하거나 여러 조건 아래서 경제적 평등까지 진작시키는 것을 포함해, 그 모든 역할과 효과를 고려하여 광범위하게 시장 메커니즘을 평가해야 한다. 그러나 또 한편 우리는 시장 지향적 사회의 혜택에서 배제된 일부 공동체의 지속적인 박탈과 시장 문화와 관련된 생활양식과 가치에 대한 일반적인 판단들을, 비판을 포함해서 검토해야만 한다. 발전을 자유라는 관점에서 볼 때, 이와 다른 입장의 주장들을 적절히 고려하고 판단해야 한다. 어떤 실질적인 발전 과정도 시장의 광범위한 활용 없이는 불가능하다. 그러나 사회적 지원, 공적 규제, 그리고 국가 운영의 역할 또한 배제할 수 없다. 이러한 것들이 인간의 삶을 궁핍하게 만들기보다 풍요롭게 만들 수 있을 때에는 특히 그렇다. 여기에서의 접근법은 시장 메커니즘을 방어하거나 찬양하는 데 자주 동원되는 것보다 시장에 대해 광범위하고 포괄적인 관점을 제공한다.

나의 유년기 때 개인적 회상을 하나 더 언급하면서 이 사례들의 나열을 끝내도록 하겠다. 10살 무렵, 나는 지금은 방글라데시의 수도인 다카에 있는 우리 집 정원에서 놀고 있었다. 그때 피를 철철 흘리는 한 남자가 고통스럽게 비명을 지르며 문 안으로 들어왔다. 그는 등에 칼을 맞은 상태였다. 당시는 인도와 파키스탄이 분열되기 전이었는데, 힌두교도와 이슬람교도가 서로를 죽이는 지역적 소요가 있었다. 카데르 미아Kader Mia라는 이름을 가진 그 남자는 일용 노동자인 이슬람교도로 적은 일당을 받고 우리 이웃집에 일하러 왔다. 그리고 힌두교도 지역인 이곳에서 동네 불량배들에게 길에서 칼을 맞은 것이었다. 나는 그에게 물을 주면서 집안의 어른을 큰 소리로 불렀고, 잠시 후 아버지는 그를 병원으로 급히 데려다 주었다. 그는 가면서 자기 아내가 이런 때에는 적대적인 동네에 가지 말라고 말렸다고 했다. 하지만 카데르 미아는 집에 먹을 게 없기 때문에 적은 돈이라도 벌기 위해 일해야만 했다. 그의 경제적 부자유는 결국 병원에 도착했을 때 그의 죽음으로 귀결되고 말았다.

이 경험은 내게는 매우 충격적인 것이었다. 이로 인해 나는 훗날 공동체와 집단에 확고하게 뿌리내린 것을 포함해, 편협하게 정의된 정체성이 어떤 끔찍한 결과를 가져오는지 숙고하게 됐다(앞으로 이 문제도 논의할 기회가 있을 것이다). 하지만 더욱 직접적으로, 이 사건은 사람들이 극단적인 빈곤이라는 형태로 나타난 경제적 부자유 때문에 다른 종류의 자유를 침해받는 희생자가 될 수 있다는 사실을 극적으로 보여준다. 카데르 미아는 그의 가족이 필요로 하지 않았다면 푼돈을 벌기 위해 적대적인 지역으로 일하러 올 필요가 없었다. 사회적·정치적 부자유가 경제적 부자유를 길러낼 수 있는 것처럼, 경제적 부자유도 사회적 부자유를 키울 수 있다.

조직과 가치

서로 연관된 실질적 자유를 확장하는 통합적 과정으로 발전을 바라보는 것이 이 책의 관점이다. 이러한 관점의 전환이 어떤 차이를 만들어내는

지 조명하기 위해 다른 많은 사례들을 제시할 수 있다. 경제적, 사회적, 정치적 고려사항들을 통합하는 포괄적 관점에서 발전 과정을 탐구하기 위해 이 책에서는 바로 그런 관점을 제시하고 검토하며 활용한다. 이러한 넓은 접근법은 발전 과정에서 많은 제도들의 중심 역할을 동시에 평가하게 하는데, 여기에는 시장과 시장 관련 조직들, 정부와 지방 당국, 정당과 시민단체들, 교육제도, 열린 논의와 토론의 기회(미디어와 의사소통 수단의 역할을 포함해서)가 포함된다.

그런 접근법 때문에 우리는 또한 사회적 가치와 지배적 관습의 역할을 인지하게 된다. 이것들은 사람들이 소중히 여기면서 누리는 자유에 영향을 준다. 사람들이 공유하는 규범은 성 평등, 아동 보호의 성격, 가족의 규모와 출산 양태, 환경 및 다른 많은 제도와 그 산물들을 다루는 방식 같은 사회적 특성에 영향을 줄 수 있다. 지배적 가치와 사회적 관습은 또한 부패의 유무나 경제적, 사회적, 정치적 관계 속에서 신뢰의 역할에 영향을 준다. 자유는 가치를 통해 실천되지만, 가치는 공공의 토론과 사회적 상호작용에 영향을 받고, 또다시 이것들은 참여의 자유에 영향을 받는다. 이 연결고리의 각 부분은 신중하게 검토할 가치가 있다.

여전히 강하게 비판하는 사람들이 있지만, 경제적으로 거래할 자유가 경제성장의 동력이 된다는 사실은 널리 인정받고 있다. 시장뿐만 아니라 다른 경제적, 사회적, 정치적 자유가 사람들이 향유할 수 있는 삶을 확장하고 더 풍요롭게 만드는 데 기여한다는 점을 인식하는 것 또한 중요하다. 이것은 이른바 인구 문제와 같은 논쟁적 문제들에 대해 명백한 함의를 갖는다. 지나치게 높은 출산율을 조절하는 데 자유가 어떤 역할을 하느냐는 오랫동안 상반된 견해를 가진 사람들끼리 갈등을 빚어온 주제다. 18세기의 위대한 합리주의자 콩도르세Condorcet는 '이성의 진보'에 따라 출산율이 줄어들 것이라 전망했다. 그는 더 큰 안전, 더 많은 교육과 더 많은 반성적 결정reflected decision의 자유가 제공되면 인구성장이 억제될 것이라고 기대했다. 그러나 동시대를 살았던 토머스 로버트 맬서스Thomas Robert Malthus는 전혀 다른 입장을 취했다. 사실 맬서스는 "이 절대 다수의 사람들이 조혼하는 것을 막거나 그들이 최대한의 가족을 부양하지 못하게 할 수 있는 것은 그들이 적절한 양의 생필품을 구할 수 없는 어려움에 처하는 것이다. 그 외에 다른 방법이 있으리라고 기대하기는 어렵다"고 주장했다. 각각 추론의 자유와 경제적 강제에 기반한 이 두 가지 입장이 지닌 상대적 장점은 이 연구에서 더 탐구될 것이다(하지만 내가 발견한 증거는 확실히 콩도르세의 손을 들어주고 있다). 이 특정한 논쟁은 발전에서 자유를 선호하느냐 기피하느냐는 관점 사이에서 수세기 동안 이어진 논쟁의 한 사례일 뿐이라는 것을 이해해야 한다. 이 논쟁은 여전히 여러 형태로 논의 중이다.

제도와 도구적 자유들

'도구적' 관점에서 보면 실증적 연구에서 다섯 가지 유형의 자유를 주로 연구한다. 그것은 ① 정치적 자유, ② 경제적 용이성, ③ 사회적 기회, ④ 투명성 보장, ⑤ 안전보장이다. 이 서로 다른 유형의 권리와 기회는 한 개인의 일반적 역량capability을 증진시키는 데 도움을 준다. 이것들은 또한 서로를 보완해야만 한다. 인간 역량과 실질적 자유를 배양하려는 공공정책은 일반적으로 서로 다르면서도 연관되는 이 도구적 자유들을 진작시킴으로써 작동한다. 이어지는 장에서 이 서로 다른 유형의 자유들—과 연관된 제도들—을 각각 검토하고 그 상호연관성을 논의할 것이다. 사람들이 소중히 여길 만한 삶을 영위할 수 있는 자유를 전반적으로 증진시키는 데 이 자유들이 각각 어떤 역할을 하는지 탐구할 기회도 있을 것이다. '자유로서의 발전'이라는 관점에서는 이 도구적 자유들이 서로 연관되어 있을 뿐만 아니라 인간의 전반적인 자유를 확장하려는 목적에도 연결되어 있다.

이렇듯 발전에 대한 분석은 도구적 자유들을 필연적으로 중요하게 만드는 목표 및 목적과 연관되어야 한다. 이 분석은 동시에 서로 다른 유형의 자유를 함께 묶고, 이러한 결합의 중요성을 강화시키는 실증적 연관관계에 대해서도 주목해야 한다. 사실 이 연관성은 자유의 도구적 역할을 더 충실하게 이해하는 데 핵심적이다.

맺음말

자유들은 발전의 기본적 목표일 뿐만 아니라 주요한 수단이기도 하다. 자유의 평가적 중요성을 기본적으로 인식하는 것과 함께 우리는 여러 종류의 자유들을 서로 연결시키는 실증적 연관관계도 이해해야만 한다. 정치적 자유는 (언론의 자유와 선거라는 형태로) 경제적 안정을 가져오는 데 도움이 된다. 사회적 기회는 (교육과 의료 시설의 형태로) 경제적 참여를 용이하게 해준다. 경제적 용이성은 (교역과 생산에 참여할 기회의 형태로) 개인적 부유함뿐만 아니라 사회시설을 위한 공적 자원을 증진시키는 데 도움이 된다. 서로 다른 종류의 자유들은 서로를 강화시킬 수 있다.

이러한 실증적 연관관계는 평가적 우선성valuational priorities을 다시 강화시킨다. 능동자agent와 피동자patient를 구분하는 중세적 관점에서 보면, 경제학과 발전 과정에 대한 이러한 자유 중심적인 이해는 매우 능동자(행위자) 지향적인 견해다. 적절한 사회적 기회가 주어지면 개인들은 효과적으로 자신의 운명을 개척하면서 타인을 도울 수 있다. 그러니 그들을 정교한 발전 프로그램의 혜택을 수동적으로 받아들이는 수혜자로 볼 필요는 없다. 자유로우면서도 지속 가능한 행위주체의, 그리고 심지어 건설적인 조급함의 긍정적인 역할을 인지해야 할 강력한 이유가 있는 것이다〔능동자와 피동자는 아리스토텔레스 철학에서 나온 용어다. 이 개념쌍은 '원인과 결과'와도 밀접한 관련이 있는데, 센은 경제발전 때문에 개인이 자유를 향유하게 된다는 식의, 개인의 자유를 발전의 결과로 보는 기계적 관점을 거부하고 있다. 개인의 자유는 경제를 변화시키는 능동적 행위주체(개인)의 측면에서 볼 때 경제발전을 가능하게 하는 원인에 가까운 것이기 때문이다―옮긴이〕.

1장
자유의 관점

소득이나 부의 극대화를 우리의 기본적인 목표로 삼는 것은 부적절하다. 아리스토텔레스가 지적했듯이 이것은 "단지 유용한 것일 뿐이며 다른 것을 위한 도구"이기 때문이다. 같은 이유로 경제 성장 자체를 목적으로 다룰 수 없다. 발전이란 우리가 영위하는 삶과 우리가 향유하는 자유를 증진시키는 것과 관련되어야만 한다. 우리가 소중히 여기는 자유의 확장은 우리의 삶을 더욱 풍요롭게 하며 장애를 줄일 뿐만 아니라, 우리 자신의 의지를 실현하는 한편 우리가 살아가는 세계와 상호작용하며 영향을 끼침으로써 우리가 더 완전한 사회적 인간이 되도록 한다.

부부가 더 많은 돈을 벌기 위한 방법을 논의하는 것은 특이한 일이 아니다. 하지만 이 문제를 놓고 기원전 8세기경에 이루어진 대화는 조금 더 특별하고 흥미롭다. 산스크리트 문헌인 『브리하다라냐카 우파니샤드Brihadaranyaka Upanishad』에 기록된 바에 따르면 마이트레이Maitreyee라는 여성과 그녀의 남편 야즈냐발캬Yaznavalkya는 더 부유해지는 방법과 수단에 대해 이야기하다가 더 큰 문제로 나아간다. 그들이 원하는 것을 얻는 데 부가 얼마나 도움이 되는가?[1] 마이트레이는 '부로 가득 찬 이 땅 전체'가 그녀에게 주어지면 영생을 얻을 수 있을지 궁금해 한다. 야즈냐발캬는 '아니'라고 대답하며, "당신의 삶은 부자들의 삶처럼 되겠지. 하지만 부를 통해서 영생을 얻을 수는 없소"라고 말한다. 마이트레이는 이에 대해 "영생을 가져다주지도 못하는 그것으로 뭘 해야 하나요?"라고 반문한다.

마이트레이의 반문은 인도의 종교철학에서 지속적으로 인용되면서 인간이 겪는 곤경의 본질과 물질세계의 한계를 조명해왔다. 나는 마이트레이가 세속적 좌절을 통해 이르게 되는 내세의 문제에 대해서는 상당히 회의적이지만, 이 대화의 또 다른 측면이 경제학이나 발전의 본질을 이해하는 데 직접적인 관심거리를 제공한다고 생각한다. 이것은 소득과 성취, 재화

1장 자유의 관점 55

와 역량 사이의 관계, 그러니까 우리의 경제적 부와 우리가 원하는 삶을 영위할 수 있는 능력 사이의 관계와 관련 있다. 풍요와 성취 사이에 연관관계가 있다면(이 연관성은 강력하기도 하고 아니기도 한데), 이것이 주변 상황에 따라 크게 달라지는 건 당연한 일이다. 여기에서 문제는 마이트레이—그녀의 영혼을 축복하소서—가 관심을 갖게 된 영원히 사는 능력이 아니라, (한창 때에 꺾이지 않고) 정말로 장수하며 살아 있는 동안 (불행하고 부자유한 삶이 아니라) 유복한 삶을 영위할 수 있는 역량이다. 이것은 바로 많은 사람들이 매우 소중하게 생각하고 간절히 원하는 것이다. 이 두 관점 사이의 간극(즉 경제적 풍요에 대한 배타적 관심과 우리가 영위하는 삶에 대한 광범위한 초점이라는 두 관점 사이의 간극)은 발전을 개념화하는 데 있어서 가장 중요한 논점이다. 아리스토텔레스가 『니코마코스 윤리학 Nicomachean Ethics』의 첫머리에서 말했듯이—이것은 거의 3천 마일 밖에서 이루어진 마이트레이와 야즈냐발캬의 대화와 완전히 일치하는데—"부란 명백히 우리가 추구하는 선善이 아니다. 왜냐하면 그것은 단지 유용한 것일 뿐이며, 다른 것을 이루기 위한 수단이기 때문이다."[2]

우리가 더 많은 부를 원하는 이유가 있다면 다음과 같은 질문을 던져야 한다. 도대체 그 이유는 무엇이며, 그것들이 어떻게 작동하고 어떤 조건에 의존하는지, 우리가 그렇게 더 많은 부를 통해 '하려는' 일은 무엇인가? 사실 우리가 더 많은 수입과 부를 원하는 데에는 적절한 이유가 있다. 수입과 부가 그 자체로 바람직하기 때문이 아니다. 그것들은 으레 우리가 소중히 여길 만한 삶을 영위하는 데 더 많은 자유를 보장해주는, 다용도의 수단이기 때문이다.

부는 그것을 통해 가능해지는 것들 때문에 유용하다. 부는 우리들이 실질적인 자유를 획득하도록 돕는다. 하지만 이 관계는 (부 외에도 우리의 삶에 중요한 영향을 끼치는 것들이 많기 때문에) 절대적이지도 않고 (우리의 삶에 대한 부의 효과가 다른 상황에 따라 달라지기 때문에) 일정하지도 않다. 생활 조건과 삶의 질을 결정하는 데 부가 얼마나 중요한지 인식하는 것만큼이나 이 관계의 제한적이고 상황에 따라 가변적인 성격을 이해하는 것 역시 중요하다. 발전을 적절히 개념화하기 위해서는 부의 축적이나 GNP의 증가 또는 기타 소득 기반의 변수 그 이상을 고려해야만 한다. 경제성장의 중요성을 무시하지 않으면서 그 너머를 볼 수 있어야 한다.

발전 과정을 더 완전하게 이해하려면 발전의 목적과 수단을 검토하고 조사할 필요가 있다. 소득이나 부의 극대화를 우리의 기본적인 목표로 삼는 것은 부적절하다. 아리스토텔레스가 지적했듯이 이것은 "단지 유용한 것일 뿐이며 다른 것을 위한 도구"이기 때문이다. 같은 이유로 경제성장 자체를 목적으로 다룰 수 없다. 발전이란 우리가 영위하는 삶과 우리가 향유하는 자유를 증진시키는 것과 관련되어야만 한다. 우리가 소중히 여기는 자유의 확장은 우리의 삶을 더욱 풍요롭게 하며 장애를 줄일 뿐만 아니라, 우리 자신의 의지를 실현하는 한편 우리가 살아가는 세계와 상호작용하며 영향을 끼침으로써 우리가 더 완전한 사회적 인간이 되도록 한다. 제3장에서 이러한 일반적 접근법을 더욱 상세하게 제시하고 검토할 것인데, 주목할 만한 다른 접근법과 비교하며 평가할 것이다.[3]

부자유의 형태들

전 세계의 많은 사람들이 여러 형태의 부자유 때문에 고통을 겪는다. 특정 지역에서 기근이 계속해서 발생하고 수백만의 사람들이 생존하는 데 필요한 기본적 자유를 박탈당한다. 기근 때문에 간헐적으로 초토화되는 일이 없는 나라에서도 영양실조에 시달리는 사람들이 많다. 또 많은 사람들이 깨끗한 물이나 위생 시설을 이용하지 못하고 있으며, 충분히 예방할 수 있지만 종종 조기사망으로 이어지는 병마와 싸우며 살아간다. 좀 더 부유한 나라에서도 종종 심각하게 혜택을 받지 못하는 사람들이 있는데, 이들은 보건, 기능 교육, 괜찮은 일자리, 혹은 경제적·사회적 안전을 누릴 기본적인 기회를 얻지 못한다. 매우 부유한 나라에서조차 이른바 제3세계라고 부르는 훨씬 가난한 나라의 사람들에 비해서 평균수명이 길지 않은 집단이 많다. 더 나아가 여성과 남성 사이의 불평등은 수백만 여성의 삶에 영향을 끼치며, 여성의 생명을 더 일찍 앗아가기도 한다. 이 불평등은 다양한 방식으로 여성이 누리는 실질적 자유를 심각하게 제약한다.

다른 종류의 자유의 박탈로 넘어가면, 세계의 여러 나라에 사는 많은 사람들이 정치적 자유와 기본적인 시민의 권리를 체계적으로 박탈당하고 있다. 이러한 권리를 부정하는 것이 경제성장을 촉진하는 데 도움이 되며, 경제를 빨리 발전시키는 데 '좋다good'는 주장이 이따금 제기된다. 하지만 이러한 명제(싱가포르의 전 수상 리콴유李光耀의 이름을 따서 '리 명제'라고 불린다)를 뒷받침하는 실증적 증거는 종종 꽤 초보적인 것들이다. 사실 이 명제는 국가 간의 종합적인 비교를 통해 입증된 적이 없다. 또한 실제로 권위적 정치가 경제성장에 기여했다는 증거도 별로 없다. 오히려 실증적 증거가 매우 강력하게 암시하는 것은 경제성장이 혹독한 정치체제보다 우호적인 경제환경을 조성하는 것과 관련된 문제라는 점이다. 이 문제는 제6장에서 검토할 것이다.

게다가 경제발전에는 경제적 안정이라는 다른 차원도 있다. 경제적 불안은 민주적 권리와 자유의 결여로 이어질 수 있다. 사실 민주주의와 정치적 권리의 작동은 기근이나 다른 경제적 재난을 방지하는 데 도움이 되기도 한다. 권위주의적 지배자는 그들 스스로 기근의 (혹은 다른 경제적 재난의) 희생자가 되는 일이 거의 없으며, 적절한 방지책을 취할 동기(인센티브)가 결여되기 쉽다. 반면에 민주정부는 선거에서 이겨야 하고 대중의 비판에 직면하기 때문에 기근 같은 파국을 피하기 위해 조취를 취해야 할 강력한 동기를 갖는다. 세계사를 살펴봤을 때, (현재의 서유럽이나 북미에서처럼) 경제적으로 부유하건 (독립 이후의 인도나 보츠와나, 짐바브웨에서처럼) 상대적으로 가난하건 제대로 민주주의가 작동하는 나라에서는 기근이 발생한 적이 없다. 기근은 (영국령 인도나 영국인 지배자가 통치하던 아일랜드처럼) 외부에서 온 지배자가 통치하는 식민지나 (1930년대의 우크라이나, 1958~1961년의 중국, 혹은 1970년대의 캄보디아에서처럼) 일당 독재국가, 그리고 (에티오피아나 소말리아, 혹은 과거의 사하라 사막 남부의 사헬 지대의 나라에서처럼) 군사독재 국가에서 일어나곤 했다. 사실 이 책의 출간을 준비할 무렵 심각한 기근에 시달리는 대표적인 두 나라가 북한과 수단인데, 이 두 나라는 독재의 대표적인 사례다. 기근 방지라는 문제는 인센티브가 갖는 이점을 매우 명료하고 강력하게 보여주는데, 사실 민주적 다원주의가 갖는 이점은 이보다 훨씬 더 광범위하다.

그러나 가장 근본적으로, 정치적 자유와 시민의 자유는 그 자체가 직접적으로 중요하기 때문에 그것들의 경제적 효과를 들어 간접적으로 정당화할 필요가 없다. 정치적 자유나 시민적 권리가 없는 사람들은 적절한 경제적 안전을 보장받더라도 (그리고 만족스러운 경제적 환경을 향유할지라도) 자신의 삶을 영위하는 중요한 자유를 박탈당한 것이며 중요한 공적 사안을 결정하는 데 참여할 기회를 빼앗긴 것이다. 이러한 박탈은 사회적·정치적 삶을 제약한다. 이것이 경제적 재난 같은 다른 곤경으로 이어지지 않는다고 하더라도 그 자체를 억압으로 간주해야 한다. 정치적이고 시민적인 자유가 인간 자유의 구성적 요건이기 때문에, 이것을 인정받지 못하면 그 자체가 심각한 장애다. 발전에서 인권의 역할을 검토할 때 우리는 시민의 권리와 정치적 자유의 도구적 중요성과 함께 구성적 중요성도 고려해야만 한다. 이 문제는 제6장에서 검토할 것이다.

과정과 기회

앞선 논의를 통해 이 책에서 취하는 자유의 관점에 행위와 결정의 자유를 가능케 하는 과정과 함께, 주어진 개인적·사회적 환경에 따라 사람들이 부여받는 기회 모두가 포함된다는 것이 분명해졌을 것이다. 부자유는 투표권이나 기타 정치적·시민적 권리의 침해 같은 부적절한 과정을 통해서 생길 수 있다. 혹은 조기사망, 사전에 막을 수 있는 질병, 굶주림을 피할 수 있는 역량 같은 기본적 기회의 박탈을 포함하여 어떤 사람들이 얻고자 하는 최소한의 것들을 성취하는 데 주어지는 부적절한 기회를 통해서도 생길 수 있다.

과정의 측면과 기회의 측면을 구별하는 것은 상당히 대조적이다. 이것은 여러 층위에서 논의될 수 있다. 나는 다른 곳에서 자유의 과정 측면과 기회 측면의 (상호연관성과 함께) 각각의 역할과 조건을 논의한 적이 있다.[4] 여기에서 이 구별에 관한 복잡하고 미묘한 쟁점을 파고드는 것은 적절하지 못하겠지만, 자유를 충분히 넓은 시야에서 보는 것은 매우 중요하다. 오직 적절한 절차에만 관심을 두는 것이나(이른바 자유지상주의자들이 종종 그러는데, 이들은 사회적 약자들이 실질적인 기회를 체계적으로 박탈당함으로써 겪는 고통에 대해서는 전혀 신경 쓰지 않는다) 혹은 적절한 기회에만 관심을 두는 것(이른바 결과주의자들이 그러한데, 그들은 사람들이 누리는 선택의 자유나 기회를 가져오는 과정의 본질에 대해서는 전혀 신경 쓰지 않는다)을 피해야만 한다. 과정과 기회 양자는 각각 그 자체로 중요하며, 각 측면은 발전을 자유로 보는 관점과 관련되어 있다.

자유의 두 가지 역할

이 책에서 제시한 발전의 분석은 개인의 자유를 그 기본적인 구성요소로 간주한다. 따라서 그들이 소중히 여기는, 혹은 소중히 여길 만한 삶을 영위할 수 있는 개인들의 '역량'이 확장되는 데 주목한다. 이런 역량은 공공정책을 통해 강화될 수 있지만, 다른 한편으로 공공정책의 방향은 대중이 그 결정에 참여할 역량을 효과적으로 활용하는 것에 의해서도 영향을 받는다. 여기에서 제시되는 분석에서는 이런 양방향 관계가 매우 중요하다.

발전 개념에서 개인적 자유의 심대한 중요성에는 두 가지 서로 다른 이유가 있는데, 각각 평가와 효율성과 관련 있다.[5] 먼저 여기에서 사용되는 규범적 접근법에서는 실질적인 개인적 자유가 핵심적이다. 이 관점에 따르면, 한 사회의 성공은 기본적으로 사회구성원이 향유하는 실질적인 자유에 의해 평가되어야 한다. 이러한 평가적 입장은 더욱 전통적인 규범적 접근법의 초점과는 다르다. 기존의 관점은 효용이나 절차적 자유, 혹은 실제 소득과 같은 다른 변수에 초점을 맞춘다.

자신이 소중히 여기는 것들을 할 수 있는 자유가 더 커진다는 것은 ① 개인이 가진 전반적인 자유에서 그 자체로 중요하며 ② 가치 있는 것을 산출할 기회가 늘어난다는 점에서 중요하다.[6] 양자는 사회구성원의 자유를 평가하는 것과 관련 있으며, 따라서 한 사회의 발전을 평가할 때 핵심이 된다. 이러한 규범적 초점(과 특히 개인의 자유와 그 사회적 연관성의 관점에서 정의를 바라보는 것)을 채택하는 근거는 제3장에서 충분히 검토할 것이다.

실질적 자유를 핵심으로 간주하는 두 번째 이유는 자유가 성패를 평가하는 기초일 뿐 아니라 개인의 동기와 사회적 효율성을 근본적으로 결정하는 요소이기 때문이다. 더 커진 자유는 스스로를 돕고 더 나아가 세계에 영향을 끼칠 수 있는 개인들의 역량을 확대시키는데, 이러한 문제들은 발전 과정에서 핵심적이다. 여기에서 관심사는 우리가 아마도 (과도한 단순화의 위험을 약간 감수하고) 개인의 '행위주체 측면agency aspect'이라고 부를 수 있는 것과 관련된다.

'행위주체'라는 용어에 대해서는 약간의 설명이 필요하다. '대리인agent'이라는 표현은 경제학과 게임이론에서 (아마도 '주인principal'의 지시에 따라) 다른 사람을 위해 대리하는 사람을 가리키는 데 종종 사용된다. 여기에서 행위자의 성취는 타인(즉, '주인')의 목표에 비추어 평가되어야 한다. 하지만 나는 '행위자agent'를 이런 의미에서 사용하는 것이 아니라 좀 더 오래된―'광의의'―의미로 사용한다. 나는 행동하고 변화를 가져오며 (우리가 그의 성취를 외부적 기준에서도 평가하는지의 여부와 상관없이) 그 자신의 가치와 목표에 따라 평가될 수 있는 사람을 행위자라고 말한다. 이 책은 공공의 구성원으로서 그리고 경제적, 사회적, 정치적 행위(시장에 참여하는 것부터 정치나 다른 영역에서의 개별적 혹은 집단적 활동에 직간접적으로 참여하는 것까지)의 참여자로서 개인 행위주체의 역할에 특히 초점을 맞추었다.

이러한 능동적 행위자 개념은 최고 정책권자가 (아마도 수동적인 주민들에게 '이상적으로 전달'하기 위해) 치밀한 '대상선별targeting'을 사용하게 하는 만연한 유혹이라는 전략적 문제부터, 민주적 검토의 과정과 거부권(그리고 정치적·시민적 권리의 참여적 행사)으로부터 정부의 운영을 떼어내려는 시도와 같은 근본적 문제에까지 다양한 공공정책의 문제들과 관련이 있다.[7]

평가 체계: 소득과 능력

평가적 측면에서, 여기에서 사실에 기반해 사용되는 접근법은 (인간의 삶과 실질적 자유의 성격 대신) 소득과 부를 우선시하는 '경제 중심주의'나 (창조적인 이의와 생산적인 불만족 대신) 정신적 만족을 높이 평가하는 '공리주의적' 초점focus, 그리고 (절차로부터 야기되는 결과에 대해서는 고의적으로 외면하며) 자유의 절차에만 몰두하는 '자유지상주의적' 몰두preoccupation 같은 전통적인 실용 윤리학이나 경제정책 분석과 차별화되는 사실적 기반에 초점을 맞춘다. 제3장에서는 이런 사실적 기반에서 중요한 사례를 검토할 텐데, 이 검토는 사람들이 향유해야 할 실질적 자유에 초점을 맞추었다.

이것은 개인적 역량의 박탈이 낮은 소득과 밀접한 관련이 있음을 부인하지 않는다. 이 관련성은 두 가지 방향으로 이루어진다. ① 낮은 소득은 굶주림과 영양부족뿐만 아니라 문맹과 나쁜 건강 상태의 주요 원인이 될 수 있다. ② 반대로 나은 교육과 건강 상태는 높은 소득을 얻는 데 도움이 된다. 이러한 연관성은 충분히 인식되어야 한다. 하지만 개인이 향유하는 기본적 역량과 실질적인 자유에는 다른 영향 요소들이 있으며, 이러한 상호연관성의 성질과 범위에 대해서 연구해야 할 이유는 충분하다. 사실 소득과 역량의 박탈은 종종 상당한 상호연관성이 있다는 이유 때문에 전자를 고려하면 후자에 대해서도 충분히 알게 될 것이라고 생각하는데, 그러지 말아야 한다. 이 상호연관성은 충분히 긴밀하지 않으며, 두 변수가 제한적으로 일치한다는 것보다 서로 구별된다는 것이 정책적 관점에서는 더 중요하다. 만일 우리가 소득의 빈곤에만 관심을 기울이지 않고 역량의 박탈이라는 더 포괄적인 생각으로 넘어간다면, 우리는 인간의 삶과 자유의 빈곤을 폭넓은 정보적 기초(소득의 관점을 정책 분석의 주요 참조점으로 과용하는 경향이 있는 통계들을 포함해서) 위에서 더 잘 이해할 수 있게 된다. 소득과 부의 역할은 다른 영향인자들과 함께 중요한 것이지만 성공과 박탈이라는 더 크고 충실한 전체 상으로 통합되어야 한다.

빈곤과 불평등

빈곤과 불평등을 분석하는 것에 대해 이러한 정보적 기초가 갖는 함의는 제4장에서 검토할 것이다. 빈곤을 단순히 낮은 소득이 아니라 기본적 역량의 박탈로 봐야 할 충분한 이유가 있다. 기본적 역량의 박탈은 조기사망, 심각한 영양부족(특히 아동의), 지속적인 질병 상태, 광범위한 문맹 및 다른 문제들에서 드러난다. 예를 들어 '여성의 실종'이라는 끔찍한 현상(남아시아, 서아시아, 북아프리카, 중국 등에서 볼 수 있는, 사회에서 특정한 연령대의 여성이 비정상적으로 높은 사망률을 보임으로써 생겨나는 여성 인구의 증발 현상)은 낮은 소득이 아니라 인구학적, 의학적, 사회적 정보를 바탕으로 분석해야 한다. 낮은 소득은 성의 불평등에 대해서 말해주는 것이 거의 없다.[8]

이러한 관점의 전환은 우리에게 개발도상국뿐만 아니라 가장 부유한 사회의 빈곤에 대해서 기존과는 다른, 하지만 가장 직접적으로 관련된 시각을 제공하기 때문에 중요하다. (주요 유럽 국가에서 10~12퍼센트에 달하는) 유럽의 대규모 실업 상태는 소득분배의 통계에는 잘 드러나지 않는 박탈을 보여준다. 이러한 박탈 상태는 실업보험을 포함하여 유럽의 사회보장 체계가 실업자들의 소득 손실을 보충해준다는 이유로 종종 경시되곤 한다. 하지만 실업은 단순히 정부의 분배로 메울 수 있는 (물론 그 자체로 심각한 부담이 될 수 있는 재정비용이지만) 소득의 결여가 아니다. 그것은 또한 개인의 자유와 동기, 재능을 심각하게 약화시키는 원천이기도 하다. 실업은 어떤 집단의 '사회적 배제'를 야기하고 자부심, 자신감, 그리고 심리적, 육체적 건강의 손상으로 이어지는 중요한 요인이다. 유럽은 개인의 자립을 극도로 저해할 정도의 심각한 실업 수준을 줄일 적절한 정책을 고안해내지 못하였다. 그런데도 유럽은 점점 더 '자립'을 독려하는 사회적 분위기를 조성하고 있는데, 이런 유럽의 노력을 보면 분명하게 모순되었다는 느낌을 받을 수밖에 없다.

소득과 수명

수명과 소득의 관계(마이트레이는 이 주제에 대해 다소 과도한 야심을 내보였다)라는 관점에서 볼 때, 주목할 만한 것은 매우 부유한 나라의 특정한 집단에서 나타나는 박탈의 정도가 이른바 제3세계의 그것과 비교될 만하다는 점이다. 예를 들어, 하나의 집단으로서 미국의 흑인들은 중국이나 인도의 케랄라 주(혹은 스리랑카, 자메이카, 코스타리카)의 극도로 가난한 경제 속에 태어난 사람들에 비해 성년까지 생존할 확률이 더 낮다.[9]

이것은 〈그림 1-1〉과 〈그림 1-2〉에 나타나 있다. 미국 흑인들의 1인당 소득이 백인들에 비해 상당히 낮지만, 중국이나 케랄라 사람들에 비하면 물가의 차이를 고려해도 몇 배나 부유하다. 이런 맥락에서 미국 흑인들의 기대수명을 훨씬 가난한 중국인이나 케랄라의 인도인과 비교하는 것은 특히 흥미로운 일이다. 미국 흑인들은 중국인이나 인도인과 비교했을 때, 어린 연령대에서는 생존률이 높은데 특히 영아사망률이 낮다. 하지만 연령이 오르면 상황은 크게 달라진다.

사실 중국이나 케랄라에 사는 사람은 미국의 흑인에 비해서 고령까지 살아남는 비율이 훨씬 높다. 심지어 흑인 여성들도 더 가난한 중국인과 유사한 생존 패턴을 보이고, 더 가난한 케랄라의 인도인보다는 낮은 생존 비율을 보인다. 미국의 흑인들이 백인들과 비교해 1인당 소득 면에서는 상대적 박탈을 겪는 것도 사실이지만, 그들보다 소득이 낮은 케랄라의 인도인(남녀 모두)이나 중국인(남성)에 비하면 노령까지 살아남는 문제에서 절대적으로 심각한 처지에 있다. 이러한 대조적 상황(즉 1인당 소득으로 평가되는 생활 수준과 장수하는 능력으로 평가되는 것 사이의)을 만들어내는 인과적 영

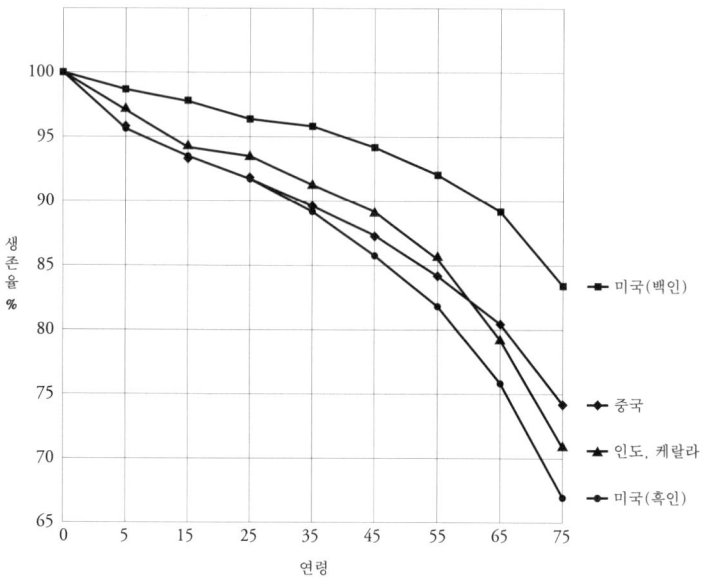

<그림 1-1> 지역별 남성 생존율 분포

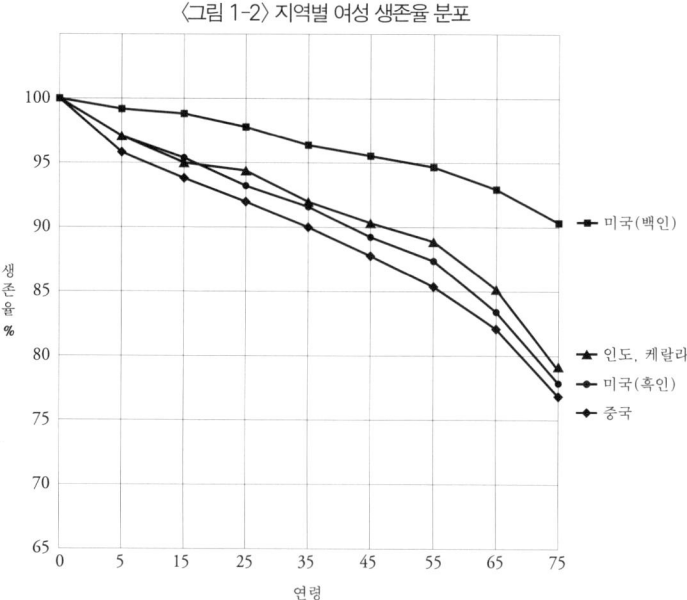

<그림 1-2> 지역별 여성 생존율 분포

출처: 미국, 1991~1993: 미국 보건부, *Health United States* 1995(Hyattsville, Md.: National Center for Health Statistics, 1996); 케랄라 주, 1991: 인도 정부, *Sample Registration System: Fertility and Mortality Indicators 1991*(New Delhi: Office of the Registrar General, 1991); 중국 1992: 세계보건기구, *World Health Statistics Annual 1994*(Geneva: World Health Organization, 1994).

향력에는 의료보험, 공공보건, 학교교육, 법과 사회질서, 폭력의 만연 같은 사회제도와 공동체의 특성이 포함된다.[10]

미국 흑인들 내부에도 매우 큰 차이가 있다는 점을 지적할 필요가 있다. 사실 우리가 미국의 특정한 도시(뉴욕, 샌프란시스코, 세인트루이스, 혹은 워싱턴 D.C.)의 흑인 남성 인구를 조사해본다면 이들이 아주 이른 나이에 중국이나 케랄라의 사람들보다 생존율에서 뒤처지기 시작한다는 점을 알게 된다.[11] 다른 많은 제3세계의 인구와 비교해도 마찬가지다. 예를 들어, 방글라데시의 남성이 번화한 도시 뉴욕의 할렘가에 있는 흑인 남성보다 40세를 넘길 확률이 더 높다.[12] 미국 흑인들이 제3세계의 비교집단에 속하는 사람들보다 몇 배나 부유하지만 그렇다는 것이다.

자유, 역량, 삶의 질

앞선 논의에서는 조기사망을 피하고 생존하는 능력 같은 매우 기본적인 자유에 집중해왔다. 이것은 분명 중요한 자유인데 마찬가지로 중요한 다른 자유들도 있다. 사실 관련된 자유의 범위는 매우 광대할 것이다. 자유의 영역이 광범위하다는 사실은 자유를 중심으로 하는 발전에 대한 접근법을 실제로 적용하는 데 문제를 야기하는 것처럼 보이기도 한다. 나는 이러한 비관적 전망이 그릇되었다고 생각하지만, 이 문제를 다루는 것은 제3장으로 미루겠다. 그곳에서 가치평가에 대한 기초적인 접근법도 함께 고려할 것이다.

어쨌거나 자유를 중시하는 관점이 '삶의 질'에 대한 일반적 관심과 대체로 유사하다는 점을 지적해야 한다. 그런데 이 관심 역시 삶을 영위하는 방식(아마도 사람에게 주어진 선택지까지도)에 집중하며, 한 사람에게 주어진 자원이나 소득에만 국한되지 않는다.[13] 소득이나 자산이 아니라 삶의 질과 실질적 자유에 초점을 맞추는 것은 기존 경제학의 전통에서 벗어난 것처럼 보이는데, 어떤 의미에서 그런 측면이 있기는 하다. 요즘 경제학에서 발견되는 소득 중심적인 분석들과 좀 더 엄격하게 비교한다면 더욱 그렇다. 하지만 사실 이러한 광범위한 접근은 바로 그 출발점부터 전문적인 경제학의 일부였던 분석 방법론과 맞닿아 있다. 이는 명백하게 아리스토텔레스와 관련이 있다. 아리스토텔레스가 '번영'과 '역량'에 초점을 맞춘 것은 마사 누스바움이 논의한 것처럼 삶의 질 그리고 실질적 자유와 명백히 관련되어 있다.[14] 애덤 스미스가 '생필품'과 삶의 조건에 대해 분석한 것 역시 이와 깊게 관련되어 있다.[15]

사실상 경제학은 사람들이 잘살기 위한 가능성을 평가하고 그 인과적 영향력을 연구해야 할 필요성 때문에 시작되었다. 아리스토텔레스의 고전적인 개념 사용은 접어두더라도, 비슷한 개념이 국민계정national accounts과 경제 번영에 대한 초기 저작에서 널리 사용되었다. 17세기 윌리엄 페티William Petty가 선구자였고, 그레고리 킹Gregory King, 프랑수아 케네François Quesnay, 앙트안로랑 라브아지에Antoine-Laurent Lavoisier, 조제프루이 라그랑주Joseph-Louis Lagrange 등이 뒤를 이었다. 경제적 분석의 선구자들이 고안한 국민계정은 현대적 소득 개념의 기초를 확립했으나 그들의 관심은 이 개념 하나에만 국한되지 않았다. 그들은 소득이 중요하다는 점을 알았지만 그것이 도구적이며 상황에 따라 달라진다는 것 또한 알고 있었다.[16]

예를 들어, 윌리엄 페티가 국민소득을 측정하기 위해 '소득 방법론'과 '소비 방법론'을 개척했지만(현대의 추산법도 이 초기의 시도를 따른다), 그는 명백히 '공동의 안전'과 '각 개인의 특정한 행복'에 관심을 가졌다. 페티가 연구에 착수하면서 공언한 목적은 사람들의 생활조건을 평가하는 것과 직접적으로 관련이 있었다. 그는 과학적 탐구와 17세기 정치학을 결합시킬 수 있었다("불만분자들이 말하는 것처럼 왕의 신민들이 그리 나쁜 조건에 있는 것은 아니라는 점을 보여주기 위하여"). 상품 소비가 사람들의 다양한 활동에 끼친 영향은 다른 사람들의 주목을 받았다. 예를 들어, 위대한 수학자 조제 프루이 라그랑주는 상품을 그 기능에 관련된 특성으로 전환시키는 것에서 창의력을 발휘했다. 밀과 다른 곡물의 양은 영양학적 등가물로 전환되었고, 모든 고기의 양은 동등한 단위의 소고기로(영양학적 품질에 의해) 전환되었으며, 모든 음료수는 동등한 단위의 와인으로 전환되었다(라그랑주는 프랑스인이었다).[17] 상품만이 아니라 결과적 기능에도 관심을 기울일 때, 우리는 전문적인 경제학의 오래된 유산 중 일부를 회복할 수 있다.

시장과 자유

시장 메커니즘의 역할은 오래된 유산의 회복을 필요로 하는 또 다른 주제다. 시장 메커니즘과 자유, 더 나아가 경제발전과의 관계는 최소한 두 가지 다른 유형의 질문을 제기하는데, 이것을 명확히 구별할 필요가 있다. 첫째, 자의적 통제로 거래 기회를 박탈하는 것은 부자유의 원천이 될 수 있다. 이럴 때 사람들은 그들의 권리 안에 있어야 할 일들을 (하지 말아야 할 강력한 이유가 없을 때) 하지 못하게 된다. 이 점은 시장 메커니즘이 가진 효율성이나 시장 시스템의 존재 여부에 대한 폭넓은 분석과는 별개의 것이다. 허가나 방해 없이 자유롭게 교역하고 거래할 수 있는 자유의 중요성에 관한 문제이기 때문이다.

시장에 대한 이런 주장은 현재 매우 일반적인 두 번째 주장과 구별되어야 한다. 즉 시장은 전형적으로 소득과 부 그리고 경제적 기회를 증진시킨다는 것이다. 시장 메커니즘을 자의적으로 통제하는 것은 시장의 부재를 야기하고, 이는 자유의 위축으로 이어질 수 있다. 사람들이 시장이 제공하고 보완해주는 경제적 기회와 바람직한 결과를 얻지 못할 때 박탈이 생겨날 수 있다.

시장 메커니즘에 대한 이러한 두 가지 주장은 모두 실질적인 자유의 관점과 관련 있지만 서로 구별되어야 한다. 오늘날의 경제 관련 문헌에서 일반적인 것은 시장 메커니즘의 효율적 작동과 바람직한 결과에 기초한 두 번째 주장이다.[18] 이 주장은 일반적으로 강력하게 받아들여진다. 시장 시스템이 빠른 경제성장과 삶의 질을 향상시키는 원동력이 된다는 실증적 증거도 풍부하다. 시장의 기회를 제약하는 정책은 시장 시스템, 주로 전반적인 경제적 번영을 통해서 생겨날 실질적 자유의 확장을 제약하는 효과가 있다. 그렇다고 이것이 시장이 때로 반생산적이 될 수 있다는 걸 부정하는 것은 아니다. 이 점은 이미 애덤 스미스가 특히 금융시장을 규제할 필요성을 옹호하며 지적했다.[19] 규제가 필요한 경우들을 진지하게 주장한 사례도 존재한다. 하지만 대개 시장 시스템의 긍정적인 효과는 수십 년 전에 비해서 더 널리 인정되고 있다.

그러나 시장의 효용을 지지하는 이러한 사례는 사람들이 교역과 거래를 시작할 권리를 가진다는 주장과는 전적으로 다르다. 이러한 권리들이 침해할 수 없는 것으로 받아들여지지 않는다고 해도(그리고 전적으로 그 결과와 무관하게), 사람들에게서 서로 경제적 거래를 할 수 있는 권리를 박탈하는 것은 사회적 손실을 불러온다고 주장할 수 있기 때문이다. 만일 거래의 결과가 서로에게 너무 불리하다면 사람들이 자유롭게 거래해야 한다는 자명한 전제를 제약하는 것이 일리가 있어 보일 수도 있다. 그러나 이러한 제약을 부가해도 여전히 직접적인 손실이 발생한다. 거래가 제3자들에게 미치는 간접적인 효과 때문에 이 직접적인 손실보다 더 큰 손실이 발생하더라도, 이러한 손실의 문제는 무시할 수 없다.

경제학은 자유의 가치에서 효용, 소득, 부로 초점을 옮겨가는 경향이 있었다. 직업으로서 경제학이 시장을 충분히 찬양하지 못한다고 비난받는 일은 거의 없지만, 이렇게 초점을 협소화함으로써 시장 메커니즘의 전체적인 역할을 평가절하한 셈이다. 중요한 점은 얼마나 찬양했는가가 아니라 찬양을 한 이유다.

경쟁적인 시장 메커니즘이 정보의 경제(시장의 각 행위자들은 서로에 대해 많이 알 필요가 없다)와 인센티브의 호환성(각 행위자의 신중한 행동은 다른 사람의 그것과 잘 조화될 수 있다) 때문에 중앙집중적인 시스템이 성취할 수 없는 효율성을 얻을 수 있다고 말하는, 경제학에서 잘 알려진 주장의 사례를 들어보자. 그리고 일반적으로 가정하는 것과 달리 생산과 분배에 관한 모든 결정을 독재자가 내리는 완전히 중앙집중화된 체계에서도 동일한 경제적 결과가 달성되는 경우를 상상해보자. 그것은 정말로 동일하게 훌륭한 성취일까?

이러한 시나리오에서 사람들이 어디서 일하고 무엇을 생산하며 무엇을 소비할 것인지 등을 결정할 때 자신이 원하는 대로 행동할 자유가 결여되어 있다는 것을 알아채는 건 쉬운 일이다. 자유로운 선택과 독재자의 명령이라는 두 시나리오에서 한 사람이 동일한 방식으로 같은 상품을 생산하고 동일한 소득을 얻고 동일한 재화를 구매한다고 하더라도, 사람들은 명령을 따르기보다 자유를 선택하는 시나리오를 택할 것이다. 이것은 '최종결과culmination outcomes'(자유의 행사를 포함해 과정에 대한 어떤 규정 없이 오직 궁극적인 산출만을 따지는 것)와 '포괄적 결과comprehensive outcomes'(최종 결과를 만들어내는 과정에 대한 언급을 포함하는 것) 사이의 구별이다. 이 구별의 핵심적인 중요성에 대해서는 다른 곳에서 더 자세히 분석했다.[20] 시장 시스템의 장점은 최대로 효율적인 산출을 만들어내는 역량에만 달려 있는 게 아니다.

시장 선호 경제의 관심사가 자유에서 효용으로 옮겨감으로써 자유 그 자체의 핵심적 가치를 무시하는 대가를 치러야 했다. 20세기의 대표적인 경제학자 중 한 명인 존 힉스John Hicks(1972년 노벨 경제학상을 받은 영국의 경제학자로 『가치와 자본』을 주저로 남겼다. 대체탄력성의 개념을 도입하고 거시경제학의 기본모형인 IS-LM 모델을 발견하는 등, 근대경제학의 각 분야를 더욱 체계화하고 발전시켰다—옮긴이)는 그 자신이 자유 지향적이기보다는 효용 지향적인 사람이었지만, 이 주제에 관한 다음의 글에서 이 문제를 놀라울 만큼 명쾌하게 다루었다.

> (스미스 혹은 리카르도주의적인) 고전 경제학자들의 자유주의적인, 혹은 불간섭의 원칙들은 무엇보다 경제적 원칙들이 아니었다. 그것들은 더 광범위한 분야에 적용되는 원칙들을 경제학에 적용시킨 것이었다. 경제적 자유가 경제적 효율성을 가져온다는 주장은 보조적 논거에 지나지 않는다. (……) 내가 의문을 제기하고자 하는 것은 우리 대부분이 철저하게 그랬던 것처럼 이 주장의 반대편을 망각하는 것이 과연 정당화될 수 있을까 하는 것이다.[21]

발전을 다룬 문헌들이 높은 소득, 소비의 증대, 그리고 기타 최종 결과들을 우선시하는 것에 비추어볼 때, 이러한 점은 경제발전의 맥락에서 다소 독특한 것으로 보일 수 있다. 하지만 전혀 그렇지 않다. 많은 경제의 발전 과정에서 일어나는 가장 커다란 변화 중 하나는 전통 농업경제를 특징짓는 담보노동이나 강제노동을 자유로운 노동계약과 자유로운 거주 이전의 시스템으로 대체하는 것이다. 자유를 기반으로 발전을 바라보는 관점은 최종 결과에만 초점을 맞추는 평가 시스템에서는 불가능한 방식으로 이 쟁점을 즉각적으로 찾아낸다.

이러한 점은 노예해방 이전에 미국 남부에서 노예노동의 본질을 둘러싸고 벌어진 논쟁을 통해 잘 조명할 수 있다. 이 주제에 대한 로버트 포겔Robert Fogel과 스탠리 엥거먼Stanley Engerman의 고전적 연구『교차로의 시간: 미국 흑인 노예의 경제학Time on the Cross: The Economics of American Negro Slavery』은 상대적으로 노예들의 '금전적 소득'이 높았다는 놀라운 사실을 발견했다(이 책에서 다루어진 몇몇 쟁점들에 대한 논쟁이 이 발견의 가치를 훼손하지는 않는다). 노예의 재화 소비량은 자유로운 농업 노동자들에 비해 비교적 좋은 편이었다(정말 좋은 건 아니었겠지만). 그리고 노예들의 기대수명 역시 낮은 편은 아니라 '프랑스나 네덜란드와 같이 발달한 나라들의 기대수명과 거의 동일'했으며, '미국과 유럽의 자유로운 도시 산업 노동자들보다 훨씬 높았다.'[22] 하지만 노예들은 도망쳤고, 노예제도가 노예들에게 제공한 이익이 충분하지 않았다고 가정할 수 있다. 사실 노예제가 소멸된 후 노예들을 다시 되돌리려는 시도, 즉 높은 임금을 주면서 '집단노동'의 형태로 노예처럼 일하게 만들려는 시도는 성공하지 못했다.

> 노예들이 해방된 이후 많은 농장주들은 임금을 기반으로 하는 강제노동을 재건하려고 했다. 하지만 이를 위해 자유민에게 제공되는 임금이 노예일 때 받았던 것보다 두 배가 넘었음에도 이러한 시도들은 실패로 끝났다. 농장주들은 일단 힘을 행사할 권리가 사라진 뒤에는 어떤 특혜를 주더라도 강제노동 시스템을 유지하는 것이 불가능하다는 것을 알게 되었다.[23]

고용의 자유와 작업 현장에서 자유가 갖는 중요성은 이와 관련된 가치 평가를 이해하는 데 핵심적이다.[24]

사실 자본주의를 칭송한 칼 마르크스는 전자본주의적인 노동 제도labor

arrangement의 부자유에 대해 정확히 다루었는데, 같은 맥락에서 그는 미국의 남북전쟁을 '동시대의 역사에서 가장 위대한 사건'이라고 말했다.[25] 시장에 기반한 자유라는 문제는 (많은 개발도상국에서 흔하게 나타나는) 담보노동에서 자유 계약 노동으로의 이행을 분석하는 데 매우 중요하다. 사실 이것은 효용의 가치에 대항해 자유에 초점을 맞추는 자유주의적 관심사와 마르크스주의적 분석이 친화력을 보이는 사례 중 하나다.

예를 들어, 인도의 담보노동에서 임금노동으로의 전환에 대한 연구에서 V. K. 라마찬드란V. K. Ramachandran은 이 문제가 남인도의 농업 상황에서 갖는 실증적 중요성을 잘 보여준다.

> 마르크스는 (욘 엘스터Jon Elster의 용어를 사용하자면) 자본주의 아래에서 노동자가 갖는 형식적 자유와 전자본주의 시스템에서 노동자가 갖는 진정한 부자유를 구별했다. "피고용자가 될 수 있는 노동자의 자유는 이전의 생산양식에서는 발견할 수 없었던 방식으로 그를 자유롭게 한다." 농업에서 임노동의 발전에 대한 연구는 다른 관점에서도 역시 중요하다. 한 사회에서 노동력을 팔 수 있는 노동자의 자유가 확대되는 것은 그들의 실질적인positive 자유를 확대하는 것으로, 이것은 한 사회가 얼마나 잘 돌아가는지를 따지는 중요한 척도이기도 하다.[26]

부채와 노동의 구속이 연결되어 있는 것은 많은 전자본주의적 농업에서 끈질기게 남아 있는 부자유의 형태다.[27] 발전을 자유로 보면 노동시장이 농업의 생산성을 향상시킨다는 파생적 관점과 달리 이 문제에 직접적으로 접근할 수 있다. 이 문제는 계약과 고용의 자유의 문제와는 전혀 다른, 그 자체로 심각한 문제다.

아동노동이라는 끔찍한 문제를 둘러싼 논쟁 또한 선택의 자유라는 문제와 관련되어 있다. 아동노동에 관한 윤리가 참혹하게 파괴되는 것은 (자유로운 상태에서 학교에 갈 수 있는 것이 아니라) 불우한 가정에서 아동들이 실질적인 노예 상태에 있으며, 노동이 강제적으로 착취되는 것에서 주로 비롯된다.[28] 자유라는 직접적인 쟁점은 이 복잡한 문제에서 중요한 부분이다.

가치와 가치평가 과정

이제 가치평가의 문제로 돌아가보자. 우리가 말하는 자유는 매우 다양하기 때문에 개인적 이점과 사회적 진보를 평가할 때 서로 다른 유형의 자유가 갖는 상대적 비중을 결정하는 데 명시적으로 가치평가를 내릴 여지가 있게 마련이다. 물론 가치평가란 종종 암묵적으로 이루어지지만 (제3장에서 논의될 공리주의, 자유지상주의, 그리고 다른 접근법들을 포함해) 모든 접근법에 포함되어 있다. 어떤 사람들은 어떤 가치가 사용되고 그 이유가 무엇인지를 명시적으로 나타내야 할 필요성이 있음에도 기계적 지표mechanical index를 사용하는 것을 선호한다. 그들은 자유 기반의 접근법이 가치평가를 명시적으로 할 것을 요구한다는 것에 불만을 갖는 경향이 있다. 우리는 그런 불평을 자주 듣는다. 하지만 나는 이 명시성이 가치평가 행위의 중요한 자산이라고 주장할 것인데, 무엇보다 그것이 공개적인 검토와 비판에 열려 있어야 하기 때문이다. 사실 정치적 자유를 옹호하는 가장 강력한 주장 중 하나는 우선순위를 선택할 때 가치를 논의하고 논쟁할 (그리고 그 선택에 참여할) 수 있도록 시민들에게 기회를 준다는 데 있다. 이것은 제6장부터 11장까지 논의될 것이다.

개인적 자유는 본질적으로 사회적 산물이다. ① 개인적 자유를 확장하는 사회적 제도배열과 ② 각각의 삶을 향상시키기 위해서뿐만 아니라 사회적 제도배열을 더욱 적절하고 효과적으로 하기 위한 개인적 자유의 사용 사이에는 상호관계가 존재한다. 정의와 적절함에 대해 개인들이 갖는 관념은 개인이 자신들의 자유를 구체적으로 활용하는 방식에 영향을 끼치는데, 이러한 관념은 또한 사회적 관계에 달려 있기도 하다. 특히 그것은 상호작용하며 형성되는 공공의 인식과 문제와 해법에 대한 집단적 이해에 따라 달라진다. 공공정책에 대한 분석과 평가는 이러한 다양한 연관관계를 반영해야만 한다.

전통, 문화, 민주주의

참여의 문제는 또한 발전이론의 힘과 범위를 제약해온 근본적 문제들에서도 중요하다. 예를 들자면, 경제발전이 어떤 국가에는 해로울 수 있다는 주장도 있는데, 그 이유는 그 나라의 전통과 문화유산을 파괴하기 때문이라는 것이다.[29] 이런 비판은 종종 빈곤하며 전통적인 것보다는 부유하고 행복한 것이 더 낫다는 이유로 쉽게 부정되곤 한다. 물론 이것은 설득력 있는 구호일 수 있지만, 제기된 비판에 적절하게 대응했다고 보기는 어렵다. 또한 이것은 회의론자들이 발전에 대해 제기한 중요한 가치평가의 문제를 진지하게 받아들이고 있지도 않다.

오히려 좀 더 중대한 문제는 권위와 정당성의 원천과 관련된다. 전통의 일부가 국가에 필요한 경제적·사회적 변화와 함께 유지될 수 없을 경우, 무엇을 선택할지를 결정해야 한다. 그 결정에는 불가피하게 가치평가의 문제가 있을 수밖에 없다. 이것은 관련된 사람들이 마주하고 판단을 내려야 할 선택의 문제다. 이 선택은 (많은 발전 옹호론자들이 설득하려고 하는 것처럼) 닫혀 있는 문제도 아니고 (많은 발전 회의론자들이 가정하는 것처럼) 지켜야 할 전통의 '수호자들'의 문제도 아니다. 전통적인 생활양식이 (많은 전통사회가 수천 년간 그래온 것과 같은) 힘겨운 빈곤과 길지 않은 평균수명을 벗어나기 위해 희생되어야 한다면, 직접적으로 관련된 사람들이 어떤 것을 선택할지 그 결정에 참여할 기회를 가져야만 한다. 진짜 갈등이란 ① 어떤 전통을 따를 것인지 버릴 것인지를 자유롭게 결정할 수 있어야 한다는 기본적 가치와 ② (그게 무엇이건) 기존의 전통은 지켜져야 한다, 혹은 전통을 강제하는 종교적 또는 세속적 권위—그것이 실제건 상상의 것이건—의 결정에 사람들이 복종해야 한다는 완강함 사이에 있는 것이다.

전자의 가르침은 인간 자유의 중요성을 기본 바탕에 둔다. 이것은 일단 받아들여지면 전통의 이름으로 무엇이 가능하고 불가능한지에 대해 강력한 함의를 갖게 된다. '자유로서의 발전'의 접근법은 이 가르침을 강조한다.

사실 자유 지향적 관점에서 보면, 어떤 전통을 따를 것인지를 결정하는 데 참여할 수 있는 모든 이들의 자유는 국가나 지역의 '보호자들$_{guardians}$'이 배제할 수 있는 게 아니다. 아야톨라$_{ayatollahs}$(이슬람의 시아파에서 고위 성직자에게 부여하는 호칭으로, 20세기 초 이란 입헌혁명 때 생겨났다—옮긴이)건 (혹은 다른 종교적 권위건), 정치적 지도자건 (혹은 정부의 독재자건), 혹은 문화적 '전문가'(국내나 해외의)이건 말이다. 전통의 보전과 현대성의 장점 사이의 진짜 갈등은 정치 지도자나 종교적 권위, 혹은 과거의 유산에 대한 인류학적 숭배자들이 전통을 옹호하며 일반적으로 현대성을 거부하는 것이 아니라 사람들의 참여를 통해 갈등을 해소할 것을 요구한다. 질문은 닫혀 있어서는 안 되며 사회구성원들이 쉽게 접근하고 결정에 참여할 수 있도록 활짝 열려 있어야 한다. 종교적 근본주의, 정치적 관행, 혹은 이른바 아시아적 가치 같은 전통적 가치에 근거해 참여의 자유를 억압하려는 시도는 정당성에서 문제가 있다. 또한 원하는 것과 받아들일 것을 결정하는 데 참여하려는 사람들의 요구를 간과한다.

이러한 기본적 인식은 폭넓게 영향을 미치고 강력한 의미를 갖는다. 전통을 고수하는 것이 언론의 자유 혹은 시민들이 소통할 권리를 일반적으로 억압할 근거를 제공하지는 않는다. 유교儒敎가 실제로 얼마나 권위적이었는가에 대한 왜곡된 견해가 역사적으로 옳은 것으로 밝혀진대도(이런 해석에 대한 비판은 제10장에서 다룬다), 이 때문에 검열이나 정치적 제약을 통해 권위주의를 구현하는 게 정당화되지는 않는다. 왜냐하면 기원전 6세기에 출현한 이 사상을 고수하는 것의 정당성은 오늘을 살아가는 사람들에 의해 결정되어야 하기 때문이다.

또한 참여는 지식과 기초교육을 통해 얻는 재능skills을 필요로 한다. 그러므로 어떤 집단—예를 들어, 여자 아이들—이 학교교육을 받을 기회를 박탈하는 것은 참여의 자유에 필요한 기본 조건에 즉각적으로 위배된다. 이러한 권리들에 대해서 종종 논쟁이 벌어지지만(최근의 가장 지독한 억압은 아프가니스탄에서 탈레반 집권 시기에 이루어졌다), 자유 지향적 관점에서는 이 기본적인 요구사항을 피해갈 수 없다. 자유로서의 발전이라는 접근법은 발전의 궁극적 목적뿐만 아니라 존중되어야 할 과정과 절차에 대해서도 매우 큰 의미를 지닌다.

맺음말

사람들의 실질적 자유라는 관점에서 발전을 보는 것은 발전 과정을 이해하는 데 있어서, 그리고 그것을 진작시키는 방법과 수단에서 큰 의미를 갖는다. 평가의 측면에서 볼 때, 발전이 사회구성원들이 고통을 겪는 부자유를 제거하는 것이라는 관점에서 접근할 필요가 있다. 이 관점에서 볼 때 발전 과정은 이러한 부자유를 극복했던 역사와 본질적으로 다르지 않다.

이 역사는 경제성장과 물질적·인적 자본의 축적과 결코 무관할 수 없지만 그 범위와 영역은 이러한 변수들을 훨씬 뛰어넘는다.

자유에 초점을 맞추어 발전을 평가할 때, 서로 다른 발전의 경험을 비교하고 순위를 매길 수 있게 하는 발전의 유일하고 정확한 '표준'이 있다고 제안하지는 않는다. 서로 다른 사람들의 다양한 자유들을 고려할 필요성과 함께 자유의 구성요소들이 지닌 다양성을 받아들인다면, 오히려 그 반대 방향에서 자주 논쟁을 벌이게 될 것이다. '자유로서의 발전'이라는 접근법에 깔려 있는 동기는 모든 상태―혹은 모든 가능한 시나리오―를 '완전한 질서'로 줄 세우는 것이 아니라 주목 받아야 할 발전 과정의 주요한 측면들에 주의를 환기하려는 것이다. 그러한 관심을 기울인 뒤에도 여전히 가능한 전체적인 순위에는 차이가 있겠지만, 적어도 그 차이가 당면한 목표에서 더 이상 당황스러운 것은 아닐 것이다.

사람들의 자유에 대한 관심이 부족하기 때문에 핵심적으로 중요한 사안을 무시하는 것―발전에 관한 문헌들에서 종종 볼 수 있는―은 해로운 결과를 낳을 수 있다. 발전에 대해 넓은 시야를 갖는 것은 실제로 중요한 일들을 평가하고 검토하는 것에 집중하기 위해, 그리고 특히 핵심적 사안들을 간과하지 않기 위해 필요하다. 관련 변수들을 고려하면 자동적으로 사람들이 서로 다른 시나리오들의 순위를 매기는 데 동일한 결론에 이른다고 생각하는 것은 멋진 일일 수 있다. 하지만 우리의 접근법은 그러한 만장일치를 필요로 하지 않는다. 이러한 문제들에 대한 논쟁은 종종 중요한 정치적 논쟁으로 이어지곤 하지만, 이조차도 발전을 특징짓는 민주적 참여 과정의 일부가 될 수 있다. 이 책의 뒷부분에서는 발전 과정의 일부인 참여와 관련해 실질적인 쟁점들을 검토하게 될 것이다.

2장
발전의 목표와 수단

발전의 목적과 수단은 자유의 관점을 무대의 중심에 놓을 것을 요청한다. 이 관점에 따르면, 사람들은―기회가 주어진다면―그들 자신의 운명을 형성하는 데 적극적으로 참여하는 존재로 간주되어야 하며, 잘 계획된 발전 프로그램의 수동적 수혜자로만 간주해서는 안 된다. 국가와 사회는 인간 역량을 강화하고 보장하는 데 광범위한 역할을 한다. 국가와 사회는 개인에게 인간 역량이라는 기성품을 배달하는 것이 아니라 개인이 역량을 발휘할 수 있도록 보조적 역할을 하는 것이다.

발전 과정에 대한 두 가지 일반적인 태도는 전문적인 경제분석뿐만 아니라 대중적 토론과 논쟁에서도 발견된다. 이 두 가지를 구별하는 것에서부터 시작하도록 하자.[1] 첫 번째 관점에서는 발전을 더욱 많은 '피와 땀, 눈물'을 동반하는 '난폭한' 과정으로 본다. 이런 세계에서는 지혜가 강인함tougness을 필요로 한다. 특히 이 관점은 '어리석은' 것으로 여겨지는 다양한 관심사들(그렇다고 비판자들이 이 문제들을 종종 어리석은 것이라고 부를 정도로 무례하지는 않다)을 고의적으로 무시할 것을 요구한다. 저자가 어떤 것들을 문제라고 생각하느냐에 따라 우리가 저항해야 할 유혹이 달라지는데, 이러한 관점에서는 대다수 사람들에게 사회복지를 제공하는 것, 역경을 극복하기 위해 현재의 엄격한 제도적 지침을 벗어나려 하는 것, 정치적·시민적 권리와 민주주의라는 '사치품'을 (너무 일찍) 선호하는 것이 그 유혹에 포함된다. 이런 엄격한 입장에 따르면 지금 언급한 것들은 발전 과정이 충분한 성과를 얻은 이후에나 가능한 것들이다. 그러니 지금 여기에 필요한 것은 '강인함과 훈육'이라고 본다. 이러한 일반적 관점을 공유하는 서로 다른 이론들은 특히 피해야 할 관대함이 어떤 것인지에 따라 갈라진다. 여기에는 헤픈 재정에서부터 정치적 완화, 과도한 사회적 지출에서부터 시혜적인 빈곤 구제 등이 포함된다.

이러한 강경한 태도는 발전을 본질적으로 '우호적' 과정으로 보는 대안적 전망과 대조된다. 이러한 전망의 구체적 사례들은 발전 과정의 조화로움이 상호 이익이 되는 교환(이에 대해서 애덤 스미스가 훌륭하게 설명하였다)에 의해, 혹은 사회적 안전망의 작동에 의해, 혹은 정치적 자유에 의해, 혹은 사회적 발전에 의해, 그리고 마지막으로 이것들의 조합이나 또 다른 보조적 활동 등을 통해 드러난다고 본다.

자유의 구성적 역할과 도구적 역할

이 책의 접근법은 전자보다는 후자와 더 잘 맞는다.[2] 대체로 발전을 사람들이 향유하는 실질적 자유를 확장하는 과정으로 보기 때문이다. 이 접근법에 따르면 자유의 확장은 발전의 ① 주된 목표일뿐만 아니라 ② 핵심적 수단이기도 하다. 이것들은 각각 자유의 '구성적 역할'과 '도구적 역할'이라 부를 수 있다. 자유의 구성적 역할은 인간의 삶을 풍요롭게 만드는 데 실질적 자유가 얼마나 중요한지와 관련된다. 실질적 자유란 글을 읽거나 쓰고 계산할 줄 아는 것, 정치에 참여하고 검열 없는 언론을 향유하는 것과 관련된 자유뿐만 아니라 굶주림, 영양실조, 질병, 조기사망을 피할 수 있는 기본적 역량도 포함한다. 구성적 관점에서 발전은 이러한 기본적 자유를 확장하는 것을 포함한다. 이 관점에 따르면 발전이란 인간의 자유를 확장하는 과정이며 발전을 평가할 때에는 이러한 고려사항이 포함되어야 한다.

자유의 '구성적' 역할에 대한 인식이 발전의 분석을 어떻게 바꿀 수 있는지를 조명하기 위해 서론에서 간단하게 논의한 (발전을 다룬 문헌들에서 자주 제기되는 문제들을 포함하는) 사례를 생각해보자. 발전을 협소하게 바라보는 (말하자면 국민총생산의 증가나 산업화라는) 관점에서는 정치적 참여와 이의 제기의 자유가 '발전에 도움이 되는지' 여부를 묻곤 한다. 자유로서의 발전이라는 근본적 관점에서 보면 이러한 질문은 문제가 있다. 정치적 참여와 이의 제기가 발전 그 자체의 구성요소라고 보기 때문이다. 자유로운 발언이나 공공의 토론과 결정에 참여하는 것을 금지당한 사람은 아무리 부유하더라도 그 사람이 가치 있게 여기는 권리를 박탈당한 것이다. 인간 자유의 확장이라는 면에서 볼 때, 발전 과정은 이러한 박탈을 제거하는 것까지 포함해야 한다. 어떤 사람이 발언이나 참여의 자유에 직접적인 관심이 없다 하더라도, 만일 이 문제에 대해 어떤 선택의 자유도 없다면 그것은 자유를 박탈당하는 것이다. 발전을 적절하게 이해하기 위해서 기본적인 정치적 자유나 시민권의 박탈이 갖는 의미가 (국민총생산의 증가나 산업화의 진척과 같은) 발전의 다른 측면에 간접적으로 기여한다는 점으로 설명되어야 하는 것은 아니다. 이러한 자유는 발전 과정을 풍요롭게 하는 핵심이기 때문이다.

이 근본적인 요점은 자유와 권리들이 역시 경제발전에 효율적으로 기여할 수도 있다는 '도구적' 주장과는 다르다. 이런 도구적 연관성 역시 중요하지만(이에 대해서는 제5장과 제6장에서 부분적으로 논의할 것이다), 정치적 자유가 발전을 위한 수단으로서 갖는 도구적 역할의 중요성은 발전의 목적으로서 자유가 갖는 평가적 중요성을 전혀 감소시키지 못한다.

발전의 최우선적 목표로서 인간 자유가 갖는 내재적 중요성은 인간 자유를 진작시키기 위해 다른 종류의 자유가 갖는 도구적 효율성과는 구별되어야 한다. 앞 장에서 자유의 내재적 중요성에 초점을 맞추었기 때문에 여기에서는 목적으로서의 자유뿐만 아니라 수단으로서의 자유가 갖는 효율성에 대해서 좀 더 논의할 것이다. 자유의 도구적 역할은 다른 종류의 자유, 기회, 지위가 일반적인 인간 자유를 확장시키고 그로 인한 발전을 진작시키는 데 기여하는 방식과 관련 있다. 이것은 여러 종류의 자유의 확장이 발전에 기여해야 한다는 명확한 연관성만 말하는 것이 아니다. 발전 그 자체가 일반적인 인간 자유의 확장 과정으로 간주될 수 있기 때문이다. 도구적 연관성에는 이러한 구성적 연관성 이상의 것이 들어 있다. 도구로서의 자유가 갖는 효율성은 다양한 종류의 자유가 서로 연관되어 있으며, 한 유형의 자유가 다른 유형의 자유를 발전시키는 데 크게 기여할 수 있다는 사실에 있다. 이러한 두 가지 역할은 실증적으로 결합되어 있으며 한 종류의 자유를 다른 종류의 자유로 이어지게 한다.

도구적 자유들

이 책에서 실증적 연구를 제시할 때 다수의 도구적 자유를 논의할 기회가 있을 것이다. 이 자유들은 직간접적으로 사람들이 스스로가 원하는 종류의 삶을 누릴 일반적인 자유에 기여한다. 여기에 포함된 도구적 자유의 종류는 다양하며 꽤나 방대하다. 하지만 이러한 도구적 관점에서 특별히 강조할 가치가 있는 다섯 종류의 자유를 규정하는 것이 편리할 것이다. 이것은 완결된 목록은 아니지만 현재 특별한 관심을 요하는 특정한 정책적 논점들에 집중하기 위해서는 유용하다.

나는 특히 다음 유형의 도구적 자유를 고려할 것이다. ① 정치적 자유, ② 경제적 용이성, ③ 사회적 기회, ④ 투명성 보장, ⑤ 안전보장. 이러한 도구적 자유들은 더욱 자유롭게 살 수 있게 하는 개인의 일반적 역량에 기여하는 경향이 있는데, 이들은 동시에 서로를 보완해주기도 한다. 발전의 분석은 이러한 도구적 자유들을 결과적으로 중요하게 만드는 목표 및 목적과 관련되어야만 한다. 이 분석은 서로 다른 유형의 자유들을 연결시키고 그것들이 결합되었을 때의 중요성을 강화시키는 실증적 연관관계를 고려해야만 한다. 사실 이러한 연관성은 자유의 도구적 역할을 더 충실히 이해하는 데 핵심적이다. 자유가 발전의 우선적인 목표일뿐만 아니라 그 주요한 수단이기도 하다는 주장은 특히 이러한 연관성과 관련되어 있다.

이 도구적 자유 각각에 대해 조금씩 부연해보자. 정치적 자유는 (우리가 시민권이라고 부르는 것을 포함해서) 누구나 잘 아는 것으로 누가, 어떤 원칙으로 지배하는가를 결정할 기회를 말한다. 또한 여기에는 당국을 감시하고 비판할 수 있는, 정치적 표현과 검열 없는 언론의 자유를 가질 수 있는, 그리고 서로 다른 정당을 선택할 수 있는 자유가 포함된다. 정치적 자유에는 가장 넓은 의미에서 민주주의와 관련된 각종 정치적 획득권한entitlement이 포함된다(정치적 대화, 이의 제기와 비판의 기회를 비롯해 투표의 권리, 입법과 행정 담당자를 뽑는 것 등).

경제적 용이성economic facilities은 소비, 생산, 혹은 교환의 목적으로 경제적 자원을 사용하기 위해 개인들이 누리는 기회를 말한다. 한 사람이 갖는 경제적 역량은 소유하거나 사용할 수 있는 자원과 함께 상대적 가격이나 시장의 작동과 같은 교환의 조건에 따라서 달라진다. 경제발전 과정이 한 국가의 소득과 부를 증대시키는 한, 이러한 역량은 국민이 누리는 경제적 권한이 이에 상응하여 확장되는 것에도 반영된다. 한편으로는 국가의 소득과 부 사이의 관계에서, 다른 한편으로는 개인(혹은 가계)의 경제적 역량에서, 총합뿐만 아니라 분배에 대한 고려 역시 중요하다는 것은 명백하다. 추가 소득이 어떻게 분배되느냐가 중요할 것이다.

금융의 이용 가능성과 접근성은 경제 행위자가 실질적으로 확보할 수 있는 경제적 역량에 중대한 영향력을 행사한다. 이것은 (수십만 명이 일할) 거대 기업에서부터 마이크로크레딧Micro Credit에 의해 움직이는 소기업까지 모두 적용된다. 예를 들어 신용경색은 그러한 신용에 의존하는 경제적 역량에 심각한 영향을 끼칠 수 있다.

사회적 기회는 사회가 교육, 보건 등을 위해 만들어놓은 제반 제도arrangements로, 더 나은 삶을 살고자 하는 개인의 실질적 자유에 영향을 준다. 이러한 제도들은 (건강한 삶을 사는 것이나 사고사나 조기사망을 피하는 것과 같은) 개인적인 삶의 영위뿐만 아니라 경제적, 정치적 활동에 더 효율적으로 참여하기 위해서도 중요하다. 예를 들어, 문맹은 설명서specification에 따른 생산이나 (세계화된 교역이 점점 그러하듯이) 엄격한 품질관리가 필요한 경제활동에 중대한 장애가 될 수 있다. 이와 비슷하게 신문을 읽거나 혹은 정치활동에 참여하는 다른 사람들과 문자로 소통하는 능력이 결여되면 정치활동에 제약을 받을 것이다.

이제 네 번째 범주로 가보자. 사회적으로 상호작용할 때, 개인들은 그들이 무엇을 제공받을 수 있고 무엇을 기대할 수 있는지에 대한 이해를 기반으로 다른 사람들과 교류한다. 이런 의미에서 사회는 기본적으로 신뢰를 전제로 작동한다. 투명성 보장은 사람들이 기대하는 개방성의 필요와 관련 있다. 그것은 정보가 명료하게 공개되는 상황에서 타인과 교류할 수 있는 자유다. 그러한 신뢰가 심각하게 침해될 때, (양자와 제3자를 포함해서) 많은 사람들의 삶이 개방성의 결여로 불이익을 받게 될 것이다. 따라서 (정보공개를 포함해서) 투명성 보장은 도구적 자유의 중요한 범주가 될 수 있다. 이러한 보장은 부패, 재정적 무책임, 이면 거래를 막는 데 명백하게 도구적 역할을 한다.

마지막으로, 경제 시스템이 아무리 잘 작동하더라도 사람들은 취약한 상황에 놓일 수 있고, 그들의 삶에 불리한 영향을 끼치는 물질적 변화 때문에 큰 곤경을 겪을 수도 있다. 안전보장이란 사람들이 절망적인 비참함, 혹은 기아나 사망 때문에 고통을 겪지 않도록 사회적 안전망을 제공하기 위해 필요하다. 안전보장의 영역은 실업 급여나 빈곤층에 대한 소득 보조와 같은 안정된 제도적 배열뿐만 아니라 기근 구제나 극빈층에게 소득을 제공하는 비상 공공근로와 같은 긴급조치를 포함한다.

상호연관성과 보완성

이러한 도구적 자유들은 사람의 역량을 직접적으로 확장시키지만 또한 서로를 보완하기도 하고 더 나아가 서로를 강화시키기도 한다. 발전정책을 고려할 때 이러한 상호연관성은 특히 중요하다.

교역하고 거래할 수 있는 획득권한이 경제성장의 주된 원동력이 된다는 사실은 널리 받아들여져왔다. 그러나 사람들은 아직도 다른 많은 연관관계들에 대해 제대로 인식하지 못하기 때문에 정책분석을 할 때에는 이에 대해 더 충분히 파악해야만 한다. 경제성장은 개인 소득의 증대뿐만 아니라 국가가 사회보장과 적극적인 공적 개입에 필요한 재정을 마련하는 데도 도움이 된다. 따라서 경제성장이 기여하는 것이 개인 소득의 증대뿐만 아니라 경제성장을 통해 가능해지는 (많은 경우 사회적 안전망을 포함하는) 사회적 서비스의 확대에도 있다고 판단해야 한다.[3]

마찬가지로 사회적 기회의 창출은 공교육, 보건, 자유롭고 활기찬 언론과 같은 서비스를 통해 경제발전을 이루게 하고 사망률을 상당히 낮추는 데 기여할 수 있다. 사망률 감소는 또한 출생률을 낮추고 (특히 여성의 문맹 감소와 학교교육과 같은) 기초교육이 출산 행태에 끼치는 영향력을 강화할 수 있다.

특히 기초교육이라는 사회적 기회를 통해 경제성장을 강화한 선구적 사례가 바로 일본이다. 일본이 19세기 중반 메이지유신 때 이미 유럽보다 식자율이 높았다는 사실을 사람들은 종종 간과한다. 유럽에서는 이미 수십 년 전에 산업화가 이루어졌지만, 일본에서는 아직 시작도 하지 못한 때에 그러했던 것이다. 이렇게 높은 문자해독률이라는 사회적 기회는 인적 자원을 개발했고, 이것이 일본의 경제발전에 크게 기여했다. 이른바 동아시아의 기적은 일본의 사례와 상당히 유사한 인과관계에 기초했다(즉 인적 자원 개발이 먼저 이루어지고 그렇게 확대된 역량이 경제발전의 원동력이 되는 패턴이 나타났다—옮긴이).⁴

이러한 접근법은 많은 정책집단에서 지금까지 지배적이었던 믿음, 즉 (흔히 교육, 보건, 그리고 기타 인간 생활 조건의 확장 과정을 통틀어 부르는 말인) '인간개발'이 오직 부유한 나라에서나 가능한 일종의 사치품이라는 믿음과 반대되며, 그런 믿음을 상당히 약화시킨다. 일본에서부터 시작된 동아시아 경제의 성공이 갖는 가장 중요한 결과는 바로 이러한 암묵적인 편견을 무너뜨렸다는 것이다. 동아시아에서는 일찍부터 대규모로 교육을 확대시키는 것을 선호했고, 후에는 이러한 관심이 보건으로 이어졌다. 이것들 대부분은 그들이 일반적인 빈곤의 제약을 벗어나기 이전에 이루어졌다. 그리고 그들은 뿌린 대로 거두었다. 사실 이시 히로미쓰石弘光(일본의 경제학자로 조세 및 재정 분야에서 업적을 쌓았고, 조세개혁 등 현실정책에도 크게 기여했다—옮긴이)가 지적했듯이, 인적 자원을 우선적으로 개발하는 경향은 이미 일본의 경제발전 초기인 메이지 시대(1868~1911)에 두드러졌던 것이지 일본이 더 부유해지면서 강화된 것은 아니다.⁵

중국-인도 대조의 다른 측면

발전 과정에서 개인의 자유가 갖는 중심적 역할 때문에 그 결정 요인을 검토하는 것이 특히 중요해진다. 국가의 조치를 비롯해 개인의 자유가 갖는 성격과 그 범위를 결정짓는 사회적 영향력에 크게 주목할 필요가 있다. 사회적 제도배열은 개인의 자유를 보장하고 확장하는 데 결정적인 작용을 할 수 있다. 개인의 자유는 한편으로는 사회보장, 관용, 그리고 교역과 거래의 가능성에 영향을 받는다. 다른 한편으로는 인간의 역량을 형성하고 활용하는 데 있어 핵심적인 (기본적인 보건과 기초교육과 같은) 시설을 제공하는 공적 지원에 의해서도 영향을 받는다. 개인적 자유를 결정짓는 두 가지 유형의 요인 모두에 관심을 기울일 필요가 있다.

인도와 중국의 대조는 이 맥락에서 중요한 시사점을 갖는다. 중국과 인도 정부는 모두 더 개방적이고, 국제적으로 적극적이며, 시장지향적인 경제를 만들기 위해 한동안 노력해왔다(중국은 1979년부터, 인도는 1991년부터). 그러나 인도는 약간의 성공을 거두었을 뿐 중국처럼 큰 성과는 이루지 못했다. 이 둘을 대비할 때 중요한 요소는 사회적 준비의 출발점에서부터 중국이 시장경제를 활용하는 데 있어 인도를 상당히 앞서 있었다는 사실에 있다.[6] 개혁 이전의 중국은 시장에 대해 크게 회의적이었으나, 기초교육과 광범위한 보건에 대해서는 회의적이지 않았다. 1979년 중국이 시장경제로 돌아섰을 때, 이 나라 전역에는 좋은 학교교육을 받은 많은 식자층이, 특히 젊은 층에 존재했다. 중국은 한국이나 대만의 기초교육에 비해서도 크게 뒤떨어지지 않았는데, 이 두 나라 역시 교육받은 인구들이 시장 시스템이 제공하는 경제적 기회를 잡는 데 있어 중요한 역할을 수행했다. 이와 달리 인도는 1991년 시장경제로 돌아섰을 때 성인층 절반이 문맹이었고, 지금도 상황은 크게 다르지 않다.

중국의 보건도 인도보다는 훨씬 나은 상황이었는데, 개혁 이전의 정권이 교육과 함께 보건에도 힘을 기울였기 때문이다. 시장지향적인 경제성장과는 전적으로 무관한 이러한 노력이 시장경제로 전환한 뒤 역동적으로 활용되는 사회적 기회를 만들어냈다. 반면 인도는 사회적 후진성 때문에 엘

리트 중심의 고등교육을 중시하고, 보통교육에 심각하게 무관심했으며, 대중을 위한 기초 보건을 방치했다. 이런 이유로 이 나라는 이후 광범위하게 공유할 경제적 확장에 거의 대비하지 못했다. 물론 인도와 중국의 대조에는 두 나라의 정치 체제의 차이와 함께, 교육과 보건 같은 사회적 기회에 대한 인도 내부의 심각한 불평등을 포함한 다른 측면들이 존재한다. 이러한 문제들은 나중에 논의할 것이다. 하지만 광범위한 시장 지향적 발전에 대한 중국과 인도의 사회적 준비가 근본적으로 다른 수준이었다는 것은 분석의 기초적 단계에서도 주목할 가치가 있다.

그러나 중국에서 민주적 자유가 결여되었기 때문에 인도에 비해 겪어야 했던 실질적인 장애에도 주목해야 한다. 경제정책의 유연성, 그리고 사회적 위기와 예측하지 못한 재난과 같이 순발력 있게 공적 대응이 필요한 경우가 특히 그러하다. 가장 두드러진 차이점은 아마도 중국이 역사상 기록된 것 중 최악의 기근(1958~1961년 사이 대약진운동의 실패 이후 생겨난 기근에서 약 3천만 명의 사람이 죽었다)을 겪은 반면 인도는 1947년 독립 이후로 기근을 겪은 적이 없다는 데 있다. 모든 일이 순조롭게 잘 풀려갈 때는 민주주의의 방어력이 크게 절실하지 않지만, 동아시아와 동남아시아 경제가 최근 겪었던 것처럼 언제 위험이 닥쳐올지 모른다. 이 문제는 다른 장에서 좀 더 충실히 다루게 될 것이다.

서로 다른 도구적 자유 사이에는 역시 매우 다양한 상호연관성이 존재한다. 그들 각각의 역할과 특정한 영향력은 발전 과정의 중요한 측면들이다. 이어지는 장에서 이러한 상호연관성과 그 포괄적 범위에 대해 논의할 기회가 있을 것이다. 그러나 이러한 상호연관성이 어떻게 작동하는지를 조명하기 위해 수명과 출생 시 기대수명에 대한 영향을 좀 더 파고들어보도록 하자. 이것이야말로 사람들이 보편적으로 원하는 능력이다.

성장 매개적인 사회적 제도배열

사회적 제도배열이 자유에 대해 갖는 영향력은 매우 강할 수 있으며 다른 도구적 연관관계에도 사뭇 영향을 받을 수 있다. 1인당 소득과 수명은 밀접한 관계가 있으므로 이 문제가 (1인당 소득 수준이 늘어나는) 경제성장과 분리된 이야기가 아니라는 주장이 종종 제기된다. 사실 소득과 생존의 기회를 별개로 보는 건 문제가 있다. 왜냐하면 일반적으로 이 두 가지는 통계적으로 매우 밀접한 연관관계가 있기 때문이다. 사실 국가 간의 통계적 연관관계 자체만을 살펴본다면 이것은 맞는 말이다. 하지만 이것이 (소득 기반의 부를 넘어서) 사회적 제도배열들의 연관성을 무시할 수 있는 확실한 근거라고 결론짓기 전에, 이 통계적 연관관계를 면밀하게 살펴볼 필요가 있다.

이런 맥락에서 수디르 아난드와 마틴 라발리온Martin Ravallion이 최근 제시한 통계 분석을 살펴보는 것은 흥미로운 일이다.[7] 국가 간 비교에 기초해 조사한 결과, 그들은 기대수명이 1인당 GNP와 강력한 상관관계를 갖지만 이 상관관계에서 GNP는 ① 주로 빈곤층의 소득과 ② 보건에 대한 공공지출을 통해 작동한다는 것을 발견했다. 사실 이 두 요인을 통계조사에 일단 포함한다면, 인과적 영향 요소로 GNP를 추가함으로써 설명할 수 있는 것은 거의 없다. 빈곤과 보건에 대한 공공지출을 변수로 포함시키면 1인당 GNP와 기대수명 사이의 연관관계는 아난드-라발리온의 분석에서 전적으로 사라져버리고 만다.

이 결과가 기대수명이 GNP에 비례해서 늘어나지 않는다는 사실을 보여준다는 게 중요한 것이 아니다. 이 상관관계가 보건에 대한 공공지출을 통해서, 그리고 빈곤을 제거함으로써 작동하는 경향이 있다고 지적한다는 점을 강조하는 게 중요하다. 요점은 경제성장의 과실을 어떻게 사용하느냐에 따라 그 결과가 크게 바뀐다는 것이다. 이것은 또한 왜 한국이나 대만 같은 몇몇 나라가 경제성장을 통해 기대수명을 급속도로 늘릴 수 있었는지를 설명하는 데 유용하다.

동아시아 경제의 성과는 최근 몇 년간 면밀한 검토와 뜨거운 논쟁의 대상이 되었다. 부분적으로는 이른바 '아시아의 경제위기'의 성격과 심각성 때문이기도 하다. 이 위기는 실제로 매우 심각하며, 예전에 대체로 성공적이라고 잘못 간주되었던 경제의 특별한 실패를 보여준다. 아시아의 경제위기에 포함된 특정한 문제들과 실패에 대해서는 특히 6장과 7장에서 논의할 것이다. 하지만 지난 수십 년에 걸친 동아시아와 동남아시아 경제의 위대한 성과가 그 나라 사람들의 삶과 수명을 변화시켰다는 사실을 간과하면 안 된다. 이 나라들이 현재 맞닥뜨린, 그리고 아마도 오랫동안 잠복해 있었던 문제들은 안전보장은 물론이고 정치적 자유와 공개적 참여에 대한 전반적인 요구를 포함해서 주의 깊게 살펴야 한다. 하지만 이 문제들 때문에 그들이 놀랄 만한 성과를 이루어냈다는 점을 무시해서는 안 된다.

기초교육과 기본적인 보건 상태, 그리고 이른 시일에 효과적으로 완수한 토지개혁을 포함한 다양한 역사적 이유 때문에 동아시아와 동남아시아의 많은 나라에서 경제적 참여가 광범위하고 수월하게 이루어졌다. 이것은 사회적 기회의 창출이 훨씬 더디고 이러한 지체가 경제발전에 장애가 되었던 나라들, 예를 들어 브라질이나 인도, 파키스탄에서는 불가능했던 방식이었다.[8] 사회적 기회의 확대는 높은 고용을 동반한 경제발전을 가져왔고, 사망률 감소와 기대수명의 증가에 유리한 환경을 만들었다. 이것은 고도성장을 이룬 다른 나라들, 예를 들자면 브라질과는 크게 대조를 이룬다. 브라질 같은 나라에서는 아시아와 비견할 만한 1인당 GNP의 성장을 보여주었지만 심각한 사회적 불평등, 실업, 그리고 공중보건이 실패한 역사를 갖고 있다. 이런 유형의 고도성장 경제에서는 수명의 증가가 더욱 천천히 이루어졌다.

여기에는 두 가지 흥미로운, 서로 관련된 대조점들이 있다.

(1) 고도 경제성장에서 서로 대조가 되는 것은
(1.1) 수명과 삶의 질을 향상시키는 데 크게 성공한 나라들(한국이나 대만)과
(1.2) 다른 분야에서 이와 견줄 만한 성과를 거두지 못한 나라들(브라질)이다.

(2) 수명과 삶의 질을 향상시키는 데 크게 성공한 경제에서는
(2.1) 고도 경제성장을 이룩한 나라들(한국과 대만)과
(2.2) 고도 경제성장에서 큰 성과를 이루지 못한 나라들(스리랑카, 개혁 이전의 중국, 인도의 케랄라 주)이 대조된다.

전자(말하자면 한국과 브라질의 차이)에 대해서는 이미 언급했지만, 후자의 대비도 정책적 관심을 기울일 가치가 있다. 장 드레즈와 나는 『기아와 공공정책Hunger and Public Action』에서 사망률을 빠르게 감소시킨 두 가지 유형의 성공을 구별했는데, 우리는 이것을 각각 '성장 매개형'과 '부조 주도형' 과정으로 불렀다.[9] 전자는 빠른 경제성장을 통해 작동한다. 그 성공은 대중을 기반으로 하고 경제적으로 광범위한 경제성장 과정(강력한 고용 지향성이 이와 관련이 있다)과 확대된 경제적 풍요를 이용해 보건과 교육, 사회보장을 포함한 사회복지를 확장하는 데 달려 있다. 이러한 성장 매개적 메커니즘과는 달리 부조 주도형의 과정은 빠른 경제성장을 통해 작동하지 않으

며, 보건, 교육 및 기타 관련된 사회적 장치로 효율적인 사회부조를 달성함으로써 작동한다. 이 과정은 스리랑카, 개혁 이전의 중국, 코스타리카, 케랄라 등의 경험을 통해 충분히 예증할 수 있는데, 이곳에서는 경제성장 없이도 사망률이 빠르게 감소하고 생활조건이 향상되었다.

공적 지원, 낮은 소득, 그리고 상대적 비용

부조 주도형의 과정에서는 1인당 실질소득의 수준이 극적으로 증가할 필요가 없다. 이것은 사망률을 감소시키고 생활조건을 향상시키는 사회복지(특히 보건과 기초교육)를 우선적으로 제공함으로써 작동한다. 〈그림 2-1〉은 이러한 관계의 몇 가지 사례를 보여준다. 여기에서는 6개국(중국, 스리랑카, 나미비아, 브라질, 남아프리카, 가봉)과 3천만 명의 인구를 가진 인도의 커다란 1개 주(케랄라)를 대상으로 1인당 GNP와 출생 시 기대수명을 보여준다.[10] 낮은 소득 수준에도 불구하고 케랄라나 중국, 스리랑카 사람들은 가봉을 비롯해 브라질이나 남아프리카, 나미비아의 더 부유한 국민들보다 기대수명이 더 높다. 한쪽에 케랄라, 중국, 스리랑카를 놓고 다른 쪽에 브라질, 남아프리카, 나미비아, 가봉을 놓고 비교한다면, 불평등 지수도 마찬가지로 대조를 이룰 것이다. 기대수명의 차이가 (전염병 대책, 보건, 교육시설 등을 포함해) 발전에 핵심적인 다양한 사회적 기회와 관련되어 있기 때문에, 소득중심적 관점으로 분석할 때에는 발전 과정을 충실히 이해하기 위해 보충 설명이 필요하다.[11] 이 차이는 상당한 정책적 의미를 갖고 있으며, 부조 주도형 과정의 중요성을 드러낸다.[12]

가난한 나라들이 부조 주도형 과정에 들어가는 재원을 마련할 수 있었다는 것에 놀라워할 수도 있겠다. 보건과 교육을 포함하여 공공복지를 확장시키려면 분명히 자원이 필요하기 때문이다. 사실 이러한 자원의 필요성

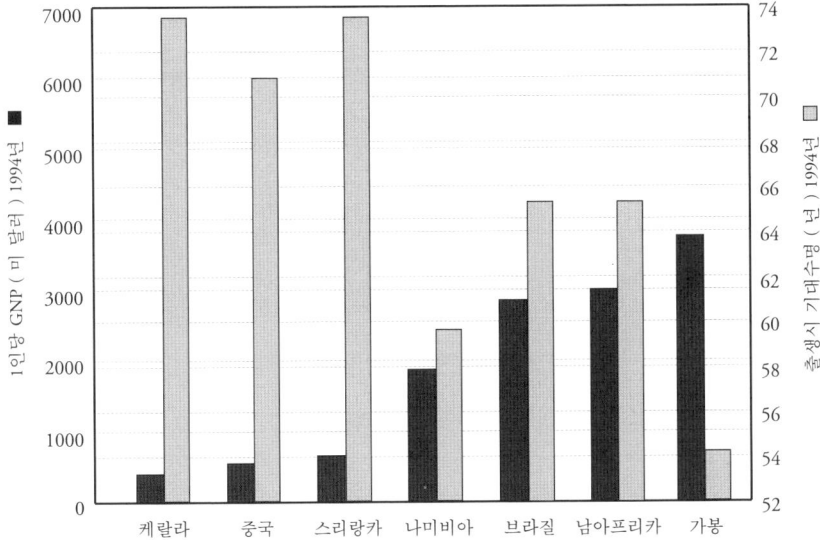

〈그림 2-1〉 1인당 GNP(미 달러)와 기대수명(1994년)

출처: 국가자료, 1994, 세계은행, *World Development Report 1996*; 케랄라 자료, 1989~1993까지의 기대수명, 인도 정부의 Sample Registration System(1997), 교육부의 *Women in India: A Statistical Profile*; 1인당 국내 생산, 1992~1993, 인도정부(1997), 재무부, *Economic Survey 1996~1997*.

은 한 나라가 부유해지기 전까지 사회적으로 중요한 투자를 미루어야 한다는 주장을 뒷받침하기 위해 자주 제시되는 것이다. 가난한 나라들은 이런 복지를 '제공' 할 수단을 어디서 찾아야 하는가? 이것은 사실 좋은 질문이지만, 역시 이에 대한 좋은 답변이 있다. 그 답은 상대적 비용의 경제학에서 상당 부분 찾을 수 있다. 부조 주도형 과정은 이와 연관된 (보건이나 기초 교육과 같은) 사회복지 서비스가 노동 집약적이며, 가난한—저임금의—경제에서는 상대적으로 저렴하다는 점 때문에 가능하다. 가난한 나라는 보건과 교육에 쓸 수 있는 돈이 적을 수 있다. 하지만 마찬가지로 같은 서비스를 제공하기 위해 그렇게 많은 돈이 들어가지 않는다. 만일 부유한 나라라면 훨씬 더 많은 비용이 필요할 것이다. 상대적인 가격과 비용은 한 나라가 무엇을 감당할 수 있는지를 결정하는 중요한 변수다. 적절한 사회적 참여

가 주어진다면, 보건과 교육과 같은 사회복지에서 상대적 가격의 다양성을 고려할 필요가 있다.[13]

성장 매개형 과정이 부조 주도형 대안보다 장점을 가진 것은 분명하다. 이쪽이 궁극적으로는 더 많은 것을 제공할 수 있는데, 조기사망이나 높은 사망률, 문맹 외에도 낮은 소득 수준과 보다 직접적으로 관련되는 박탈(의복과 주거의 결핍과 같은)이 있기 때문이다. 높은 소득과 긴 수명(그리고 삶의 질에 관한 다른 표준적 지표들)을 모두 누리는 것이 긴 수명만 누리는 것보다 확실히 더 낫다. 이것은 강조할 필요가 있다. 기대수명이나 다른 삶의 질의 기본적 지표들에 대한 통계에 '과도한 확신'을 갖는 것은 약간 위험하기 때문이다.

예를 들어 인도의 케랄라 주가 1인당 소득 수준이 낮은데도 아주 높은 기대수명과 낮은 출산율, 높은 문자해독률을 보인다는 사실은 확실히 감탄하고 배울 만한 일이다. 하지만 왜 케랄라 주가 그러한 성과를 바탕으로 인간개발을 통해 소득을 높일 수 없었는지는 여전히 의문으로 남는다. 그랬다면 더 완전한 성공이 되었을 것이다. 따라서 케랄라 주는 몇몇 사람들이 주장하는 것과는 달리 '모범' 사례가 될 수 없다. 정책적 관점에서 볼 때, 기대수명과 삶의 질을 향상시키는 데 있어 유례없는 성공을 거두었음에도 인센티브와 투자(일반적으로 '경제적 편의성')에 관한 케랄라의 경제정책은 비판적으로 검토할 필요가 있다.[14] 부조 주도형의 성공은 이런 의미에서 성장 매개형의 성공보다 불충분하다. 후자에서는 경제적 풍요와 삶의 질의 향상이 함께 이루어지기 때문이다.

다른 한편으로, 하나의 가능성으로서 부조 주도형 과정의 성공은 한 나라가 기초교육과 보건을 빠르게 확대하기 위해 (경제성장의 긴 시기를 거쳐) 풍요로워질 때까지 기다릴 필요가 없다는 것을 보여준다. 소득이 낮더라도 삶의 질은 적절한 사회복지 프로그램을 통해서 크게 향상될 수 있다. 교육과 보건이 또한 경제성장에도 기여할 수 있다는 사실은 가난한 나라에서 먼저 '부자가 될 때까지' 기다릴 필요 없이, 사회적 제도배열에 우선권을 주어야 한다는 주장에 힘을 보탠다.[15] 부조 주도형 과정은 높은 삶의 질을 성취할 수 있는 처방전이며 정책적으로도 중요하다. 하지만 그럼에도 삶의 질의 일반적 수준을 높이면서 경제성장까지 이룩하여 광범위한 성취로 이어지는 하나의 탁월한 사례가 있어야 한다.

20세기 영국의 사망률 감소

이런 맥락에서 선진 산업 경제에서 사망률의 감소와 기대수명의 증가가 보이는 패턴을 재검토하는 것도 도움이 된다. 지난 몇 세기 동안 로버트 포겔, 새뮤얼 프레스턴Samuel Preston 등은 유럽과 미국의 사망률 감소에서 보건과 영양 공급, 그리고 일반적인 사회적 제도배열을 통한 공적 지원의 역할을 잘 분석하였다.[16] 20세기의 기대수명의 증가가 보여주는 시간 패턴은 특히 흥미로운데, 19세기 말경 선도적인 자본주의 시장경제인 영국에서조차도 출생 시 기대수명이 오늘날의 저소득 국가의 평균 기대수명보다 낮았다는 사실을 염두에 두면 그렇다. 그러나 영국의 평균수명은 20세기에 빠르게 증가했고, 이것은 부분적으로는 사회적 프로그램 덕분이었다. 이 증가 과정에서 시간 패턴은 조금 흥미롭다.

영국에서 영양 공급, 보건 등의 지원 프로그램이 지난 수십 년간 일정하게 확대된 것은 아니다. 20세기에 부조 주도형 정책이 놀랄 만큼 빠르게 확산되었던 두 시기가 있었는데, 두 번의 세계대전이 바로 그것이다. 이 시기에 보건 및 보급과 배급을 통해 제한된 식량을 공유하는 것을 포함하여 생존수단을 공유하려는 시도가 확대되었다. 제1차 세계대전 동안 '나

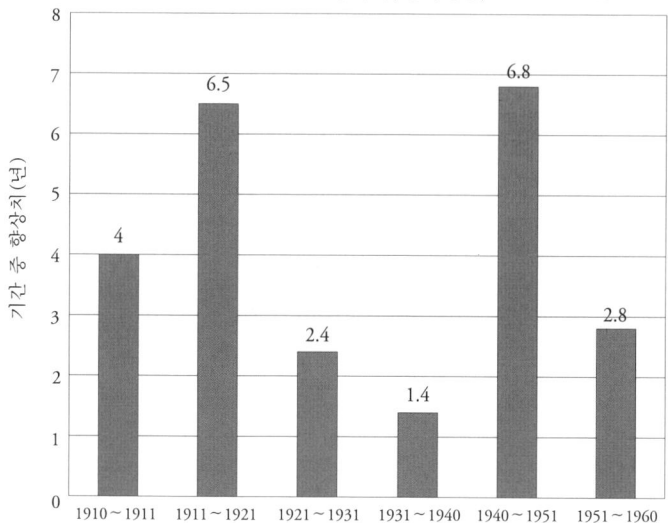

〈그림 2-2〉 잉글랜드와 웨일즈의 기대수명의 향상, 1901~1960

출처: S. Preston, N. Keyfitz, and R. Schoen, *Causes of Death: Life Tables for National Population*(New York: Seminar Press, 1992).

눔'에 대한 사회적 태도에서 놀라운 발전이 있었고 공공정책 역시 이러한 나눔을 목적으로 했는데, 이는 제이 윈터Jay Winter가 잘 분석한 바 있다.[17] 제2차 세계대전 기간에도 유례없는 부조적 사회 시설이 발달하고 널리 활용되었는데, 영국이 포위당한 상황에서 이러한 사회 시설은 나눔의 심리와 연결되어 식량과 보건을 분배하는 데 있어 급진적인 공적 시설들을 만족스럽고 효율적인 것으로 만들었다.[18] 영국의 국가 의료 제도도 이 두 전쟁을 거치며 생겨난 것이다.

이것이 건강과 생존에 실질적인 차이를 가져왔을까? 실제로 영국에서 부조 주도형 정책의 시기에 사망률이 감소했을까? 상세한 영양학적 연구를 통해 제2차 세계대전 기간 동안 영국에서 1인당 식량 공급량이 심각하게 감소했음에도 영양실조 사례 역시 현저히 줄어들었으며, 극단적인 영양실조는 거의 사라졌다는 것이 밝혀졌다.[19] 전쟁에 따른 사망을 제외하면

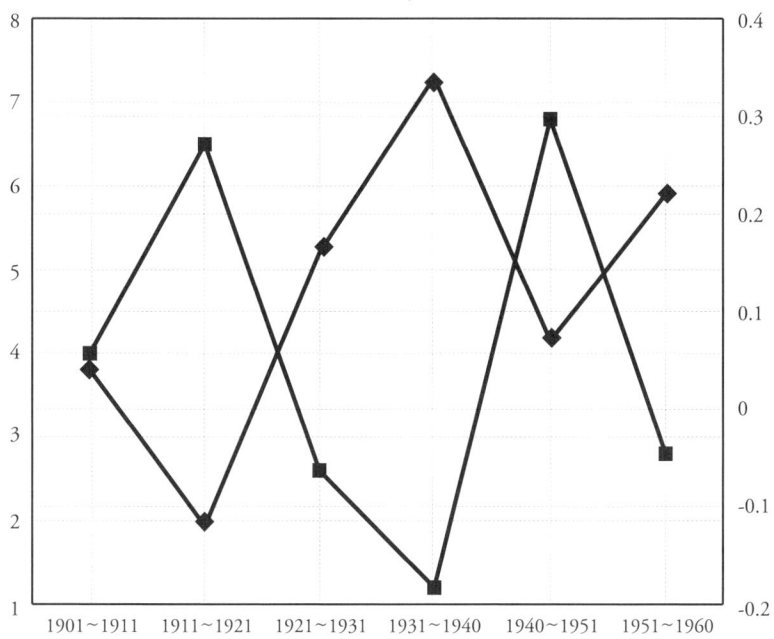

〈그림 2-3〉 GDP의 증가(영국)과 출생 시 기대수명의 증가
(잉글랜드와 웨일즈), 1901~1906

■ 잉글랜드와 웨일즈의 기대수명 증가(10년 단위, 왼쪽 척도).
◆ 영국에서 1인당 GDP의 증가, 1901~1960(10년 단위, 퍼센트, 오른쪽 척도).

출처: A. Madison, *Phases of Capitalist Development*(New York: Oxford University Press, 1982); S. Preston et al., *Causes of Death*(New York: Seminar Press, 1971).

사망률 역시 확연히 내려갔다. 이와 유사한 일이 제1차 세계대전 시기에도 일어났다.[20]

사실 10년 주기의 조사를 통해 비교해보면 두 번의 '전쟁 시기'에 기대수명이 빠르게 큰 폭으로 증가했다는 사실은 매우 놀랍다(〈그림 2-2〉를 보라. 이 표는 20세기의 첫 60년간에 걸쳐 매 10년 단위의 기대수명 증가 정도를 보여준다).[21] 다른 시기에는 기대수명이 완만하게 (1~4년 정도) 증가한 반면, 전쟁 시기에는 거의 7년 정도가 증가했다.

우리는 또한 전쟁 시기에 기대수명이 급격히 증가한 것이 다른 방식으로, 즉 이 시기의 빠른 경제성장에 의해서도 설명될 수 있는지 물어야 한다. 하지만 그 대답은 부정적이다. 사실 기대수명이 증가한 시기는 〈그림 2-3〉에서 보듯 1인당 GDP가 느리게 증가한 시기다. 물론 GDP 증가의 효과가 시간이 흐른 뒤에 기대수명 증가로 나타났다고 가정할 수도 있다. 이 가정이 〈그림 2-3〉과 모순되지는 않지만, 이것은 가능한 인과 과정을 분석한 내용과 함께 다른 종류의 검토에 의해서도 반박할 수 있다. 영국에서 기대수명이 증가하게 된 것에 대한 만족스러운 설명은 전쟁 시기에 일어난 사회적 나눔의 범위가 변화한 것, (영양 공급과 보건을 포함해) 복지에 대한 공적 지원이 급격히 증가한 것에서 찾을 수 있다. 건강과 전쟁 시기의 다른 생활조건, 그리고 그것이 사회적 태도 및 공적 장치와 갖는 연관성에 대한 연구를 통해 이러한 대비가 더욱 선명해진다.[22]

민주주의와 정치적 인센티브

이러한 연결고리의 사례는 다른 종류의 많은 연관관계에서도 찾을 수 있다. 정치적 자유와 시민권, 경제적 재난을 피할 자유 사이의 관련성에 대해 한 가지만 더 간략하게 언급해보자. 이 연관관계에 대한 가장 기초적인 입증은 이미 앞에서 언급했는데(제1장을 참조하라. 그리고 이 장에서는 중국-인도의 사례에서 간접적으로 다루었다), 민주주의 국가에서는 기근이 발생하지 않는다는 것이다. 사실 민주주의 국가에서는 아무리 가난하더라도 어떤 실질적인 기근도 발생하지 않았다.[23] 왜냐하면 기근이란 정부가 막고자 한다면 충분히 막을 수 있고, 선거와 자유 언론이 존재하는 복수정당제의 민주주의 체제에서 정부는 기근을 막기 위해 노력해야 할 강력한 정치적 인센티브를 갖고 있기 때문이다. 이것은 민주적 장치의 형태로 정치적 자유가 경제적 자유(특히 심각한 기아로부터 벗어날 자유)와 생존의 자유(기근으로 인한 사망을 피할)를 보장해준다는 것을 의미한다.

모든 것이 순조롭게 진행되어 심각한 재난을 만나지 않는 행운을 누린다면, 민주주의가 제공하는 안전은 그다지 소중하게 여겨지지 않을지 모른다. 하지만 경제를 비롯해 다른 상황이 변화해서, 혹은 심각한 정책의 오류로 인한 불안정의 위험은 멀쩡하게 돌아가는 것처럼 보이는 상황의 배후에도 존재할 수 있다. 이 연관관계를 좀 더 상세하게 논의할 때(제6장과 제7장), 최근의 '아시아의 경제위기'의 정치적 측면에 대해 논의할 필요가 있다.

맺음말

이 장에서 제시한 분석은 인간 자유의 확장이 발전의 주된 목표이자 주된 수단이라는 기본적인 생각을 전개했다. 발전의 목표는 관련된 사람들이 향유하는 실질적인 자유의 가치 평가와 연관된다. 개인적 역량은 다른 무엇보다 경제적, 사회적, 정치적 제도배열에 크게 의존한다. 적절한 제도적 배열을 만드는 데 있어서 서로 다른 유형의 자유가 수행하는 도구적 역할은 개인들의 전반적인 자유가 갖는 기초적 중요성을 뛰어넘어 더욱 진지하게 고려되어야 한다.

자유의 도구적 역할은 몇 가지의 서로 구별되는, 하지만 서로 연관된 구성요소들을 포함한다. 여기에는 경제적 용이성, 정치적 자유, 사회적 기회, 투명성 보장, 그리고 안전보장이 포함된다. 이러한 도구적 권리들, 기회들, 그리고 권한들은 강력한 상호연관성을 갖고 있으며, 이것은 다른 방향으로 전개될 수도 있다. 발전 과정은 이러한 상호연관성에 의해서 크게 영향 받는다. 서로 연관 있는 복수의 자유에 상응하여, 역시 다수의 제도를 발전시키고 지원해야 할 필요성이 있다. 여기에는 민주주의 체제, 사법제도, 시장 구조, 교육과 보건의 제공, 언론과 기타 통신 매체 등이 포함된다.

이러한 제도들을 통해 공적 장치뿐만 아니라 개인의 활동, 비정부기구나 조합과 같은 혼합된 구조가 통합된다.

발전의 목적과 수단은 자유의 관점을 무대의 중심에 놓을 것을 요청한다. 이 관점에 따르면, 사람들은—기회가 주어진다면—그들 자신의 운명을 형성하는 데 적극적으로 참여하는 존재로 간주되어야 하며, 잘 계획된 발전 프로그램의 수동적 수혜자로만 간주해서는 안 된다. 국가와 사회는 인간 역량을 강화하고 보장하는 데 광범위한 역할을 한다. 국가와 사회는 개인에게 인간 역량이라는 기성품을 배달하는 것이 아니라 개인이 역량을 발휘할 수 있도록 보조적 역할을 하는 것이다. 발전의 목적과 수단에 대한 자유 중심적인 관점은 우리가 관심을 가질 만한 주장을 담고 있다.

3장
자유 그리고 정의의 기초

한 개인의 '역량'은 성취할 수 있는 기능들의 다양한 조합을 가리킨다. 따라서 역량은 일종의 자유로, 여러 가지 기능 조합을 성취할 실질적 자유를 말한다(덜 형식적으로 말하자면 다양한 삶의 양식을 추구할 자유다). 예를 들어 부유한 사람이 단식을 한다면 어쩔 수 없이 굶어야 하는 가난한 사람들처럼 식사와 영양에서 기능적으로 동일한 성취를 할 수 있지만, 전자는 후자에 비해서 전혀 다른 '역량집합capablity set'을 갖는다.

우화로 이야기를 시작해보자. 안나푸르나 여신은 오랫동안 방치했던 정원을 손봐야겠다고 생각했다. 그리고 세 명의 실업자—디누, 비샨노, 로기니—는 모두 이 일을 하기를 원한다. 여신은 누구라도 고용할 수 있지만 이 작업은 나눠서 할 수 있는 게 아니어서 셋에게 일을 분배할 수는 없다. 누구에게 맡기더라도 동일한 임금으로 같은 성과를 얻을 수 있는데, 그녀는 신중하므로 누구를 고용하는 것이 가장 올바른지 고민한다.

그녀는 이들 모두가 가난하지만 디누가 셋 중에서 가장 가난하다는 사실을 안다. 모두가 이 사실에 동의한다. 이 때문에 안나푸르나는 그를 고용하는 쪽으로 마음이 끌린다.(그녀는 자신에게 묻는다. "가장 가난한 사람을 돕는 일보다 중요한 게 있겠어?")

그러나 그녀는 또한 비샨노가 가장 최근에 몰락했기에 심리적으로 가장 상심이 크다는 걸 안다. 디누와 로기니는 이와 달리 가난을 경험하고 그에 익숙해져 있다. 비샨노가 가장 불행하며, 고용되면 다른 둘보다 더 큰 행복을 느낄 것이라는 데 모두가 동의한다. 이 때문에 안나 푸르나는 비샨노에게 일을 주는 것에 마음이 끌린다.(그녀는 자신에게 말한다. "확실히 불행을 없애는 게 최우선이야.")

하지만 안나푸르나는 로기니가 만성적 질병으로 쇠약해져 있으며, 돈을 번다면 끔찍한 질병을 치료하는 데 쓸 수 있다는 이야기를 듣는다. 로기니 또한 가난하지만 다른 둘보다는 가난하지 않다는 것과, 그녀가 평생 빈곤에 익숙해져 있으며 자신의 곤경을 기꺼이 받아들이기 때문에 가장 불행하지도 않다는 것은 부정할 수 없다(가난한 집에서 태어난 그녀는 젊은 여성으로서 투덜거리거나 야심을 품지 말아야 한다는 일반적인 믿음을 받아들이도록 훈육되었다). 안나푸르나는 그럼에도 불구하고 로기니에게 일을 주는 것이 올바른 일이 아닐지 궁금해 한다.(그녀는 추측한다. "일을 얻는다면 삶의 질과 질병의 치유에 가장 큰 변화를 가져오게 될 거야.")

안나푸르나는 어떻게 해야 좋을지 곤란에 빠진다. 만일 디누가 가장 가난하다는 사실만 알았더라면 (다른 둘에 대해 몰랐더라면) 그녀는 확실히 디누에게 일을 주었을 거라는 점을 인정한다. 또한 비샨노가 가장 불행하다는 것과 이 기회를 잡을 경우 가장 큰 즐거움을 얻을 수 있을 것이라는 사실만 알았더라면 (그리고 다른 것은 몰랐더라면) 그녀는 비샨노를 고용할 충분한 이유가 있었을 것이다. 그리고 만일 로기니를 괴롭히는 질병이 그녀가 벌게 될 돈으로 치료 가능하다는 사실만 알고 있었다면 (그리고 다른 것에 대해서는 알지 못했다면) 그녀는 로기니에게 일자리를 줄 단순하면서도 확실한 이유를 갖고 있었을 것이다. 하지만 그녀는 이 세 가지 연관된 사실을 모두 알고 있으며, 각각 설득력이 있는 세 가지 주장 중에서 하나를 선택해야만 한다.

이 단순한 사례에는 실제적인 이유에서 흥미로운 논점들이 많이 있지만, 내가 여기에서 강조하려는 요점은 선택에 결정적 요인이 되는 특정한 정보와 선택을 하게 만드는 원칙의 차이가 서로 연결된다는 것이다. 만일 세 가지 사실을 모두 알았다면 어떤 정보가 가장 중요한가에 따라 결정을 내리게 된다. 따라서 판단의 원칙은 각각의 '정보적 기초'의 관점에서 가장 잘 드러나게 된다. 디누의 소득-평등주의적 사례는 소득-빈곤에 초점을 맞춘다. 비산노의 고전적인 공리주의적 사례는 쾌락과 행복의 척도에 집중한다. 로기니의 삶의 질 사례는 각각의 사람이 영위할 삶의 종류를 중심에 둔다. 앞의 두 주장은 경제나 윤리에 관한 문헌에서 가장 많이 논의되고 사용된 것들이다. 나는 세 번째 사례를 위한 주장을 제시하려고 한다. 사실 나의 의도는 소박하다. 서로 경쟁하는 세 원칙들에서 정보적 기초가 결정적으로 어떤 중요성을 갖는지 조명하는 것이다.

이어질 논의에서 나는 ① 가치판단에서 정보적 기초의 중요성이 갖는 일반적인 질문과 ② 사회윤리와 정의에 관한 표준적 이론, 특히 공리주의, 자유지상주의, 롤스John Rawls의 정의론이 갖는 각각의 정보적 기초들의 적절성이라는 특정한 문제들에 대해 논평할 것이다. 우리는 여기 언급한 주요한 정치철학의 접근법이 정보의 문제를 다루는 방식에서 많은 것을 배울 수 있다. 그러나 만일 실질적인 개인의 자유를 중요하게 여긴다면 공리주의, 자유지상주의, 롤스의 정의론이 각각—명시적으로 혹은 암묵적으로—사용하는 정보적 기초에는 모두 심각한 결함이 있다고 나는 주장한다. 이러한 진단은 평가에 대한 대안적 접근과 관련한 토론을 진작시킨다. 이 접근법은 한 개인이 자신이 소중히 여기는 일들을 할 수 있게 하는 개인적 역량의 형태를 띤 자유에 초점을 맞춘다.

바로 이 마지막의, 분석의 건설적인 부분이 이 책의 나머지 부분에서 광범위하게 사용된다. 만일 독자가 다른 접근법에 대한 비판(그리고 공리주의, 자유지상주의, 롤스 정의론의 각각의 장점과 문제점)에 별로 관심이 없다면 이 비판적 논의를 건너뛰고 이 장의 뒷부분으로 넘어가도 별 문제는 없을 것이다.

포함된 정보와 배제된 정보

평가를 위한 각각의 접근법은 대부분 그 정보적 기초에 따라 성격이 결정된다. 그 접근법에 따라 판단을 내리기 위해 필요한 정보와—마찬가지로 중요한—직접적인 평가에서 '배제된' 정보가 있다.[1] 정보적 배제는 평가적 접근에서 중요한 구성요소다. 배제된 정보는 평가적 판단을 하는 데 있어 직접적인 영향력을 갖지 못하며, 이러한 일들이 암묵적으로 행해짐에 따라 이 접근법은 배제된 정보에 둔감해진다. 그래서 이 접근법의 성격은 이런 둔감성에 강력하게 영향을 받는다.

예를 들어 공리주의적 원칙은 궁극적으로 효용에만 의존한다. 도구적 고려가 인센티브로 포함된다고 하더라도 결국 사태의 평가 혹은 행위나 규칙의 판단에서 궁극적으로 유일하게 올바른 토대로 간주되는 것은 효용 정보다. 제레미 벤담Jeremy Bentham이 개진한 고전적인 형태의 공리주의에서 효용은 쾌락이나 행복, 혹은 만족, 그리고 이러한 정신적 성취를 가져오는 모든 것으로 정의된다.[2] 개인의 자유, 공인된 권리의 충족이나 침해, 쾌락에 대한 통계에 적절하게 반영되지 못하는 삶의 질의 측면 등과 같이 잠재적으로 중요한 문제들은 공리주의적 구조에서 규범적 평가에 직접 영향을 주지 못한다. 따라서 이들은 효용지수에 끼치는 영향을 통해서만 간접적으로 작동한다(다시 말해, 정신적 만족, 쾌락, 행복에 끼치는 영향의 정도에 의해서만). 더 나아가 공리주의의 총합적인 이론틀은 효용을 실질적으로 분배하는 것에 대해 관심이 없거나 둔감한데, 그 이유는 모든 이들을 함께 묶어 계산하는 총 효용에만 관심을 두기 때문이다. 이 모든 이유 때문에 매우 제한적인 정보적 기초가 만들어지고, 이러한 제한이 만드는 둔감성은 공리주의적 윤

리학에 중대한 제약이 된다.³

현대적 형태의 공리주의에서는 '효용'의 내용을 종종 다르게 보기도 한다. 즉 쾌락, 만족, 행복이 아니라 욕망의 충족, 혹은 한 개인의 선택행동에 대한 일종의 표현으로 말이다.⁴ 나는 곧 이 차이를 고려할 것인데, 이렇게 효용을 재정의하는 것이 그 자체로 공리주의의 일반적 특성인 자유, 권리에 대한 무관심을 제거하는 것은 아니다.

이제 자유지상주의로 넘어가자. 이것은 공리주의적 이론과는 대조적으로 행복이나 욕망의 충족에 대해 직접적인 관심을 갖지는 않는다. 이 이론의 정보적 기초는 전적으로 다양한 종류의 자유와 권리로 이루어져 있다. 예를 들어 정의를 설명하기 위해 공리주의나 자유지상주의가 사용하는 공식대로 파고들지 않고, 그들의 정보적 기초를 단순히 대조하는 것만으로도 이 이론들이 정의에 대해 매우 다른—그리고 전형적으로 양립 불가능한—견해를 갖고 있다는 것이 명백해진다.

사실 정의론의 진짜 '핵심'은 어떤 정보가 직접적으로 중요하게 간주되는지—혹은 배제되는지—에 대한 정보적 기초를 통해 상당 부분 이해할 수 있다.⁵ 예를 들어 고전적 공리주의는 서로 다른 개인들 각각의 행복이나 쾌락에 대한 (비교의 틀을 통해 본) 정보를 활용하려고 애쓴다. 반면 자유지상주의는 자유와 타당성에 대한 규칙을 따를 것을 요구하며, 그것을 준수하는지 아닌지에 대한 정보를 통해 상황을 평가한다. 이 이론들은 서로 다른 방향으로 진행되며, 주로 각각의 이론이 중심적인 것으로 간주하는 정보에 따라 정의나 다양한 사회적 시나리오의 수용 가능성 acceptability 을 판단한다. 일반적인 규범적 이론, 특히 정의론의 정보적 기초는 결정적으로 중요하며, 실제 정책에 관한 많은 논쟁에서 핵심적인 논점이 될 수 있다(나중에 다룰 주장에서 드러날 것이다).

다음 몇 쪽에 걸쳐 공리주의에서 시작해 정의에 관한 몇 가지 두드러진 접근법의 정보적 기초를 검토할 것이다. 각각의 접근법이 갖는 장점과 한계는 상당 부분 그 정보적 기초의 범위와 한계를 검토함으로써 이해할 수 있다. 평가하고 정책을 결정할 때 흔히 사용하는 서로 다른 접근법에서 생기는 문제들에 기초하여, 정의에 대한 대안적 접근법을 간략하게 그려낼 것이다. 그것은 개인적 자유(효용이 아니라)의 정보적 기초에 집중하지만 공리주의적 시각에서 높이 평가할 만한 자산(이라고 나는 주장한다)인 결과에 대한 민감성을 통합하고 있다. 나는 정의에 대한 이 '역량 접근'을 이 장의 뒷부분과 다음 장에서 상세하게 검토할 것이다.

정보적 기초로서의 효용

공리주의의 표준이 되는 정보적 기초는 어떤 상황에서의 효용의 총합이다. 벤담주의적 형태의 고전적 공리주의에서 한 개인의 '효용'은 그의 쾌락이나 행복의 척도를 나타낸다. 이런 생각은 각 개인의 복리에 관심을 기울이는 것이며, 특히 복리를 본질적으로 정신적 특성, 즉 생성된 쾌락 혹은 행복으로 간주하는 것이다. 개인 간의 행복은 당연히 정확하게 비교할 수 없으며 표준적인 과학적 방법을 이용하기도 어렵다.[6] 그럼에도 우리들 대부분은 어떤 사람들이 다른 사람들에 비해 결정적으로 덜 행복하거나 더 불행하다고 규정하는 것이 어처구니가 없다고(혹은 '무의미하다고') 생각하지는 않는다.

공리주의는 한 세기 이상 많은 사람들에게 지배적인 윤리적 이론이자 특히 가장 영향력 있는 정의론이었다. 아주 오랫동안 이 접근법은 복지와 공공정책에 관한 전통적인 경제학을 지배했다. 이 경제학은 제레미 벤담이 주장한 현대적 형태의 공리주의에 의해 촉발되었고, 존 스튜어트 밀John

Stuart Mill, 윌리엄 스탠리 제본스William Stanley Jevons, 헨리 시즈윅Henry Sidgwick, 프랜시스 에지워스Francis Edgeworth, 앨프리드 마샬Alfred Marshall, A. C. 피구A.C. Pigou 같은 경제학자들에 의해 개진되었다.[7]

공리주의적 평가의 요구사항은 세 가지 서로 다른 구성요소로 나눌 수 있다. 첫 번째 요소는 '결과주의'(선입견을 주는 단어는 아니다)다. 이것은 모든 (행위, 규칙, 제도 등등의) 선택이 그 결과, 즉 그것들이 야기한 성과에 따라 판단되어야 한다는 것이다. 결과를 중시하기 때문에 몇몇 규범적 이론이 어떤 원칙들은 결과와 무관하게 지켜져야 한다고 간주하는 경향을 부인하는 측면이 있다. 사실 이 주장은 결과에 민감한 것 이상으로 나아가는데, 왜냐하면 결과 이외의 것이 궁극적으로 고려되는 것을 배제하려 하기 때문이다. 결과주의에 따라 어느 정도의 제약이 부과되는지에 대해서는 더 판단을 내려야 하지만, 이것이 부분적으로는 결과의 목록에 무엇이 포함되고 무엇이 배제되는지에 의존한다는 것은 여기에서 언급할 가치가 있다(예를 들어 행위 자체가 그 행위의 '결과' 중 하나로 간주될 수 있는가 하는 문제가 있는데, 이것은—자명한 의미에서—분명히 그러한 것이다).

공리주의의 두 번째 요소는 '후생주의'로, 이것은 사태들을 판단할 때 각 상태의 효용에 국한하여 판단해야 한다는 것이다(권리나 의무의 충족이나 침해 등과 같은 것에 직접적인 관심을 기울이지 않는다). 후생주의가 결과주의와 결합될 때, 공리주의는 모든 선택을 그 때문에 야기되는 각각의 효용에 따라 평가할 것을 요구한다. 예를 들어, 모든 행위는 그 결과 상태에 따라 판단되어야 하며(결과주의 때문에), 결과의 상태는 상태의 효용에 따라 판단되어야 한다(후생주의 때문에).

세 번째 요소는 '합계순위sum-ranking'다. 이것은 총합적 성취를 얻기 위해 서로 다른 사람의 효용들을 단순 합산해야 한다는 것이다. 그 총합이 각 개인에게 어떻게 분배되어 있는지에 대해서는 상관하지 않는다. 다시 말해, 효용의 불평등한 분배와는 무관하게 효용의 총합은 최대화되어야 한다. 선택의 결과에 따라 발생한 효용의 총합으로 모든 선택을 판단해야 한다는 고전적인 공리주의 공식은 이 세 가지 요소로 산출된다.[8]

이러한 공리주의적 견해에서 볼 때 성취할 수 있었던 최대치와 비교하여 효용의 총합에서 손실이 발생하면 그것이 바로 부정의다. 이러한 관점에서 보면 기대되는 것보다 집합적으로 덜 행복한 사회가 정의롭지 못한 사회다(기대되는 효용의 총합에 미치지 못하는 것이 부정의라는 뜻─옮긴이). 행복이나 쾌락에 대해서만 초점을 맞추는 경향은 몇몇 현대적 형태의 공리주의에서는 극복되었다. 이렇게 변형된 형태의 공리주의에서는 효용이 욕망의 충족으로 정의된다. 이 관점에서 중요한 것은 충족된 욕망의 강도이지, 야기된 행복의 강도가 아니다.

행복이나 욕망 모두 측정하기가 쉽지 않다. 그 점에서 현대적인 경제적 분석에서는 효용을 정의할 때 종종 한 개인에게서 관찰할 수 있는 선택을 수치로 나타내곤 한다. 이러한 표현에는 기술적 문제들이 있지만, 이 때문에 여기에서 지체할 필요는 없다. 그 기본적 공식은 이렇다. 만일 한 개인이 어떤 선택 y에 대해 대안 x를 선택한다면, 오직 그때에만 이 사람은 y보다 x에서 더 많은 효용을 얻는다. 효용의 '척도화'는 이 규칙을 따라야 하며, 이러한 틀 속에서 한 개인이 y에서보다 x에서 더 많은 효용을 얻는다고 인식하는 것과 둘 중 하나를 선택해야 할 때 x를 고를 것이라고 말하는 것 사이에는 실질적인 차이가 존재하지 않는다(즉 효용을 직접 측정하기는 곤란하므로 효용의 상대적 크기를 선호의 우선 순위로 바꾸어 표현할 수 있다─옮긴이).[9]

공리주의적 접근의 장점

선택에 따라 효용을 계산하는 과정은 단점도 있지만 장점도 있다. 공리주의적 계산의 맥락에서 그 주요한 단점은 이 방법이 직접적으로 개인 간 비교를 할 수 없다는 것인데, 왜냐하면 각 개인의 선택을 분리해서 집중적으로 보기 때문이다(기본적으로 한 개인의 선택의 우선 순위만 따지게 된다―옮긴이). 이것은 명백히 공리주의에는 부적합한데, 합계순위를 수용하지 않기 때문이다. 그러므로 이 과정은 개인 간 비교가 필요하다. 선택에 따라 효용을 바라보는 관점은 주로 후생주의와 결과주의만을 활용하는 접근법에 주로 사용되었다. 이것은 일종의 공리주의를 기반으로 하는 접근법일 뿐, 그 자체로 온전히 공리주의는 아니다.

공리주의적 접근법의 장점은 논쟁거리가 될 수 있다. 하지만 이것은 다음과 같이 통찰력 있는 지점을 포착한다.

(1) 사회적 제도배열을 판단할 때 그 결과를 고려하는 것의 중요성(결과를 민감하게 생각하는 사례의 경우, 완전한 결과주의가 지나치게 극단적으로 보일 때조차도 매우 만족스러울 수 있다).

(2) 사회적 제도배열과 그 결과를 판단할 때 관련된 사람들의 복지에 관심을 기울일 필요성(복지를 판단함에 있어 공리를 중심으로 하는 정신적 척도 mental-metric에 동의하지 않을 때조차도 사람들의 복지에 대한 관심은 명백히 매력적인 것이다).

결과의 중요성을 조명하려면, 많은 사회적 제도배열들이 어떤 결과를 가져올지에 대한 고려는 하지 않고 그저 구성적 측면에서 매력적이기 때문에 옹호된다는 사실을 생각하면 된다. 예를 들어 재산권이 그렇다. 어떤 이들은 그것이 개인의 독립을 구성한다는 것에 주목하고 소유권, 상속, 재산을 활용하는 데 어떤 제약도 가해서는 안 된다고 요구한다. 심지어 자산이나 소득에 세금을 물리는 것조차 반대한다. 반면 정치적으로 분열되었을 때 어떤 이들은 반대편에서 소유권의 불평등으로 인해 반발하며—어떤 이는 그토록 많은 것을 갖고 있는데 다른 이들은 그토록 적은 것을 갖고 있다—사적 소유를 철폐하자는 요구까지 했다.

우리는 사적 소유의 내재적 매력 혹은 혐오스런 특성에 대한 다양한 견해를 받아들일 수 있다. 결과주의적 접근법은 우리가 이 특성들에만 휘둘리지 말고 소유권을 갖는 것—혹은 갖지 않는 것—의 결과를 검토해야 한다고 제안한다. 사실 사적 소유를 옹호하는 데 가장 많은 영향을 끼치는 것은 사적 소유로 인한 긍정적 결과들이다. 옹호자들은 사적 소유가 그 결과의 관점에서 볼 때 경제적 확장과 일반적인 번영의 강력한 원동력이었음을 종종 지적한다. 결과주의적 관점으로 바라본다면 이 사실은 사적 소유의 장점을 평가할 때 중심적 위치를 차지해야 한다. 한편 또다시 결과의 관점에서 볼 때 사적 소유의 무제한적 사용—제약과 세금이 없는—은 뿌리 깊은 빈곤으로 이어지고, 장애, 나이, 질병, 경제적·사회적 불운 때문에 남보다 뒤처진 사람들에게 사회적 지원을 하기 어렵게 한다는 증거들도 풍부하다. 사적 소유는 또한 환경의 보존과 사회적 기반시설의 발전에서 취약점을 보일 수 있다.[10]

따라서 양 극단의 순수한 접근법으로는 양쪽 모두 결과의 분석이 훼손될 수밖에 없다. 결과주의적 분석에 따르면 소유와 관련한 제도들은 적어도 개연성 있는 결과를 통해 평가되어야 한다. 비록 완전한 공리주의가 결과와 그 연관성을 판단하는 매우 특이한 방식을 고집하지만, 이 결론은 공리주의적 정신과 일치한다. 정책과 제도를 판단할 때 그 결과를 전적으로 고려해야 한다는 일반적인 주장(결과주의)은 중요하면서도 만족스러운 요구사항이다. 공리주의적 윤리를 옹호하는 입장에서 이러한 요구사항이 도출될 수 있다.

결과를 판단할 때 사태의 추상적인 특성을 따로 떼어내 보는 것이 아니라 인간의 복지를 고려해야 한다는 유사한 주장이 제시될 수 있다. 결과와 복지에 대해 초점을 맞추는 것은 이 주장을 통해 뒷받침되고, 이렇게 정의에 대한 공리주의적 접근을 받아들이는 것—부분적이지만—은 직접적으로 그 정보적 기초에 관련된다.

공리주의적 관점의 한계

공리주의적 접근의 문제점 또한 그 정보적 기초로까지 거슬러 올라갈 수 있다. 사실상 정의에 대한 공리주의적 개념에서 문제점을 찾는 것은 어렵지 않다.[11] 완전한 공리주의적 접근법이 야기하는 결점 몇 가지를 언급해보자.

(1) 분배에 대한 무관심: 공리주의적 계산은 행복의 분배에서 불평등을 무시하는 경향이 있다(얼마나 불평등하게 분배되든 오직 총합만이 중요하다). 우리는 일반적인 행복에 관심을 가지면서 그 '집합적' 총량뿐만이 아니라 행복의 불평등 정도에도 관심을 기울이길 원할 수 있다.

(2) 권리, 자유, 기타 비효용적인 관심사에 대한 방기: 공리주의적 접근은 권리와 자유의 요구에 대해 어떤 내재적인 중요성도 부여하지 않는다. 그것은 오직 간접적으로만, 그리고 효용에 어느 정도 영향을 끼치느냐에 따라 가치를 인정받는다.

(3) 적응과 심적 조절: 심지어 공리주의적 접근법이 개인의 복지에 대

해 취하는 관점은 그다지 건강하지도 않은데, 그것은 심적 조절과 적응적 태도에 의해 쉽게 흔들릴 수 있기 때문이다(심적 조절mental conditioning은 외적 변화 없이 마음을 바꿈으로써 효용을 변화시키는 것을 의미한다. 가난에 오래 시달리면 작은 것에도 큰 기쁨을 느낀다—옮긴이).

앞의 두 비판은 세 번째의 것보다 더 직접적인데, 그래서 세 번째의 문제—심적 조절과 그것이 공리주의적 계산에 끼치는 영향—에 대해 조금 더 논평을 해야 할 것 같다. 쾌락, 행복, 욕망과 같은 정신적 특성에만 집중하는 것은 사람들 사이에서 복지와 박탈을 비교할 때 특히 한계가 드러날 수 있다. 우리는 상황에 따라 욕망과 쾌락을 추구하는 능력을 변화시키는데, 이 적응력 때문에 특히 자신에게 불리한 환경도 견뎌낼 수 있다. 효용의 계산은 지속적으로 박탈된 상태에 있는 사람들에게 심각하게 불공정할 수 있다. 예를 들어, 계층화된 사회에서 통상적인 낙오자들, 배타적인 공동체에서 억압받는 소수자들, 불확실성의 세계에서 살고 있으며 전통적으로 불안정한 소작인들, 착취적인 경제제도 속에서 일상적으로 초과노동을 하는 공장 노동자들, 심각하게 성차별적인 문화 속에서 희망 없이 종속되어 있는 가정주부들. 이렇게 박탈당한 사람들은 순전히 생존하기 위해 어쩔 수 없이 자신의 빈곤한 상황에 순응하는 경향이 있다. 그 결과 어떤 급진적 변화를 요구할 용기를 잃거나 어떤 바람도 없이, 가능한 한 자신의 욕망과 기대를 조정하려 할 수 있다.[12] 쾌락이나 욕망의 정신적 척도는 박탈과 불편의 확실한 안내자로 삼기에는 상황에 따라 너무도 가변적이다.

따라서 지속적으로 박탈당하는 사람들의 결핍은 효용의 척도로는 확인하기 어렵다. 그러므로 그들이 침묵한다는 사실에 주목하는 것뿐만 아니라 사람들이 자신이 영위하고 싶은 삶이 무엇인지 판단할 진정한 기회를 줄 수 있는 조건을 만들어내는 것이 중요하다. 기초교육, 기초적 보건, 고용 보장 같은 사회적이고 경제적인 요인들은 그 자체로도 중요하지만, 사람들에게 용기와 자유를 갖고 세계로 나아갈 기회를 주는 역할을 하기 때문에 중요하기도 하다. 이러한 고려사항은 더 광범위한 정보적 기초를 필요로 하며, 특히 자신들이 가치 있다고 여길 삶을 선택할 인간의 역량에 초점을 두어야 한다.

존 롤스와 자유liberty의 우선성

이제 가장 영향력 있는—그리고 많은 측면에서 가장 중요한—이 시대의 정의론인 존 롤스의 이론으로 넘어가보자.13 그의 이론에는 많은 구성 요소가 있는데, 나는 그가 '자유liberty의 우선성'이라고 부른 특별한 요구에서부터 논의를 시작하려 한다. 이 우선성에 대한 롤스 자신의 정식화는 비교적 온건하지만, 이 우선성은 현대적인 자유주의 이론에서 특히 예리하게 나타난다. 이 이론은 어떤 정식화에서 (예를 들자면 로버트 노직이 제시한 우아하고 강경한 이론적 구축에서) 사회적 목표의 추구(빈곤과 궁핍의 제거를 포함하는)보다 광범위한 유형의 권리들—개인적 자유에서 재산권에 이르기까지—을 거의 완전하게 정치적으로 우선시해야 한다고 본다.14 이러한 권리는 '측면 제약side constraints'(개인의 목표를 성취하는 것에 대한 도덕적 제약으로, 정치철학자 노직은 권리를 측면 제약으로 보아야 한다고 주장했다—옮긴이)의 형태를 띠는데, 간단히 말해 침해되어서는 안 된다는 것이다. 권리를 보장하기 위해 고안된 절차들은 어떤 결과가 나오더라도 받아들여져야 하며, 우리가 바람직한 것으로 간주하는 것들(효용, 복지, 결과나 기회의 평등 등)과 같은 선상에 있지 않다(고 주장이 진행된다). 따라서 이러한 정식화에서 권리는 상대적으로 중요한 게 아니라 절대적으로 우선시되는 것이다.

자유주의 이론에서 제시하는 '자유의 우선성'에 대한 덜 강력한 정식화(가장 주목할 만한 것으로, 롤스의 저작에서)에서는 우선권을 부여받는 권리들이 덜 광범위하며, 본질적으로 기본적인 정치적·시민적 권리들을 포함해 다양한 개인적 자유들로 구성되어 있다.[15] 하지만 이러한 더욱 제한적인 권리들이 부여받는 우선성은 꽤 완전한 것이어야 한다. 그리고 이 권리는 자유지상주의 이론에 비해 그 적용범위에서 훨씬 제한되어 있지만 역시 경제적 필요성의 강요에 의해 타협할 필요는 없다.

이러한 완전한 우선성을 지지하는 것은 경제적 필요성을 포함해 다른 고려사항들의 강력함을 입증함으로써 논쟁에 부칠 수 있다. 사느냐 죽느냐가 달린 강력한 경제적 필요가 개인적 자유보다 낮은 순위가 되어야 하는가? 이 문제는 오래전 허버트 하트Herbert Hart에 의해서 (1973년의 유명한 논문에서) 일반적인 형태로 강력하게 제기되었다. 존 롤스는 이후의 책 『정치적 자유주의Political Liberalism』(1993)에서 이 주장의 설득력을 인정했고, 이를 그의 정의론의 구조 안에서 수용하는 방법을 제안했다.[16]

만일 '자유의 우선성'이 매우 가난한 나라에서도 만족스럽게 받아들여지려면 그 우선성에 대한 내용이 상당히 적합해야 한다. 이 말은 자유가 그러한 우선성을 갖지 말아야 한다는 의미가 아니라 그러한 형태의 요구가 경제적 빈곤을 쉽게 간과해서는 안 된다는 것이다. 사실 ① 갈등의 상황에서 자유가 압도적인 우선권을 부여받아야 한다는 롤스의 엄격한 제안과 ② 여러 유형의 이익과 개인적 자유를 분리하여 특별 취급하려는 그의 일반적 절차는 구별할 수 있다. 더 일반적인 두 번째 주장은 자유를 다른 유형의 개인적 이익과는 구별해서 접근하고 평가할 것을 요구한다.

내가 제안하려는 것은 완전한 우선권을 핵심 논점으로 보는 게 아니라 다른 유형의 개인적 이익—소득, 효용 등—과 동일한 정도로 개인의 자유가 중요해야 한다는 것이다. 특히 한 개인이 자신의 전반적인 이익과 관련하여 가중치를 부여할 때, 사회에서 자유의 중요성이 적절하게 반영되는지가 문제다. (기본적인 정치적 자유와 시민권을 포함하는) 자유의 우위에 대한 주장은 자유를 단지 한 개인이 그 자유로부터 얻는 이익—마치 부가적 소득—처럼 판단하는 것이 적절한가를 문제 삼는 것이다.

오해를 막기 위해 설명하자면, 시민들이 자신들의 정치적 판단에서 자유와 권리에 부여하는—그리고 부여할 이유를 가진—가치와 자유의 우위를 대비하려는 것이 아니다. 오히려 그 반대다. 자유를 보호하는 것은 일반적으로 그 중요성에 대한 정치적 만족도와 궁극적으로 관련 있다. 오히려 여기에서 자유의 우위성과 대비되는 것은 더 많은 자유와 권리가 한 개인의 고유한 개인적 이익을 증진시키는 정도다(아래 설명이 나오지만, 자유의 우위성은 자유가 다른 유형의 개인적 이익과 동등한 중요성을 갖느냐 하는 대비를 뛰어넘는다—옮긴이). 여기에서 주장은 권리의 소유자가 그것을 통해 개인적 이익을 증진시키는 것보다 권리의 정치적 중요성이 훨씬 크다는 것이다. 다른 사람들의 이익도 물론 연관되어 있기에(서로 다른 사람들의 자유가 얽혀 있기 때문에), 자유를 침해하는 것은 절차적 위반이다. 이에 대해 우리는 이것을 나쁜 것으로 보고 저항해야 할 이유가 있다. 따라서 여기에는 각 개인의 이익에 기여하는 정도에 따라 가치를 평가받는, 예를 들면 소득과 같은 개인적 이익의 원천과 비대칭적 구조가 있다. 그렇기 때문에 자유와 기본적인 정치적 권리의 보호는 절차적으로 우위성을 갖는다.

이 문제는 자유와 정치적·시민적 권리가 공공담론, 그리고 의사소통을 통해 합의된 규범과 사회적 가치가 생성되도록 하는 구성적 역할의 맥락에서 특히 중요하다. 나는 이 어려운 문제를 제6장과 제10장에서 검토할 것이다.

로버트 노직과 자유지상주의Libertarianism

이제 더욱 엄격한 형태의 자유지상주의적libertarian 이론에서 재산권을 포함한 권리의 완전한 우선성이라는 문제로 돌아가보자. 예를 들어, 『아나키에서 유토피아로Anarchy, State and Utopia』에서 제시된 노직Robert Nozick의 이론에서, 이러한 권리의 사용을 통해 사람들이 얻게 되는 '획득권한entitlements'은 일반적으로 결과가 어떠하든 그 결과보다 더 중요하다. 노직이 제시하는 매우 예외적인 면제 조건은 그가 '파국적인 도덕적 공포'라고 부르는 것인데, 이 예외는 노직의 접근법의 다른 사항들과 그리 잘 통합되지 않으며 적절하게 정당화되지도 않는다(그것은 꽤 자의적인 것으로 남아 있다). 자유지상주의적 권리의 단호한 우선성은 이러한 획득권한들이 작동하며 생기는 실질적 결과가 다소 끔찍한 결과를 낳을 가능성이 높다는 데서 문제가 된다. 특히 이는 피할 수 있는 사망을 피하는 것, 영양 공급을 잘 받고 건강하게 사는 것, 읽고 쓰고 셈할 수 있는 것 등을 포함해 어떤 중요한 일을 성취하려는 개인의 실질적인 자유의 침해로 이어질 수 있다. 이러한 실질적 자유freedom의 중요성은 '자유liberty(무제약)의 우선성'을 근거로 무시할 수 있는 게 아니다.

예를 들어, 내가 『빈곤과 기근』에서 썼듯이 대기근도 누군가의 (재산권을 포함한) 자유지상주의적 권리를 침해하지 않고서 발생할 수 있다.[17] 실업자나 극빈자 같은 궁핍한 이들은 그들의 정당한 '획득권한'으로는 음식을 구할 수 없다는 이유로 굶을 수 있다. 이런 일은 '파국적인 도덕적 공포'의 특별한 경우처럼 보인다. 하지만 어떤 정도로 심각한 공포건 간에—극단적이지 않은 굶주림은 논외로 하더라도 대기근에서부터 일상적인 영양실조와 풍토병까지 포함하는—그것은 그 누구의 자유지상주의적 권리들이 침해받지 않는 체계와 공존할 수 있는 것으로 보인다. 마찬가지로 심각한 여타의 박탈(예를 들어, 치료 가능한 질병에 대한 의료의 부족)도 재산의 소유권을 포함한 자유지상주의적 권리 모두를 완전히 충족시킨 상태와 공존할 수 있다.

정치적 우위성의 결과와 무관한 이론을 제안하는 것은 사람들이 결국 소유하거나 소유하지 못하는 실질적인 자유freedom에 대한 상당한 무관심을 반영하는 것이다. 우리는 그 결과 때문에 사람들의 삶이 끔찍하고 전혀 받아들일 수 없는 것이 되어도 결과와는 무관하게 단순한 절차적 규칙을 받아들여야 한다는 것에 동의하기 어렵다. 반대로 결과에 기반한 추론은 각 절차가 사람들이 실제로 누리는 실질적 자유freedom에 끼치는 현실적인 영향을 포함해 다른 고려사항들을 무시하지 않으면서도 개인적 자유liberty의 충족 혹은 침해에 커다란 중요성을 부여할 수 있다(그리고 심지어 특별하게 선호할 수도 있다).[18] 사람들이 향유하거나 그러지 못하는 자유freedom를 포함해 결과를 일반적으로 무시하는 것은 만족스러운 평가체계의 적절한 토대가 되기 힘들다.

정보적 기초의 관점에서 보면 자유지상주의 접근법은 너무 제한적이다. 그것은 공리주의와 복리주의의 이론들이 중요하게 생각하는 변수들조차 무시할 뿐만 아니라 우리가 소중히 여기고 요구할 이유를 갖는 가장 기본적인 실질적 자유freedom 또한 무시한다. 만일 무제약으로서의 자유liberty가 특별한 위상을 부여받는다고 하더라도, 자유지상주의적 이론이 주장하는 것처럼 절대적이고 단호한 우선성을 가져야 한다는 주장은 매우 불만족스럽다. 우리에게는 더 광범위한 정보적 기초가 필요하다.

효용, 실질소득, 개인 간 비교

전통적인 공리주의 윤리학에서 '효용'은 단순히 행복이나 쾌락으로,

때로는 욕망의 충족으로 정의된다. (행복이나 욕망의) 정신적 척도의 관점에서 효용을 보는 이러한 방식들은 제레미 벤담같은 선구적인 철학자들뿐만 아니라 프랜시스 에지워스, 앨프리드 마샬, A. C. 피구, 데니스 로버트슨 Dennis Robertson 같은 공리주의적 경제학자들도 사용하였다. 이 장의 앞부분에서 논의되었듯이 이러한 심적 측도metric는 사람들이 지속적인 궁핍에 심리적으로 적응하는 현상에 의해 왜곡되기 쉽다. 이것은 쾌락 혹은 욕망과 같은 정신적 척도의 주관주의가 갖는 주요한 한계이기도 하다. 공리주의는 이러한 제약에서 벗어날 수 있을까?

오늘날 선택이론에서 '효용'의 현대적 용법에 따르면, 효용을 쾌락이나 욕망의 충족과 동일시하는 것(고전적 시각)은 한 개인의 선택을 수치로 나타내는 시각을 통해 대체로 폐기되었다. 하지만 이러한 변화는 정신적 적응의 문제에 대응하기 위해 발생한 것이 아니다. 이것은 라이오넬 로빈스Lionel Robbins와 다른 방법론적 실증주의자들이 과학적 관점에서 서로 다른 사람들의 마음을 비교하는 것이 '무의미'하다고 제기한 비판에 대응한 것이었다고 설명해야 할 것 같다. 로빈스는 "그러한 비교를 할 수 있는 어떤 수단도" 존재하지 않는다고 주장한다. 그는 심지어 공리주의의 스승 W. S. 제본스 자신이 처음 표명한 의심을 인용하며 동의한다. "모든 정신은 다른 정신에게 불가사의이며, 감정에는 어떤 공약수도 없다."[19] 경제학자들 스스로가 개인 간 효용을 비교하는 데 방법론적 문제가 있다는 것을 확신하면서, 완전한 형태의 공리주의 전통은 다양한 방향으로 타협하게 되었다. 현재 광범위하게 사용되는 특별한 타협은 효용을 한 개인의 선호에 대한 표현으로 간주하는 것이다. 앞에서 언급했듯이 이러한 형태의 효용이론에서는 한 개인이 상태 y에서보다 상태 x에서 더 많은 효용을 가진다는 것은 상태 y보다 상태 x를 선택한다는 것과 본질적으로 다르지 않다.

이러한 접근법은 (쾌락이나 욕망과 같은) 서로 다른 개인의 정신적 조건들을 비교하는 어려운 과제를 요구하지 않는다는 장점이 있지만, 그로 인해 개인들 사이에서 효용을 직접 비교할 가능성 자체를 닫아버린다(효용이란 개인이 선호하는 것을 각각 분리하여 측정한 표현이다). 한 개인이 다른 사람이 될 수는 없으므로 선택에 기반한 효용의 개인 간 비교는 실제 선택에서 '배제' 되어버린다.[20]

만일 다른 개인들이 (말하자면 다른 수요함수에 반영된) 다른 선호를 가진다면, 이렇게 서로 다른 선호로부터 개인 간 비교를 끌어낼 방법은 명백히 존재하지 않는다. 그런데 만일 그들이 동일한 선호를 공유하고, 유사한 상황에서 동일한 선택을 한다면? 아마도 이것은 매우 특별한 경우겠지만(호라티우스Horace가 말했듯이 "사람의 수만큼 많은 선호가 존재한다"), 이러한 매우 특별한 가정 아래서 개인 간 비교가 가능한가를 묻는 것은 흥미롭다. 사실 공통의 선호와 선택행동의 가정은 응용 후생경제학에서 종종 제기되었고, 모두가 같은 효용함수를 가진다는 가정을 정당화하기 위해 자주 사용된다. 이것은 상당히 정형화된 개인 간 효용 비교다. 그렇다면 이러한 가정은 선호를 수치적으로 표현한 효용을 해석할 때 정당한 것일까?

불행하게도 그 대답은 부정적이다. 모든 사람이 동일한 효용함수를 가진다는 가정이 모두에게 같은 선호와 선택행동을 야기한다는 것은 분명 사실이다. 하지만 다른 많은 가정들에 의해서도 동일한 결과를 얻을 수 있다. 예를 들어, 한 개인이 모든 상품에 대해 다른 사람에 비해 정확히 절반(혹은 3분의 1, 100분의 1, 혹은 100만분의 1)의 효용을 얻는다고 하더라도 이 둘은 정확히 같은 선택행동과 수요함수를 갖게 된다. 그러나 명확히―가정에 의해―어떤 상품들로부터도 같은 수준의 효용을 얻지는 않는다. 좀 더 수학적으로 말하면, 선택행동의 수치적 표현은 고유하지 않다.[21] 각각의 선택행동에는 가능한 효용함수가 광범위하게 존재한다. 선택행동이 일치한다고 효용이 일치하는 것은 아니다.[22]

이것은 순수이론에서만 '까다로운' 어려움이 아니다. 실제 상황에서도 매우 큰 차이를 불러오기 때문이다. 예를 들어, 실의에 빠졌거나 장애를 가졌거나 아픈 사람이 그와 같은 불편을 겪지 않는 사람과 어떤 상품들에 대해 동일한 수요함수를 갖고 있다면, 그 사람이 이 상품들로부터 다른 사람과 같은 효용(혹은 복지나 삶의 질)을 얻는다고 주장하는 것은 불합리할 것이다. 예를 들어, 만성적인 위장병을 가진 가난한 사람은 가난하지만 병이 없는 다른 사람처럼 쌀 1킬로그램보다 2킬로그램을 더 선호할 수 있다. 하지만 그들 모두가 1킬로그램의 쌀에서 같은 만족을 느낀다고 볼 수는 없다. 따라서 같은 선택행동과 수요함수라는 가정(어쨌거나 현실적인 가정은 아니다)이 동일한 효용함수를 기대할 근거를 제공해주지는 않는다. 개인 간 비교는 선택행동을 설명하는 것과는 다른 문제다. 둘을 동일시한다면 그것은 개념을 혼동했기 때문이다.

이러한 사실들은 선택행동에 따른 효용 비교에서 종종 무시되며, 기껏해야 '실질소득' 혹은 효용의 상품적 토대를 비교하는 데 그친다. 그러나 심지어 실질소득을 비교하는 것조차도 사람들이 서로 다른 수요함수를 갖고 있을 때는 쉽지 않으며, 이는 그러한 비교의 근거를 제약한다(효용 자체는 물론이고 효용의 상품적 토대도 마찬가지다). 실질소득을 비교하는 것을 효용 비교의 근사치로 다루는 것은 한계가 있다. 부분적으로는 같은 상품이 서로 다른 사람들에게 동일한 수준의 효용을 가져온다는 가정이 완전히 자의적이기 때문이기도 하고(서로 다른 사람들의 수요함수가 일치한다고 하더라도), 효용의 상품적 토대를 지표화하는 것이 어렵기 때문이다.[23]

실제에 있어서 실질소득을 기반으로 복지에 접근하는 것의 가장 큰 어려움은 인간의 성향이 다양하다는 것에 있다. 연령, 성별, 특별한 재능, 장애, 발병 가능성 등의 차이 때문에 사람들은 완전히 동일한 상품을 소비할 때조차도 삶의 질이 꽤 달라진다. 인간의 다양성은 서로 다른 개인들의 이익을 판단할 때 실질소득으로 비교하려는 시도를 제약한다. 개인 간의 이익을 비교하는 대안적 접근법을 논의하기 전에 다음 절에서 또 다른 어려움들을 고려해보자.

복지: 다양성과 이질성

우리는 복지의 물질적 토대로 소득과 상품을 이용한다. 하지만 주어진 일군의 상품, 더 일반적으로 주어진 수준의 소득을 어떻게 활용하는가 하는 것은 본질적으로 다수의 우연한 개인적·사회적 상황에 달려 있다.[24] 우리는 실질소득과 그로부터 얻는 이익—복지와 자유—이 다양한 양상을 나타내게 하는 다섯 가지 원인들을 쉽게 확인할 수 있다.

(1) 개인의 이질성: 사람들은 장애, 질병, 연령, 성별과 연관된 서로 다른 육체적 특성을 갖고 있으며 이로 인해 사람들의 요구는 다양해진다. 예를 들어, 아픈 사람은 질병과 싸우기 위해 더 많은 소득을 원하겠지만 병이 없는 사람은 그럴 필요가 없다. 그리고 아픈 사람이 치료를 받는다고 해도 다른 사람이 같은 수준의 소득에서 얻는 삶의 질을 똑같이 누리지 못할 것이다. 장애를 가진 사람은 보철prosthesis을 원하는 반면, 노인은 부양과 보조를, 임신부는 영양 공급을 원할 수 있다. 이처럼 불리한 조건을 해결하기 위해 사람들이 필요로 하는 것은 다양할 텐데, 어떤 장애는 소득이 증가해도 완전히 '극복하지' 못할 수 있다.

(2) 환경의 다양성: 예를 들어 기후 환경(기온의 범위, 강수, 홍수 등) 같

은 다양한 환경 조건 역시 한 개인의 소득 수준에서 얻을 수 있는 것에 영향을 미친다. 추운 기후에서 가난한 사람들은 난방과 의복이 필요하지만 따뜻한 지방에 사는 가난한 사람들은 그렇지 않다. 한 지역에 전염병(말라리아로부터 콜레라, 에이즈까지)이 유행하면 이 지역의 거주자들이 향유하는 삶의 질이 변한다. 오염이나 기타 환경의 문제들도 마찬가지다.

(3) 사회적 풍토의 다양성: 개인의 소득과 자원을 삶의 질로 수렴시키는 것은 공공의 교육제도, 특정한 지역에서 범죄와 폭력의 만연 혹은 부재 등을 포함하는 사회적 조건에 의해서도 영향을 받는다. 전염병과 환경오염의 문제는 환경과 사회 양쪽의 문제이기도 하다. 공공시설과는 별도로 공동체 내부의 관계 역시 매우 중요한데, '사회적 자원'에 대한 최근의 문헌들이 이를 강조해왔다.[25]

(4) 관계 전망의 차이: 기존의 패턴의 행동에 따른 상품의 필요성은 관습과 관행에 따라 공동체마다 달라질 수 있다. 예를 들어, 부유한 공동체에서 상대적으로 가난한 사람은 더 가난한 공동체의 사람들이 훨씬 용이하게 활동하고 성공할 수 있는 수준의 소득보다 절대적으로 더 많은 소득을 얻는다 하더라도, 공동체의 삶에 참여하기 위한 기본적인 '기능들'을 충족시키는 데에 어려움을 겪을 수 있다. 예를 들어보자면, '공공장소에서 부끄러움을 느끼지 않고 외출하는 것'은 가난한 사회보다 부유한 사회에서 훨씬 높은 수준의 의복과 과시적 소비를 요구할 것이다(이 점에 대해서는 이미 애덤 스미스가 200년 전에 간파한 바 있다).[26] 자존감을 충족시키기 위해 필요한 개인적 자원에도 이와 동일하게 모수적 다양성$_{parametric\ variability}$이 존재한다. 이것은 기본적으로 한 사회 안에서의 개인적 차이라기보다는 사회 간의 차이이지만, 이 둘은 종종 서로 연관된다.

(5) 가족 내부(의) 분배: 가족 중 한 명 혹은 그 이상의 구성원이 벌어

들이는 소득은 모두에게―돈을 버는 사람과 마찬가지로 벌지 않는 사람에게도―분배된다. 따라서 소득의 사용이라는 관점에서 소득을 고려할 때 가정은 기본 단위가 된다. 한 가정 내에서 개인이 누리는 복지나 자유는 가족의 소득이 가정의 다른 구성원들이 갖는 이해관계나 목표를 추진하기 위해 어떻게 사용되는가에 따라 달라진다. 따라서 가족 내부의 소득분배는 개인 성취와 기회를 가족 소득의 전반적 수준과 연결시키는 중요한 모수적 변수 parametric variable가 된다. 한 가족 내에서 적용되는 분배의 규칙(예를 들자면 성별과 연령, 혹은 인정된 필요성과 연관된)은 그 개별 구성원들의 성취와 곤경에 주요한 차이를 만들어낼 수 있다.[27]

소득과 복지 사이의 관계를 다양하게 하는 이러한 서로 다른 원인들은 높은 실질소득이라는 관점에서 풍요를 복지와 삶의 질에 대한 척도로 받아들이는 것을 제약한다. 나는 이러한 차이들과 그 결과를 다시 논의할 것이다(특히 제4장에서). 하지만 그전에 대안이 무엇인가라는 질문에 먼저 답하려고 시도해야 할 것이다. 이것이 이제부터 다루려는 문제다.

소득, 자원, 그리고 자유

빈곤을 단지 소득의 부족으로 보는 관점은 이 주제에 관한 문헌에서 꽤 견고하게 지지받는다. 적절하게 정의된 소득은 우리가 할 수 있는 것과 없는 것에 막대한 영향을 끼치기 때문에 이런 주장이 근거가 없는 것은 아니다. 소득 부족은 굶주림과 기근을 포함해 빈곤과 연관되는 박탈의 주요한 원인이 된다. 빈곤을 연구할 때 우리가 소득, 특히 낮은 실질소득의 분배에 대한 정보부터 파악해야 한다는 주장을 뒷받침하는 탁월한 주장이 있다.[28]

그러나 마찬가지로 소득의 분석에만 그쳐서는 안 된다는 것을 뒷받침하는 좋은 주장도 있다. 존 롤스의 '기초재화'에 대한 고전적 분석은 사람들 각각의 목적이 무엇이건 그들이 필요로 하는 자원에 대해 광범위한 상황을 보여준다. 이것은 소득을 포함하지만 기타 일반적인 목적의 '수단들'을 포함하는 것이다. 기초재화는 사람들이 자신의 목적을 성취할 수 있게 도와주며, '권리, 자유와 기회, 소득과 부, 그리고 자존감의 사회적 기초'를 포함하는 일반적인 목적의 수단들이다.[29] 롤스의 이론에서 기초재화에 집중하는 것은 개인적 이득을 그들 각각의 목적을 추구하기 위해 활용할 수 있는 기회의 관점에서 보는 그의 견해와 관련이 있다. 롤스는 이러한 목적들을 각 개인의 '선의 개념'의 추구로 보는데, 이것은 사람마다 다르다. 만일 다른 사람과 동일한 기초재화를 갖고 있지만(혹은 더 많이 갖고 있지만) 한 개인에게 다른 사람보다 덜 행복한 일이 생기더라도(예를 들어, 매우 값비싼 취향을 갖고 있어서), 이 효용 공간에서의 불평등에는 어떠한 부정의도 없다. 롤스의 주장에 따르면 개인은 그 자신의 선호에 대해 책임을 져야 하기 때문이다.[30]

그러나 정보의 초점을 소득에서 기초재화로 넓히는 것은 한쪽에는 소득과 자원을, 다른 쪽에는 복지와 자유를 놓고 그 관계의 적절한 다양성을 다루기에 적합하지 않다. 사실상 기초재화 그 자체는 대체로 다양한 유형의 일반 자원들이다. 이러한 자원을 이용해 가치 있는 일을 할 수 있는 능력을 만들어내는 것은 우리가 소득과 복지의 관계를 검토하는 맥락에서 마지막 절에 고려한 다양성의 똑같은 목록에 적용된다. 즉 개인의 이질성, 환경의 다양성, 사회적 풍토의 차이, 관계 전망 및 가족 내 분배의 차이 말이다.[31] 예를 들자면, 개인의 건강과 건강하게 살 수 있는 역량은 엄청나게 다양한 영향 요소들에 따라 달라진다.[32]

좋은 삶의 수단에 초점을 맞추는 대안은 사람들이 실제로 영위하는 현실의 삶에 집중하는 것이다(혹은 더 나아가자면, 사람들이 소중히 여길 만한 현실의 삶을 영위할 수 있는 자유에 집중하는 것이다). 적어도 A. C. 피구 이후로 사실상 '삶의 수준'과 그 구성요소, 그리고 기본적 욕구의 충족에 직접적으로 초점을 맞추려는 시도가 많이 있었고, 이는 현대 경제학 내부에서도 이루어졌다.33 (1998년에 급작스레 세상을 떠난 파키스탄의 위대한 경제학자) 마붑 울하크의 선구적인 지도 아래 1990년부터 국제연합 개발계획(UNDP: United Nations Development Programme)은 '인간개발'에 대한 연례 보고서를 발간해 사람들, 특히 상대적으로 빈곤한 사람들이 실제로 영위하는 삶을 체계적으로 조명해왔다.34

사람들이 실제로 영위하는 삶에 관심을 두는 것은 제1장에서 지적했듯이 경제학에서 새로운 경향은 아니다. 사실상 인간의 선에 대한 아리스토텔레스적 설명은 (마사 누스바움이 논의했듯이) '먼저 인간의 기능을 규명'할 필요성이 있고, 그 뒤에는 규범적 분석의 기본 단위로서 '활동이라는 의미에서의 삶'을 탐구하는 것으로 진행되어야 한다.35 삶의 조건에 대한 관심은 앞에서 논의했듯이 윌리엄 페티, 그레고리 킹, 프랑수아 케네, 앙트안로랑 라브아지에, 조제프루이 라그랑주 등 선구적인 경제분석가들이 국가의 재정과 경제적 번영에 대해 쓴 저작들에 반영되어 있다.

이것은 또한 애덤 스미스와도 관련된 접근법이다. 앞에서 언급했듯 그는 실질소득이나 소유한 상품들이 아니라 '부끄러움 없이 공공장소에 나갈 수 있는 능력'이라는 역량에 관심을 갖고 있었다.36 스미스의 분석에 따르면 한 사회의 '필수품'은 부끄러움 없이 공공장소에 나가거나 공동체의 삶에 참여하는 능력과 같이 최소한의 자유를 만들어내는 데 필요한 것이다. 애덤 스미스는 이렇게 말한다.

나는 필수품에 대해 삶을 유지하기 위해 필수불가결한 상품들만이 아니라 사회적 관습에 의해 명예로운 사람들이나 가장 하층의 사람들에게조차도 그것이 없으면 품위 없는 삶을 살게 만드는 것이라고 이해한다. 예를 들어 린넨 셔츠는 엄격하게 말해 생활필수품이 아니다. 그리스인이나 로마인들은 내 생각에 린넨 없이도 매우 안락하게 살았다. 하지만 오늘날 유럽 대부분에서 린넨 셔츠를 입지 않으면 날품팔이 노동자들은 공공장소에서 부끄러움을 느낄 것이다. 또한 린넨 셔츠가 없다는 것은 매우 나쁜 행동을 할 수밖에 없는, 수치스러울 만큼의 가난을 암시하는 것이기도 하다. 같은 방식으로 관습은 영국에서 가죽신을 필수품으로 만든다. 가죽신이 없이 밖에 나온다면 남성이건 여성이건 가장 가난한 사람들은 수치심을 느낄 것이다.[37]

마찬가지로 오늘날 미국이나 서유럽의 가정에서는 몇 가지 특정한 상품(전화, 텔레비전, 자동차와 같은 것) 없이는 공동체의 삶에 참여하기 힘든데, 이것들은 가장 가난한 나라들에서는 공동체적 삶에서 필수품이 아니다. 이러한 분석에서 초점은 상품 그 자체가 아니라 상품들에 의해 가능해진 자유에 있다.

복지, 자유, 그리고 역량

나는 지금까지 평가적 목적을 위해서 적절한 '공간'은 (복지주의자들이 주장하듯) 공리도 아니고 (롤스가 주장하듯) 기초재화도 아니며, 가치 있다고 여기는 삶을 선택할 수 있는 자유, 즉 역량이라고 주장해왔다.[38] (롤스가 명시적으로 제시하듯) 개인이 자신의 목적을 추구하기 위해 필요한 진정한 기회에 집중하고자 한다면, 그 개인들이 개별적으로 소유하는 기초재화뿐만이 아니라 자신의 목표를 위해 그 재화를 개인의 능력으로 통합하는 것과 관련된 개인적 특성들 또한 고려해야 한다. 예를 들어 장애를 가진 사람은 더 많은 기초재화를 갖고 있어도 더 적은 기초재화를 가진 정상인보다 정상적인 삶을 영위할 (혹은 자신의 목표를 추구할) 기회가 적을 수 있다. 비슷하게 노인이나 질병에 잘 걸리는 사람은 훨씬 많은 기초재화를 갖고 있더라도 훨씬 더 불리한 처지에 놓일 수 있다.[39]

분명히 아리스토텔레스적인 뿌리를 가진 '기능'의 개념은 한 개인이 가치 있게 여기는 많은 것들을 반영한다.[40] 이렇게 가치 있는 기능들은 적절한 영양공급이나 피할 수 있는 질병으로부터 자유로워지는 것처럼 아주 기본적인 것에서부터[41] 공동체의 삶에 참여하고 자존감을 갖는 것과 같은 복잡한 활동이나 개인적 상태에까지 다양하다.

한 개인의 '역량'은 성취할 수 있는 기능들의 다양한 조합을 가리킨다. 따라서 역량은 일종의 자유로, 여러 가지 기능 조합을 성취할 실질적 자유를 말한다(덜 형식적으로 말하자면 다양한 삶의 양식을 추구할 자유다). 예를 들어 부유한 사람이 단식을 한다면 어쩔 수 없이 굶어야 하는 가난한 사람들처럼 식사와 영양에서 기능적으로 동일한 성취를 할 수 있지만, 전자는 후자에 비해서 전혀 다른 '역량집합capablity set'을 갖는다(전자는 후자가 하지 못하는 방식으로 잘 먹는 것을 선택할 수 있다).

중요한 성취와 그에 상응하는 역량의 목록에 무엇이 포함되어야 하는가에 대해 특정한 기능들을 놓고 실질적 논쟁이 벌어질 수 있다.[42] 이러한 평가적 논점은 이러한 종류의 평가적 활동에서 필수불가결하다. 이 접근법의 한 가지 장점은 이 문제를 암시적인 문제틀 속에 감추는 대신 명시적인 방식으로 평가의 문제를 제기한다는 것이다.

여기에서는 기능 및 역량의 표현과 분석이라는 기술적 세부사항으로 깊이 파고들지 않겠다. 한 개인이 향유하는 각각의 기능들의 양이나 범위는 숫자로 나타낼 수 있는데, 이를 통해서 한 개인의 실제 성취를 기능 벡터로 드러낼 수 있다. 그러면 '역량집합'은 개인이 선택할 수 있는 다양한 기능 벡터로 이루어진다.[43] 한 개인의 기능들의 조합이 개인의 실제 성취를 반영하는 한편, 역량집합은 성취할 수 있는 자유를 나타낸다. 즉 그 사람이 선택할 수 있는 다양한 기능 조합들인 것이다.[44]

이러한 '역량 접근법'의 평가적 초점은 실현된 기능(한 개인이 실제로 할 수 있는 것)이거나 개인이 갖는 대안들의 역량집합(개인이 가진 실제 기회들)에 있다. 양자는 서로 다른 유형의 정보를 제공하는데, 전자는 한 개인이 행하는 일들에 대해, 후자는 한 개인이 실질적으로 행할 자유를 가진 것에 대해 정보를 준다. 이러한 두 가지 유형의 역량 접근법이 지금껏 사용되어 왔으며, 종종 둘이 결합되기도 한다.[45]

확고부동한 경제학의 전통에 따를 때, 선택지들의 집합이 갖는 진짜 가치는 그것을 통해 가능해지는 최선의 활용과—최대화 행위와 불확실성의 결여를 전제로—실제로 이루어진 활용에 있다. 따라서 한 선택된 요소의 가치에 의해 알 수 있다(즉 최선의 선택지나 실제로 선택된 것).[46] 이러한 경우에 선택된 기능 벡터에 초점을 맞추는 것은 역량집합에 대한 초점과 일치하는데, 궁극적으로 후자가 전자에 의해 판단되기 때문이다.

역량집합에 반영된 자유는 마찬가지로 다른 방식에 의해서도 사용될 수 있다. 한 집합의 가치가 최선의—혹은 선택된—요소의 가치와 항상 동일할 필요가 없다. 선택되지 않은 기회를 갖는 것에 중요성을 부여할 수도 있다. 만일 결과가 산출되는 과정이 그 자체로 중요성을 갖고 있다면 이것은 자연스러운 진행 방향이다.[47] 사실 '선택하기' 그 자체는 매우 가치 있는 기능이다. 다른 대안이 없는 상황에서 x를 갖는 것은 실질적 대안이 존재하는 상황에서 x를 선택하는 것과 구별될 수 있다.[48] 단식은 어쩔 수 없이 굶주리는 것과 차원이 다르다. 충분히 음식을 먹을 수 있지만 스스로 선택해서 음식을 먹지 않는 것이 단식이다.

비중, 가치평가 그리고 사회적 선택

개인적 기능은 효용(혹은 행복, 쾌락, 욕망)보다는 개인 간 비교를 하기에 더 쉽다. 또한 서로 관련 있는 기능들 다수—전형적으로 심적이지 않은 특성들—는 그 심적 평가와는 다르게 나타난다('심적 조절'에 포함되지 않는다). 수단을 목표로(혹은 목표를 추구하기 위한 자유로) 전환시키는 가변성은 이미 목표들의 목록 속에 드러나는 성취와 자유의 범위에 반영되고 있다. 이것들은 평가와 사정查定에서 역량적 관점을 사용하는 것의 이점이다.

그러나 모든 이점에 대해 개인 간 비교를 하려면 이질적인 구성요소들을 '통합'해야 한다. 역량적 관점은 어쩔 수 없이 다원적이다. 첫째로 다양한 기능들이 있고, 어떤 것들은 다른 것에 비해 더 중요하다. 둘째, 실제로 성취한 것(선택된 기능 벡터)에 대해 실질적인 자유(역량집합)에 무게가 주어지는 문제들이 있다. 마지막으로 역량적 관점이 평가 과정과 관련한 모든 문제들을 남김없이 망라한다고 주장할 수 없으므로(예를 들어, 우리는 자유와 산출만이 아니라 규칙과 과정에도 중요성을 부여할 수 있다), 다른 관련 사항들과 비교할 때 역량에 어느 정도의 비중을 부여할 것인지가 문제가 된다.[49]

그러면 이러한 다원성이 평가 과정에서 역량적 관점의 적절함을 논할 때 당황스러운 것이 되는가? 그 반대다. 우리가 가치 있게 여기는 오직 하나의 강력한 기준만 있어야 한다는 주장은 우리의 평가적 추론의 범위를 심하게 축소시킨다. 이것은 예를 들어 자유, 권리, 창조성, 혹은 실제 생활 조건에 대한 직접적인 관심 대신 오직 쾌락에만 가치를 부여하는 고전적인 공리주의를 인정하는 게 아니다. 단 하나의 단일한 '좋은 것'만을 갖는 기계적 안락함을 주장하는 것은 추론하는 존재로서의 우리의 인간성을 부정한다. 이것은 마치 우리 모두가 좋아하는 (훈제연어나 감자튀김 같은) 요리 한 가지나 우리가 극대화하려고 노력하는 (짠맛 같은) 음식의 질 하나를 발견한 뒤 이것만 고수함으로써 요리사를 편하게 하려는 것과 같다.

개인적 이점에 영향을 주는 요소들의 이질성은 실제 평가의 지배적 특징이다. 우리가 모든 사람의 전반적인 이점을 평가하고 비교할 수 있는 (그리고 필요의 차이, 개인적 환경 등을 가정에서 제외할 수 있는) 관점에서 하나의 단일한 기준('소득'이나 '효용'과 같은)이 존재한다고 단순하게 가정한다면, 이것은 문제를 해결하는 게 아니라 회피하는 것이다. 선호 충족은 한 사람의 개인적 필요를 다루는 데 있어서 분명 매력적이지만, 앞에서 논의했듯이 그 자체는 개인 간에 비교를 할 때 어떤 사회적 평가에서도 중심적인 것이 아니다. 심지어 각 개인의 선호가 그 개인의 복지에 대한 궁극적인 심판자arbiter로 간주된다고 하더라도, 복지를 제외한 모든 것(예를 들어 자유)이 무시된다고 하더라도, 그리고—매우 특별한 경우이지만—모든 사람이 같은 수요함수나 선호 지도preference map를 갖는다고 하더라도, 상품의 시장가치(혹은 상품 공간에서 공유된 무차별 곡선 지도system-of-indifference map에서 상대적 위치)의 비교는 개인 간 비교에 대해 말해주는 게 거의 없다.

상당한 정도의 이질성을 명시적으로 인정하는 사회 평가의 전통이 나름 충분히 상세하게 전개되어왔다. 예를 들어, 롤스의 분석에서 기초재화는 구성적으로 다양한 것으로 간주되며('권리, 자유, 기회, 소득과 부, 그리고 자존감의 사회적 기초'를 포함하며), 롤스는 기초재화 소유의 전체적인 '지표'를 통해 이것을 다룬다.[50] 이질적인 공간에 대해 동일한 판단을 내리는 것은 롤스식의 접근이나 기능의 사용 모두에 적용되지만, 전자는 앞에서 말한 이유로 정보가 빈곤한데, 이것은 높은 삶의 질을 추구할 기회에 비해 자원과 기초재화가 갖는 모수적 다양성parametric variation 때문이다.

그러나 평가의 문제는 전부 아니면 전무가 되는 것이 아니다. 어떤 판단은 불완전한 범위에도 불구하고 초점 공간focal space을 상세화함으로써 직접적으로 도출된다. 어떤 기능들이 중요한 것으로 선택되면 그러한 초점 공간은 상세화되고, 지배 관계 그 자체는 대안적 사태에 대해 '부분적 배열'로 이어진다. 만일 개인 i가 개인 j보다 중요한 기능을 더 많이 갖고 있거나 적어도 그러한 기능을 대등하게 갖고 있다면 i는 명백히 j보다 더 높게 평가된 기능 벡터를 갖는다. 이러한 부분적 순서는 가능한 가중치를 더 상세화함으로써 '확장'될 수 있다. 물론 특정한 가중치의 집합은 완전한 배열을 만들어내기에 충분하지만, 이것이 항상 필수적인 것은 아니다. 합의된 가중치의 '범위'가 주어지면(즉 그 범위에서 정확한 지점에 대해 어떤 합의가 없더라도 특정한 범위로부터 가중치들이 선택되면) 순위의 교집합으로부터 부분적인 배열이 나온다. 이러한 부분적 순서는 그 범위를 점점 좁힐수록 체계적으로 확장된다. 범위를 좁혀가는 가운데 어느 지점에서—아마도 가중치들이 고유해지기 전에—부분적 순서는 완전해진다.[51]

물론 이런 종류의 평가적 활동에서 어떻게 가중치를 선택할 것인가를 묻는 것이 중요하다. 이러한 판단을 실행하는 것은 오직 추론된 평가를 통해서만 가능하다. 스스로 판단을 내리는 특정한 개인에게 가중치의 선택은 개인 간 합의나 동의가 아니라 성찰reflection을 필요로 한다. 그러나 사회적 평가에서 '합의된' 범위에 이르는 과정에는(예를 들자면, 빈곤에 대한 사회적 연구에서) 가중치 혹은 적어도 가중치의 범위에 대해 일종의 추측된 '합의'가 존재해야만 한다. 이것이 '사회적 선택'의 실행이며, 이것은 공공의 토론과 민주적 이해 및 수용을 필요로 한다.[52] 이것은 기능 공간의 사용에만 관련된 특별한 문제가 아니다.

'테크노크라시'와 '민주주의' 사이에는 가중치의 선택에서 흥미로운 선택이 존재하는데, 이것은 조금 더 논의할 필요가 있다. 동의 혹은 합의로 대표되는 민주적 추구에 의존하는 선택과정은 매우 혼란스러울 수 있다. 많은 기술관료들은 이러한 혼란에 질린 나머지 '딱 들어맞는' 가중치를 제공하는 기존의 멋진 공식을 갈망하게 된다. 그러나 그러한 마법의 공식은 물론 존재하지 않는다. 가중치의 문제는 평가와 판단의 문제이지 비인간적인 기술의 문제가 아니기 때문이다.

우리는 통합에 사용될—어떤 대안적 공식이 아니라—특정한 공식들을 제안할 수 있다. 하지만 이 필수불가결한 사회적 선택의 실행에서 그 위상은 타인들의 수용 가능성에 달려 있어야 한다. 그럼에도 사람들은 합리적인 사람이라면 거부할 수 없는 '명백히 올바른' 공식을 갈망한다. 그 좋은 사례가 T. N. 슈리니바산T.N. Srinivasan의 역량 접근법에 대한 강력한 비판(그리고 유엔개발계획의 『인간개발보고서』에서의 그 부분적인 활용)인데, 여기에서 그는 '서로 다른 역량의 다양한 중요성'에 대해 우려하며 이 접근법을 폐기하고 '상품을 평가하는 조작적 측도—교환가치의 측도를 포함하는' '실질소득 문제틀'의 이점을 받아들이자고 제안한다.[53] 이러한 비판은 얼마나 설득력이 있는가? 확실히 시장의 평가에는 어떤 척도가 있다. 그러나 그것은 우리에게 무엇을 말해주는가?

앞에서 이미 논의했듯이 교환가치의 '조작적 측도'로는 개인 간의 효용 수준을 비교할 수 없는데, 그러한 비교는 선택행동에서 연역될 수 없기 때문이다. 효용을 단순히 주어진 개인의 선택에 대한 수치적 표현으로 간주하는—그 맥락에서는 일리 있는—소비이론의 전통에 대한 오독 때문에 이 주제에 대해 혼란이 있었다. 그것은 독립적으로 고찰된 개인들의 소비

행동을 분석하는 데 있어서 효용을 정의하는 유용한 방식이다. 그러나 그것은 그 자체로는 실질적인 개인 간 비교를 가능케 하는 어떤 절차도 제공하지 못한다. "교환을 기술하는 데 있어서 효용에 대한 개인 간 비교를 하는 것은 필수적이지 않다"[54]는 폴 새뮤얼슨Paul Samuelson의 기초적인 지적은 같은 동전의 뒷면일 뿐이다. '교환가치의 측도'를 관찰함으로써 개인 간 효용을 비교할 수는 없다.

앞에서 언급했듯이 이러한 어려움은 모두가 같은 수요함수를 갖는다고 해도 존재한다. 개인들의 수요함수가 서로 다를 때 이 문제는 증폭되는데, 이 경우 효용의 상품적 기반을 비교하는 것은 더욱 문제가 된다. 드러난 선호이론을 포함해서, 수요를 분석하는 방법론에는 어떤 상품을 소유할 것인지에 대한 선택, 즉 실질소득을 비교함으로써 개인 간의 효용이나 복지를 비교할 수 있게 하는 것이 아무것도 없다.

사실상 연령, 성별, 타고난 재능, 장애와 질병 등의 요소와 관련된 개인 간의 다양성을 전제하면, 상품의 소유는 각각의 사람들이 영위할 수 있는 삶의 성격에 대해 말해주는 게 거의 없다. 따라서 실질소득은 사람들이 소중히 여기는 복지와 삶의 질의 중요한 구성요소들에 관한 빈약한 지표일 뿐이다. 더 일반적으로, 평가적 판단의 필요성은 개인의 복리나 삶의 질을 비교하는 데 필수불가결하다. 더 나아가 공적 검증을 가치 있게 여기는 사람이라면 실질소득에 입각해서 개인의 복리와 삶의 질을 평가하는 것은 이미 특정한 판단을 내린 것이라는 사실, 그리고 암묵적으로 사용된 가중치도 평가적 검증을 거쳐야 한다는 사실을 인정해야 할 것이다. 이런 맥락에서 시장가격을 기반으로 상품의 효용을 평가하는 것이 이미 활용 가능한 '조작적 측도'를 평가적 활용을 위해 미리 선택했다는 잘못된 인상을 준다는 사실은 자산이라기보다는 한계다. 정보를 바탕으로 한 공적 검증은 사회적 평가에서 핵심적이며(이 경우가 그렇다고 믿는다), 암묵적 가중치는 그 것이 사회가 어떤 문제없이 즉각적으로 사용할 수 있는 '이미 사용 가능한' 측도의 일부라는 거짓 이유에 기반해 검토 대상에서 제외되어서는 안 되며 더욱 명시적이 되어야 한다.

많은 경제학자들이 시장가격에 기반한 평가를 강력하게 선호하기 때문에, 실질소득에만 배타적으로 기반한 평가에서는 상품 소유를 제외한 모든 변수들(사망, 질병, 교육, 자유와 권리 같은 중요한 문제들)이—암묵적으로—직접적인 가중치를 갖지 못한다는 점을 지적하는 것이 중요하다. 이 변수들은 오직 상품 소유와 실질소득을 증진시킬 때에만—그리고 그 정도에 의해서만—간접적 가중치를 부여받는다. 그러나 실질소득 비교와 복지 비교를 혼동하면 값비싼 대가를 치러야 한다.

삶의 질(혹은 복지)의 다양한 구성요소들에 명시적으로 가중치를 부여하고 그 선택된 가중치를 공개된 공적 토론과 비판적 검토에 부쳐야 한다는 요구를 강조하는 것은 방법론적으로 강력한 지지 근거가 있다. 평가적 목적에서 어떤 기준을 선택하든 여기에는 가치판단만이 아니라 충분한 동의가 존재할 수 없는 판단들도 사용된다. 이것은 이러한 종류의 사회적 선택의 실행에서 필수불가결한 일이다.[55] 진짜 논점은 우리가 실질소득 방법론과 같이 기술적 이유에서 추천받는 조악한 지표 대신 평가적 목적을 위해 더 대중적인 지지를 받는 기준을 사용할 수 있느냐다. 이것은 공공정책의 평가적 기초를 위해 핵심적인 문제이다.

역량 정보: 대안적 사용

역량적 관점은 다소 명확한 방식으로 사용될 수 있다. 공공정책을 평가할 때 어떤 실질적인 전략을 사용할 것인가의 문제는 개인적 이점을 어떻게 가장 잘 판단하고 개인 간 비교를 가장 일리 있게 할 수 있는가 하는 근본적 문제와 구별되어야 한다. 근본적인 차원에서 역량적 관점은 소득과 같은 도구적 변수에 집중하는 것에 비해 (이미 앞에서 말한 이유로) 명백한 이점을 갖고 있다. 그러나 이것은 역량의 방법론이 항상 실제적인 관심의 가장 유익한 초점이라는 것을 함축하지는 않는다.

어떤 역량들은 다른 역량들에 비해 측정하기 어려우며, 그것을 '측도'에 관련시키려는 시도는 드러내는 것보다 놓치는 것이 더 많을 수 있다. 종종—개인이나 집단 환경에서 가격 차이와 다양성에 대해 가능한 한 교정을 거치면—소득 수준은 실질적으로 평가를 시작하는 가장 유용한 방법이 될 수도 있다. 실질적인 평가와 정책 분석을 위해 쓸 수 있는 자료를 사용하는 것에 대해 역량적 관점에 깔려 있는 동기를 활용할 때, 실용주의가 꽤 강력하게 필요하다.

기본적인 관심사를 실제적인 형태로 만들려 할 때 세 종류의 대안적인 실질적 접근법을 고려할 수 있다.[56]

(1) 직접적 접근: 이 일반적인 접근법은 기능이나 역량의 벡터를 검토하고 비교할 때 각각의 이점에 대해 무엇을 말할 수 있는가를 직접 검증하는 형태를 띤다. 여러 면에서 이것은 평가에서 역량적 고려를 통합하는 가장 즉각적이며 완전한 방식이다. 그러나 이것은 서로 다른 형태로 사용될 수 있다. 이러한 변형에는 다음과 같은 것들이 포함된다.

(1.1) '총체적 비교'는 빈곤이나 불평등(혹은 어떤 주제든)의 관점에서 각각이 아니라 모든 벡터들의 순위를 포함한다.

(1.2) '부분적 순위'는 (다른 것들 대신) 어떤 벡터들의 순위만을 포함하며 완전한 평가적 순위를 요구하지 않는다.

(1.3) '특정한 역량 비교'는 중심적인 것으로 선택된 특정한 역량의 비교를 포함하며, 완전한 범위를 추구하지 않는다.

이 셋 중에서 '총체적 비교'가 확실히 가장 진취적이다. 우리는 모든 대안들의 완전한 순위를 주장하지 않으면서도 이 방향을 추구할 수 있고, 그 방향에서도 종종 꽤 많은 것을 성취할 수 있다. '선택된 역량 비교'의 사례는 고용이나 장수, 문맹률, 영양과 같은 특정한 역량 변수들에 집중적인 관심을 쏟는 것에서 볼 수 있다.

물론 특정한 역량들을 분리해서 비교함으로써 역량집합들의 총합적 순위를 나타낼 수 있다. 여기에서 가중치의 핵심적 역할이 개입하며, '선택된 역량 비교'와 '부분적 순위'(혹은 '총체적 비교')의 간격을 메워준다.[57] 그러나 선택된 역량 비교의 범위가 제한되는 것에도 불구하고 그러한 비교는 그 자체만으로 평가적 활동에서 시사하는 바가 크다는 점을 강조하는 게 중요하다. 다음 장에서 이 문제를 조명할 기회가 있을 것이다.

(2) 보충적 접근: 두 번째 접근법은 상대적으로 비급진적이며, 소득 공간에서의 개인 간 비교라는 전통적 절차를 지속적으로 사용하면서 그것을 역량에 대한 고려로 (종종 비형식적인 방식으로) 보충하는 것이다. 실제로 이 방식을 통해 정보적 기초를 확대할 수 있다. 이 보충은 기능 자체의 직접적인 비교에 초점을 두거나 혹은 역량의 결정에 영향을 미칠 것으로 생각되는 소득 이외의 도구적 변수들에 초점을 맞춘다. 건강보험의 이용 가능성과 범위, 가족 내부에서 성차별의 증거, 실직의 만연과 강도 등과 같은 요소들이 소득 공간에서의 전통적인 방법론이 제공하는 부분적 결론에 추가될 수 있다. 이러한 확장은 소득 불평등과 소득 빈곤을 측정하여 알게 된

것에 정보를 추가함으로써 불평등과 빈곤에 대한 전체적인 이해를 풍요롭게 할 수 있다. 본질적으로 이 방식은 '선택된 역량 비교'를 보충적 도구로 사용한다.[58]

(3) 간접적 접근: 세 번째 노선의 접근법은 보충적 접근보다 더 진취적이지만 여전히 친숙한 소득 공간에 초점을 맞추며 그것을 적절하게 수정한다. 소득 대신 역량의 결정력에 대한 정보를 활용해 '조정된 소득'을 계산할 수 있다. 예를 들어, 가정의 소득 수준은 문맹률에 의해 하향 조정되거나 교육 정도에 비례해 상향 조정되어 역량 성취의 관점에서 동등한 것이 될 수 있다. 이러한 절차는 '동등성 척도equivalence scale'에 대한 일반적 연구와 관련이 있다. 이것은 또 직접적으로 관찰되지 않는 인과적 영향력(가족 내부에 특정한 유형의 성적 편견의 존재 유무와 같은)을 평가한다는 점에서 가정의 소비 패턴 분석에 대한 연구와도 연결된다.[59]

이러한 접근법의 이점은 소득이 친숙한 개념이며 종종 (말하자면 역량에 대한 '지표들' 전체와 비교해) 더 엄격한 측정법을 허용한다는 사실에 있다. 이것은 해석을 좀 더 정교하고 쉽게 만든다. 이 사례에서 소득의 '측도'를 선택하는 것은 휴 달턴Hugh Dalton이 처음으로 제시한 효용 공간 대신 ('평등하게 배분된 동등한 소득'에 대한 계산에서) A. B. 앳킨슨A. B. Atkinson이 소득 불평등 효과를 측정하기 위해 소득 공간을 선택했던 것과 유사하다.[60] 달턴의 접근법에서 불평등은 격차로 인한 효용 손실로 나타나는데, 앳킨슨이 가져온 변화는 '동등한 소득'의 관점에서 불평등으로 인한 손실을 평가하는 것을 포함한다.

'측도'의 문제는 무시할 수 없으며 간접적인 접근법은 약간의 이점을 갖는다. 그러나 이것이 직접적인 평가에 비해 더 '간편하지' 않다는 점을 인지해야 한다. 첫째로, 동등한 소득의 가치를 평가할 때 우리는 어떻게 소득이 상대적 역량에 영향을 끼치는지를 고려해야 한다. 이 전환의 비율이 역량평가의 동기에 따라 달라져야 하기 때문이다. 더 나아가 서로 다른 역량들 사이의 선택과 포기라는 모든 문제(그리고 상대적인 가중치의 문제)는 직접적 접근과 마찬가지로 간접적 접근에서도 고려해야 한다. 왜냐하면 여기에서 본질적으로 변경된 것은 표현의 단위이기 때문이다. 동등한 소득 공간에서 적절한 측정을 얻기 위해 내려야 할 판단이란 관점에서 보면 이런 의미에서 간접적 접근법은 직접적인 접근법과 기본적으로 다르지 않다.

둘째, 불평등을 측정하기 위한 단위로서의 소득과 불평등 감소의 도구로서의 소득을 구별하는 게 중요하다. 역량의 불평등을 동등한 소득의 관점에서 잘 측정할 수 있다고 하더라도, 여기에서 소득을 이전하는 것이 관찰된 불평등에 대응하는 가장 좋은 방법이라는 결론으로 이어지지는 않는다. 보상 및 조정의 정책적 문제는 다른 논점(역량 격차를 변화시키는 효율성, 인센티브 효과의 상대적인 힘 등)을 제기한다. 소득 격차에 대한 쉬운 '독해법'을 격차에 상응하는 소득을 이전함으로써 이 격차를 가장 효과적으로 개선할 수 있다는 제안으로 간주해서는 안 된다. 물론 동등한 소득을 이렇게 잘못 읽어야 할 필연성은 없지만 소득 공간의 명료함과 직접성은 그러한 유혹을 던질 수 있고, 이는 명백하게 거부해야만 하는 것이다.

셋째, 소득 공간이 더 많은 측정 가능성과 정교화 가능성을 갖지만 연관된 가치라는 관점에서 볼 때 그 실제적인 정도는 오도될 가능성이 크다. 예를 들어 소득 수준이 감소되고 사람이 굶기 시작했을 때, 그 개인의 생존 가능성이 어떤 시점에서 급격하게 떨어지는 경우를 고려해보자. (전적으로 소득의 관점에서만 측정했을 때) 소득 공간에서 두 개의 값의 '거리'는 상대적으로 작아 보일 수 있다. 하지만 그러한 이동의 결과가 생존의 가능성에 극적인 변화를 가져온다면, 작은 소득 변화의 효과는 실제 중요한 사건의 공간에서는 매우 클 수 있다(이 경우에는 생존 역량). 따라서 소득의 차이가 작다고 이 차이가 실제로 '작다'고 생각하는 것은 착각일 수 있다. 사실 소득은 오직 도구적으로만 중요하게 남아 있기 때문에, 우리는 소득 격차가 궁극적으로 중요한 공간에서 어떤 결과를 가져올지 고려하지 않고서는 그 중요성을 알 수 없다. (오래된 경구가 말하듯 인과관계의 사슬을 통해) 못이 없어서 전쟁에서 지게 된다면, 그 못은 소득 혹은 소비의 공간에서 아주 사소한 것이었다 해도 결국 커다란 차이를 만들어내는 것이다.

이러한 각각의 접근법은 그 실행의 성격, 정보의 이용 가능성, 결정의 긴급성 등에 따라 달라지는 가변적인 장점을 갖고 있다. 역량적 관점이 종종 아주 엄격한 조건으로 해석되기 때문에(직접적 접근법에서의 총체적 비교), 이 접근법이 갖는 개방적 보편성을 강조하는 게 중요하다. 역량의 중요성을 토대로 받아들이는 것은 실질적인 타협을 포함해 다양한 평가 전략과 함께 어울릴 수 있다. 실제적인 이유의 실용적 특성이 이를 요구한다.

맺음말

에우클레이데스Euclid는 프톨레마이오스Ptolemy에게 "기하학에 '왕도'는 없다"고 말했다. 경제적·사회적 정책을 평가하는 왕도가 있는지는 분명치 않다. 주의를 요하는 다양한 고려사항들이 관련되어 있기에 이러한 고려사항들을 염두에 두고 평가가 이루어져야 한다. 평가에 대한 다양한 접근법과 관련한 논쟁의 대부분은 우리의 규범적 관심의 핵심부에 무엇이 놓여야 하는지를 결정할 우선권에 대한 것이다.

나는 여기에서 윤리학, 후생경제학, 정치철학에 대한 서로 다른 접근법이 종종 암묵적으로 받아들이는 우선성을 각각의 접근법이 평가적 판단을 내릴 때 기초로 하는 정보적 기초에서 찾아내고 분석해야 한다고 주장했다. 이 장은 이러한 '정보적 기초'가 어떻게 작동하는지, 서로 다른 윤리적·평가적 체계가 어떻게 서로 다른 정보적 기초를 활용하는지를 보이는 데 집중했다.

이러한 일반적인 문제로부터 이 장에서 제시된 분석은 특정한 접근법들 즉 공리주의, 자유지상주의, 롤스의 정의론으로 넘어갔다. 평가에 어떤 왕도도 없다고 볼 때, 이렇게 잘 확립된 각각의 전략에는 분명 장점이 있지만 커다란 제약도 있기 때문에 어려움을 겪는다는 사실도 드러났다.

이 장의 구성적 부분에서는 서로 연관된 개인의 실질적 자유에 직접적으로 초점을 맞추는 것의 함의를 검토함으로써 개인들이 소중히 여기는 일들을 할 수 있는 역량—그리고 그러한 삶을 영위할 수 있는 자유—에 집중하는 일반적인 접근법을 확인했다. 나는 이 접근법을 다른 곳에서도 논의한 바 있는데,[61] 그 장점과 제약은 상당히 분명하다. 이 접근법은 자유의 중요성을 직접적으로 고려할 뿐만 아니라 다른 접근법들의 연관성에 기여하는 기초적 동기들에도 실질적인 관심을 기울인다. 특히 자유에 기반을 둔 관점은 그중에서도 인간의 복지에 대한 공리주의의 관심, 선택의 과정과 행위의 자유에 대한 자유지상주의자들의 열의, 개인적 자유와 함께 실질적 자유를 위해 필요한 자원에 대한 롤스 이론의 초점을 모두 고려할 수 있다. 이런 의미에서 역량적 접근법은 포괄 범위가 매우 광범위하고 민감하며, 그로 인해 다른 접근법에서 이런저런 방식으로 무시되는 다양한 주요 사항들에 평가적 관심을 쏟을 수 있다. 이러한 포괄적 범위가 가능한 것은 개인의 자유를 그들이 소중히 여기고 추구하는 결과와 과정에 대해 갖는 명시

적 연관성을 통해 판단할 수 있기 때문이다.[62]

이러한 자유에 기반한 관점을 활용하는 다양한 방식은 그 관점을 전부 혹은 전무라는 형태로 활용해야 한다는 생각에 반대하면서 논의되었다. 많은 실제적인 문제들에서 명시적으로 자유 기반의 접근법을 사용할 가능성은 아마도 상대적으로 제한적일 것이다. 하지만 이 자유 기반의 접근법은 특정한 맥락에서 다른 절차들이 일리 있게 사용될 수 있을 때, 그것들을 무시해야 한다고 주장하지 않으면서도 이 접근법이 포함하는 통찰과 관심을 두는 정보를 활용할 수 있다. 뒤따르는 분석은 이러한 이해에 기초해 저발전(부자유의 형태로 광범위하게 드러나는)과 발전(부자유의 제거와 사람들이 소중히 여기는 다양한 유형의 실질적 자유를 확대하는 과정으로서)에 대해 조명하고자 한다. 일반적인 접근법은 다양한 방식으로 사용될 수 있으며, 그 방식은 사용 가능한 정보와 맥락에 따라 달라진다. 역량 접근법이 넓은 범위를 포괄할 수 있는 것은 정보 분석과 실용적 사용이 결합하기 때문이다.

4장
역량 박탈로서의 빈곤

케랄라는 시장 기반의 경제가 통제 없이 팽창하는 것을 깊이 우려해 최근까지 꽤 반시장적인 정책을 펼쳐왔다. 그래서 좀 더 상호보완적인 경제정책을 폈더라면 인적 자원을 경제성장의 확산에 보다 더 활용할 수 있었으나 그러지 못했다. 그러나 케랄라 주의 경제가 완만하게 성장했음에도 인도의 다른 주에 비해서 소득 빈곤을 빠르게 감소시켰다는 점은 눈여겨볼 만하다. 몇몇 주들이 빠른 경제성장을 통해서 소득 빈곤을 줄였던 것에 비해(펀자브가 가장 두드러진 사례다), 케랄라는 기초교육, 보건, 평등한 토지 분배를 통해 빈곤을 감소시켰다.

앞 장에서 사회정의를 분석하면서 개인적 이점을 그 개인이 가진 역량—즉 개인이 가치 있게 여기는 삶을 영위할 수 있는 실질적 자유—이라는 관점에서 판단하는 것을 뒷받침하는 강력한 근거가 있음을 주장했다. 이런 관점에서 빈곤은 표준적 기준이었던 단순히 낮은 수준의 소득이 아니라 기본적 역량의 박탈로 규정해야 한다.[1] 그렇다고 역량-빈곤의 관점이 빈곤의 명백한 주요원인은 낮은 소득이라는 합당한 견해를 부정하지는 않는다. 왜냐하면 소득의 결여는 한 개인의 역량 박탈을 야기하는 주요한 이유이기 때문이다.

사실상 불충분한 소득은 빈곤한 삶을 초래하는 강력한 조건이다. 그렇다면 소득에 기반하여 빈곤을 평가하는 표준적 관점과 달리 빈곤을 역량 박탈로 보아야 할 이유는 도대체 어디에 있는가? 빈곤에 대한 역량적 접근법을 선호하는 까닭은 다음과 같다.

(1) 빈곤을 역량의 박탈과 동일시하는 것은 일리가 있다: 이 접근법은 그 자체로 중요한 박탈에 초점을 맞춘다(이에 비해 낮은 소득은 오직 도구적으로만 중요하다).

(2) 낮은 소득 외에도 역량 박탈—그러니까 진짜 빈곤—에 영향을 주는 요소들이 있다(소득은 단지 역량을 만들어내는 하나의 도구일 뿐이다).

(3) 낮은 소득과 낮은 역량의 도구적 관계는 서로 다른 공동체, 심지어 가정이나 개인에 따라 달라진다(소득이 역량에 끼치는 영향은 상황에 따라 가변적이고 조건적이다).[2]

세 번째 논점은 불평등이나 빈곤을 감소시키려는 공공정책을 고려하고 평가할 때 특히 중요하다. 조건에 따른 차이를 만들어내는 다양한 이유들을 지금껏 논의했는데(앞에서는 제3장에서), 특히 실제 정책 수립의 맥락에서 이들 중 일부를 강조하는 것이 유용하다.

먼저 소득과 역량의 관계는 개인의 나이(말하자면 노년과 청년층이 필요로 하는 게 다르기 때문에), 성별과 사회적 역할(예를 들어 모성의 특별한 책임이나 관습에 의해서 정해지는 가족의 의무), 지역(홍수나 가뭄이 생기기 쉽다거나 도시 내부에서 벌어지는 치안 부재나 폭력), 역학적 환경(한 지역에서 만연하는 질병), 그리고 한 개인이 아예 통제할 수 없거나 일부만 통제할 수 있는 많은 다양한 요소에 강력하게 영향을 받는다.[3] 연령, 성별, 지역 등에 따라 분류된 인구 집단을 비교할 때 이러한 모수적 다양성parametric variations은 특히 중요해진다.

둘째로, ① 소득의 결핍과 ② 소득을 기능으로 전환시키지 못하는 장애라는 불이익들이 결합할 수 있다.[4] 연령이나 장애 또는 질병 같은 불리한 조건은 소득을 얻을 능력을 감소시킨다.[5] 이러한 문제들은 소득을 역량으로 전환시키는 데에도 장애로 작용한다. 노인이나 장애인 혹은 심각한 질병을 가진 사람들은 같은 기능을 성취하려면(그런 것이 모두 가능하다고 할 때) 더 많은 소득이 필요하기 때문이다.(도움, 보철물, 치료 등이 필요하기 때문에).⁶ 이것은 (역량 박탈이라는 관점에서) '실질적 빈곤'이 소득 공간에서 나타나는 것보다 중요한 측면에서 더욱 심대하다는 것을 함축한다. 이것은 낮은 소득과 함께 그 소득을 역량으로 '전환'하는 데 어려움을 겪는 노인과 기타 그룹을 지원하는 공공정책을 평가할 때 중요한 사항이 될 수 있다.

셋째로, 가정 내의 분배는 빈곤에 대한 소득 접근법을 더욱 복잡하게 만든다. 만일 가족 소득이 일부 구성원들의 관심사에 차등적으로 쓰인다면 (예를 들어 가정 내에서의 자원 분배가 구조적인 '남아선호'에 의해서 이루어진다면) 소외된 구성원(앞에서 든 예에 따르면 여아)의 박탈 정도는 가족 소득에 적절하게 반영되지 못한다. 이는 많은 경우에서 중대한 문제다.

성차별은 아시아와 북아프리카의 많은 나라들에서 가족 내 분배의 주요인으로 보인다. 여성의 박탈은 소득 분석에 기초한 것보다 (높은 사망률, 질병률, 영양부족, 의료 부족 등을 통한) 역량의 결핍이라는 관점에서 더욱 쉽게 드러난다.⁷

이 문제는 유럽이나 북미의 불평등과 빈곤의 맥락에서는 확실히 중심적이지 않다. 그러나 성적 불평등이 '서구' 국가에서는 기본적으로 문제가 되지 않는다는 (종종 암묵적으로 전제되는) 가정은 상당히 잘못되었다. 예를 들어 이탈리아는 표준적인 국민계정에 포함되는 '알려진' 노동에 비해 '알려지지 않은' 여성 노동의 비율이 매우 높은 나라 중 하나다.⁸ 여기에 들어간 노력과 시간, 그리고 그와 연관되어 줄어든 자유에 대한 설명은 심지어 유럽과 북미 지역에서도 빈곤 분석과 전혀 무관하지 않은 문제다. 세계 대부분 지역에서 공공정책을 세울 때 고려할 사항으로 가족 내의 분업을 여러 방식으로 포함시키는 것이 중요하다.

네 번째로, 소득의 관점에서 상대적 박탈은 역량의 관점에서 절대적 박탈을 가져올 수 있다. 절대 소득이 세계적 기준에서 높은 편이라고 해도 부유한 나라에서 상대적 빈곤은 역량에서 매우 큰 장애가 될 수 있다. 대체로 풍요로운 사회에서 동일한 사회적 기능을 달성하기 위해 충분한 상품을 구매하려면 더 많은 소득이 필요하다. 애덤 스미스가 이미 『국부론』(1776)에서 선구적으로 제시했던 이런 고려사항은 빈곤을 사회학적으로 이해하기 위해 상당히 중요한데, W. G. 런시맨W.G. Runciman, 피터 타운젠드Peter Townsend 등이 이에 대해 분석한 바 있다.[9]

예를 들어 일군의 사람들이 '공동체적 삶에 참여'하면서 겪는 어려움은 '사회적 배제'에 관한 어떤 연구에서도 핵심적이다. (덜 풍요로운 사회의 경우와는 달리) 현대적 장비들이 다소 보편적으로 보급된 지역에서는 공동체적 삶에 참여하기 위해 그러한 현대적 장비들(텔레비전, 비디오장치, 자동차 등)이 필요할 수도 있다. 그들이 덜 부유한 나라의 사람들과 비교할 때 상당히 높은 소득 수준을 누린다고 하더라도 이 부유한 나라에서 상대적으로 가난한 사람에게는 이 장비들의 결핍은 실질적인 제약이 된다.[10] 사실 부유한 나라―심지어 미국―에서의 역설적인 기아 현상은 이러한 고가품들에 대한 경쟁적인 수요와 관련이 있다.[11]

역량 관점이 빈곤 분석에서 하는 역할은 수단(흔히 독점적인 관심사가 되는 하나의 특별한 수단, 즉 소득)으로부터 사람들이 추구할 이유가 있는 목적과 그 목적을 충족시킬 수 있는 자유로 주된 관심사를 옮김으로써 빈곤과 박탈의 본질 및 원인에 대한 이해를 증진시키는 것이다. 여기에서 고려된 간단한 사례들은 이러한 기본적인 확장으로부터 귀결되는 부가적인 통찰을 밝혀줄 것이다. 박탈은 더 근본적인 수준에서, 사회정의를 이해하는 데 필요한 다양한 정보에 대한 요구를 보여주는 비근한 사례. 여기에서 역량 빈곤의 관점이 중요하다.

소득 빈곤과 역량 빈곤

빈곤 개념을 역량의 부족으로 이해하는 것과 낮은 소득으로 보는 것 양자를 개념적으로 구별하는 게 중요하지만, 그래도 이 두 개의 관점은 서로 연관될 수밖에 없다. 왜냐하면 소득이 역량에서 중요한 수단이기 때문이다. 일반적으로 삶을 영위할 때 강화된 역량은 더 생산적이 되어 더 많은 소득을 벌 수 있는 개인의 능력을 확대시켜주기 때문에, 우리는 이 연관관계가 역량이 증대함으로써 더 많은 소득을 벌 수 있는 힘으로도 작동한다고 기대할 수 있다. 그 반대 방향으로만 작동하는 것이 아니다.

이 관계는 소득 빈곤을 제거하는 데 특히 중요할 수 있다. 말하자면 더 나은 기초교육과 보건은 삶의 질을 직접 향상시킬 뿐만 아니라 소득을 올려 소득 빈곤으로부터 벗어날 수 있는 능력을 증대시킨다. 기초교육과 보건의 범위가 더 포괄적이 될수록 잠재적인 빈곤층이 가난을 극복할 수 있는 기회가 더 많아진다.

이러한 연관관계의 중요성은 장 드레즈와 같이 쓴, 인도에 관한 나의 최근 저작—경제개혁을 다룬—의 핵심적인 주제다.[12] 여러 방식으로 인도의 경제개혁은 인도인들에게 과도한 통제와 흔히 '인허가 왕국 license Raj'(인도 특유의 면허 및 규제정책. 인도는 규제왕국이라고 불릴 정도의 복잡한 규제 때문에 해외에서 성장동력을 찾는 기업이 많았다—옮긴이) 때문에 억압당했던 경제적 기회를 열어주었다.[13] 하지만 새로운 가능성을 활용할 기회는 인도 공동체 내의 여러 계층들이 어떻게 사회적 준비를 할 것인가와 무관하지 않다. 개혁이 늦게 찾아왔지만 만일 공동체의 모든 계층들을 위해 경제적 기회를 제공할 사회적 제도가 준비된다면 그것은 더욱더 생산적이 될 수 있다. 사실 많은 아시아의 경제—동아시아와 동남아시아에서 맨 처음으로는 일본, 그다음에는 한국, 대만, 홍콩, 싱가포르, 그리고 그 후에는 개혁 중국, 태국 등의 나라들―는 사회적 배경이 적절하게 보완하는 역할을 해줌으로써 경제적 기회를 확산시키는 데 성공했다. 이러한 배경에는 높은 수준의 글을 읽고 쓰고 계산하는 능력, 기초교육, 양질의 보건 체계, 토지 개혁의 완수 등이 포함된다. 우리는 동아시아보다 인도의 경우에서 경제개방의 교훈과 교역의 중요성을 더 쉽게 배울 수 있다.[14]

물론 인도는 인간개발의 관점에는 편차가 커서, 어떤 지방(대표적인 예로 케랄라)에서는 다른 지역(예를 들어 비하르, 우타르프라데시, 라자스탄, 마디아프라데시)보다 매우 높은 수준의 교육, 보건, 토지개혁을 이루었다. 인도는 지역마다 다른 형태의 제약들이 존재한다. 케랄라는 시장 기반의 경제가 통제 없이 팽창하는 것을 깊이 우려해 최근까지 꽤 반시장적인 정책을 펼쳐왔다. 그래서 좀 더 상호보완적인 경제정책을 폈더라면 인적 자원을 경제성장의 확산에 보다 더 활용할 수 있었으나 그러지 못했다. 하지만 이제는 그러한 시도가 이루어지고 있다. 다른 한편, 북부의 몇몇 주에서는 통제와 시장 기반의 기회가 다양한 가운데 낮은 수준의 사회적 발전으로 어려움을 겪었다. 다양한 장애들을 극복하기 위해 상보적 관련성을 포착해야 할 필요가 매우 강하다.

그러나 케랄라 주의 경제가 완만하게 성장했음에도 인도의 다른 주에 비해서 소득 빈곤을 빠르게 감소시켰다는 점은 눈여겨볼 만하다.[15] 몇몇 주들이 빠른 경제성장을 통해서 소득 빈곤을 줄였던 것에 비해(펀자브가 가장 두드러진 사례다), 케랄라는 기초교육, 보건, 평등한 토지 분배를 통해 빈곤을 감소시켰다.

소득 빈곤과 역량 빈곤 사이의 이러한 연관관계가 강조할 만한 가치가 있지만, 소득 빈곤의 감소는 빈곤 철폐 정책의 궁극적인 동기가 되지 못한다는 기본적인 사실도 제대로 인식할 필요가 있다. 빈곤을 소득의 결여라는 좁은 관점에서 보고 교육, 보건 등에 대한 투자가 소득 빈곤을 감소시키기 위한 좋은 수단이라는 근거로 정당화하는 것은 위험할 수 있다. 그것은 목적과 수단을 혼동하기 때문이다. 가장 근본적인 문제는 앞에서 논의한 이유로 빈곤과 박탈을 사람들이 실제로 영위하는 삶과 실제로 누리는 자유의 관점에서 이해할 것을 요구한다. 인간 역량의 확장은 이러한 기초적인 고려사항에 직접적으로 들어맞는다. 인간 역량의 확장은 또한 생산성과 소득 능력의 확장과 함께하는 경향이 있기도 하다. 이러한 연관관계는 역량의 증대가 직간접적으로 인간의 삶을 풍요롭게 하며, 인간의 궁핍을 감소시키고 약화시키는 데 도움을 주는 중요하고 간접적인 연결고리를 확립시킨다. 도구적 연관도 중요하지만 그것만으로는 빈곤의 본질과 특성에 대한 기본적인 이해의 필요성을 대신할 수 없다.

무엇이 불평등한가?

경제적·사회적 평가에서 불평등을 다루는 일은 많은 딜레마를 안고 있다. 실질적 불평등도 '공정'이라는 관점에서 보면 옹호하기 힘든 것이다. 애덤 스미스가 가난한 사람들의 이해관계에 대해 보인 관심(그리고 이러한 것이 무시당하는 경향에 대해 그가 보인 분노)은 자연스럽게 '공정한 관찰자'에게 어떻게 보일 것인가라는 상상의 도구를 사용하는 것으로 이어진다. 이것은 사회적 판단을 내릴 때 공정함을 요구하는 것에 대해 심오한 통찰을 하게 하는 탐구다.[16] 이와 유사한 '공정으로서의 정의'라는 롤스의 생각은 사람들이 자신이 어떤 상황에 놓여 있는지 모른다고 가정하는 '원초적 입장'에 처했을 때 기대되는 선택이다. 이는 평등의 요구를 풍요롭게 이해하게 해주고 그의 '정의의 원리들'을 특징짓는 반 불평등의 요소를 만들어낸다.[17] 사회적 현실에 명백한 불평등이 있을 경우, 사회의 실제 구성원들은 그것을 합당하다고 받아들이기 힘들다(예를 들어 이러한 불평등은 다른 사람들이 '합리적으로 거부할 수 없는' 경우에만 정당화되는데, 토머스 스캔론 Thomas Scanlon이 윤리적 평가를 위해 이 기준을 제시하고 강력하게 사용했다).[18] 확실히 심각한 불평등은 사회적으로 매력적이지 않으며, 몇몇 사람이 주장하듯 노골적인 야만이다. 게다가 불평등하다는 느낌은 사회 통합을 해칠 수 있으며, 어떤 유형의 불평등은 심지어 효율성을 저해하기까지 한다.

그러나 불평등을 극복하려는 시도는 많은 상황에서 대부분 사람들에게, 때로는 심지어 모두에게 손실로 이어질 수 있다. 이러한 종류의 갈등은 특정한 상황에 따라 가볍거나 심하게 나타난다. '불편부당한 관찰자'나 '원초적 입장', 혹은 '합리적이지-않음으로-인한-거부 not-reasonable-rejection'를 포함하는 정의의 모델은 이러한 상이한 고려사항에 주목해야만 한다.

당연히 총합적인 것과 분배적인 고려 사이의 갈등은 경제학자들 사이에서 상당한 관심을 끌어왔다. 이 문제는 중요하기 때문에 이러한 결과는 적절한 것이다.[19] 총합적이고 분배적인 고려사항을 동시에 포섭하면서 사회적 성취를 평가하기 위해 많은 타협의 공식이 제시되었다. 그 좋은 사례가 A. B. 앳킨슨의 '평등하게 분배된 동등한 소득'이다. 이것은 소득분배에서 불평등의 정도에 따라 총합적인 소득의 가치를 절하하는 것인데, 우리의 윤리적 판단을 반영하는 매개변수 parameter를 선택함으로써 총합적인 것과 분배적인 관심사를 맞교환한다.[20]

그러나 '공간'의 선택—혹은 불평등을 평가하고 검토하는 변수에 대한 관심—과 관련된 또 다른 종류의 갈등이 존재하며 이것은 앞 장의 주제와도 관련된다. 소득 불평등은 여러 다른 '공간'(즉 다른 관련된 변수의 관점)에서의 불평등, 즉 복지, 자유, 삶의 질의 다양한 측면(건강과 수명을 포함하는)의 불평등과는 실질적으로 구별된다. 그리고 총합적 성취는 구성—혹은

'총계'—이 이루어지는 공간에 따라 서로 다른 형태를 띤다(예를 들어 평균 소득에 따라 사회의 순위를 매기는 것은 평균적인 건강 상태에 따른 순위와 다를 수 있다).

소득과 역량의 서로 다른 전망 사이의 대조는 불평등과 효율성을 검토하는 공간에서 직접적인 함의를 갖는다. 예를 들어 높은 소득을 누리지만 정치적 참여의 기회가 전혀 없는 사람은 일상적 의미에서 '빈곤'하지 않아도 자유라는 중요한 측면에서는 가난하다. 다른 대부분의 사람들보다는 부유하지만 치료비가 많이 드는 질병으로 고통 받는 사람은 소득분배의 통상적 통계에서 결코 빈곤층으로 분류될 수 없다고 해도 확실히 궁핍할 수밖에 없다. 고용 기회를 거부당하지만 국가로부터 '실업수당'을 받는 사람은 만족스러운 직업을 가질 소중한 기회는 없어도 소득 공간에서는 덜 궁핍할 수 있다. 세계의 어떤 지역(유럽을 포함해서)에서는 실업 문제가 특히 중요하므로 이것은 불평등을 평가하는 맥락에서 소득과 역량 관점 사이의 차이를 포착할 필요가 절실한 영역이다.

실업과 역량 박탈

소득의 불평등을 판단하는 것과 인간에게 중요한 역량을 판단하는 것은 꽤 다르다. 이것은 실질적으로 중요한 몇몇 사례를 통해 쉽게 알 수 있다. 현재 유럽은 광범위한 실업 문제에 시달리기 때문에 이러한 대조가 특히 중요하다.[21] 실업으로 인한 소득의 상실은 소득 보조(실업수당을 포함해)를 통해 상당 정도 보충될 수 있는데, 이것은 서유럽에서는 전형적인 일이다. 만일 소득 손실이 실업 문제의 전부라면 소득 보조에 의해서 이 손실은 (그 당사자에게) 많이 감소한다(물론 재정적 압박과 인센티브 효과의 사회적 비용이라는 또 다른 문제가 이 보상에 포함되어 있다). 그러나 만일 실업이 개인의 삶에 다른 심대한 영향을 끼침으로써 다른 종류의 박탈을 유발한다면, 소득 보조를 통한 완화 효과는 그만큼 제한적이다. 실업이 소득의 손실 외에도 심대한 영향을 끼친다는 증거가 많이 있는데, 여기에는 심리적 타격, 직업 동기 및 기술과 자긍심의 손상, 건강 악화와 질병(심지어는 사망률)의 증가, 가족관계와 사회적 삶의 붕괴, 사회적 배제의 심화, 인종적 긴장과 성적 불평등의 강화 등이 포함된다.[22]

현재 유럽 경제에서 심각하게 만연해 있는 실업을 생각한다면, 소득 불평등에만 집중적으로 관심을 갖는 것은 오류다. 사실상 지금 유럽의 대규모 실업은 적어도 소득분배 자체만큼이나 중요한 불평등의 문제가 되고 있다. 소득 불평등에만 초점을 맞추면 서유럽이 불평등을 줄이고 미국이 경험하는 소득 불평등을 극복한다는 면에서 미국보다 낫다는 인상을 주는 경향이 있다. 소득 공간에서 유럽은 확실히 불평등 수준이나 동향에서 분명 양호한 상태를 유지했는데, 이는 앳킨슨, 레인워터Lee Rainwater, 티모시 스미딩Timothy Smeeding이 작업했던 OECD의 연구 보고서에서도 잘 드러난다.[23] 미국에서 소득 불평등의 통상적인 정도는 대서양 건너편의 유럽보다 더 높게 나타날 뿐만 아니라 미국의 소득 불평등은 대부분 서유럽 국가에서는 발생해본 적도 없는 방식으로 높아지고 있다.

그러나 만일 우리가 소득에서 실업으로 시선을 옮긴다면 양상은 전혀 달라진다. 대부분 서유럽 국가에서 실업은 급격하게 증가했는데, 미국에서는 이러한 동향이 전혀 없었다. 예를 들어 1965~1973년 사이에 미국의 실업률은 4.5퍼센트였고, 이탈리아는 5.8퍼센트, 프랑스는 2.3퍼센트, 독일은 1퍼센트 미만이었다. 하지만 이제 이 세 국가―이탈리아, 프랑스, 독일―는 10에서 12퍼센트 근방의 실업률을 기록하고 있다. 이에 반해 미국의 실업률은 여전히 4~5퍼센트 사이에 있다. 만일 실업이 생활에 타격을 준다면, 경제적 불평등을 분석할 때 이 점을 반드시 고려해야 한다. 미국에 비해 상대적으로 소득 불평등이 낮기 때문에 유럽인들은 스스로 만족할지도 모르지만, 불평등을 더 광범위한 시각으로 바라볼 경우 이러한 만족감은 매우 심하게 잘못된 것일 수 있다.[24]

서유럽과 미국 사이의 대조는 또 다른 흥미로운—어떤 면에서는 더 일반적인—질문을 불러일으킨다. 미국의 사회윤리는 가난하고 궁핍한 사람들을 부양하지 않아도 된다는 것을 쉽게 받아들이지만, 복지국가에서 성장한 전형적인 서유럽인들에게 이는 받아들이기 힘든 사고 방식이다. 하지만 이와 마찬가지로 미국의 사회윤리는 유럽에서는 흔한 두 자릿수의 실업을 받아들이지 못한다. 유럽은 놀랍도록 냉정하게 이 일자리 없는 상태와 그것의 증가를 받아들여왔다. 이러한 차이 저변에는 사회적 책임과 개인적 책임에 대한 상이한 태도가 존재하는데, 이 문제도 앞으로 다룰 것이다.

보건과 사망률: 미국과 유럽의 사회적 태도

미국에서 인종 집단 간의 불평등은 최근 상당한 관심의 대상이 되었다. 예를 들어 소득 공간에서 미국의 흑인들은 백인들보다 명백히 가난하다. 이는 흔히 국가 내부에서 흑인의 상대적인 박탈의 사례로 여겨지지만 세계의 다른 지역에 사는 가난한 사람들과는 비교되지 않는다. 사실상 제3세계 국가의 사람들과 비교해보면 미국 흑인은 물가의 차이를 고려하더라도 소득 면에서 몇 배나 부유하다. 이렇게 본다면 미국 흑인들의 박탈은 국제적으로 봤을 때 사소한 문제처럼 보인다.

그러나 소득이 그러한 비교를 위해 적절한 공간인가? 조기사망을 피해 성년까지 생존할 수 있는 기본적 역량은 어떤가? 제1장에서 논의했듯이, 이런 기준에서 볼 때 미국 흑인들은 중국이나 인도의 케랄라, 스리랑카, 코스타리카, 자메이카 등 많은 가난한 나라들의 절대적인 빈곤층보다도 훨씬 뒤떨어진다(〈그림 1-1〉). 미국 흑인들의 유난히 높은 사망률은 만연한 폭력 때문에 남성, 그중에서도 젊은 남성에게만 적용된다고 여겨진다. 폭력으로 인한 사망은 확실히 젊은 흑인 남성에게서 높게 나타나지만 이것만으로는 설명이 부족하다. 사실상 〈그림 1-2〉에서 보듯이, 흑인 여성의 생존률은 미국의 백인 여성뿐만 아니라 케랄라의 여성에 비해서도 뒤처지며, 중국의 여성들보다 조금 높은 수준이다. 또한 〈그림 1-1〉에서 보듯 미국의 흑인 남성은 중국이나 인도의 경우와 비교할 때 폭력으로 인한 사망이 만연했던 젊은 시기를 지나 나이가 들어서도 격차가 더 벌어진다. 그러므로 폭력 때문에 사망률이 높다고 할 게 아니라 더 자세한 설명이 필요하다.

사실 우리가 나이 든 집단(예를 들어 35세에서 64세 사이)을 고려하면, 백인 남성에 비해서 흑인 남성의, 백인 여성에 비해서 흑인 여성의 사망률이 월등히 높다는 사실을 확인할 수 있다. 이러한 차이는 소득 차이를 고려해 조정하더라도 사라지지 않는다. 사실 1980년대를 신중하게 분석한 의학적 연구를 보면 소득 차이를 고려하더라도 흑인-백인 사망률의 차이가 여성들 사이에 매우 크게 남아 있다는 것을 보여준다. 〈그림 4-1〉은 나라 전체(표본조사에 근거한)에서 흑인과 백인 사이의 사망률의 비율을 보여준다.[25] 이 조사에서 미국의 흑인 남성이 백인 남성에 비해 1.8배 높은 사망률을 보이는 반면, 흑인 여성의 사망률은 백인 여성에 비해 3배나 높다. 가정 소득의 차이를 조정하면, 남성의 경우엔 1.2배, 여성의 경우엔 2.2배가 된다. 따라서 소득 수준을 충분히 고려하더라도 현재 미국에서 흑인 여성은 백인 여성에 비해 더 빨리 사망하고 그 비율도 훨씬 높다.

정보적 기초를 소득에서 기본적 역량으로 확장하는 것은 꽤 근본적인 방식으로 불평등과 빈곤에 대한 우리의 이해를 확장시켜준다. 일자리를 얻

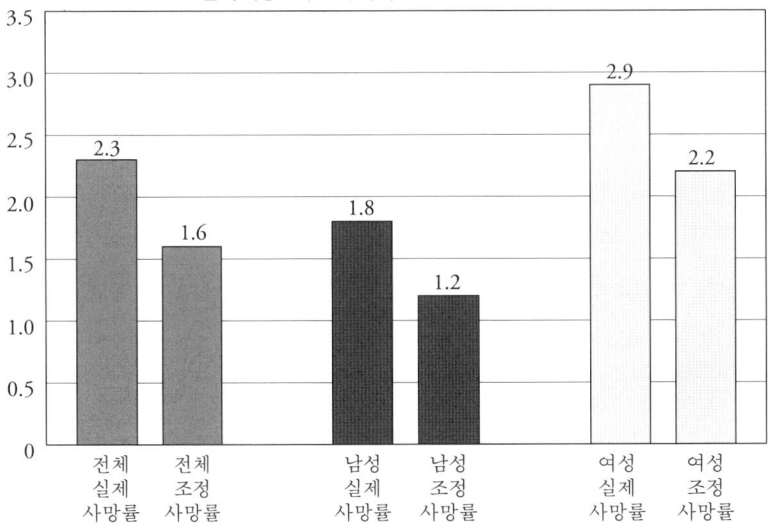

〈그림 4-1〉 흑인과 백인의 사망률 비교(35~54세)
실제 사망률과 소득 차이로 보정한 조정 사망률

출처: M. W. Owen, S. M. Teutsch, D. F. Williamson and J. S. Marks, "The Effects of Known Risk Factors on the Excess Mortality of Black Adults in the United States," *Journal of the American Medical Association* 263, no.6(February 9, 1990).

을 수 있는 능력에 초점을 맞추면 유럽의 상황은 꽤 암울하며, 생존 능력으로 관심사를 돌리면 미국의 불평등은 꽤 심각하다. 이러한 차이와 더불어 각 나라가 우선시하는 정책에는 사회와 개인의 책임에 대한 상반된 태도가 깔려 있다. 미국은 공식적으로 모든 사람에게 기본적인 보건 혜택을 주는 것을 우선순위로 여기지 않는다. 수백만의 사람들이(사실상 4천만 명 이상이) 미국에서 어떤 형태로든 의료적 지원이나 보험 혜택을 받지 못하고 있다. 상당수의 사람들이 보험 혜택을 받지 못하는 것은 보험에 자발적으로 가입하지 않기 때문이기도 하지만, 사실 대부분은 경제적 상황 때문에 혹은 민간 보험업자들이 기피하는 기존의 의료 환경 때문에 의료보험을 이용할 능력이 없기 때문이다. 이에 비해 유럽은 그 방법이나 기존의 의료 환경과는 무관하게 의료 혜택을 시민의 기본권으로 인정하기 때문에 이러한 상황을 정치적으로 견딜 수 없을 것이다. 미국은 아프거나 가난한 사람들을 위해 정부 차원에서 지원하는 것을 제한하는데 이는 유럽이 받아들이기에는 너무나 가혹한 수준이다. 유럽의 복지국가에서는 당연하게 받아들이는, 보건부터 교육제도에 이르는 공공시설에 대한 사회적 투입 또한 미국에서는 받아들이기 힘들 것이다.

다른 한편으로 유럽에서 감당하는 두 자릿수의 실업은 (전에 논쟁이 되었듯이) 미국에서 정치적 시한폭탄이 될 가능성이 높다. 높은 실업률은 사람들이 스스로를 돌볼 능력을 무용하게 만들기 때문이다. 만일 현재의 실업 수준이 두 배로 올라간다면 미국의 어떤 정부도 버틸 수 없을 것이다. 공교롭게도 이탈리아나 프랑스, 독일의 실업률은 미국의 딱 두 배 수준이다. 상대적인 정치적 관심의 초점과 결여의 성격은 유럽과 미국에서 근본적으로 다르게 나타나며 이러한 차이는 불평등을 기본적 역량의 실패라고 보는 관점과 깊은 관련이 있다.

인도와 사하라 남부 아프리카에서의 빈곤과 박탈

세계의 극단적 빈곤은 남아시아와 사하라 남부 아프리카 두 지역에 심하게 집중되어 있다. 이들 지역은 모든 지역 중에서도 1인당 소득이 가장 낮다. 하지만 이러한 관점은 이들 지역이 겪는 박탈의 본질과 내용이나 그들 각각의 빈곤에 대한 비교를 적절하게 설명하지 못한다. 하지만 빈곤을 기본적 역량의 박탈로 본다면, 이들 지역의 삶의 양상에 대한 정보를 통해 더욱 통찰력 있는 전체 상을 얻을 수 있게 된다.[26] 아래에서 장 드레즈와의 공동 연구에 바탕을 두었고, 그의 두 개의 후속 연구에 기반한 간단한 분석을 제시하겠다.[27]

1991년경, 출생 시 기대수명이 60세 미만인 나라가 52개국이었고, 이

나라들의 인구를 합치면 16억 9천만이었다.[28] 이 중 46개국이 남아시아와 사하라 남부 아프리카에 몰려 있었고, 오직 6개국(아프가니스탄, 캄보디아, 아이티, 라오스, 파푸아뉴기니, 예멘)만이 다른 지역에 속했다. 그리고 이 6개국의 인구는 다 합쳐도 전체 52개 저수명 국가의 인구(16억 9천만) 중 겨우 3.5퍼센트에 지나지 않는다. 스리랑카를 제외한 남아시아 전 지역(즉 인도, 파키스탄, 방글라데시, 네팔, 부탄)과 남아프리카공화국, 짐바브웨, 레소토, 보츠와나, 그리고 일군의 작은 섬나라들(모리셔스와 세이셸)을 제외한 사하라 남부 아프리카 전 지역이 이 나머지 46개국에 속한다. 물론 각 나라 안에서도 차이는 존재한다. 이 두 지역 안에는 매우 높은 평균수명을 누리는 곳도 일부 있는데, 앞에서 논의했듯이 (미국의 경우처럼) 평균 기대수명이 매우 높은 나라에서도 인구의 일부는 제3세계의 상황과 다를 바 없는 생존의 문제를 겪는다. 예를 들어 뉴욕, 샌프란시스코, 세인트 루이스, 워싱턴 D.C.의 흑인 남성들의 기대수명은 60세가 안 된다.[29] 하지만 국가 평균을 놓고 보면, 남아시아와 사하라 남부 아프리카는 확실히 지금 현재 전 세계에서 가장 짧고 위험한 삶이 집중된 지역이다.

사실상 인도에 52개국 총인구의 절반이 살고 있다. 평균적으로 보면 인도가 최악의 지역은 아니다. 사실상 인도에서 평균 기대수명은 거의 60세에 가까우며, 최근의 통계에 따르면 그보다 올라갔다. 하지만 인도 내에서 각 지역마다 생활조건의 편차가 심하다. 세계 대부분 나라와 비교해 인구가 적지 않거나 더 많은 인도의 몇몇 지역은 다른 어떤 나라보다도 상황이 열악하다. 인도는 기대수명과 기타 다른 지표로 볼 때 최악의 지역(에티오피아나 현재는 콩고민주공화국으로 바뀐 자이르)보다 평균적으로는 더 나은 상황이긴 하다. 그러나 인도 내의 많은 지역에서 기대수명과 기타 생활조건은 가장 궁핍한 나라와 비교할 때 크게 다르지 않다.[30]

〈표 4-1〉 인도와 사하라 남부 아프리카 최악 지역의 비교(1991년)

	지역	영아사망률 비교			지역	성인 문해해독률	
		인구 (백만 단위)	아동사망률 (1,000명 당)			인구 (백만 단위)	성인 문해해독률 (여성/남성)
인도	인도	846.3	80		인도	846.3	39/64
최악의 3개 주	오리사	31.7	124		라자스탄	44.0	20/55
	마디아프라데시	66.2	117		비하르	86.4	23/52
	우타르프라데시	139.1	97		우타르프라데시	139.1	25/56
최악의 주 중 최악의 지역	간잠(오리사)	3.2	164		바르메르(라자스탄)	1.4	8/37
	티캄가르 (마디아프라데시)	0.9	152		키샨간지(비하르)	1.0	10/33
	하르도이 (우타르프라데시)	2.7	129		바하라이히 (우타르프라데시)	2.8	11/36
사하라 남부 아프리카의 최악의 3개국	말리	8.7	161		부르키나파소	9.2	10/31
	모잠비크	16.1	149		시에라리온	4.3	12/35
	기니아비소	1.0	148		베냉	4.8	17/35
사하라 남부 아프리카	사하라 남부 아프리카	488.9	104		사하라 남부 아프리카	488.9	40/63

주: 연령 기준은 아프리카의 경우 15세이고, 인도의 경우엔 7세이다. 인도에서 7세 이상의 문해해독률은 일반적으로 15세 이상의 문해해독률보다 높다(예를 들어, 인도 전역의 7세 이상 문해해독률은 1981년에 43.6퍼센트였고, 15세 이상의 경우엔 40.8퍼센트였다).

출처: Drèze and A. Sen, *India: Economic Development and Social Opportunity*(Delhi: Oxford University Press, 1995), table 3.1.

〈표 4-1〉은 인도와 사하라 남부 아프리카에서 가장 저개발된 지역들의 아동사망률과 성인 문자해독률을 비교한다.[31] 이 표는 인도와 사하라 남부 아프리카 전체(첫 번째와 마지막 줄)뿐만 아니라 인도에서 최악인 주와 사하라 남부 아프리카에서 최악인 나라들에 대해서도 이 두 변수에 대한 1991년도 추정치를 제시한다. 사하라 남부 아프리카의 어떤 나라도(사실상 전 세계의 어떤 나라도) 오리사 주의 간잠 지방보다 더 높은 아동사망률이나 라자스탄의 바르메르 지방보다 낮은 성인 여성의 문자해독률을 보이는 곳이 없다는 사실은 매우 놀랍다. 이 두 지역은 우연하게도 보츠와나나 나미비아보다 인구가 더 많으며, 두 지역의 인구를 합치면 시에라리온, 니카라과 혹은 아일랜드의 인구보다 더 많다. 사실상 우타르프라데시의 전 인구(이 지역은 브라질이나 러시아만큼 인구가 많다)는 삶의 질에 대한 기본적 지표로 볼 때 사하라 남부 지역에서 최악인 나라보다 상황이 더 나은 편은 아니다.[32]

인도와 사하라 남부 아프리카 전체를 고려한다면 이 두 지역이 성인 문자해독률이나 아동사망률에서 크게 다르지 않다는 꽤 흥미로운 사실을 발견하게 된다. 그러나 이 두 지역은 평균 기대수명이 매우 다르다. 인도의 기대수명은 1991년에 약 60세였지만, 사하라 남부 아프리카에서는 이보다 훨씬 낮은 평균 52세였다.[33] 다른 한편, 영양실조의 범위가 사하라 남부 아프리카에서보다 인도에서 더 크다는 주목할 만한 근거가 있다.[34]

따라서 여기에는 ① 사망률과 ② 영양이라는 두 개의 서로 다른 관점에서 봤을 때 인도와 사하라 남부 아프리카 사이에 서로 대조되는 흥미로운 패턴이 존재한다. 생존 확률은 인도에서 더 유리한데, 이것은 기대수명의 비교에서만 아니라 다른 사망률 통계를 통해서도 확인할 수 있다. 예를 들어 인도에서 사망연령의 중앙값은 1991년에 37세였는데, 중앙값이 겨우

5세에 지나지 않는 사하라 남부 아프리카와 큰 대조를 이룬다.[35] 아프리카의 5개국은 사망연령의 중앙값이 3세 이하다. 이런 관점에서 보면 조기사망률은 인도보다 아프리카에서 더욱 심각한 문제다.

하지만 영양실조 상태를 보면 아프리카보다 인도가 더 열악하다. 인도는 식량을 자급하는 나라임에도 불구하고 일반적인 영양부족을 계산했을 때 사하라 남부 아프리카 지역보다 상황이 더 심각하다.[36] 인도의 '자급자족'이란 시장 수요의 충족에 기반한 것인데, 보통 국내에서 생산된 공급량에 의해 충족될 수 있는 수준이다. 하지만 (구매력에 기반을 둔) 시장 수요는 필요한 식량의 양보다 밑돈다. 따라서 실질적인 영양부족은 사하라 남부 아프리카보다 인도에서 더 심각하게 나타난다. 연령 대비 체중의 증가율을 보면 아프리카에서 영양부족 상태에 놓인 아이의 비율이 20~40퍼센트인 데 반해, 인도에서는 40~60퍼센트다.[37] 그러니까 모든 인도의 아이들 중 절반 정도가 상시적으로 영양부족에 시달린다. 인도인들이 사하라 남부 아프리카인들보다 더 오래 사는 반면, 인도에는 사하라 남부 아프리카보다 영양부족 상태의 아이가 훨씬 더 많다. 절대적인 수가 더 많을 뿐 아니라 그 비율 자체가 높다.[38] 여기에 인도에서 출생 시 성별 선호가 심각한 문제라는 사실과 사하라 남부 아프리카에서는 그렇지 않다는 것을 덧붙이면, 우리는 인도가 아프리카보다 더 심각한 상황이라는 점을 알 수 있다.[39]

세계에서 가장 빈곤한 두 지역에서 상대적 박탈이 나타나는 특성과 복잡성에 관련하여 중요한 정책적 문제가 있다. 인도가 사하라 남부 지역보다 생존에서 유리한 점은 아프리카 사람들을 일찍 사망하게 만드는 다양한 요인들과 관련 있다. 인도는 독립한 후 기근과 지속적인 대규모의 전쟁에서 벗어났다. 반면 다수의 아프리카 국가들을 주기적으로 황폐하게 만드는 요인들이 바로 이 기근과 전쟁이다. 인도의 보건의료 서비스는 불충분함에도—정치적, 군사적 격변의 영향을 덜 받았다. 게다가 사하라 남부 지역의 많은 나라들은—부분적으로는 전쟁, 불안정, 정치적 혼란으로 인한—경제적 쇠락을 경험했는데, 이것은 생활 수준의 향상을 특히 어렵게 했다. 두 지역의 성취와 실패를 비교하여 평가할 때에는 각각의 발전 경험에서 이러한 것들과 다른 측면들 또한 함께 고려해야 한다.[40]

이 두 지역이 공통으로 가진 한 가지 문제가 있다. 문맹이 만연하며 이런 상황이 지속되었다는 점인데 이를 주목해야 한다. 이것은 낮은 기대수명처럼 두 지역을 세계의 다른 지역들과 구별해주는 특징이다. 〈표 4-1〉에서 나타나듯, 두 지역의 문자해독률은 유사하게 나타난다. 인도와 사하라 남부 아프리카에서는 성인 두 명 중 한 명꼴로 문맹이다.

인도와 사하라 남부 아프리카에서 박탈의 본질을 비교하고 대조하기 위해 내가 집중한 기본적 역량 박탈의 세 가지 특징(즉 조기사망, 영양부족, 문맹)은 물론 이 지역에서의 역량 빈곤에 대한 포괄적인 양상을 제공해주지 못한다. 그러나 이것들은 몇 가지 놀라운 실패와 즉각적인 관심을 필요로 하는 핵심적인 정책 논점을 드러내준다. 나는 역량 박탈의 다양한 측면에 '가중치를 부여'한 것을 바탕으로 박탈의 '총합적인' 값을 산출하려는 시도를 하지 않았다.[41] 그렇게 구축된 총합은 다양한 양태의 실질적인 패턴보다 정책 분석의 관점에서 훨씬 덜 흥미롭기 때문이다.

성적 불평등과 사라진 여성들

이제 최근 많은 관심을 끌어온 일반적인 불평등의 특별한 측면을 다루어보자. 이 부분은 《영국 의학 저널British Medical Journal》에 1992년에 수록한 「사라진 여성들Missing Women」이란 나의 논문에서 가져왔다.[42] 나는 세계의 많은 지역에서 여성의 과도한 사망률과 인위적으로 하락한 생존율이라는 끔찍한 현상을 언급했다. 이는 성적 불평등을 노골적이면서 날카롭게 보여주며, 이러한 측면은 더욱 미묘하고 덜 우울한 형태로 드러나곤 했다. 하지만 그 노골성에도 불구하고 인위적으로 높아진 여성 사망률은 여성의 중요한 역량 박탈을 반영한다.

유럽과 북미에서 여성의 수는 일반적으로 남성의 수를 능가한다. 가령 영국, 프랑스, 미국에서 남성에 대한 여성의 비율은 1.05를 넘는다. 이러한 상황은 제3세계의 많은 나라들과는 전혀 다르다. 특히 아시아와 북아프리카에서 여성 대 남성의 비율은 0.95(이집트), 0.94(방글라데시, 중국, 서아시아), 0.93(인도), 심지어는 0.90(파키스탄)만큼 낮다. 이러한 차이의 중요성은 세계적인 남녀 불평등을 분석하는 데 매우 흥미로운 것이다.[43] 〈그림 4-2〉는 이러한 비교에 필요한 정보를 제공한다.

사실 모든 지역에서 대체로 남아가 여아보다 약 5퍼센트 정도 더 많이 태어난다. 하지만 여성이 남성보다 더 '건강'하며, 똑같은 조건에서 키웠을 때 더 잘 살아남는다는 증거들이 많다(실제로 여아의 배아는 남아의 배아보다도 더 생존율이 높다. 임신 중 남성 배아의 비율은 출생 당시의 비율보다 훨씬 더 높다).[44] '서구 세계'에서 여성의 비율이 높은 것은 여성의 사망률이 낮기 때문이다. 물론 여성의 숫자가 우세한 것에는 다른 원인들도 있다. 예를 들자면 과거의 전쟁 때문에 많은 남성이 사망하고 그 영향이 지속되었다. 또 일반적으로 남성의 흡연율이 더 높고 폭력에 따른 사망률도 더 높다. 하지만 이러한 효과들을 차치하더라도, 같은 조건하에서는 남성보다 여성의 생존률이 더 높은 경향을 보인다는 것은 명백하다.

아시아와 북아프리카의 낮은 여성 비율은 사회적 요인의 영향을 나타낸다. 만약 이 지역이 유럽이나 북미와 같은 남녀 비율이었다면 남성의 수와 대비해 여성의 수가 훨씬 더 많을 수 있으며 이를 계산하는 것은 쉬운

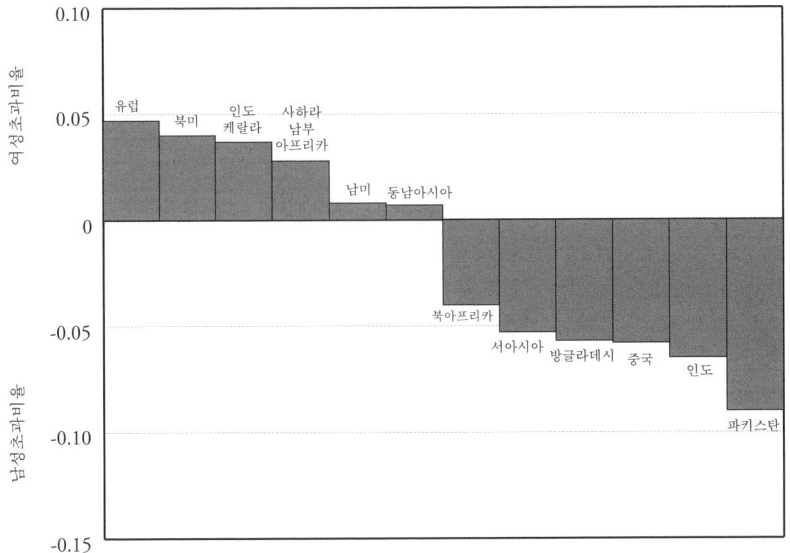

〈그림 4-2〉 총 인구 중 남녀비의 지역 간 비교

출처: 유엔 인구 통계.

일이다.[45] 중국의 경우 유럽과 미국의 비율로 계산하면 '사라진 여성들'의 수는 5천만 이상이며, 이 같은 방식으로 이 나라들을 모두 합하면 약 1억 명 이상의 여성들이 '사라진' 것으로 추정된다.

그러나 유럽이나 미국의 비율을 그대로 적용하는 것은 적절하지 않을 수 있는데, 꼭 전쟁 사망과 같은 특성을 고려했기 때문만은 아니다. 유럽과 미국에서는 여성의 사망률이 낮기 때문에 연령이 높아질수록 여성 비율이 더욱 증가한다. 아시아나 북아프리카에서 여성 비율이 낮은 이유는 부분적으로는 높은 임신율과 낮은 기대수명 때문이다. 이 문제를 다루는 한 가지 방식은 유럽과 미국의 여성 비율이 아니라 사하라 남부 아프리카 지역의 여성 비율을 사용하는 것이다. 이 지역에서는 상대적 사망률에서 여성이 불이익을 거의 받지 않는 반면, 기대수명이 높지 않으며 임신률도 그리 낮지 않기 때문이다(오히려 반대다). 사하라 남부 지역의 남녀 비율 1,022를 기준으로 삼으면 (장 드레즈와의 공동연구와 나의 이전 연구에서도 이 기준을 사용했다) 중국에서 약 4,400만 명, 인도의 3,700만 명, 그렇게 해서 전체 국가에서 1억 명이 넘는 여성이 사라졌다는 걸 계산할 수 있다.[46]

이 문제를 다루는 또 다른 방식은 각 국가에서 실제 기대수명과 실제 출산율을 전제로 여성에게 생존의 불이익이 없다고 가정했을 때, 여성의 수를 어느 정도로 기대할 수 있는지 계산하는 것이다. 이것을 직접 계산하기는 쉽지 않지만, 앤슬리 코울Ansley Coale은 '서구' 국가들의 역사적 경험에 바탕을 둔 모형 인구 표를 통해 설득력 있게 계산해냈다. 이에 따르면 중국에는 2,900만, 인도에는 2,300만, 전체적으로는 약 6천만 명의 수가 나오게 된다.[47] 이것은 앞선 숫자보다는 낮은 숫자이지만, 여전히 충격적으로 커다란 수치다. 면밀한 역사적 자료의 사용에 바탕을 둔 더 최신의 계산에 따르면 사라진 여성의 수가 조금 더 많아진다(스테판 클라젠Stephan Klasen은 약 9천만 명으로 계산했다).[48]

왜 이 나라들에선 전반적으로 남성보다 여성의 사망률이 더 높은가? 1930년대까지 특정 연령대에서 여성의 사망률이 남성의 사망률을 지속적으로 압도했던 인도를 보자. 유아기에 초과 사망률은 부분적으로는 산모 사망(출산 중 혹은 직후 사망) 탓이지만, 아동기 여성의 사망에서는 그러한 설명이 충분하지 못하다. 인도에서 여아 영아 살해에 대한 끔찍한 소식이 들려오지만, 이러한 현상은 현재에도 초과 사망률의 규모나 그 연령별 분포를 적절하게 설명하지 못한다. 아마도 주된 원인은 특히 아동기—에만 국한되지는 않으나—에 여아의 건강과 영양에 상대적으로 무관심하다는 사실일 것이다. 여아들이 보건, 병원 치료, 심지어는 영양 공급에서 방치되었다는 직접적인 증거들이 많다.[49]

다른 지역보다 인도에 대해 좀 더 광범위하게 연구되었지만(인도에는 다른 지역보다 이 문제를 연구하는 사람들이 더 많다), 여아의 건강과 영양을 상대적으로 방치하는 것과 유사한 상황은 다른 나라에서도 발견할 수 있다. 중국에서는 다른 개혁조치들과 함께 시행된 1979년의 의무적 산아제한(일부 지역에서 1가구당 1명의 아이만 허락하는 정책)이 도입되면서 여아를 방치하는 일이 급증했다는 증거가 있다. 보고된 숫자를 기준으로 여아 임신에 비해 남아 임신이 급격하게 증가하는 불길한 징후가 중국에서 나타나기도 하는데, 이것은 세계의 다른 지역과는 동떨어진 현상이다. 이것은 아마도 (강제적 산아제한을 피하기 위해) 여아 신생아를 '숨기는 것'을 의미한다. 이는 또한 유도된 것이건 아니건 매우 높은 여성 영아사망률을 반영하기도 한다(출생과 사망, 모두 보고되지 않는다). 최근에는 가족 구성과 관련하여 나타나는 반여성적 성향이 여아 낙태를 통해 드러났는데, 이러한 경향은 기술의 발전과 함께 중국에 널리 퍼졌다.

맺음말

경제학자들은 종종 효율성에 대해서는 너무 많은 관심을 보이는 반면, 불평등에 대해서는 너무 적은 관심을 보인다고 비판받는다. 이러한 불만에는 이유가 있지만, 이 분야의 역사를 보면 경제학자들이 불평등에도 주의를 기울였다는 것도 또한 사실이다. 종종 '현대 경제학의 아버지'로 여겨지는 애덤 스미스는 부유한 사람과 가난한 사람들 사이의 간극에 깊은 관심을 가졌다(이에 대해서는 제5장과 제11장에서 더 이야기할 것이다). 불평등을 공공의 관심사에서 중심 주제로 만든 사회과학자들과 일부 철학자들(칼 마르크스, 존 스튜어트 밀, B. S. 로운트리B. S. Rowntree, 휴 달턴처럼 서로 다른 전통에 있던 사람들)은 현실에 대해 깊은 고민을 한 헌신적인 경제학자들이었다.

앳킨슨 같은 저자들의 주도 아래 최근 학문적 주제로서 불평등의 경제학이 번창했다.50 물론 이것이 몇몇 경제학 연구가 다른 고려사항들은 배제하면서 효율성에만 초점을 맞추었다는 사실을 뒤집지는 못한다. 그러나 경제학자들이 통째로 불평등의 문제를 간과했다고 비난받을 수는 없다는 것이다.

만일 불만을 가질 이유가 있다면, 대부분의 경제학에서 불평등을 매우 좁은 영역, 즉 소득 불평등만 상대적으로 중요하게 여겼다는 사실에 있다. 이러한 협소한 시각은 불평등과 평등을 바라보는 다른 관점들을 간과하는 효과를 가져왔으며, 경제정책의 형성에 더 심대한 영향을 끼쳤다. 정책 논쟁은 소득 빈곤과 소득 불평등을 강조함으로써 왜곡되었고, 실업이나 건강, 교육의 부족, 사회적 배제 같은 다른 변수와 관련된 박탈을 무시하는 결과를 가져왔다. 불행하게도 경제적 불평등을 소득 불평등과 동일시하는 것은 경제학에서 꽤 일반적이며, 이 둘은 결과적으로 동의어가 되었다. 누군가에게 경제적 불평등에 대해 연구한다고 말하면, 상대는 대체로 당신이 소득 분배를 연구한다고 생각할 것이다.

이 두 가지를 암묵적으로 동일시하는 현상은 철학적 문헌에서도 어느 정도 발견된다. 저명한 철학자 해리 프랑크푸르트Harry Franfurt는 「도덕적 이상으로서의 평등Equality as a Moral Ideal」이란 매우 중요한 논문에서 스스로 '경제적 평등주의'라고 부르는 것에 대해 면밀하고 타당성 있게 강한 비판을 가했고, 이것을 '돈의 분배에서 불평등이 없어야 한다는 교의doctrine'라고 정의했다.51

그러나 소득 불평등과 경제적 불평등의 구별은 중요하다.52 가치 혹은 목표로서의 경제적 평등주의에 대한 상당수의 비판이 이를 경제적 불평등이라는 광의의 개념보다는 소득 불평등이라는 협소한 관점으로 파악한다. 가령 장애를 겪는 사람들은 더 많은 것이 필요하기 때문에 그들에게 더 많은 소득을 나누어준다면 이는 소득의 평등화라는 원리를 침해하는 것으로 보일 수 있다. 그러나 이는 경제적 불평등이라는 광범위한 관점과는 상반되지 않는다. 왜냐하면 경제적 평등의 요구사항을 판단할 때 장애 때문에 경제적 자원이 더 필요하다는 사실을 반드시 고려해야 하기 때문이다.

실증적으로 소득 불평등과 다른 관련 영역의 불평등은 서로 간에 다소 거리가 있으며 상황에 따라 가변적인데, 소득 외에도 개인적 유리함과 실질적 자유에서의 불평등에 영향을 끼치는 경제적 요인들이 다양하기 때문이다. 예를 들어 미국 흑인들이 훨씬 가난한 중국이나 인도의 케랄라 지방 사람들보다 사망률이 더 높다는 사실에서 우리는 소득 불평등과 정반대의 경향을 보이는 요인의 영향력을 확인할 수 있다. 이는 보건과 의료보험에 대한 재정 투입, 공공교육의 제공, 지역 안전을 위한 시설 같은 강력한 경제적 구성요소로서 공공정책의 문제와 관련 있다.

사실상 사망률의 차이는 이 장에서 다양한 사례를 통해 드러났듯이 인종, 계급, 성별을 나누는 매우 심각한 불평등의 지표로 사용될 수 있다. 예를 들어 '사라진 여성들'의 추정치는 현재 세계 각 지역에서 광범위하게 여성들이 겪는 불이익을, 다른 통계는 적절하게 반영하지 못하는 방식으로 드러낸다. 마찬가지로 가족 내의 구성원들이 소득을 나누기 때문에, 소득 차이를 통해 직접적으로 성적 불평등을 분석하는 것은 어렵다. 경제적 풍요 안에서 불평등에 대해 명확한 상을 얻으려면 가족 내에서 자원을 사용할 때 어떻게 분배하는지, 통상적으로 이용할 수 있는 정보보다 더 많은 정보가 필요하다. 하지만 다른 종류의 박탈(영양부족이나 문맹)처럼 사망률에 대한 통계는 몇 가지 중요한 차원에서 불평등과 빈곤에 대한 직접적인 그림을 제공할 수 있다. 이 정보는 또한 현존하는 기회의 불평등 때문에 여성들의 상대적 박탈 정도를 설명하는 데 사용될 수 있다(소득 외의 부수입을 얻는 것, 학교에 등록하는 것 등). 따라서 이론적이거나 정책적인 논점은 불평등과 빈곤을 역량 박탈로 보는 광범위한 관점에서 접근해야만 한다.

다양한 사람들이 향유하는 유리한 조건들에서 소득이 행하는 핵심적인 역할에도 불구하고 소득(과 다른 자원들)과 개인적 성취와 자유 사이의 관계는 항상적이거나 자동적이고 불변의 것이 아니다. 우리가 소득을 서로 다른 '기능'들로 전환시킬 때 서로 다른 유형의 우연적 요인들이 관여하며, 이러한 관여가 우리가 향유하는 삶의 양식을 결정한다. 나는 이 장에서 벌어들인 소득과 실질적 자유(사람들이 소중히 여기는 삶을 영위할 역량이라는 형태로) 사이의 관계에 대해 체계적 다양성이 존재하는 여러 방식을 조명하려고 노력했다. 개인의 이질성, 환경의 다양성, 사회적 풍토의 차이, 관계적 전망과 가정 내 분배의 차이 등이 보이는 각각의 역할은 공공정책을 수립할 때 진지하게 고려해야 한다.

소득은 단일한 척도magnitude인 반면, 역량은 제각각이라는 주장이 종종 제기된다. 이러한 날카로운 대조는 전적으로 정확하지 않은데, 소득 평가가 어떤 특별한—종종 매우 극단적인—가정을 통해 내적 다양성을 숨긴다는 의미에서 그렇다.[53] 마찬가지로 제3장에서 논의했듯이, 개인 간의 실질소득을 비교하는 것은 개인 간의 효용을 비교하는 데 필요한 기초를 전혀 제공하지 못한다(그러나 응용 후생경제학에서 이러한 간극은 종종 전적으로 자의적인 가정이 도입됨으로써 무시되곤 한다). 그 자체로 가치 있다고 주장할 수 있는 복지나 자유 같은 것에 이르는 수단들을 소득 차이의 형태로 비교할 때, 우리는 전환 비율을 결정하는 환경적 변이에 주의해야만 한다. 소득 비교의 접근법이 개인 간의 유리함의 차이를 파악하는 더 '실용적인' 방법이라는 가정은 유지하기가 어렵다.

더 나아가 다양한 역량을 평가할 때 공공의 우선순위에 관해 논의해야 할 필요가 있다. 나는 이것이 가치판단을 피할 수 없고 피해서는 안 되는 영역에서 가치판단이 무엇인지를 명확히 하도록 우리에게 종용하는 하나의 장점이라고 주장했다. 사실상 평가를 둘러싼 논쟁에 대한 공공의 참여는—명시적이건 암묵적인 형태건—민주주의와 책임 있는 사회적 선택의 실천에서 중요한 부분이다. 공적 판단의 문제에서, 평가를 위해 공공의 토론이 필요하다는 점을 피해갈 수는 없다. 공적 평가의 작업은 영리하게 고안된 다른 가정으로 대체될 수 없다. 몇 가지 가정들은 매우 우아하면서 자연스러운 작업이라는 인상을 준다. 그러나 이것들은 불투명하게, 가치와 가중치 부여라는 선택을 은폐함으로써 작동한다. 예를 들어 동일한 수요함수를 가진 두 사람이 상품과 복지에 대해서도 동일한 관계를 가져야만 한다는(한 사람이 아프고 다른 사람은 그렇지 않더라도, 혹은 한 사람은 장애를 갖고 있고 다른 사람은 아니더라도 등등)—종종 암묵적으로 전제되는—가정은 기본적으로 복지에 중요한 영향 요소들을 고려할 필요성을 회피하는 방법이다(제3장에서 논의되었듯이). 이러한 회피는 우리가 소득과 상품 정보를 다른 유형의 정보들(삶과 죽음의 문제를 포함하는)로 대체할 때 투명하게 드러난다.

따라서 공적 토론과 사회적 참여의 문제는 민주주의적 틀 안에서 정책을 형성할 때 핵심이 된다. 민주적 특권—정치적 자유와 시민의 권리 모두—을 사용하는 것은 다른 역할들과 더불어 경제정책 형성 그 자체를 실행하는 데 중요한 부분이기도 하다. 자유 지향적인 접근법에서 참여할 수 있는 자유는 공공정책 분석의 핵심이 되어야 한다.

5장
시장, 정부, 사회적 기회

나는 말라리아 박멸이라는 사회적 프로그램에 기꺼이 돈을 지불할 용의가 있지만, 거기에서 (사과나 셔츠와 같은) '사적 재화'의 형태로 내 몫을 챙기는 것은 불가능하다. 그것은 우리가 함께 소비해야만 하는 '공공재'—말라리아가 없는 환경—다. 사실 내가 어떤 방식으로든 말라리아가 없는 환경을 조성할 수 있다면 나의 이웃들은 어디에서 그것을 '살' 필요 없이 그 환경을 함께 갖게 될 것이다. 시장 메커니즘의 근거는 (말라리아가 없는 환경과 같은) 공공재보다는 (사과나 셔츠 같은) 사적 재화를 정당화하기에 적합하므로, 사적 시장이 육성하는 것을 넘어서 공공재를 제공해야 한다고 주장할 수 있다.

헉슬리T. H. Huxley가 『과학과 문화Science and Culture』에서 말했듯 "통상적으로 새로운 진리는 이단으로 시작해 미신으로 끝나게 마련이다."(이단이라고 거부하다가 일단 받아들여지면 맹목적인 믿음으로 신봉하게 된다—옮긴이) 경제생활에서 시장의 중요성과 관련한 진실에서도 이와 비슷한 일이 벌어진 듯하다. 그다지 오래되지 않은 과거에, 모든 젊은 경제학자들이 시장 메커니즘이 어떤 측면에서 심각한 한계점이 있는지를 '알았던' 시기가 있었다. 당시 모든 교과서는 같은 목록의 '결함'들을 반복했다. 시장 메커니즘을 반대하는 지적 경향은 종종 세계를 전혀 다른 방식으로 조직하려는 급진적 제안(강력한 관료제와 종종 엄청난 재정 부담을 포함하는)으로 이어졌다. 하지만 이런 제안은 새로운 대안이 시장에 의한 실패보다 더 큰 실패를 불러올 가능성에 대해서 진지하게 검토하지 않았다. 게다가 다양한 사회적 제도배열arrangement이 가져올 새로운 문제들에 대해서는 거의 관심이 없었다.

지난 수십 년간 지식계의 분위기는 꽤 급격하게 변화했고 이제는 상황이 역전되었다. 시장 메커니즘의 장점은 굳이 증명할 필요가 없을 정도로 지배적인 것이 되었다. 현재의 분위기에서는 시장 메커니즘의 결함을 지적하는 사람은 구식으로 여겨지며 당대의 문화에 역행하는 것으로 보인다(마치 1920년대의 음악을 78회전 레코드로 트는 것처럼). 하나의 편견이 정반대의 편견에 자리를 내주었다. 과거의 검증되지 않은 믿음은 오늘날 이단이 되었고, 과거의 이단은 이제 새로운 미신이 되었다.

그러나 표준이 된 선입견과 정치경제학적 태도를 검토해야 할 필요성이 덜 약화된 것은 아니다.[1] 순수한 시장 메커니즘을 선호하는 오늘날의 편견은 확실히 면밀하게 검토되어야 하며, 부분적으로는 거부되어야 한다. 하지만 동시에 우리는 시장의 장점─사실상 불가피한 필요성─을 받아들이지 않았던 과거의 어리석음을 반복하지 말아야 한다. 우리는 상대적 관점에서 어떤 부분이 일리가 있는지 검토하고 결정해야 한다. 나의 훌륭한 동포인 고타마 붓다Gautama Buddha에게는 '중도'의 보편적인 필요성을 보려는 경향이 너무 강했을지 모르지만(그가 시장 메커니즘을 특별히 언급한 적은 없지만), 극단주의를 피하라고 한 2,500년 전의 그의 설교에서는 배울 것이 있다.

시장, 자유 그리고 노동

비록 현재 시장 메커니즘의 장점이 널리 인정받지만 시장을 원하는 이유는 충분히 인식되지 못하고 있다. 이 문제를 이 책의 서론과 제1장에서 논의했는데, 발전의 제도적 측면을 검토하면서 이 문제를 간단하게 언급하려 한다. 최근의 논의에서 시장 메커니즘에 대한 평가는 그것이 궁극적으로 발생시키는 결과, 즉 소득이나 시장이 생산하는 효용에 초점을 맞추는 경향이 있었다. 이것은 무시할 수 있는 문제가 아니므로 우선 이에 대해 논의하겠다. 하지만 시장 거래의 자유에 대한 보다 직접적인 논거는 자유 그 자체의 기본적인 중요성에 있다. 우리에게는 사고팔고 교환하는 거래를 기반으로 영위 가능한 삶을 추구할 충분한 이유가 있다. 이런 자유를 일반적으로 부정하는 것은 그 자체로 사회의 중대한 실패가 될 것이다. 시장이 최종적으로 산출하는 게 무엇인지 소득이나 효용 등을 통해 보여주려 한다면, 이러한 근본적인 인식이 우리가 입증하기를 원하거나 원하지 않는 어떤 정리보다 우선시된다.[2]

현대적인 삶에서 어디에나 존재하는 거래의 기능은 그것을 지나치게 당연시함으로써 종종 간과된다. 이는 (일탈이 발생하면 그에 대해서만 관심의 초점을 두면서) 발전된 자본주의 경제에서 어떤 행동 규칙(예를 들어 기본적인 기업윤리)의 역할이 과소평가되거나 종종 무시되는 것과 유사하다. 하지만 이러한 가치들이 충분히 발전하지 않았을 때, 그들의 일반적인 존재 혹은 부재는 중대한 차이를 만들어낼 수 있다. 따라서 발전에 관한 연구에서 기초적인 기업윤리의 역할은 모호하게 놔두는 대신 명확하게 인식되어야 한다. 마찬가지로 거래의 자유가 존재하지 않는 것도 그 자체가 여러 상황에서 중요한 문제다.[3]

바로 노동시장의 자유가 법, 규제, 관습에 의해서 부정당할 때 특히 그러하다. 남북전쟁 이전 미국 남부의 흑인 노예들이 북쪽의 도시 노동자들과 비슷하거나 더 높은 소득을 얻었고 그들보다 더 오래 살았을 수도 있지만[4] 노예제도 그 자체는 근본적인 박탈이다(그로 인해 어떤 소득이나 효용이 생겼다거나 생기지 않았다거나 하는 건 문제가 되지 않는다). 고용을 선택할 수 있는 가능성이 없고 폭압적인 노동 형태 속에서 자유를 잃은 것은 그 자체로 주요한 박탈이다.

대체로 자유시장의 발전과 특히 자유롭게 직업을 가질 가능성의 발전은 역사 연구에서 중요하게 여겨진다. 제1장에서도 이야기했듯이 심지어 자본주의의 위대한 비판자 칼 마르크스조차도 노동의 자유가 출현한 것을 중대한 진보로 보았다. 하지만 이 문제는 과거의 역사뿐만 아니라 현재와도 관련된다. 이 자유가 바로 지금 세계의 많은 곳에서 매우 중요하기 때문이다. 네 가지 서로 다른 사례를 통해 이 점을 조명해보자.

첫째, 다양한 형태의 강제노동labor bondage을 아시아와 아프리카의 여러 나라에서 발견할 수 있다. 여기에서는 전통적인 지배자 때문에 임노동의 자유를 추구할 기본적인 권리가 지속적으로 부정당하고 있다. 인도의 신문이 인도에서 가장 낙후한 지역(예를 들어 비자르 지역)에서 상위 카스트의 지주가 살해와 강간을 통해 땅에 '예속된' 노동자 가족들에게 폭력을 저지른 사건을 보도할 때, 여기에는 물론 범죄의 문제가 포함되어 있고 이것은 언론이 이러한 사건을 주목하는 이유이기도 하다.(그리고 이 끔찍한 공동체에서 왜 사태가 변화되어야 하는지를 보여주는 궁극적인 이유이기도 하다). 그러나 이러한 범죄행위 아래에서 기본적인 경제적 상황은 이 '예속된' 노동자들이 강제노동이 행해지는 땅의 소유 문제와 함께 노동의 자유를 위해 투쟁하는 것을 포함한다. 이러한 제도들은 그 불법성에도 불구하고 지속된다(독립 이후 부분적으로만 시행된 법제도의 결과다). 제1장에서 논의되었듯이 다른 곳보다 인도에서 이러한 상황에 대해 더 많이 연구되었지만, 다른 여러 나라에서도 유사한 문제들이 존재한다는 증거가 많다.

둘째로 전혀 다른 예를 보자면, 동유럽과 소련의 관료적 사회주의의 실패는 소득이나 기대수명 같은 경제적 문제의 관점으로는 충분히 파악할 수 없다. 기대수명의 관점에서 공산주의 국가들은 상대적으로 꽤 양호한 편이었다(이는 소련, 개혁 이전의 중국, 베트남, 쿠바 등의 인구학적 지표로 쉽게 확인된다). 사실 구 공산주의 국가들은 지금 과거 공산주의 시절보다 더 열악한 상황에 처해 있다―아마도 가장 심각한 곳은 러시아일 것이다(러시아 남성들의 출생 시 기대수명은 현재 58세 정도까지 급락했는데, 이는 인도나 파키스탄보다도 낮은 수준이다).⁵ 그러나 선거 결과가 보여주듯이 국민들은 과거의 제도로 돌아가기를 원하지 않고, 심지어 구 정치 세력을 계승한 신생 정당들도 그러한 회귀를 제안하지 않는다.

물론 사태를 평가하기 위해서는 공산주의 체제의 경제적 비효율성을 지적해야 한다. 그러나 많은 영역에서 시장을 단순하게 제도적으로 배제해 버린 체제에는 자유의 부정이라는 더욱 직접적인 문제가 존재한다. 또한 시장이 존재했을 때에도 어떤 사람들에게는 그것을 이용하는 것이 허락되지 않았다. 예를 들어, (상사로부터 미움을 받는 사람이 원하지 않는 곳에서 일하게 되는 상황을 포함해) 계속되는 채용 과정에서 일자리에 지원하는 것이 금지될 수도 있었다. 그런 측면에서 프리드리히 하이에크Friedrich Hayek가 공산주의 경제를 '노예의 길'이라고 준엄하게 꾸짖듯 말한 것은 좀 과도하지만 적절한 측면도 있다.⁶ 좀 다르긴 하지만 무관하지는 않은 맥락에서 (공산주의 지배가 확립된 폴란드로 커다란 열정을 갖고 돌아갔던 위대한 경제학자) 미칼 칼레츠키Michal Kalecki는 자본주의에서 사회주의로 향한 폴란드의 진보에 대한 언론의 질문에 답하며 "예. 우리는 성공적으로 자본주의를 무너뜨렸습니다. 이제 우리가 해야 할 것은 봉건주의를 무너뜨리는 일입니다"라고 대답하기도 했다.

셋째, 제1장에서 논의했듯이 특히 파키스탄, 인도, 방글라데시에서 성행하는 아동노동이라는 불편한 주제에는 노예제와 강제노동이라는 문제가 포함되어 있다. 힘겨운 일에 종사하는 많은 아이들이 강제로 그 일을 하기 때문이다. 이러한 예속 상태의 뿌리는 이들 가정의 경제적 박탈이라는 문제로 돌아가고, ─종종 부모들 자신도 그 고용주에게 일종의 예속 상태에 놓여 있다─아동노동이라는 불편한 주제 위에는 이렇게 강제로 일하는 아이들이 야만적 상태에 놓인다는 문제가 있다. 특히 학교에 갈 수 있는 자유는 이 지역에서 기본적인 교육 프로그램이 미약해서만이 아니라 이 아이들(과 종종 그 부모들)이 자신이 무엇을 원하는지 결정할 어떤 자유도 갖고 있지 않기 때문에 제약 받는다.

아동노동의 문제에서 남아시아 경제학자들의 의견이 갈리는 경향이 있다. 어떤 이들은 가족들의 경제적 여건을 개선하는 조치 없이 아동노동을 근절시키면 오히려 그 아이들에게 도움이 되지 못한다고 주장한다. 여기에는 확실히 따져봐야 할 문제가 있다. 그러나 아동노동이 결과적으로 노예제처럼 되어버리기 때문에 선택은 좀 더 단순해진다. 노예 상태의 가혹함은 아동노동을 근절하는 입법과 함께 노예제도를 없애기 위한 더욱 강력한 조치를 요구한다. (그 자체로도 충분히 악한) 아동노동 시스템은 이것이 예속과 실질적인 노예제와 일치함으로써 더욱 야만적이 된다.

넷째, 여성이 가정 밖에서 일자리를 찾을 자유는 많은 제3세계 국가에서 중요한 문제다. 이 자유는 여러 문화권에서 체계적으로 부정당하는데, 이는 여성의 자유와 양성평등을 심각하게 침해하는 것이다. 이러한 자유의 부재는 여성의 경제적 능력을 약화시키는 것 외에도 많은 악영향을 낳는다. 시장에서의 고용은 여성이 경제적으로 독립할 수 있게 하는 직접적인 결과 외에도, 밖에서 일할 경우 여성이 가족 안의 분배에서 더 나은 '대우'를 받게 한다는 점에서 인과적으로 중요하다.[7] 분명히 여성의 가사노동은 매우 힘들지만 이 일은 거의 존경받지도, 심지어는 인정받지도 못한다(보상은 말할 것도 없다). 그런데 여기에 가정 밖에서 일할 권리까지 부정하는 것은 여성의 자유에 대한 심각한 침해다.[8]

여성의 직업 활동을 규제하는 것은 가령 오늘날의 아프가니스탄처럼 종종 공개적이고 잔인한 방식으로 행해지기도 한다. 다른 경우에 이 규제는 관습과 순응의 힘을 통해 더욱 암묵적으로 작동한다. 때로는 여성의 직업 활동에 대한 규제가 명시적으로는 존재하지 않지만 전통적 가치 속에서 자란 여성이 이런 전통과 결별함으로써 다른 사람들에게 충격을 주는 일을 두려워할 수도 있다. '정상적인 것'과 '적절함'에 대한 지배적인 선입견이 이 문제에서는 중심적이다.

이 문제들은 이 책의 다른 중요한 관심사들과 관련되는데, 특히 사회 문제에 대한 공개 토론의 필요성과 실질적인 사회적 변화를 가져오는 집단적 활동의 이점과 관련된다. 여성 조직은 세계 많은 나라에서 이러한 변화를 가져오는 데 매우 중요한 역할을 한다. 예를 들어, 여성자영업자연합(SEWA: Self-employed Women's Association)은 인도의 일부 지역에서 여성의 더 많은 고용뿐만 아니라 통념의 변화를 가져오는 데 매우 효과적이었다. 그라민 은행이나 방글라데시 농촌발전위원회(BRAC) 같은 참여식 대출과 협동조합도 그런 역할을 수행했다. 거래의 중요성과 경제적 참여의 권리(자유로운 노동의 권리를 포함한), 그리고 시장과 관련된 자유의 직접적인 중요성을 강조해야 한다. 그러면서 우리는 다른(비시장적) 제도들의 작동으로부터 오는 자유가 이러한 자유에 대해 상보적 역할을 한다는 것을 간과해서는 안 된다.[9] 서로 다른 제도들―비시장적 기구와 시장 사이―의 상보성은 이 책의 또 다른 중심적인 주제이기도 하다.

시장과 효율성

노동시장은 다른 많은 맥락에서 해방자 역할을 할 수 있다. 또한 거래의 기본적 자유 역시 시장 메커니즘이 소득이나 효용 등의 관점에서 무엇을 성취하느냐(혹은 하지 못하느냐)의 문제와 관계없이 그 자체로 중요하다. 그런 결과들을 검토하는 것 역시 중요한 문제이기에, 이제 이 문제를 다루어보려 한다.

시장 메커니즘을 평가할 때 시장의 형태에 주목하는 것이 중요하다. 그것이 경쟁적이냐 독점적이냐(혹은 비경쟁적이냐), 어떤 시장들이 (쉽게 해결될 수 없는 방식으로) 결여되어 있느냐 등. 또한 (특정한 종류의 정보가 이용 가능하거나 부재하는 것, 거대한 규모의 경제가 존재하거나 부재하는 것과 같은) 현실 상황의 특징 역시 현실적인 가능성에 영향을 주고 시장 메커니즘의 다양한 제도적 형태를 통해 성취할 수 있는 것에 실질적인 한계를 부여한다.[10]

(일부 재화와 용역의 비시장성을 포함해) 이러한 결함들이 없을 때 시장 메커니즘이 경제적 효율성을 성취하는 데 어떤 장점을 갖는지 보여주기 위해 고전적인 일반 균형 모델을 사용해왔다. 이 효율성은 경제학자들이 '파레토 최적Pareto optimality' 이라고 부르는 것을 통해 표준적으로 정의된다. 이것은 한 사람의 효용(이나 복리)이 다른 사람의 효용(이나 복리)을 감소시키지 않고서는 증가할 수 없는 상황을 말한다. 이러한 효율성의 성취—그 결과의 발견자인 케네스 애로우Knneth Arrow와 제라르 드브루Gerard Debreu의 이름을 딴 이른바 애로우−드브루 정리Arrow-Debreu results[11]—는 이 단순한 가정에도 불구하고 매우 중요하다.[12]

무엇보다 애로우−드브루 정리는—몇 가지를 전제한다면—시장 메커니즘의 결과가 모든 사람의 효용을 증진시키는(혹은 다른 사람의 효용을 감소시키지 않고 누군가의 효용을 증가시키는) 방식으로 향상될 수 없다는 점을 보여준다.[13]

그러나 여기에서 추구하는 효율성을 효용이 아닌 개인적 자유의 관점에서 설명할 수 없는지를 물을 수도 있다. 이것은 특히 정당한 물음인데, 왜냐하면 이 책의 정보적 초점은 (효용이 아니라) 개인적 자유에 맞추어졌기 때문이다. 사실 실질적인 개인적 자유에 대한 만족스러운 설명이라는 관점에서 볼 때, 애로우−드브루의 효율성의 결과에서 중요한 부분이 효용의 '공간'에서 개인적 자유로 전환될 수 있다는 것은 다른 곳에서 증명한 바 있다. 그것도 상품목록을 선택할 수 있는 자유와 기능할 수 있는 역량이라는 두 가지 (자유의) 관점에서 가능하다는 것을 보여주었다.[14] 이러한 확장 가능성을 입증하면서 원래의 애로우-드브루 정리에서 필요했던 유사한 가정들이 사용되었다(예를 들자면 비시장성의 부재). 이러한 가정들을 도입하면, 개인적 자유의 설득력 있는 설명으로서 경쟁적 시장의 균형은 다른 모든 사람들의 자유를 보존하면서 한 개인의 자유가 확장되는 것이 불가능하다는 것을 보여준다.

이러한 연관성을 정립하기 위해서, 실질적 자유의 중요성은 한 사람이 갖는 선택지의 수가 아니라 가능한 선택이 얼마만큼 매력적인지에 따라 판단되어야만 한다. 자유는 서로 다른 측면들을 갖는다. 거래의 자유와 함께 개인의 기본적 자유는 앞에서 논의했다. 그러나 한 사람이 자신이 원하는 것을 성취할 자유에 대해서, 우리는 가능한 선택지의 이점을 주목해야만 한다.[15] (전문 영역으로 들어가지 않고) 이 자유-효율의 관계를 설명할 때, 개인이 영리한 선택을 한다고 전제할 수 있다. 이 경우 개인적 효용의 관점에서 개인들에게 그들이 선택할 수 있는 적절한 기회를 제공하는 것에 따라 효율성이 꽤 달라진다는 것을 지적할 수 있다. 이러한 기회들은 사람들이 선택하는 것(그들이 성취하는 효용)뿐만 아니라 그들이 어떤 유용한 선택 가능성을 갖고 있느냐(그들이 향유하는 실질적인 자유)와도 관련된다.

시장 메커니즘이 결과적 효율성을 성취하는 과정에서 자기 이익의 최대화가 갖는 역할이 있는데, 여기에서 이와 관련하여 특정한 논점을 명확히 할 필요가 있다. 고전적인 (애로우-드브루의) 정식에 따르면, 모든 사람에게 자신의 이익 추구가 배타적 동기인 것으로 간주된다. 이러한 가정은 시장의 산출이 '파레토 최적'(이것은 개인적 이익의 관점에서 정의된다)이 되어 다른 사람의 이익을 침해하지 않고서는 아무도 자신의 이익을 증가시킬 수 없다는 결과를 확립하기 위해서 필요하다.[16]

항상적인 이기심을 가정하는 것은 실증적으로 옹호하기 어렵다. 마찬가지로 애로우-드브루 모형에서 가정된 것보다 더 복잡한 상황(서로 다른 개인들의 이익 사이에서 더욱 직접적인 상호의존성을 포함하는)이 존재한다. 이런 상황에서는 이기적 행위가 효율적 결과를 낳는 데 전혀 효과적이지 않을 수 있다. 따라서 애로우-드브루 모델에서 효율성을 얻기 위해 보편적 이기심을 가정하는 게 정말로 필요하다면, 그것은 이 접근법의 심각한 한계로 여겨질 수 있다. 그러나 이러한 한계는 단순한 효용이 아니라 개인적 자유의 관점에서 효율성의 요구를 검토함으로써 상당 부분 피할 수 있다.

만일 우리의 주 관심사가 (그들 자신의 이기적 행동을 통해) 자기 이익을 성취하는 정도가 아니라 사람들이 향유하는 실질적 자유(어떤 목적으로 이 자유를 사용하는가와 상관없이)에 있다면 이기적 행동을 가정해야 하는 제약에서 벗어날 수 있다. 이렇게 되면 개인들의 선택을 좌우하는 것에 대한 어떤 가정도 필요가 없는데, 문제가 되는 논점이 더 이상 이익의 성취가 아니라 자유의 향유 가능성이 되기 때문이다(이 자유가 목표로 하는 게 이익의 추구건 다른 목적이건 간에). 따라서 애로우-드브루 정리의 기본적인 분석 결과는 개인의 선호 뒤에 있는 동기와는 상당히 무관해진다. 그러므로 만일 선호 성취에서 효율성이나 (동기와는 무관한) 실질적인 개인적 자유의 효율성을 보이는 것이 목적이라면 이 정리를 가져올 필요가 없다.[17]

자유의 결점과 불평등의 결합

이런 의미에서 시장 효율성에 대한 기본적인 결과는 실질적 자유의 관점으로 확장될 수 있다. 그러나 이러한 효율성의 결과는 결과의 평등 혹은 자유의 평등한 분배에 대해 아무것도 말해주지 않는다. 어떤 상황에서 다른 사람의 효용이나 자유를 침해하지 않고 누군가의 효용이나 실질적인 자유를 확장할 수 없다면 효율적이라고 할 수 있으나(파레토 최적), 이때 효용과 자유의 분배에서 막대한 불평등이 생길 수도 있다.

사실상 불평등의 문제는 관심사를 소득 불평등에서 실질적 자유와 역량의 분배의 불평등으로 옮길 때 더 확대된다. 왜냐하면 주로 소득 불평등이 소득을 역량으로 전환시키는 기회의 불평등함과 '결합'될 가능성이 있기 때문이다. 후자는 이미 소득 불평등에 반영된 불평등 문제를 더 증폭시키는 경향이 있다. 예를 들어, 장애가 있거나 아프거나 노령이거나 등의 이유로 불리한 조건에 놓인 사람은 한편으로 적절한 소득을 얻는 데 어려움을 겪으면서, 다른 한편으로는 소득을 자신의 역량으로 전환하고 생활에 활용하는 데 더 큰 어려움을 겪을 수 있다. 좋은 직업과 충분한 소득을 얻지 못하게 하는 바로 그 요인(장애와 같은) 때문에 같은 직업을 가지고 같은 소득을 얻는다 해도 수준 높은 삶의 질을 누리기 힘들 수 있다.[18] 소득을 얻는 능력과 소득을 사용하는 능력 사이의 관계는 빈곤 연구에서 잘 알려진 경험적 현상이다.[19] 시장에서 개인 간 소득 불평등은 낮은 소득과 그 소득을 역량으로 전환시키는 것에 대한 장애의 '결합' 때문에 증폭될 수 있다.

시장 메커니즘의 자유-효율성과 자유-불평등 문제의 심각성은 동시에 고려할 만한 가치가 있다. 불평등 문제는 특히 심각한 박탈과 빈곤을 다룰 때 반드시 고려해야 하는데, 이런 맥락에서 정부의 보조와 같은 사회적 개입은 중요한 역할을 할 수 있다. 복지국가는 공중보건의 사회적 제공, 실업자와 영세민 등을 위한 공공부조처럼 다양한 프로그램을 통한 사회보장 체계를 통해 그러한 역할을 수행하고자 한다. 하지만 이 문제의 효율성과 평등성이라는 측면에 대해 동시에 관심을 기울여야 할 필요가 있는데, 평등을 위해 시장 메커니즘의 작동에 개입하는 것이 평등을 진작시키면서 효율성의 성취를 약화시킬 수 있기 때문이다. 사회적 평가와 정의의 서로 다른 측면을 고려할 때 이것들을 동시에 고려할 필요가 있다는 것을 명확히 해야 한다.

서로 다른 목표를 동시에 고려해야 하는 필요성은 이 책에서 이미 여러 맥락에서 지적한 바 있다. 예를 들자면, 제4장에서 유럽이 미국보다 최저임금과 의료보험에 대해 사회적으로 더 많은 노력을 기울이는 데 비해 미국에서는 높은 고용률을 유지하는 데 더 많이 신경 쓰는 점을 비교하였다. 이러한 두 가지 유형의 사회적 집중commitments은 상당한 정도로 연관되어 있지만 부분적으로는 서로 갈등관계에 있기도 하다. 이렇게 갈등관계가 있는 한, 두 개의 문제를 동시에 고려해야 할 필요성은 충분하다. 효율성과 평등성 양쪽에 주의를 기울이면서 전반적으로 사회에서 무엇을 우선해야 하는지에 도달하기 위해서 말이다.

시장과 이익집단

시장의 역할은 시장이 무엇을 할 수 있는가뿐만 아니라 무엇을 하도록 허용되었는가에도 달려 있다. 시장의 원활한 기능 덕분에 이익을 얻는 사람들이 많지만, 같은 기능 때문에 손해를 보는 집단도 있다. 후자의 집단이 정치적으로 더 강하고 영향력이 있다면 그들은 시장이 경제에서 적절한 영역을 확보하지 못하게 노력할 수도 있다. 이것은 독점적인 생산 단위가 국내건 국외건 경쟁에서 벗어나—비효율성과 다양한 유형의 부조리에도 불구하고—번성할 때 특히 문제가 된다. 이렇게 인위적으로 유지된 생산을 통해 형성된 높은 생산단가 혹은 낮은 생산품질은 다수의 사람들에게 실질적인 희생을 요구한다. 하지만 잘 조직되어 있고 정치적으로 영향력 있는

'산업가' 집단은 그들의 이윤이 잘 보호받도록 할 수 있다.

애덤 스미스가 18세기 영국에서 시장을 제한적으로 활용하는 것에 대해 불평한 이유는 잘 기능하는 시장이 가져오는 사회적 이익에만 초점을 맞추었기 때문이 아니다. 이는 자신들의 부풀려진 이윤을 경쟁이 갖는 위협적 효과로부터 보호하려는 기득권의 영향력을 확인한 것이기도 했다. 실제로 애덤 스미스는 기득권 세력이 적절한 경쟁을 피하기 위해 활용하는 주장에 대응하기 위해 시장의 작동을 이해해야 할 필요성을 느꼈다. 스미스의 지적 논변은 부분적으로는 기득권의 힘과 효율성에 대한 주장을 비판하려는 의도였다.

애덤 스미스가 특히 반대한 시장에 대한 제약은 광범위한 의미에서 '전자본주의적' 제약으로 보일 수 있다. 이것들은 복지정책이나 사회적 안전을 위한 공적 개입과는 다른데, 그의 시대에는 이것이 구빈법과 같은 제도에서 초보적으로만 나타났다.[20] 이것들은 또한 공공교육을 제공하는 것과 같은 국가의 기능과도 구별되는데, 스미스는 이에 대해서는 적극적으로 지지했다.

공교롭게도 오늘날 개발도상국의 경제—혹은 심지어 과거의 사회주의 국가들—의 작동을 위협하는 많은 제약은 또한 광의적으로 말해 이러한 '전자본주의적' 유형이다. 우리가 몇 가지 유형의 국내 거래나 국제 교역을 금지하려 하거나, 혹은 '보호받는 부르주아'들이 소유하고 활용하는 오래된 기술이나 생산 방법을 보호하려는 것처럼 경쟁을 제약하고 이를 강력하게 옹호하는 것과 전자본주의적 가치와 사고방식이 횡행하는 것 사이에는 일반적으로 비슷한 점이 있다. 애덤 스미스(그의 생각은 프랑스혁명의 활동가들에게 영감을 주었다)나 데이비드 리카도 David Ricardo(그는 지주들의 생산적 기여를 옹호한 맬서스의 주장을 비판했다), 칼 마르크스(그는 경쟁적 자본주의를 세계의 진보적 변화를 이끄는 원동력으로 보았다)와 같은 과거의 '급진주의자'들은 전자본주의적 사상가들의 반시장적 주장에 대해 일반적으로 거의 동의하지 않았다.

오늘날 급진적 정책을 옹호하는 사람들이 종종 스미스, 리카도, 마르크스가 입을 모아 반대했던 낡은 경제적 입장에 빠지곤 하는 것은 사상사의 아이러니 중 하나다. 내가 앞에서 인용한, 규제가 심한 폴란드에 대한 미칼 칼레츠키의 침통한 비판("우리는 자본주의를 성공적으로 말살했다. 이제 우리가 해야 할 일은 봉건주의를 제거하는 것이다")은 이런 관점에서 높이 평가할 수 있다. 보호받는 부르주아가 먼 과거로부터 이어온 반시장적인 입장을 끄집어내는 일이 급진적이고 현대적인 것이라는 환상을 고취하고 지지하는 것은 놀라운 일이 아니다.

경쟁에 대한 일반적 제약을 지지하는 주장에 비판을 가하는 열린 논쟁에 참여하는 것은 중요하다. 이것은 거래와 교역을 제한함으로써 실질적으로 물질적 이익을 얻는 집단의 정치적 힘에 대해 관심을 기울여야 한다는 사실을 부인하지는 않는다. 이미 많은 저자들이 그와 관련한 기득권을 확인함으로써, 그리고 경쟁을 배제하는 것에 포함된 '지대 추구 행위'의 영향력에 주의함으로써 이러한 주장들을 판단해야 한다고 적절하게 지적했다. 빌프레도 파레토Vilfredo Pareto가 유명한 구절에서 지적했듯이 만일 "어떤 수단 A가 천 명 각각에게서 1프랑씩의 손해를 입히고 한 명에게 1천 프랑의 이익을 가져다준다면, 후자는 이 수단을 얻기 위해 상당한 힘을 쏟겠지만 전자는 미약하게 저항할 것이다. 따라서 결국 A를 통해 1천 프랑을 얻으려는 사람이 이길 것이다."[21] 경제적 이익을 추구하기 위한 정치적 영향력은 우리가 사는 세계에서 매우 현실적인 현상이다.[22]

이러한 영향력에 대항하는 것은 내부시장에서 이익을 추구하는 사람들에 저항하는 것—그리고 아마도 (낡은 표현을 쓰자면) 그들을 '폭로하는' 것—뿐만 아니라, 그들의 주장을 정당한 검토 대상으로 받아들이는 것이다. 경제학은 이러한 비판적 방향에서 오랜 전통을 갖고 있다. 이것은 최소한 애덤 스미스까지 거슬러 올라간다. 그는 그 장본인들을 지적하는 동시에 경쟁을 불허함으로써 사회적 이익을 얻는다는 명제를 옹호하는 주장의 허구를 폭로하였다. 스미스는 기득권 세력이 ('공공의 이익에 대한 그들의 지식'이 아니라) '자신의 이익에 대한 더 나은 지식'으로 인해 승리하는 경향이 있다고 지적한다. 그는 다음과 같이 말한다.

> 그러나 상업이나 제조업의 어떤 분야에서건 거래자의 이익은 어떤 관점에서는 공공의 이익과는 항상 다르며 심지어는 적대적이기까지 하다. 시장을 확대하고 경쟁을 줄이는 것은 언제나 거래자의 이익이 된다. 시장을 확대하는 것은 종종 공공의 이익에 만족스러운 것일 수 있다. 그러나 경쟁을 줄이는 것은 항상 그에 반대되며, 자연스러운 수준 이상으로 이윤을 늘림으로써 거래자들이 자신의 이익을 증대시키며 나머지 동료 시민들에게 부조리한 세금을 부과하게 할 뿐이다. 이러한 계열에서 나온 상업의 규제나 새로운 법의 제안은 반드시 상당한 주의를 가지고 들어야 하며, 오랫동안 그리고 신중하게 검토하되 면밀할 뿐만 아니라 최대한의 의심을 갖고 검토한 후가 아니면 채택해서는 안 된다.[23]

만일 공개 토론이 허용되고 장려된다면 반드시 기득권 세력이 이겨야 할 이유가 없다. 파레토의 유명한 주장이 보여주는 것처럼, 한 사업가의 이익을 강력하게 뒷받침해주는 정책에 의해 조금씩 손해를 보는 천 명의 사람이 있을 수 있지만, 이 사실이 명확하게 인지된다면 이러한 특별한 정책에 반대하는 다수 집단이 생겨날 수도 있다. 이것은 양측의 주장과 비판으로 이루어지는 더욱 공적인 토론에서 이상적인 상황이다. 또한 개방적인 민주주의의 실험을 통해서 공적 이익이 기득권이라는 작은 분파의 강력한 주장에 맞서 승리할 수 있는 훌륭한 계기가 될 수 있다. 또한 이 책의 다른 부분에서 이미 검토되었듯이 공공의 토론과 정치적 결정에의 참여를 포함해서 더 많은 자유에서 해설책을 찾아야 한다. 다시 한 번, 한 종류의 자유(이 경우에는 정치적 자유)가 다른 종류(특히 경제적인 개방성)의 자유를 실현하는 데 유용한 것으로 간주될 수 있다.

시장의 역할에 대한 비판적 검토의 필요성

사실상 비판적인 공적 토론은 좋은 공공정책을 결정하는 데 중요한 필요조건이다. 그 이유는 모든 것을 시장에 포섭시키건 혹은 시장을 전적으로 거부하건 시장의 적절한 역할과 범위가 어떤 거대하고 일반적인 공식—혹은 모든 것을 망라하는 태도—에 의해서 미리 결정되지 않기 때문이다. 심지어 애덤 스미스도 시장이 잘 작동하는 곳에서 시장을 활용해야 한다고 확고하게 주장했음에도(그리고 교역과 거래에 대한 어떤 일반적인 제약에 대해서는 그 장점을 부정했음에도) 특정한 제약을 가하는 게 합리적일 수 있는 경제적 상황 혹은 비시장적 기구가 시장의 역할을 대신해야 할 필요성이 심각한 경제 분야에 대해서는 탐구를 주저하지 않았다.[24]

시장 메커니즘에 대한 스미스의 비판이 항상 온화했다거나 그 문제에 대해서 항상 비판적 관점을 올바로 세웠다고 가정할 필요는 없다. 예를 들어, 고리대금을 법적으로 제약해야 한다는 그의 주장을 살펴보자.[25] 스미스는 물론 (어떤 반시장주의 사상가들이 주장했던 것처럼) 대출에 이자를 부과하는 것을 일반적으로 금지하는 것에 대해 반대했다.[26] 그러나 그는 국가가 이자의 최대 상한에 대해 법적으로 규제하기를 원했다.

> 이자가 허용된 나라에서 고리대금의 착취를 막기 위해 법은 일반적으로 제제를 받지 않고 취할 수 있는 최고의 이자율을 고정한다.
> 이제부터 알아보겠지만, 법정 이자율은 다소 높을지라도 시장의 최저 이율보다 그다지 높지 않아야 한다. 만일 영국의 법정 이율이 8에서 10퍼센트 정도로 높게 고정된다면 빌려주어야 할 돈의 대부분이 이러한 고이율을 기꺼이 감당할 수 있는 낭비자나 투기꾼에게만 대출될 것이다. 그 돈을 사용함으로써 얻을 수 있는 것보다 더 내고 싶지 않은 신중한 사람들은 이 경쟁에 뛰어들지 않을 것이다. 이 나라 자본의 상당 부분이 그것을 활용해 이윤을 내고 발전할 수 있는 사람들의 손을 벗어나 그것을 낭비하고 파괴할 사람의 손에 들어갈 것이다.[27]

스미스가 말하는 개입주의 논리에서 밑바탕에 깔려 있는 주장은 사람들이 시장의 신호를 오도할 수 있다는 것이다. 따라서 자유시장이 오도된 혹은 근시안적인 사업을 추구하거나 사회적 자원을 사적으로 낭비함으로써 자본의 낭비로 귀결될 수 있다는 것이다. 공교롭게도 제레미 벤담은 1787년 3월 스미스에게 쓴 긴 편지를 통해 시장을 내버려 두라는 언쟁을 벌였다.[28] 이는 경제사상사에서 다소 주목할 만한 일화인데, 공리주의적 개입주의의 중심인물이 시장경제학의 선구자격인 권위자(guru)에게 시장에 의한 배분의 장점에 대해 강의했기 때문이다.[29]

법적으로 규정된 최대 이율의 문제는 오늘날의 논쟁에서 그다지 중요한 관심사가 되지 못한다(이 점에서 벤담이 확실히 스미스를 이겼다). 하지만 스미스가 '낭비자와 투기꾼'이 경제에 미치는 효과를 왜 그토록 부정적으로 보았는지 확인해보는 것은 중요하다. 그는 사회적 낭비와 생산적 자본의 손실이라는 문제에 깊은 관심을 갖고 있었다(『국부론』 제2권 제3장). 스미스는 '낭비자'에게서 잠재적인 사회적 낭비를 보는데, 이들이 '현재의 쾌락에 대한 열정'에 따라 움직이기 때문이다. 따라서 '모든 낭비자는 공공의 적으로 보인다.' '투기꾼'에 대한 스미스의 우려는 역시 사회적 낭비에 대한 것이다.

> 이 잘못된 행동의 효과는 종종 낭비로 인한 효과와 동일하다. 농업, 광업, 어업, 교역 혹은 제조업에서 모든 분별없고 성공적이지 못한 사업계획은 생산적인 노동을 유지하기 위해 마련된 기금을 같은 방식으로 감소시킨다. 이러한 모든 사업계획에는 만약 그것에 쓰지 않았다면 사회의 생산적 기금이 될 수 있었던 것에 대한 일정한 손실이 항상 존재한다.[30]

스미스의 이 주장을 평가하는 것은 특별히 중요하지 않지만, 그의 일반적 관심사가 무엇인지를 이해하는 것은 중요하다. 그가 고려하는 것은 근시안적인 동기로 사적 이익을 추구한 결과 나타날 수 있는 사회적 손실이다. 이것은 스미스의 더 유명한 언설과는 정반대되는 사례다. "우리가 저녁을 기대할 수 있는 것은 푸줏간 주인, 양조업자 혹은 제빵업자의 호의 때문이 아니라 자신의 이익에 대한 그들의 관심이다. 우리는 그들의 인간성이 아니라 그들의 자기애를 다룬다."[31] 푸줏간 주인, 양조업자, 제빵업자의 사례가 자기 이익에 기초한 교역이 상호 이익을 가져오게 하는 역할에 대해 관심을 갖게 한다면, 낭비자-투기꾼 주장은 특정한 상황에서 사적 이익의 추구가 사회적 이익과 상반될 수 있는 가능성에 초점을 맞춘다. 단지 낭비자와 투기꾼이라는 특정한 사례만이 아니라, 이와 관련한 일반적인 우려가 오늘날에도 의미 있는 것으로 남아 있다.[32] 이것은 예를 들자면 환경을 오염시키거나 환경 자원을 낭비하는 사적 생산물로 인한 사회적 손실을 고려할 때 핵심적인 우려다. 이는 "사회의 생산적 기금이 될 수 있었던 것의 사회적 감소"의 가능성에 대한 스미스의 설명과 맞아떨어진다.

스미스의 시장 메커니즘에 대한 분석에서 이끌어내야 하는 교훈은 시장에 대한 일반적인 '찬성'이나 '반대'의 태도로만 정책을 결정하는 집단적 전략이 아니다. 인간의 삶에서 교역과 거래가 하는 역할을 인식한 뒤에도 우리는 여전히 시장 거래의 또 다른 결과가 무엇인지 검토해야만 한다. 우리는 현실적인 가능성을 비판적으로 검토해야만 하며, 시장을 활성화하거나 그 작동을 제한하는 모든 결과를 평가하는 것과 관련된 우연적 contingent 상황에 대해서도 적절한 관심을 기울여야 한다. 만일 푸줏간 주인-양조업자-제빵업자의 사례가 우리의 상보적 이익이 교역에 의해 상호 진작되는 일반적인 상황을 가리킨다면, 낭비자-투기꾼의 사례는 이것이 모든 경우에 같은 방식으로 작동하지 않을 수도 있다는 것을 조명해준다. 이는 반드시 비판적으로 검토해야 할 필요가 있다.

다면 접근의 필요성

발전에 대해 더욱 광범위하고 다면적으로 접근해야 할 필요성은 최근 더 분명해졌다. 부분적으로는 지난 수십 년간 여러 나라가 이룩한 성공과 함께 그들이 직면한 문제 때문이다.[33] 이러한 문제들은 시장의 기능과 관련해 정부의—그리고 다른 정치적 사회적 제도의—역할을 조정할 필요성과 밀접하게 관련되어 있다.

이것들은 또한 세계은행 총재 제임스 울펀슨이 제안한 종류의 '포괄적 발전틀'과의 관련성도 암시한다.[34] 이러한 종류의 틀은 발전 과정을 구분해서 보는 견해를 거부한다(예를 들자면, '자유화'처럼 단일한, 지배적 과정으로 보는 것). 유일한 만능의 치유책을 찾는 것('시장을 개방하라', '가격을 조정하라')은 세계은행 자신을 포함해서 과거 전문가들의 생각에 큰 영향을 끼쳤다. 사실 서로 다른 제도를 포함해 다른 측면에서도 진보를 이루어야 한다는 목표와 함께 통합적이면서도 다면적인 접근법이 요구되는데, 이는 서로를 강화시킨다.[35]

광범위한 접근은 '한 번에 하나씩' 성취하려는 집중화된 개혁에 비해 '받아들이기'가 어렵다. 이것은 만모한 싱Manmohan Singh의 강력한 지적 리더십이 1991년 인도에서 필요한 경제개혁을 시도하면서 왜 '자유화'에만 초점을 두고 마찬가지로 필요했던 사회적 기회의 확대에는 소홀했던가를 설명하는 데 도움을 줄 것이다. 그러나 한편으로 '인허가 왕국license Raj'을 경영하는 과도한 국가의 활동을 감소시키는 것과 다른 한편에서 기초교육과 다른 사회적 기회에 대한 지속적 방치(성인 인도인의 거의 절반이 여전히 문맹으로 점차 세계화되는 경제에 참여할 수 없는 상태)라는 국가의 소극적 활동을 극복하는 것 사이에는 깊은 상보성이 존재한다.[36] 만모한 싱은 실제로 본질적인 개혁을 시작했고 성공을 거두었다는 정당한 평가를 받는다.[37] 하지만 만일 이 개혁이 인도에서 방치되었던 사회적 기회의 발전을 확대시키는 것과 결합했다면 훨씬 더 성공적이었을 것이다.

시장의 활용을 확장하는 것과 사회적 기회를 발전시키는 것의 결합은 다른 종류의 자유(민주주의적 권리, 안전보장, 협력의 기회 등)를 강조하는 더 광범위하고 포괄적인 접근법의 일부로 간주되어야 한다. 이 책에서 서로 다른 도구적 자유(경제적 권한, 민주적 자유, 사회적 기회, 투명성 보장, 안전보장 등)의 확인은 그들의 상보성과 함께 각각의 역할에 대한 인식에 기초하고 있다. 나라에 따라서 비판의 초점은 그 나라의 특정한 경험에 따라 달라질 수 있다. 예를 들어, 인도에서는 비판의 초점이 사회적 기회의 방치에 맞추어지는데, 중국은 인도와는 달리 민주적 자유의 부재가 더 적절한 비판의 초점이 될 수 있다.

상호의존과 공공재

시장 메커니즘을 모든 경제 문제의 최선의 해답으로 간주하려는 사람들은 그것의 한계가 무엇일지를 묻고 싶을 것이다. 나는 이미 평등의 문제와 그것의 필요성이 효율성에 대한 고려를 넘어선다는 점을 언급했으며, 이런 맥락에서 다른 제도적 활동으로 시장 메커니즘을 어떻게 보충해야 하는지 논의하려고 했다. 그러나 시장 메커니즘은 종종 효율성을 달성하는 것조차 이루지 못하는데, 특히 '공공재'에서 그러하다.

시장 메커니즘의 효율성을 확인하기 위해 표준적으로 가정되는 것은 모든 상품—더 일반적으로 우리의 복지에 필요한 모든 것—을 시장에서 사고팔 수 있어야 한다는 것이다. (우리가 원한다면) 모든 것은 시장화될 수 있으며 우리의 복지에 중대한 영향을 끼치는 '비시장적인 것'은 존재하지 않는다는 것이다. 그러나 사실상 인간 역량에 중대하게 기여하는 것들은 특정한 시점에 한 사람에게만 배타적으로 팔기 어렵다. 특히 사람들이 함께 소비하는 공공재를 고려할 때 그러하다.[38]

특히 환경 보존, 보건 역학, 공공보건 등과 같은 분야가 이에 해당한다. 나는 말라리아 박멸이라는 사회적 프로그램에 기꺼이 돈을 지불할 용의가 있지만, 거기에서 (사과나 셔츠와 같은) '사적 재화'의 형태로 내 몫을 챙기는 것은 불가능하다. 그것은 우리가 함께 소비해야만 하는 '공공재'—말라리아가 없는 환경—다. 사실 내가 어떤 방식으로든 말라리아가 없는 환경을 조성할 수 있다면 나의 이웃들은 어디에서 그것을 '살' 필요 없이

그 환경을 함께 갖게 될 것이다.[39]

시장 메커니즘의 근거는 (말라리아가 없는 환경과 같은) 공공재보다는 (사과나 셔츠 같은) 사적 재화를 정당화하기에 적합하므로, 사적 시장이 육성하는 것을 넘어서 공공재를 제공해야 한다고 주장할 수 있다.[40] 시장 메커니즘의 범위를 제약하는 것에 대한 유사한 주장이 마찬가지로 다른 분야에도 적용되며, 여기에서도 그 혜택은 공공재의 형태를 띠게 된다. 방위, 치안, 환경 보호는 이러한 추론이 적용되는 분야 중 일부다.

또한 다소 복합적인 경우도 존재한다. 예를 들어, 교육받는 개인의 이익을 넘어서는 기초교육의 공유된 혜택을 전제한다면, 기초교육은 공공재의 성격을 띠게 된다(물론 동시에 어느 정도는 개인적 재화로도 간주될 수 있다). 물론 교육을 받는 개인들은 그로부터 이익을 얻지만 이에 더해 한 지역에서 교육과 문자해독력의 일반적인 증대는 사회적 변화(출산율과 사망률의 감소까지 일어날 수 있는데, 이는 제8장과 9장에서 더 충분히 논의될 것이다)를 가져올 뿐 아니라 경제발전을 확대시켜 다른 이들도 혜택을 받게 해준다. 이러한 서비스의 효과적 전달은 국가나 지역 당국의 협력적 활동과 지원을 필요로 한다. 사실 일반적으로 국가는 기초교육을 확장하는 데 가장 중요한 역할을 담당한다. 오늘날 부유해진 나라에서 과거에 문자해독력이 빠르게 확산된 것은(서구와 일본 그리고 동아시아의 다른 나라들) 낮은 비용으로 혜택을 누릴 수 있는 공공교육이 가능했기 때문이다.

이런 맥락에서 볼 때, 일부 열정적인 시장 옹호론자들이 개발도상국의 기초교육마저 완전하게 자유 시장에 맡겨야 한다고 제안하는 것은 다소 놀랍다. 유럽, 북미, 일본 그리고 동아시아에서 문자해독력이 빠르게 확산되는 데에는 교육이 핵심 역할을 했는데, 그들은 이것을 저지하려 하기 때문이다. 애덤 스미스의 추종자임을 자처하는 이들은 이 주제에 관해 그의 저술로부터 배울 것이 있다. 그는 교육 분야에서 공적인 비용 지출에 인색한 것에 대해 한탄한다.

> 공공the public은 아주 작은 지출로도 대다수 사람에게 교육의 가장 핵심적인 부분을 획득할 필요성을 촉진시키고 고무하며 심지어 부여할 수 있다.[41]

시장 메커니즘을 넘어서는 '공공재'와 관련한 주장은 기초적 보건이나 교육의 기회와 같이 기초적 역량의 필요성에 입각한 사회적 지원에 대한 주장을 보충한다. 따라서 효율성에 대한 고려는 기초교육, 보건, 기타 공공재를 제공하는 것에 대한 공적 지원에서 평등성에 대한 주장을 보완해 준다.

공적 지원과 인센티브

이러한 고려사항들이 경제발전과 사회적 변화에서 핵심 분야의 공적 지출에 대해 훌륭한 근거를 제공하지만 같은 맥락에서 생각해봐야 할 반대의 주장도 있다. 한 가지 논점은 공적 지출에 따른 재정적 부담인데, 이것은 그 계획에 따라서 상당히 늘어날 수도 있다. 적자예산과 인플레이션(그리고 일반적으로 '거시경제의 불안정성')에 대한 공포는 오늘날 경제정책에 대한 논의에서 자주 등장하며 매우 중요한 문제다. 또 다른 문제는 인센티브인데, 공적 부조의 체계가 새로운 시도를 좌절시키고 개인적 노력을 왜곡시킬 수 있다는 것이다. 재정 긴축과 인센티브의 중요성이라는 두 문제 모두 진지하게 주목해야 한다. 나는 인센티브 문제를 먼저 다룬 다음에 재정 부담과 그 결과에 대해 논의할 것이다.[42]

소득 재분배나 공공 서비스의 무상 제공 같은 순수한 이전은 경제의 인센티브 체계에 영향을 미칠 수 있다. 예를 들어, 풍족한 실업보험은 실업자들의 취업 의지를 약화시킨다고 강력하게 주장되었는데, 실제로 유럽에서 그러했다. 이러한 보험에 대해서도 평등의 원칙을 명확히 적용해야 한다면, 이러한 잠재적 갈등이 현실적이고 상당히 실질적인 것이 될 때 문제가 어려워진다. 그러나 사람들은 단순히 소득을 얻기 위해서가 아니라 다양한 이유로 일자리를 원한다. 그러므로 공적 지원을 통해 당장 받지 못하는 임금을 부분적으로 보충해준다고 해서 일자리를 찾으려는 노력이 크게 줄어들지는 않는다. 실업보험에 따른 의욕 상실 효과의 강도와 범위는 사실상 그리 명확하지 않다. 그럼에도 평등과 효율성의 적절한 균형을 선택하는 것을 포함해 공공정책의 중요한 문제에 대한 공적 토론에 정보를 제공하기 위해 이러한 부정적인 인센티브 효과가 얼마나 강력한가를 확인하는 것은 실증적 검증의 차원에서 매우 중요하다.

대부분 개발도상국에서는 일반적으로 실업 급여를 제공하지 않는다. 그렇다고 인센티브 문제가 없는 것은 아니다. 의료 지원과 보건 서비스 혹은 무상 교육에 대해서도 ① 이러한 서비스를 수혜자가 필요로 하는 정도와 ② 이러한 서비스에 대해 수혜자 자신이 지불할 수 있는 범위(그리고 그러한 공공 지원이 없었다면 얼마나 그것을 받아들였을지)에 대한 질문을 제기할 수 있다. 이러한 기초적인 사회적 지원(치료, 교육 등)에 대한 획득권한을 시민의 양도 불가능한 권리로 간주하는 사람은 이러한 질문이 잘못된 것이며 심지어 오늘날의 '사회'에서 규범적 원리를 부정하는 것이라고 생각할 수 있다. 이러한 입장은 확실히 어느 정도까지는 옹호될 수 있으나 제한된 경제적 자원을 생각한다면 여기에는 심각한 선택의 문제가 있으며 이것은 경제 이전의 '사회적' 원칙에 의해서 전적으로 배제할 수 없다. 어느 정도로건, 인센티브의 문제는 한 사회가 제공할 수 있는 사회적 지원의 한계가 부분적으로는 비용과 인센티브에 따라 달라진다는 것 때문에라도 검토해야 할 필요가 있다.

인센티브, 역량, 그리고 기능

인센티브의 기본적인 문제는 완전하게 극복하기 어렵다. 일반적으로 박탈을 확인하는 데 관련되면서도—공적 지원의 기초로 활용되었을 때—어떤 인센티브 효과도 가져오지 않는 지표를 찾으려는 노력에는 희망이 없다. 그러나 인센티브 효과의 범위는 활용된 기준의 성격과 형태에 따라 달라질 수 있다.

이 책에서 빈곤 분석의 정보적 초점은 낮은 소득이 아니라 기본적 역량의 박탈로 관심을 옮기는 것을 포함한다. 이러한 전환에 대한 중심적 주장은 전략적이라기보다는 근본적인 것이다. 나는 역량 박탈이 낮은 소득보다 더 중요한 기준이라고 주장했는데, 소득은 오직 도구적으로만 중요하며 그 파생적 가치는 사회적·경제적 상황에 따라 가변적이기 때문이다. 이러한 주장은 역량 박탈에 초점을 맞추는 것이 재분배와 지원의 기준으로 소득 수준을 활용하는 것보다 인센티브 왜곡을 막는 데 더 큰 장점을 갖고 있다는 제안으로 보완될 것이다. 이러한 도구적 주장은 역량에 초점을 두어야 할 근본적인 이유를 보완해준다.

역량의 평가는 일차적으로 개인의 실제 역량에 대한 관찰을 기반으로 진행되어야 하며, 다른 정보를 통해 보완될 수 있다. 여기에는 (기능으로부터 역량으로의) 도약이 있지만 큰 비약이 될 필요는 없다. 왜냐하면 실제적인 기능에 대한 평가는 한 개인이 그가 가진 선택지를 어떻게 평가하느냐에 대한 한 방법이기 때문이다. 만일 어떤 개인이 심각한 질병 때문에 일찍 죽거나 고통 받는다면, 대부분의 경우 그가 역량에서 문제가 있다고 결론 내릴 수 있다.

물론 그렇지 않은 경우도 있다. 예를 들어 한 개인이 자살할 수도 있다. 혹은 어쩔 수 없어서가 아니라 단식을 결심했기 때문에 아사할 수도 있다. 그러나 이것은 상대적으로 드문 경우이며 보충적인 정보를 통해 분석될 것이다. 단식의 경우를 예로 들면, 종교적 실천이나 정치적 전략을 비롯해 단식과 관련된 여러 가지 이유가 있을 수 있다. 원칙적으로 한 개인의 역량을 평가하기 위해 주어진 기능을 넘어서는 것은 정당하지만, 그것이 어디까지 가능한가는 상황에 따라 달라진다. 공공정책은 마치 정치처럼 가능성의 예술이다. 그러니 실제 가능성을 현실적으로 읽어내는 것과 이론적 통찰을 결합시킬 때 이 점을 염두에 두어야 한다. 그러나 여기에서 강조해야 할 것은 정보적 초점을 기능(수명, 건강 상태, 문자해독 등)에 국한하더라도 소득통계에서만 얻는 것보다 박탈에 대한 더욱 유용한 측정수단을 갖게 된다는 것이다.

물론 어떤 종류의 기능은 성취를 관찰하기가 어려울 수 있다. 하지만 더욱 기초적이고 근본적인 것들은 직접적으로 관찰하기에 용이하며, 종종 박탈을 극복하기 위한 정책에 유용한 정보적 기초를 충분히 제공한다. 문맹퇴치 캠페인, 병원 서비스, 영양 보충에 대한 필요성을 알기 위한 정보적 기초는 특별히 난해할 이유가 없다.[43] 게다가 이러한 필요와 불편함은 낮은 소득의 불편함보다 전략적 왜곡에서 더 자유로운데, 대부분 개발도상국에서는 소득을 감추기가 용이하기 때문이다. 만일 정부의 지원이 오직 빈곤에만 기반해 제공된다면(의료와 교육을 그들 자신의 소득으로만 처리하도록 내버려둔다면), 정보가 상당히 조작될 가능성이 있다. 기능과 역량에 초점을 맞추는 것은 인센티브의 어려움을 감소시키기에 유용하다. 왜 그러한가?

첫째, 일반적으로 사람들은 순전히 전략적 이유 때문에 교육을 거부하거나 질병을 키우고 영양실조에 걸리려 하지는 않는다. 추론과 선택의 우선성은 이러한 기본적 박탈이 의도적으로 증가하는 것을 방지한다. 물론 예외는 있다. 기근 구제 경험에 대한 가장 비참한 이야기에 따르면, 어떤 부모들은 종종 가족 중 한 아이를 굶겨서 더 많은 지원을 얻어내려고 하며, 아이를 이른바 식권으로 다룬다.[44] 그러나 일반적으로 사람을 영양실조, 문맹의 상태에 방치하는 이러한 인센티브 효과는 상대적으로 희소한데, 그 이유는 당연한 것이다.

둘째, 몇몇 기능적 박탈을 야기하는 인과적 요인은 소득 빈곤보다 더 깊은 것이며 순전히 전략적인 이유로는 조정하기 힘들다. 예를 들어, 육체적 장애, 노령, 성적 특성 등은 역량 장애의 심각한 원인인데 이는 개인이 어찌할 수 있는 게 아니기 때문이다. 마찬가지로 같은 이유 때문에 이것들은 다른 조정 가능한 특성들과 같은 형태로 인센티브 왜곡에 민감하지 않다. 이는 이러한 특성들에 초점을 둔 지원에 대해 인센티브 왜곡을 방지해 준다.

셋째, 수혜자 자신이 단순히 더 많은 돈을 받는 것보다 성취된 기능과 역량(그리고 그와 함께하는 삶의 질)에 더 많은 관심을 기울이는 경향이 있다. 또한 개인의 결정적 관심사에 가까운 변수를 다루는 공공정책에 대한 평가는 이런 식으로 개인의 결정을 선택 도구로 활용할 수 있다. 이 질문은 공적 지원을 제공할 때 개인의 선택을 활용하는 것과 관련되는데, 이는 노동을 요구하는 기근 구제 프로그램에서 자주 활용된다. 빈곤하기 때문에 돈이 필요해 열심히 일할 용의가 있는 사람들만이 열린 고용의 기회를 얻기 위해 (비교적 낮은 임금에도) 지원할 것이며, 이것은 공적 지원에서 널리 활용되는 형태다.[45] 이러한 유형의 대상선별targetting은 기근 방지 작업에서 성공적으로 활용되었으며, 일할 수 있는 빈곤 인구에게 경제적 기회를 확대하는 데 광범위한 역할을 한다.[46] 이러한 접근법에 대한 근거는 잠재적 수혜자의 선택이 소득의 극대화보다 더 광범위한 고려사항에 의해 결정된다는 사실에 있다. 따라서 관련된 개인들이 (추가 소득의 혜택 외에도 노력의 비용을 포함하는) 전반적인 기회에 초점을 두기 때문에 공공정책 형성은 이러한 광범위한 관심사를 현명하게 활용할 수 있다.

넷째, 개인의 낮은 소득에서 역량의 장애로 초점을 옮기는 것은 직접적으로 보건과 교육 프로그램 같은 서비스의 공적 제공을 더 강조하게 된다.[47] 이러한 서비스들은 전형적으로 양도와 판매가 불가능하며, 실제로 그것을 필요로 하는 사람이 아니고서는 별 쓸모가 없다. 이러한 지원에는 '고정적인 결합built-in-matching' 이 이루어진다.[48] 역량 지향의 지원이 갖는 이러한 특징은 인센티브 왜곡의 범위를 감소시킴으로써 대상선별을 용이하게 한다.

대상선별과 수입조사

이러한 장점이 있지만 소득 대신 역량 장애를 선별기준으로 결정하는 것이 잠재적인 수혜자의 경제적 빈곤을 판단해야 할 필요성을 감소시키지는 않는다. 왜냐하면 공적 지원을 어떻게 분배할 것인가의 문제가 남아 있기 때문이다. 여기에는 지불 가능한 능력에 따라 공적 서비스에 대한 비용을 부과하는 문제가 있다. 따라서 이것은 잠재적 수혜자의 소득을 확인하는 문제로 다시 돌아간다.

공적 서비스의 지원은 전 세계적으로 점차 수입조사의 방향으로 이동하고 있다. 적어도 원칙적으로 그래야 할 필요성을 이해하는 것은 쉽다. 이것은 재정 부담을 줄이며, 만일 상대적으로 부유한 사람이 자신들이 받는 혜택에 대한 비용을 지불하게 한다면(혹은 투입된 비용에 대해 적절한 기여를 할 수 있게 유도할 수 있다면), 동일한 양의 공적 자금이 경제적으로 어려운 사람들을 돕는 데 더 확대될 수 있다. 물론 부정적 효과를 발생시키지 않으며 소득이나 자산을 효율적으로 정확하게 조사할 수 있는가는 확신하기 어렵다.

수입조사에 근거해 보건이나 교육을 제공하는 것에서 두 가지 서로 다른 인센티브 문제를 명확히 구별해야만 한다. 이것들은 각각 ① (육체적 질병과 같은) 한 개인의 역량 장애와 ② 한 개인의 경제적 환경(과 지불 능력)에 대한 정보와 관련된다. 첫 번째 문제에 관한 한, 제공되는 지원의 형태와 대체 가능성은 상당한 차이를 낳을 수 있다. 앞에서 논의했듯이, 특정한 필요를 직접적으로 진단하여 사회적 지원이 제공된다면(예를 들어 개인이 특정한 질병에 걸려 있는가를 확인함으로써), 그리고 특정하고 이전 불가능한 서비스 형태로 무상 제공된다면(질병에 대한 치료처럼), 첫 번째 종류의 정보적 왜곡이 일어날 가능성은 상당히 낮아진다. 이것은 치료를 감당하는 데 필요한 대체 가능한 금액을 지원하는 것과 명확히 대조를 이루는데, 이것은 더 간접적인 검토를 필요로 하게 된다. 이런 점에서 의료나 학교교육과 같은 직접적인 서비스 프로그램은 오용될 가능성이 적다.

그러나 두 번째 문제는 사뭇 다르다. 만일 가난한 사람들에게만 지원하기 위해 지불 가능한 능력이 있는 사람들을 배제한다면, 그 개인의 경제적 상황을 확인해야 하는 문제가 추가로 발생한다. 이것은 소득과 부에 대한 정보를 얻기 어려운 나라에서는 특히 더 문제가 된다. 의료 지원을 할 때 수입조사 없이 역량 장애에만 초점을 두는 유럽식의 처방은 일반적인 국가 의료 서비스의 형태를 띠며, 의료 서비스를 필요로 하는 모든 사람들에게 개방된다. 이것은 정보와 관련된 작업을 수월하게 하지만 빈부의 차이를 구별하지 못한다. 메디케이드(저소득자 의료보장)라는 미국식 처방은 (보다 소박한 수준에서) 이 두 가지를 모두 노리지만, 양측에서 극복해야 할 정보적 난점을 야기한다.

잠재적 수혜자가 또한 행위자일 수도 있기 때문에 수입조사를 옹호하는 이들이 생각하는 것처럼 '대상선별' 작업은 단순하지 않다. 일반적으로는 대상선별의 치밀한 조정, 특정하게는 수입조사에 연관된 문제들에 주의해야 하는데, 원칙적으로 그러한 대상선별을 뒷받침하는 주장이 매우 강력하고 설득력이 있기 때문이다. 이런 야심찬 대상선별에서 생겨날 수 있는 왜곡에는 다음과 같은 것들이 있다.[49]

(1) 정보의 왜곡: 자신의 재정적 상황을 훨씬 나쁘게 말하는 '사기꾼'을 잡으려 하는 어떤 정책 시스템도 종종 실수로 정작 적합한 사람을 탈락시킬 수 있다. 이로 인해 (의도된 혜택을 받기에) 적합한 사람들이 그들이 받아야 할 혜택에 지원하는 것을 포기하게 될 수도 있다. 정보의 비대칭을 고려하면, 일부 정직한 수혜자들을 상당한 위험에 처하게 하지 않으면서 속임수를 제거하는 것은 불가능하다.[50] 부적합자를 대상에 포함시키는 '유형 1'의 오류를 줄이려다가 적합자를 대상에서 배제시키는 '유형 2'의 오류가 생겨날 가능성이 높다.

(2) 인센티브 왜곡: 정보적 왜곡은 회계장부를 조작하지만 그 자체로는 실제적인 경제적 상황을 변화시키지 않는다. 그러나 선별된 지원은 사람들의 경제행위에 영향을 미칠 수 있다. 예를 들어 만일 소득이 많아서 지원을 받지 못하게 되면 그는 경제활동을 주저할 수 있다. 만일 개인의 경제적 행위를 바꿈으로써 자유롭게 조정 가능한 변수(예를 들어 소득)를 기반으로 지원 적합성을 판단한다면 상당히 왜곡된 변화가 생겨난다고 생각하

는 것은 자연스럽다. 행동 변화로 인한 사회적 비용은 무엇보다 경제활동이 사라져 그 성과가 손실로 나타나는 것이다.

(3) 비효용과 낙인: 한 개인이 빈곤층으로 확인될 것을 요구하는 (그리고 이것이 스스로를 부양하지 못하는 사람에 대한 특별한 자선으로 보이는) 지원체계는 타인의 존경뿐만 아니라 개인의 자존감에도 영향을 끼친다. 이것은 도움을 요청하는 태도를 왜곡시키며, 낙인찍힌다는 감정―과 사실―때문에 직접적인 비용과 손실이 발생한다. 자존감의 문제는 종종 정책 지도자들에게 다소 주변적인 관심사로 (그리고 '품위'에 관련된 문제로) 간주된다. 따라서 나는 자존감이 공정으로서의 정의론이 집중해야 할 '아마도 가장 중요한 기초재화'라는 존 롤스의 주장을 인용하도록 하겠다.[51]

(4) 행정 비용, 프라이버시의 침해, 그리고 부패: 대상선별의 절차는 자원 지출과 관료기구의 시간 끌기라는 두 가지 형태의 실질적인 행정적 비용을 포함한다. 또한 정책을 입안하기 위해 광범위한 조사가 필요하며 조사와 관련된 프로그램은 프라이버시와 자율성의 손실을 포함한다. 게다가 탄원하는 지원자를 통해 힘 있는 행정권력이 누리는 불균형적 권력과 관련한 사회적 비용도 존재한다. 그리고 덧붙여야 할 것은, 이 대상선별 시스템에서 수혜자는 기꺼이 도움을 받기 위해 지불할 용의가 있고 행정 권력자는 그 혜택을 수여할 권력을 갖기 때문에 부패의 가능성이 크다는 것이다.

(5) 정치적 지속 가능성과 품질: 선별화된 사회적 지원의 수혜자는 종종 정치적으로 미약하며, 정치적 갈등에서 그 프로그램을 지속시킬 수 있거나 제공되는 서비스의 질을 지속시킬 수 있는 영향력이 없을 수 있다. 미국에서 이러한 고려사항은 오직 빈곤층에만 국한되는 강한 대상선별 대신 광범위한 지원을 제공하는 '보편적' 프로그램을 지지하는 주장의 기초가

되어왔다.⁵² 이러한 주장의 어떤 측면은 가난한 나라에도 역시 적용된다.

이러한 문제점을 살펴보는 요점은 대상선별이 무의미하거나 항상 문제라는 것이 아니라, 오직 극단적인 선별화를 지지하는 단순한 주장에 반대되는 고려사항들이 있다는 것을 지적하기 위해서다. 사실상 대상선별은 시도이지 결과가 아니다. 성공적으로 대상선별된 결과가 옳을 때조차도 그로부터 선별화된 프로그램의 시도가 같은 결과를 산출한다고 보장할 수 없다. 최근 수입조사와 강력한 대상선별을 지지하는 논거가 공적 영역public circles에서 (다소 기본적인 추론에 기초해) 많은 지지를 얻었기 때문에, 이렇게 제안된 정책의 혼란과 의도되지 않은 효과에 대해 강조할 필요가 있다.

행위자와 정보적 기초

일반적인 주장에 기초해 수입조사를 전적으로 승인하거나 거부하는 논거에 도달한다는 것은 그다지 희망적이지 않다. 진행 중인 논의의 중요성은 주로 치밀하게 조정된 수입조사를 옹호하는 주장과 함께 그것에 반대하는 주장을 지적하는 데 있다. 실제로 이 분야에서 (그리고 이미 살펴본 많은 나라에서) 타협이 이루어져야 했다. 그러나 이런 종류의 일반적인 작업에서 최적화된 타협을 위한 특정한 '공식'을 찾는 것은 오류가 될 것이다. 적절한 접근법은 관련된 상황, 즉 제공되는 공공 서비스의 성질과 그것이 실행되는 사회의 특성에 따라 달라져야만 한다. 후자는 개인의 선택과 인센티브에 영향을 주는, 서로 다른 종류의 행동 가치들을 지속하는 것을 포함한다.

그러나 여기에서 대면하는 기본적 논점은 이 책의 주된 접근법에 대해 일반적인 관심사를 제공하고 있으며 행위자의 중요성(사람들을 수동자patient

가 아니라 행위자로 보는 것)과 역량 박탈에 대한 정보적 초점(소득 빈곤에만 초점을 두는 대신)을 모두 포함한다. 앞의 질문은 이 책에서 줄곧 강조되는 것이지만 사람들을—심지어 수혜자들까지—적극성 없는 수동자가 아니라 행위자로 보아야 할 필요성을 말한다. '선별화'의 대상은 그들 자체가 활동적 존재들이며, 그들의 활동은 (앞에서 말한 이유로) 선별화의 시도와 대상선별의 결과를 사뭇 다르게 만들 수 있다.

두 번째 질문은 대상선별의 정보적 측면에 대해 말한다. 이는 선택된 분배 체계에 관련된 특성들을 판별한다. 여기에서 단순한 소득 빈곤으로부터 역량 박탈로 관심사를 옮김으로써 확인 작업이 더욱 용이해진다. 수입 조사에는 여전히 소득과 지불 능력을 확인하는 것이 필요하지만, 그 실행의 다른 부분은 (질병이나 문맹과 같은) 역량 박탈의 직접적인 진단에 의해 도움을 얻는다. 이것은 공적 지원을 위한 정보 업무에서 중요한 부분이다.

재정 긴축과 통합의 필요성

이제 재정 긴축의 문제로 돌아가보자. 이 문제는 최근 수십 년간 세계적으로 주요 관심사가 되었다. 현재 재정 문제에서 보수적이어야 할 필요성은 매우 강력한데, 과도한 인플레이션과 불안정에 따른 파괴적인 효과가 널리 연구되고 토론되기 때문이다. 사실 재정은 보수주의가 확실한 장점을 보이는 주제이며, 이 분야에 대한 신중한 접근은 쉽게 보수적 형태를 띤다. 그러나 우리는 재정적 보수주의가 무엇을 요구하며 왜 그러한지를 명확하게 해야 한다.

재정적 보수주의의 요점은 '버는 만큼 구매한다'는 명제처럼 상당한 호소력이 있지만 선명한 장점을 가진 것은 아니다. 찰스 디킨스Charles Dickens의 소설 『데이비드 코퍼필드David Copperfield』에서 미카버 씨는 다음과 같이

유창하게 말한다. "연간 소득 20파운드와 연간 지출 19파운드 6펜스는 행복으로 귀결되지. 연간 소득 20파운드, 연간 지출 20파운드 6펜스가 되면 비참해져." 많은 재정 보수주의자들은 개인의 지급 능력에 대한 이러한 비유를 적극적으로 활용하였다. 아마도 마가렛 대처가 가장 적극적이었을 것이다. 그러나 이러한 주장이 국가 정책에는 명확한 규칙을 제시해주지 못한다. 미카버와 달리 국가는 돈을 빌리거나 혹은 다른 방식으로 버는 것보다 더 많이 지출할 수 있다. 사실 거의 모든 국가가 항상 그렇게 해왔다.

진짜 문제는 그렇게 할 수 있느냐(물론 그렇게 할 수 있다)가 아니라 과도한 재정지출의 효과가 무엇인가에 달려 있다. 따라서 여기에서 마주해야 할 기본적 논점은 특히 심각한 인플레이션의 압력이 없는 '거시경제의 안정성'이라는 결과적 중요성을 말한다. 재정 보수주의를 지지하는 근거는 가격 안정성이 중요하며 이것이 재정적 낭비와 무책임 때문에 심각하게 위협받을 수 있다는 인식에 있다.

인플레이션의 치명적 효과에 대해 우리는 어떤 증거를 갖고 있는가? 이 영역에서 국제적 경험에 대한 강력한 비판적 연구를 통해 마이클 브루노Michael Bruno는 "중간 수준의 인플레이션(매년 20~40퍼센트의 가격 인상)에 대한 몇 번의 기록과 높은 비율의 인플레이션(상당한 수가 있었다)을 살펴보았을 때, 대부분 높은 인플레이션이 중대한 경기침체와 함께 나타난다"고 지적한다. 그리고 "반대로 누적된 증거에 따르면 높은 인플레이션(통화팽창)을 안정시키면 단기 혹은 중기에 걸쳐 매우 강력한 성장 효과를 나타낸다는 것을 암시한다."[53]

여기에서 이끌어내야 할 정책적 결론은 치밀함을 요구한다. 브루노는 또한 "인플레이션의 성장 효과는 낮은 인플레이션(15~20퍼센트 미만)에서는 불분명하다"는 사실을 발견했다. 그는 더 나아가 이렇게 묻는다. "왜 낮은 인플레이션에 대해 우려하는가. 특히 예측된 인플레이션의 비용은 물가연동제를 통해 피할 수 있고 예측하지 못한 인플레이션의 비용이 낮다면?"[54] 브루노는 또한 지적하기를 "모든 높은 인플레이션의 뿌리는 재정적자(항상은 아니지만 통화증발에 의한 재정적자의 보전)이며, 이것은 복합적인 인플레이션 균형과 공존할 수 있다."

실질적인 문제는 "인플레이션은 본질적으로 지속적인 과정이며, 게다가 지속 정도는 인플레이션의 크기와 함께 증가하는 경향이 있다"는 데 있다. 브루노는 어떻게 그러한 인플레이션의 가속화가 일어나는지 명확히 보여주며, 다음과 같은 비유를 통해 그 교훈을 생생하게 전한다. "만성적인 인플레이션은 흡연과 같다. 일단 최소한의 숫자를 넘어가면 중독의 악화를 피하기가 매우 어렵다." 사실상 "(흡연자의 개인적 위기나 경제의 가격 위기와 같은) 충격이 발생했을 때, 뿌리깊은 습관에서 벗어나 충격이 사라진 뒤에도 지속되는 새롭고 높은 수준으로 옮겨갈 커다란 기회가 생겨난다." 그리고 이 과정은 다시 반복될 수 있다.[55]

이것은 본질적으로 보수적 주장이며 매우 설득력이 있는데, 풍성한 국제적 비교에 기초하기 때문이다. 나는 별 문제 없이 마이클 브루노의 분석과 결론 모두를 받아들인다. 그러나 중요한 것은 무엇이 도출되었는가를 정확히 추적하는 것이며 재정적 보수주의의 요구가 실제로 무엇인지를 아는 것이다. 이것은 종종 재정 보수주의와 혼동되는, 내가 반-인플레이션 급진주의라고 부르는 것을 요구하는 게 아니다. 또 여기에서 만들어진 논거는 그 목적을 위해 무엇을 희생해야 하는가와는 무관하게 인플레이션을 완전히 제거해야 한다는 것이 아니다. 그보다는 인플레이션을 감소시키거나 제거하는 비용과 비교해서 감당할 수 있는 비용이 얼마나 되는지를 따져보는 데 그 교훈이 있다. 안정적으로 보이는 만성적인 인플레이션조차 '동태적 불안정성'을 유지하려는 경향이 있으며, 그 수치가 높다면 피해야 한다는 것이 요점이다. 브루노가 이끌어내는 정책적 교훈은 다음과 같다. "낮은 수준의 인플레이션에서 값비싼 안정성과 인플레이션의 지속적인 상승과의 결합은 높은 인플레이션에서만 거대한 성장비용이 직접적으로 관찰된다고 하더라도 인플레이션을 낮은 수준으로 유지해야 한다는 성장비용과 관련된 주장을 제공한다."[56] 이 주장에 따르면 피해야 할 것은 단지 높은 인플레이션만이 아니라—동태적 불안정성 때문에—적절한 인플레이션까지 포함한다.

그러나 제로 인플레이션이라는 대의를 신봉하는 급진주의는 여기에서 특별히 현명해 보이지도 않고 재정 보수주의의 요구를 적절하게 독해한 것으로도 보이지 않는다. 분명한 쟁점을 '은폐하는' 것은 미국에서 재정균형을 지속적으로 고정시키는 것에서 드러난다. 이것은 얼마 전 미국 정부의 부분적인 폐쇄shutdowns(와 더 광범위한 폐쇄의 위협)로 귀결되었다(1994년 선거로 다수당이 된 공화당은 클린턴 행정부가 예산을 과도하게 집행한다면서 예산을 승인하지 않았다. 클린턴 대통령은 예산을 승인하지 않으면 정부를 폐쇄하겠다고 강경하게 맞서고, 실제로 1995년 11월의 5일간과 1996년 1월 21일간 연방 정부는 대부분의 활동을 중지했다. 현 오바마 행정부에서도 이런 정부 폐쇄의 위기가 있었다—옮긴이). 이것은 백악관과 의회 사이의 불안정한 타협으로 이어졌는데, 이 타협의 성공은 미국경제의 단기적 성과performance에 달려 있다. 반-재정적자 급진주의는 진정한 재정 보수주의와 구별되어야 한다. 많은 나라에서 보여주었듯이, 실제로 대규모의 재정적자를 줄여야 한다는 강력한 근거가 있다(이는 엄청난 국가 부채의 부담과 그 급속한 증가에 의해 종종 악화된다). 그러나 이러한 근거는 (그 사회적 비용과는 무관하게) 재정적자를 완전히, 빠르게 제거하려는 극단주의와 혼동되어서는 안 된다.

유럽은 미국보다 재정적자에 대해 관심을 기울여야 할 이유가 많다. 예를 들어, 미국의 재정적자는 수년간 유럽통화연맹의 마스트리히트 조약이 정한 재정적자가 국내 총생산의 3퍼센트를 넘어서는 안 된다는 '기준'보다 충분히 낮았다. 이 책을 쓰는 현재로서는 적자가 전혀 없어 보이기까지 한다. 이와는 달리, 유럽 대부분의 나라는 상당한 적자 부담을 안고 있다. 이들 중 몇몇 나라가 대규모의 적자 수준을 과감하게 줄이려고 시도했는데 이는 적절한 일이다(이탈리아는 최근 몇 년간 인상적인 사례를 보여주었다).

여전히 제기해야 할 문제가 있다면 유럽 정책의 전반적인 우선 사항에 대한 것인데, 이것은 제4장에서 논의한 바 있다. 문제의 핵심은 하나의 목표, 예를 들자면 인플레이션을 피하는 것(서유럽의 많은 중앙은행이 이것을 공식화하고 있다)을 절대적으로 우선시하면서 매우 높은 비율의 실업을 견딜 것인가 하는 것이다. 만일 이 책에서 제시하는 분석이 옳다면, 유럽은 공공정책을 입안할 때 심각한 실업 때문에 생겨난 역량 박탈을 극복하는 데 실제적인 우선순위를 부여해야만 할 것이다.

재정 보수주의는 충분한 근거를 갖고 있고 강력한 요구사항을 제기하지만 그 요구는 공공정책의 전반적인 목표와 관련해서 해석되어야 한다. 공공지출은 많은 기본 역량을 만들어내고 보장하는 역할을 하지만 여기에 대해서는 주의가 필요하다. 공공지출은 거시경제적 안정성에 대한 도구적 필요성과 함께 고려되어야 한다. 사실 후자는 사회적 목표의 광범위한 틀 안에서 평가되어야 할 필요가 있다.

특정한 맥락에 따라 서로 다른 공공정책의 문제가 매우 중요한 것으로 결판나기도 한다. 유럽에서는 심각한 대규모 실업이 그런 문제일 것이다(몇몇 나라에서는 거의 12퍼센트에 달한다). 미국에서는 많은 사람들이 의료보장과 보험의 혜택을 받지 못하는 게 심각한 문제가 되고 있다(미국은 부유한 나라 중에서 유일하게 이러한 문제에 시달리고 있으며, 의료보험의 혜택을 받지 못하는 사람은 4천만 명 이상이다). 인도에서는 심각한 문맹을 방치함으로써 비롯된 공공정책의 대규모 실패가 문제다(성인 인구의 절반, 성인 여성의 3분의 2가 여전히 문맹이다). 동아시아와 서남아시아의 금융 시스템은 점점 광범위한 규제가 필요해 보이는데, 이것은 한 나라의 통화나 투자 기회에 대한 갑작스러운 신용 상실을 막기 위한 방지 시스템을 요구한다(이 나라들의 최근 경험에서 드러났는데, 이들은 국제통화기구에서 거대한 규모의 구제금융을 받아야 했다). 이처럼 각각의 문제들은 서로 다르다. 그 복잡성을 생각할 때, 이들 각각은 공공정책의 목표와 도구에 대해 진지하게 검토해야 할 필요가 있다. 재정 보수주의의 필요성은 중요하며 이 다양하고 광범위한 전체 상에 맞아떨어지긴 하지만, 정부나 중앙은행의 역할로서 그 자체로 따로 독립해 주장될 수는 없다. 공공지출의 다양한 분야에 대한 검토와 비교 평가의 필요성 역시 전적으로 중요하다.

맺음말

개인들은 제도의 세계에서 살아가고 활동한다. 우리의 기회와 전망은 본질적으로 어떤 제도가 존재하며 그것이 어떻게 기능하느냐에 달렸다. 제도는 우리의 자유에 기여할 뿐 아니라 그 역할은 그것이 우리의 자유에 기여하는 바에 따라 합당하게 평가될 수 있다. 발전을 자유로 간주하는 것은 제도에 대해 체계적으로 평가할 수 있는 시각을 제공한다.

여러 논자들이 각기 특정한 제도에 초점을 맞추었지만(예를 들자면 시장, 민주주의 체제, 미디어, 공공 분배 체제 등), 우리는 이것들을 함께 놓고 보면서 이들이 다른 제도와의 결합 속에서 무엇을 할 수 있고 무엇을 할 수 없는지를 알 수 있어야 한다. 이러한 통합적 시각에 입각해서 서로 다른 제도들이 합당하게 평가받고 검토될 수 있다.

시장 메커니즘은 반발도 초래하고 열정적으로 옹호되기도 하지만 그것은 사람들이 상호작용하고 상호이익을 위한 활동을 하기 위한 기본적인 장치다. 이런 관점에서, 그러한 시장 메커니즘에 대해서 어떤 합리적 비판이 가능한지 생각하는 것은 매우 어렵다. 시장경제에서 발생하는 문제들은 보통 시장 자체보다 다른 원천으로부터 생겨나는데, 여기에는 시장의 거래를 활용할 준비가 불충분한 것이나 정보의 은닉, 혹은 힘 있는 자들이 그들의 불균형적인 유리함을 활용할 수 있게 해주는 활동을 통제와 규제 없이 허용하는 것 등과 같은 사안들이 있다. 이러한 것들은 시장을 억압함으로써가 아니라 시장이 더 잘, 더 공정하게, 그리고 적절한 보완과 함께 작동하도록 함으로써 해결되어야 한다. 시장의 전반적 성과는 정치적·사회적 제도배열에 크게 의존한다.

시장 메커니즘은 그것이 제공하는 기회가 합리적으로 분배되는 조건에서만 크게 성공할 수 있었다. 이것을 가능하게 하기 위해서 기초교육, 기본적인 의료시설의 제공, (농업과 같은) 경제행위에서 중요한 (땅과 같은) 자원을 활용할 수 있는 가능성을 제공하려면 적절한 공공정책이 필요하다(학교교육, 보건, 토지개혁 등). 시장에 더 많은 여지를 허용하는 '경제개혁'이 절대적으로 필요할 때조차 이러한 비시장적 기구는 신중하면서도 확고한 공공정책을 요구한다.

이 장에서—그리고 앞에서—이러한 상보성에 대한 다양한 사례들을 고려하고 검토하였다. 시장 메커니즘의 효율성은 의심하기 어렵지만, 번영이나 풍요 혹은 효용에 의해 효율성을 판단하는 전통적인 경제학의 결론들은 개인의 자유라는 관점에서의 효율성까지 포괄하도록 확장되어야 한다. 그러나 이러한 효율성은 그 자체로는 분배의 평등을 보장하지 못한다. 이 문제는 특히 실질적 자유의 불평등이라는 맥락에서 증폭되는데, 불리한 상황들은 서로 결합하는 경향이 있기 때문이다(장애를 갖거나 교육받지 못한 개인은 소득을 얻지 못하는 어려움을 겪으며, 이것은 잘살기 위한 역량에 소득을 활용하지 못하는 어려움과 결합한다). 시장 메커니즘의 광대한 힘은 사회적 평등과 정의를 위해 기본적인 사회적 기회를 창조함으로써 보완되어야 한다.

일반적으로 개발도상국에서 사회적 기회를 창출하기 위해 공공정책이 주도권을 가질 필요가 있으며 이것은 매우 중요하다. 앞에서 논의한 것처럼 오늘날 부유한 나라들의 과거에서 우리는 교육, 보건, 토지개혁 등을 다루었던 공공정책의 눈부신 역사를 볼 수 있다. 이러한 사회적 기회의 광범위한 공유는 많은 사람들이 경제적 확장의 과정에 직접적으로 참여할 기회를 주었다.

여기에서 진짜 문제는 재정 보수주의의 필요성 자체가 아니라 인간개발이 오직 부유한 나라에서만 가능한 일종의 사치품이라는, 몇몇 정책 집단에서 지배적인—종종 주장되지 않은 채로 숨어 있는—믿음이다. 아마도 동아시아 경제(수십 년 전 일본으로부터 시작된)가 최근에 거둔 유형의 성공이 갖는 가장 중요한 효과는 이러한 암묵적인 선입견을 전체적으로 약화시켰다는 점이다. 이들 경제는 비교적 일찍부터 교육을 대대적으로 확장시켰고 이는 훗날 보건의료까지 확대되었다. 대부분의 경우 이는 일반적인 빈곤의 사슬을 끊기 이전에 이루어졌다.[57] 이들 나라가 최근 경험한 금융 위기에도 불구하고 이들이 이룩한 전반적인 성취는 매우 놀라운 것이었다. 인적 자원과 관련해 이들은 뿌린 만큼 거두었다. 사실상 인적 자원 개발에 대한 우선성은 19세기 중반 메이지 시대에 시작된 일본 경제발전의 초기 역사에서 특히 두드러졌다. 이 우선성은 일본이 부유하고 더 풍요로워지면서 강화된 것이 아니다.[58] 인간개발은 무엇보다 부자나 중산층이 아닌, 빈곤층의 동맹자다.

인간개발은 무엇을 하는가? 앞에서도 논의했듯이 사회적 기회의 창출은 인간 역량과 삶의 질의 확장에 직접적으로 기여한다. 보건의료, 교육, 사회적 안전 등의 확장은 삶의 질과 그 개화flourishing에 직접적으로 기여한다. 상대적으로 낮은 소득에도 보건의료와 교육을 모두에게 보장한 나라가 전체 인구의 수명과 삶의 질에서 실제로 놀라운 성과를 이룰 수 있다는 증거가 있다. 보건의료와 기초교육—더 나아가 인간개발 전반—은 높은 노동 집약성으로 인해 임금이 상대적으로 낮은 경제발전 초기에 상대적으로 적은 비용이 들어간다.

우리가 보았듯이 인간개발에 대한 보상은 삶의 질을 직접적으로 증대시키는 것 이상의 것이다. 이는 사람들의 생산 능력, 그리고 광범위하게 공유된 기초 위에서 경제성장에까지 영향을 미친다.[59] 문자해독 능력과 계산 능력은 대중들이 경제성장 과정에 참여하게 해준다(일본부터 태국까지 보여주듯이). 전 지구적 교역, '품질 관리'와 함께 '생산에서 규격화로'의 기회를 활용하는 것은 아주 중요하며, 문맹이나 계산 능력이 없는 노동자가 이 기회를 얻고 유지하는 것은 어렵다. 더 나아가 보건과 영양상태의 증진이 노동력을 더 생산적으로 만들며 더 나은 보수를 받게 한다는 증거가 많다.[60]

다른 주제를 보자면, 오늘날의 실증적 연구에서 교육, 특히 여성 교육이 출산율을 감소시킨다는 것을 확인해주는 결과가 많다. 공정하게 보자면 높은 출산율은 젊은 여성의 삶의 질을 저하시키는 요인으로 여겨진다. 왜냐하면 반복되는 임신과 양육은 젊은 어머니의 삶과 자유에 불리하기 때문이다. 사실 (취업, 교육 등을 통해) 여성이 힘을 가짐으로써 출산율을 줄이게 된 것은 바로 이러한 연관성이 있기 때문인데, 젊은 여성은 출산을 줄이려는 강력한 이유가 있고 가족들의 결정에 영향력을 끼칠 수 있는 능력은 그들의 획득권한과 함께 증대되기 때문이다. 나는 제8장과 9장에서 이 문제로 다시 돌아갈 것이다.

스스로를 재정 보수주의자라고 생각하는 사람들은 인간개발에 대해 회의적 입장을 드러낸다. 그러나 이러한 추론에는 합리적 근거가 없다. 인간개발은 명백하게 유익하며 그 전반적인 효과에 대한 적절하고 포괄적인 견해를 통해 충분히 설명할 수 있다. 비용을 강조함으로써 인간개발을—직간접적으로—좀 더 생산적인 방향으로 이끌고 갈 수 있지만 그 당위적인 관심을 위협할 수는 없다.[61]

사실상 재정 보수주의를 통해 진실로 위협받아야 하는 것은 사회적 이익이 명백하지 않은 사안에 대해 공적 자원을 사용하는 것으로, 가령 가난한 나라의 막대한 군사비 지출과 같은 것이다(종종 기초교육이나 보건에 대한 공공지출보다 몇 배나 커지곤 한다).[62] 재정 보수주의는 군국주의자들에게는 악몽이 되겠지만, 학교 교사나 병원의 간호사에게는 그렇지 않다. 군 장성보다 학교 교사나 간호사가 더 재정 보수주의의 위협을 받는다는 것은 우리가 살아가는 세계가 잘못되어 있음을 보여주는 징표다. 이러한 비정상성을 바로잡는 것은 재정 보수주의에게 자비를 요구하는 것이 아니라, 사회적 기금을 두고 다투는 다른 주장들에 대해 좀 더 실용적이고 개방적인 검토를 하도록 요구하는 것이다.

6장
민주주의의 중요성

사실 야당의 행동주의는 민주주의 사회뿐만 아니라 비민주 사회에서도 중요한 압박이 된다. 예를 들어 민주화 이전의 한국이나 피노체트의 칠레에서는 민주주의가 제대로 보장되지 않았음에도 야당이 지속적으로 활동했다. 그럼으로써 민주주의가 회복되기 이전에도 이 국가의 정부를 간접적인 방식으로 효율적이게 했다. 이 나라에서 잘 작동했던 사회적 프로그램 상당수가 적어도 부분적으로는 야당의 항의를 감소시키기 위한 것이었다. 이런 방식으로 야당은 권력을 잡기 전에도 일정 부분 유용하게 작동했다.

방글라데시와 인도 서벵골 지역의 남단에 벵골 만을 접해 있는 순다르반— '아름다운 숲'이란 뜻의 이름—이 있다. 이곳은 우아함, 속도, 힘, 흉폭함을 지닌 당당한 맹수, 유명한 벵골 호랑이의 자연 서식지이기도 하다. 상대적으로 남아 있는 수는 적지만, 사냥을 금지함으로써 생존해 있는 호랑이들을 보호하고 있다. 순다르반은 또한 꿀벌의 대규모 자생지라서 꿀로 유명하기도 하다. 이 지역 사람들은 너무나 가난하기 때문에 꿀을 채취하기 위해 숲으로 들어간다. 이 꿀은 도시의 시장에서 꽤 좋은 가격으로 거래되는데, 1병당 미화 50센트에 상당하는 루피(인도의 화폐 단위)를 받을 수 있다. 하지만 이 벌꿀 채집자들은 호랑이를 조심해야 한다. 한 해에 약 50명 정도의 채집자들이 호랑이에게 목숨을 잃으면 그나마 운이 좋은 편인데, 상황이 좋지 않을 때에는 희생자의 수가 훨씬 더 늘어난다. 호랑이는 보호받지만, 깊고 아름다운 그리고 위험한 이 숲에서 일하는 불쌍한 사람들을 보호하는 것은 아무것도 없다.

이것은 많은 제3세계 국가들에서 경제적 필요성이 어떤 힘을 갖는지를 보여주는 한 사례다. 경제적 필요성이 정치적 자유나 시민의 권리 같은 다른 요구를 압도할 수 있다는 사실을 간파하는 건 쉽다. 만일 사람들이 빈곤 때문에 1, 2달러의 꿀을 채취하려고 저렇게 끔찍한 위험—그리고 아마도 끔찍한 죽음—을 감수하는 상황에서, 경제적 필요가 아닌 자신들의 무제약과 정치적 자유에 대해 몰두한다면 그것은 기이한 일이 될 것이다. 인신보호habeas corpus라는 것은 이러한 맥락에서라면 그다지 생산적인 개념으로 보이지 않는다. 이런 맥락에서 정치적 자유를 양보하더라도 경제적 필요를 충족시키는 게 우선이라는 주장이 나온다. 민주주의와 정치적 자유에 초점을 맞추는 것이 가난한 나라가 '감당할 수 없는' 사치품이라고 생각하는 것은 어려운 일이 아니다.

경제적 필요와 정치적 자유

이러한 견해는 국제적 토론에서도 자주 등장한다. 경제적 필요가 압도적으로 강력하고 거대하다면 정치적 자유의 섬세함finesse에 대해 어떻게 신경을 쓰겠는가. 1993년 봄 빈에서 열린 국제인권대회에서 이런 질문과 더불어 정치적 자유와 시민의 권리의 긴급성에 대한 회의를 반영하는 또 다른 연관된 질문들이 두드러지게 제기되었다. 여러 나라의 대표자들은 기본적인 정치적·시민적 권리를 전 지구적으로, 특히 제3세계 국가들로 확장시키는 것에 대해 반대했다. 이들은 정치적 권리보다 물질적 필요성과 관련된 '경제적 권리'가 더 중요하다는 데 의견을 모았다.

이것은 잘 확립된 분석 방법이고 다수 개발도상국의 공식적인 대표자들이 빈에서 강력하게 주장한 바이기도 하다. 중국과 싱가포르 등 동아시아 국가가 이러한 주장을 내세웠는데, 인도와 다른 서남아시아 국가들 그리고 아프리카 국가는 여기에 반대했다. 이러한 분석 방법에는 또 다른, 종종 반복된 질문이 있다. 무엇이 먼저인가, 가난과 빈곤을 제거하는 것인가 아니면 가난한 국민들에게 거의 쓸모없다시피한 정치적 자유와 시민의 권리를 보장하는 것인가?

정치적 자유와 민주주의의 우위성

경제적 필요성이 그토록 급박하기 때문에 정치적 자유의 중요성을 평가절하하는 것처럼 보이는 경제 아니면 정치라는 기본적인 이분법[1]을 통해 경제적 필요와 정치적 자유의 문제에 접근하는 것이 합리적 방법일까? 나는 그렇지 않다고 본다. 이것은 경제적 필요의 힘, 정치적 자유의 우위성을 전적으로 오해하는 것이다. 진짜 다루어야 할 문제는 다른 곳에 있으며, 이에 대해서는 정치적 자유와 경제적 필요성을 이해하고 충족시키는 것 사이에 광범위한 상호연관성이 있음을 함께 고려해야 한다. 이 연관관계는 단순히 도구적인 것만은 아니며(정치적 자유는 심각한 경제적 필요의 해소를 위해 인센티브와 정보를 제공하는 주요한 역할을 한다) 구성적이기도 하다. 경제적 필요에 대한 개념화는 주로 공적 토론과 논의에 기반을 두고 있으며, 이것을 보장하기 위해서는 기본적인 정치적 자유와 시민적 권리를 확보해야 한다.

나는 경제적 필요의 강도가 정치적 자유의 긴급성을 감소시키는 것이 아니라 증대시킨다고 주장하겠다. 기본적인 정치적 권리와 자유권의 일반적인 우위를 받아들이게 해줄 세 가지 서로 다른 고려사항이 있다.

(1) 기본적인 역량(정치적, 사회적 참여를 포함해서)과 관련되어 인간의 삶에서 그것이 갖는 직접적인 중요성.

(2) 사람들이 정치적 관심에 대한 그들의 요구를 표현하고 주장하는 바(경제적 필요에 대한 주장을 포함해서)에 귀 기울이게 해주는 도구적 역할.

(3) '필요'(사회적인 맥락에서 '경제적 필요'에 대한 이해를 포함해서)를 개

념화하는 구성적 역할.

이 고려사항들을 지금 논의할 텐데, 먼저 우리는 한편에 있는 정치적 자유와 민주적 권리, 그리고 다른 편에 있는 기본적인 경제적 필요의 충족 사이를 실제적인 갈등관계로 인식하는 사람들의 주장을 검토해야만 한다.

정치적 자유와 시민적 권리에 반대하는 주장들

개발도상국에서 민주주의와 기본적인 시민적·정치적 자유를 반대하는 데에는 세 가지 다른 흐름이 있다. 첫째, 이러한 자유와 권리들이 경제성장과 발전을 저해한다는 주장이 있다. 이러한 믿음은 이것을 간결하게 정리한 싱가포르의 전 수상 리콴유의 이름을 따서 리 명제라고 불리는데, 여기에 대해서는 제1장에서 간략하게 기술한 바 있다.

둘째, 가난한 국민들이 정치적 자유와 경제적 필요의 충족 사이에서 선택해야 한다면 그들은 예외 없이 후자를 선택한다는 주장이 있다. 이 논법에 따르면 민주주의의 실행과 그 정당화 사이에는 모순이 존재한다. 간략히 말해, 이런 선택이 주어지면 대다수가 민주주의를 거부하는 경향이 있다는 것이다. 이 주장과는 좀 다르지만 밀접한 관련이 있는 변형된 주장에 따르면, 현실적인 문제는 사람들이 실제로 선택하는 것이 무엇인가가 아니라 그들이 선택하는 이유가 무엇인가다. 사람들이 가장 먼저 바라는 것은 경제적 박탈과 고통을 제거하는 것이기 때문에 그들에게는 정치적 자유를 주장하지 않을 이유가 있다는 것이다(그것은 오히려 그들이 우선순위로 받아들이는 경제적인 것에 방해가 될 뿐이다). 정치적 자유와 경제적 필요의 충족 사이에 있는 깊은 갈등의 존재는 이 삼단논법의 중요한 전제가 되며, 이런 의미에서 두 번째 주장의 이 변형된 형태는 첫 번째 주장(리 명제의 진리성)에서 파생된 것이다.

셋째, 정치적 자유, 민주주의에 대한 강조는 특히 '서구'의 우선순위이며, 이것이 '아시아적 가치'를 훼손시킨다는 주장이다. 아시아적 가치는 자유보다는 질서와 규율에 더 가깝다고 여겨진다. 예를 들어, 언론검열은 서구보다는 아시아 사회에서 (훈육과 질서를 강조하기 때문에) 더 잘 받아들여진다고 한다. 1993년 빈 회의에서 싱가포르 외무부 장관은 "만일 보편주의가 다양성의 실제를 부인하거나 가리는 데 사용된다면 인권이라는 이상에 대한 보편적 인식은 해로울 수 있다"고 경고했다. 중국 외무부 대변인은 명백히 중국과 아시아 각국에 적용 가능한 다음과 같은 주장을 했다. "개인들은 그들 자신의 권리보다 국가의 권리를 더 우선해야만 한다."[2]

이 마지막 주장은 문화적 해석행위를 포함하고 있으며, 나는 이것을 뒤(제10장)에서 논의하려고 한다.[3] 대신 다른 두 가지 주장을 여기에서 다루도록 하겠다.

민주주의와 경제성장

권위주의는 실제로 잘 작동하는가? 실제로 상대적으로 권위주의적인 국가들(한국, 리콴유의 싱가포르, 그리고 개혁 이전의 중국)이 덜 권위주의적인 국가들(인도, 코스타리카, 자메이카 등)보다 더 빠른 경제성장을 보여준 것이 사실이다. 하지만 리 명제는 사실 매우 선택적이고 제한적인 정보를 기반으로 정립되었으며, 활용 가능한 광범위한 자료를 통해 일반적인 통계적 검증을 거치지 않았다. 우리는 아시아에서 중국이나 한국의 높은 경제성장을 권위주의가 경제성장을 진작하는 데 더 낫다는 결정적인 증명으로 받아들일 수 없다. 마찬가지로 우리는 빠르게 성장하는 아프리카 국가(세계에서 가장 빠르게 성장하는 국가), 즉 보츠와나가 이 혼란스러운 대륙에서 민주주의의 오아시스가 되어왔다는 사실에 기초해 정반대의 결론을 내릴 수도 있다. 문제는 정확한 조건이다.

사실 권위주의적 정부와 정치적·시민적 자유의 억압이 경제성장을 촉진하는 데 실제로 유익하다는 일반적인 증거는 거의 없다. 그 통계수치들은 훨씬 복잡하다. 체계적인 실증적 연구는 정치적 자유와 경제적 성취 사이에 일반적인 갈등이 존재한다는 주장을 거의 뒷받침하지 않는다.4 이 방향성은 다른 많은 조건들에 의지하는 것으로 보이는데, 몇몇 통계적 탐구는 약한 상반관계(역의 관계)negative relation를 발견하는 데 비해 다른 사람들은 강력한 상관관계(정의 관계)positive relation를 발견하곤 한다. 결국 어떤 방향이건 이들 사이에 어떤 관계도 없다는 가설은 거부하기 어렵다. 정치적 자유는 그 나름대로의 중요성을 갖기에, 이를 옹호하는 주장은 훼손되지 않은 채로 남아 있게 된다.

이런 맥락에서 연구 방법론이라는 더 근본적인 문제를 다루는 것이 중요하다. 우리는 통계적 연관을 살펴야 할 뿐 아니라, 더 나아가 경제성장과 발전에 포함된 인과적 과정들을 검토하고 조사해야 한다. 동아시아 경제의 성공으로 이어진 경제정책과 조건들에 대해 우리는 상당한 정도로 잘 이해하고 있다. 서로 다른 실증적 연구들이 강조하는 점은 다르지만, 경쟁에 대한 개방성, 국제시장의 활용, 높은 수준의 문자해독률과 학교교육, 성공적인 토지개혁, 투자, 수출, 산업화에 주어진 공적 인센티브들 같은 '유용한 정책'의 전반적인 목록에 대해서는 어느 정도 동의가 이루어져 있다. 그러나 이러한 정책들이 더 많은 민주주의와 상충하며, 이들이 한국이나 싱가포르, 중국에 있는 권위주의의 요소들에 의해 뒷받침되었다는 근거는 찾아볼 수 없다.5

더 나아가 경제발전을 판단할 때 국민총생산의 증가 등 전체적인 경제의 확장 정도를 가리키는 지표만을 고려하는 것은 적절하지 못하다. 우리는 또한 시민들의 삶과 역량에 민주주의와 정치적 자유가 끼치는 영향도 고려해야 한다. 이런 맥락에서 특히 중요한 것은 정치적·시민적 권리와 주요한 재난(기근과 같은)의 방지 사이에 존재하는 연관관계를 검토하는 것이다. 정치적·시민적 권리는 일반적인 요구에 강력하게 집중할 수 있는, 그리고 적절한 공공정책을 요구할 수 있는 기회를 제공한다. 국민들이 심각한 고난에 처했을 때 정부가 여기에 대응하는 것은 종종 정부에 압력이 가해지기 때문이다. 정치적 권리(투표, 비난, 항의 등)의 행사가 실제적인 차이를 만들어내는 것이 바로 이 지점이다. 이것이 민주주의와 정치적 자유의 '도구적' 역할의 일부다. 나는 이 장의 뒷부분에서 이 중요한 문제로 다시 돌아오겠다.

가난한 사람들은 민주주의와 정치적 권리에 대해 신경 쓰는가?

이제 두 번째 질문을 다루어보자. 제3세계의 시민들은 정치적·민주적 권리에 대해 무관심한가? 이런 주장은 종종 제기되었지만 이 역시 리 명제처럼 실증적 증거가 거의 없다. 이것을 검증하는 유일한 방법은 이 문제를 저항과 표현의 자유가 결합된 자유선거를 통해 민주적으로 검증하는 것이다. 하지만 권위주의의 지지자들은 바로 이것을 허용하지 않는다. 보통 시민들이 이 문제에 대한 자신들의 견해를 표현할, 그리고 당국이 주장하는 것에 대해 이의를 제기할 정치적 기회를 부여받지 못할 때 이 명제를 어떻게 검증할 수 있을지는 명확하지 않다. 정치적 권리를 약화시킨다는 것은 제3세계 정부 지도자들이 가진 가치관의 일부다. 이것을 전체 국민들의 견해로 받아들일지는 따로 따져봐야 할 커다란 문제다.

인디라 간디Indira Gandhi가 집권했던 인도 정부는 1970년대 중반에 잘못된 '비상사태'를 공포하고 이를 정당화하기 위해 이와 유사한 주장을 펼치면서 이 문제에 대해 선거를 했는데, 이 선거는 유권자들을 분열시켰다. 이 운명적 선거의 논점은 이러한 '비상사태'를 받아들일 수 있느냐였다. 여기에서 기본적인 정치적·시민적 권리의 억압에 대해 확고한 저항이 있었고, 가장 가난한 나라 중 하나인 인도의 유권자들이 경제적 빈곤에 대해 불평하는 것 못지않게 기본적인 자유와 권리의 박탈에 대해 관심이 있다는 점이 입증되었다. 선거가 가난한 국민들이 일반적으로 시민·정치적 권리에 대해 신경 쓰지 않는다는 명제를 검증할 수 있다면, 이 결과는 그 주장을 전적으로 반박한다. 한국, 태국, 방글라데시, 파키스탄, 버마(미얀마) 등 아시아 각국에서 일어난 민주적 자유를 위한 투쟁을 관찰함으로써 유사한 점을 지적할 수 있다. 비슷하게 아프리카에서도 정치적 자유가 일반적으로 박탈당했고, 군부독재가 그러한 기회를 절대로 제공하지 않았지만 끊임없이 이에 대한 운동과 저항이 있었다.

가난한 자들이 경제적 필요를 위해서 정치적·민주적 권리들을 경시할 만한 이유가 있다는, 이 주장의 변형된 형태는 어떠한가? 앞에서 지적했듯이 이 주장은 리 명제에서 파생되었다. 리 명제에 실증적 논거가 거의 없기 때문에 이런 추론 역시 변형된 주장을 뒷받침하지 못한다.

정치적 자유의 도구적 중요성

이제 정치적 자유에 대한 부정적 비판에서 그것이 지닌 긍정적 가치로 넘어가겠다. 기본적 역량의 일부로서 정치적 자유가 갖는 중요성은 이미 앞에서 논의한 바 있다. 우리는 우리의 삶에서 표현과 행동의 자유를 소중히 여길 이유가 있으며, 사회적 존재인 인간으로서 정치적·사회적 활동에 제약당하지 않고 그것에 참여하는 것을 가치 있게 받아들이는 게 합리적이다. 또한 이런 가치들을 세련되면서 자연스러운 방식으로 형성하기 위해서는 열린 의사소통과 주장이 필요하며, 정치적 자유와 시민의 권리가 이 과정에서 중요하다. 이렇게 우리가 소중히 여기는 것을 공개적으로 표현하고 정부가 여기에 관심을 기울일 것을 요구하기 위해, 자유로운 언론과 민주적 선택이 필요하다.

정치적 자유의 직접적인 중요성으로부터 그 도구적 역할로 넘어갈 때 정부, 그리고 공직에 있는 사람들과 집단에 작동하는 정치적 인센티브를 고려해야만 한다. 지배자들은 사람들로부터 비판을 받을 때나 선거에서 지지를 얻어야 하는 경우, 사람들이 원하는 것에 귀 기울여야 할 인센티브를 갖게 된다. 앞에서 지적했듯이, 민주적 형태의 정부와 상대적으로 자유로운 언론을 가진 독립국가 그 어떤 곳에서도 실제로 기근이 일어난 적이 없다.[6] 기근은 주로 고대의 왕국과 오늘날의 권위주의 사회, 원시적인 부족공동체와 현대적인 기술관료형 독재, 북반구의 제국주의자들이 경영하는 식민지 경제, 전제적인 국가 지도자나 비관용적인 일당이 지배하는 남반구의 신생독립국에서 주로 발생했다. 하지만 독립국가로서 주기적으로 선거를 치르고, 집권당에 비판을 제기하는 야당이 있으며, 검열 없이 정부 정책을 자유롭게 보도하고 문제를 제기하는 언론이 있는 나라에서는 기근이 일어난 적이 없다.[7] 이러한 경험의 대조는 다음 장에서 더 논의할 것이며, 특히 기근과 함께 다른 유형의 위기도 다룰 것이다.

정치적 자유의 구성적 역할

정치적 자유와 시민권의 도구적 역할은 매우 실질적일 수 있지만 경제적 필요와 정치적 자유 사이의 연관관계는 또한 구성적 측면도 갖고 있다. 기본적인 정치적 권리의 행사는 경제적 필요에 대한 정책적 반응을 용이하게 할 뿐 아니라 또한 '경제적 필요'의 개념화—이해를 포함해서—자체가 그러한 권리의 행사를 필요로 할 수도 있다. 사실상 경제적 필요가 무엇인가—그 내용과 그 힘—를 적절하게 이해하려면 토론을 하고 견해를 교환할 필요가 있다. 정치적·시민적 권리, 특히 공개적 토론과 논쟁, 비판과 이의 제기를 보장하는 것과 관련된 권리는 정보에 기반하여 심사숙고한 뒤 선택을 내리는 과정에서 중요하다. 이러한 과정은 가치와 우선순위의 형성에 핵심적이며, 우리는 일반적으로 선호도가 공적 논의와 독립적인 것으로 주어진다고, 즉 다시 말해 공개된 토론과 의견 교환이 허용되건 그렇지 않건 무관하다고 받아들일 수 없다.

사회적·정치적 문제를 평가할 때 종종 열린 대화의 영향과 효과가 간과되고는 한다. 예를 들어 공적 토론은 많은 개발도상국의 특징인 높은 출산율을 줄이는 데 중요한 역할을 한다. 사실 인도에서 문맹률이 낮은 지역에서 최근 출산율이 급격하게 감소한 것은 높은 출산율이 특히 젊은 여성들의 삶에, 그리고 또한 일반적으로 공동체에 끼치는 부정적 효과에 대한 공적 토론의 영향 때문이다. 현대 사회에서는 작은 가족이 행복한 가족이라는 견해가 케랄라나 타밀나두 지역에서 나타나는데, 많은 토론과 논쟁이 이러한 관점을 형성하는 데 기여했다. 케랄라의 현재 출산율은 1.7인데(영국과 프랑스와 비슷한 수준이며 중국의 1.9보다 낮다), 이것은 강제에 의한 것이 아니라 새로운 가치가 출현함으로써 가능해졌다. 이 과정에서 정치적·사회적 대화가 중요한 역할을 했다. 케랄라 지역의 높은 문자해독률, 특히 여성의 높은 문자해독률은 중국의 대부분 지방보다 훨씬 높은 수준으로, 이것이 그러한 사회적·정치적 대화를 가능하게 하는 데 크게 기여했다(이에 대해서는 다음 장에서 더 살펴보겠다).

빈곤과 박탈에는 다양한 종류가 있지만, 어떤 것은 사회적으로 치유하기에 더 용이하다. 인간적 재난의 총체는 우리의 '필요'를 확인하는 커다란 기초가 된다. 예를 들어, 많은 것들은 그것이 가능하다고 하면 우리가 가치 있게 평가할 충분한 이유가 있다. 말하자면 우리는 마이트레이처럼 (그것이 가능하다면) 불멸을 원할 것이다. 필요에 대한 개념은 어떤 박탈이 예방될 수 있는가에 대한 관념과 관련되어 있으며, 이에 대해 우리가 무엇을 할 수 있는가에 대한 이해와도 관련된다. 이러한 이해와 믿음의 형성에서 공적 토론은 중요한 역할을 한다. 표현과 토론의 자유를 포함하는 정치적 권리는 경제적 필요에 대한 사회적 반응을 이끌어내는 데 중요한 축이 될 뿐 아니라 경제적 필요 그 자체의 개념화에서도 중요하다.

민주주의의 작동

민주주의의 내재적 중요성, 보호적 역할과 구성적 중요성은 사실 매우 포괄적일 수 있다. 그러나 민주주의의 이점에 대한 이러한 주장을 제시할 때 그 효율성을 과장할 위험도 있다. 앞에서 언급했듯이 정치적 자유와 무제약은 관용의 이점을 갖는데, 그 효율성은 그것을 어떻게 행사하느냐에 달려 있다. 민주주의는 특히 이해하기 쉽고 직접적인 공감을 불러일으키는 종류의 재난을 예방하는 데 성공적이었다. 하지만 이와 다른 많은 문제들은 그렇게 쉽게 접근할 수 없다. 예를 들어, 인도가 기근을 박멸하는 데 거둔 성공은 지속적인 영양실조 상태를 제거하거나 지속적인 문맹이나 성 불평등을 퇴치하는 데서 거둔 성공과는 비교가 되지 않는다(제4장에서 논의했듯이). 기근 희생자들의 곤경은 정치적 논제로 만들기 쉽지만, 이러한 다른 박탈은 심도 깊은 분석과 함께 의사소통과 정치적 참여의 더욱 효율적인 활용을 필요로 한다. 간단히 말해, 민주주의를 더 충실히 실행해야 한다.

실행의 부실함은 더 성숙한 민주주의의 실패에도 적용된다. 예를 들어, 미국에서 흑인들이 보건, 교육, 사회적 환경에서 겪는 극심한 박탈은 (제1장과 4장에서 논의한 대로) 이들의 사망률을 매우 높게 만들며, 미국 민주주의의 작동은 이를 예방하지 못한다. 민주주의는 일련의 기회를 창조하는 것으로 간주되어야 하며, 이러한 기회의 실제 활용은 민주적·정치적 권리의 행사를 다루는 다른 분석을 필요로 한다. 이런 관점에서 미국 선거의 낮은 투표율, 특히 흑인들의 낮은 투표율, 그리고 무관심과 소외의 다른 징후들을 무시할 수 없다. 민주주의는 말라리아를 고치는 키니네처럼 자동적인 질병 치료제가 아니다. 개방된 기회는 원하는 효과를 얻기 위해 적극적으로 활용되어야 한다. 이것은 물론 일반적으로 자유의 기본적인 특징이기도 하다. 자유가 실제로 어떻게 행사되느냐에 많은 것이 달려 있다.

민주주의의 실행과 야당의 역할

민주주의의 성과는 채택되고 준수되는 규칙과 절차에만 의존하지 않고 시민들이 기회를 어떻게 활용하는가에도 달려 있다. 필리핀의 전 대통령 피델 발데스 라모스Fidel Valdez Ramos는 이 점을 1998년 11월 오스트레일리아 국립대학의 강연에서 아주 명확하게 표현했다.

독재의 지배 아래서 사람들은 생각할 필요가 없고, 선택할 필요도, 결심하거나 동의를 표현할 필요도 없다. 그들이 해야만 하는 것은 따르는 일뿐이다. 이것은 최근 필리핀의 정치적 경험으로부터 배운 비통한 교훈이다. 이와 대조적으로 민주주의는 시민적 덕목 없이는 생존할 수 없다. (……) 오늘날 세계의 많은 사람들이 직면하는 정치적 문제는 권위주의적 체제를 민주주의로 교체하는 것만이 아니다. 그것을 넘어서 일반인들 사이에서도 민주주의가 작동하게 하는 것이다.[8]

민주주의는 이러한 기회를 만들어내고, 이것은 그 '도구적 중요성'과 함께 '구성적 역할' 모두에 관련된다. 그러나 얼마나 강력하게 이 기회를 잡는가의 문제는 다양한 변수에 달려 있으며, 여기에는 다당제 정치의 활력과 함께 윤리적 주장과 가치 형성의 역동성이 포함된다.[9] 예를 들어, 인도는 아사와 기근을 막는 걸 우선으로 했는데 이는 독립 당시부터 완전하게 정착하였다(아일랜드에서도 마찬가지였는데, 이곳 역시 영국의 지배 아래서 기근을 경험했다). 정치적 참여자들의 적극적인 행동주의는 기근을 막거나 정부가 기근을 방치하는 것을 비난할 때 매우 효과적이었다. 그리고 이 과정의 신속함과 추진력은 그러한 재난을 방지하는 것을 모든 정부의 필수불가결한 우선순위로 만들었다. 그러나 야당은 광범위한 문맹이나 극단적이지 않지만 심각한 수준의 영양실조(특히 아이들에게서), 혹은 이전에 입법화된 토지개혁을 실천하지 못한 것을 강력하게 비난하지 않았다. 야당이 이렇게 고분고분하게 나오면 정부는 이처럼 중요한 공공정책의 문제들을 무시할 수 있다.

사실 야당의 행동주의는 민주주의 사회뿐만 아니라 비민주 사회에서도 중요한 압박이 된다. 예를 들어 민주화 이전의 한국이나 피노체트의 칠레에서는 민주주의가 제대로 보장되지 않았음에도 야당이 지속적으로 활동했다. 그럼으로써 민주주의가 회복되기 이전에도 이 국가의 정부를 간접적인 방식으로 효율적이게 했다. 이 나라에서 잘 작동했던 사회적 프로그램 상당수가 적어도 부분적으로는 야당의 항의를 감소시키기 위한 것이었다. 이런 방식으로 야당은 권력을 잡기 전에도 일정 부분 유용하게 작동했다.[10]

또 다른 영역은 지속적인 성 불평등의 문제로, 이 또한 비판뿐만 아니라 개혁의 방향을 결정하는 것을 포함해 시민들의 강력한 참여를 요구한다. 사실 이렇게 무시된 문제들이 공적 논쟁과 대립에 부쳐지면 당국은 이에 대응해야만 한다. 민주주의에서 국민들은 자신들이 요구하는 것을 얻는 경향이 있는데, 이보다 더 중요한 것이 바로 그들이 요구하지 않으면 아무것도 얻지 못한다는 점이다. 인도에서 방치된 사회적 기회의 두 가지 영역—성적 평등과 기초교육—은 이제 야당으로부터 더 많은 관심을 받고 있으며, 그 결과 입법과 행정 당국 역시 관심을 기울이게 되었다. 그 최종 결과는 오직 미래에만 나타나겠지만 이미 시작된 다양한 변화들을 무시할 수 없다(적어도 인도 의회의 3분의 1은 여성이어야 한다는 입법이나 초등교육을 받을 수 있는 권리를 실질적으로 확대하려는 학교 프로그램을 포함해서).

사실 인도에서 민주주의의 기여는 어떤 식으로든 기근 같은 경제적 재난을 막는 데에만 국한되지 않았다는 주장이 있다. 영향력을 행사하는 데 제약이 있었음에도 불구하고 민주주의는 인도가 1947년 독립한 이후 많은 사람들이 매우 비관적으로 보았던 안정성과 안전성을 제공해왔다. 당시 인도는 경험이 없는 정부, 충분히 받아들여지지 않았던 정치적 분할, 불분명한 정치적 제휴가 광범위한 지역적 폭력이나 사회적 혼란과 뒤범벅이 되어 있었다. 통일된 민주국가 인도의 미래에 대해 믿음을 갖는 것은 불가능해 보였다. 그러나 약 반세기 후 우리는 민주주의가 고락苦樂을 감수하며 꽤 잘 작동하는 것을 보고 있다. 헌법적 절차 안에서 정치적 차이에 따른 격론이 벌어진다. 정부는 선거와 의회의 규칙에 따라 생겨나고 사라진다. 인도는 여러 가지 차이들이 보기 흉하고 세련되지 않게 결합하긴 했지만, 민주적 체제를 가진 정치적 단위로서 놀랍도록 잘 살아남아 작동하고 있다. 사실상 이 나라는 그렇게 작동하는 민주주의에 의해서 지탱되고 있다.

인도는 또한 다양한 주요 언어와 종교에서 비롯되는 종교와 문화의 유별난 이질성이라는 엄청난 도전 앞에서도 잘 버텨왔다. 물론 종교와 지역적 차이는 종파적 정치인들이 이용하기에 쉬웠고 실제로 (최근을 포함해) 그렇게 악용되어 이 나라를 경악하게 만드는 사태를 발생시키기도 했다. 그러나 이러한 종파적 폭력이 사람들을 경악하게 만든다는 사실, 그리고 대부분의 영향력 있는 종파들이 그러한 행위를 비난한다는 사실은 일부 세력이 종파주의를 악용하는 것에 대해 궁극적으로 민주적 방지책을 제공한다. 이것은 인도처럼 심각하게 다양한 성격을 갖는 나라의 생존과 번영을 위해 필수적이다. 인도는 힌두교도들이 다수이지만 세계에서 세 번째로 큰 이슬람 국가이면서 수백만의 그리스도인이 살고 있고, 시크교도, 파시교도(조로아스터교도), 자이나교도의 대부분이 몰려 있는 곳이기도 하다.

맺음말

민주적 체제를 발전시키고 강화하는 것은 발전 과정에서 본질적인 요소다. 민주주의의 중요성은 세 가지 서로 구별되는 덕목에 있다. ① 내재적 중요성, ② 도구적 기여, 그리고 ③ 가치와 규범의 창조 과정에서 갖는 구성적 역할. 통치의 민주적 형태를 평가할 때 이 각각을 고려하지 않고서는 완전한 평가를 내릴 수 없다.

그 한계에도 불구하고 정치적 자유와 시민적 권리는 충분히 효과적으로 활용된다. 심지어 그것이 그다지 효과적이지 않은 영역에서도 그것들을 더 효과적으로 만들 기회가 존재한다. 비록 영향에 따라 효과성이 다르긴 하지만 정치적·시민적 권리의 관용적 역할(공개된 토론과 논쟁, 정치 참여와 압박받지 않는 반대를 허용하고 장려하는)은 매우 광범위한 영역에 적용된다. 경제적 재난을 막는 데 있어서 입증된 유용함은 그 자체로 매우 중요하다. 일이 잘 풀리고 모든 것이 일상적으로 훌륭하게 이루어질 때, 민주주의의 이런 역할은 크게 눈에 띄지 않을 수 있다. 하지만 어떤 이유로건 일이 잘 풀리지 않으면 민주주의는 스스로 이 역할을 하기 시작한다(예를 들어, 동아시아와 동남아시아 지역에서 최근 금융 위기는 여러 나라 경제를 무너뜨리고 많은 사람들을 빈곤에 빠뜨렸다). 민주적 통치체제가 제공하는 정치적 인센티브는 이럴 때 매우 커다란 실용적 가치를 갖는다.

우리는 민주적 제도의 중요성을 인정해야 하지만 그것을 발전을 위한 기계적 도구로 간주해서는 안 된다. 그 활용은 우리의 가치와 우선순위에 의해서, 그리고 사회적 발언과 참여라는 활용 가능한 기회를 어떻게 이용하느냐에 따라 달라진다. 야당의 역할은 이런 맥락에서 특히 중요하다.

정치적 자유와 시민적 권리가 허용하는 공적 논쟁과 토론은 가치의 형성 과정에서 중요한 역할을 할 수 있다. 사실 어떤 필요를 갖고 있느냐를 확인하는 것은 공적 참여와 대화가 지닌 성격에 영향을 받을 수밖에 없다. 공적 토론의 힘은 민주주의의 상관항으로서 광범위한 적용 범위를 가질 뿐 아니라, 그것을 향상시킴으로써 민주주의 자체가 더 잘 작동하게 된다. 예를 들어, 환경 문제에 대한 공적 토론이 더 많은 정보를 기반으로 하고 더 주류가 된다면 이것은 환경을 위해서만 좋은 일이 아니다. 이것은 민주주의 체제 자체의 건전성과 기능에도 역시 중요할 수 있다.[11]

민주주의의 필요성을 강조하는 게 중요한 것처럼 민주적 과정의 영역과 영향력을 보장하는 조건과 환경을 지키는 것 역시 중요하다. 민주주의가 사회적 기회의 주된 원천으로서 가치가 있지만(이러한 인식은 적극적인 방어를 필요로 할 것이다), 그 잠재력을 현실화하기 위해서 민주주의가 잘 작동하도록 만드는 방법과 수단을 검토해야 할 필요성 역시 존재한다. 사회 정의의 성취는 제도적 형태에만 달려 있는 게 아니라(민주적 지배와 규제를 포함해서), 효과적인 실천에도 달려 있다. 나는 실천의 문제를 시민적 권리와 정치적 자유로부터 기대할 수 있는 기여에서 핵심적인 중요성을 가지는 것으로 간주해야 할 이유를 제시했다. 이것은 미국과 같이 안정된 민주주의 체제나(서로 다른 인종 집단의 분화된 참여와 관련해서) 신생 민주주의 국가 양자가 모두 직면한 과제다. 이것은 서로 구별되기는 하지만 공통적인 문제들이다.

7장

기근과 기타 재난

민주주의와 기근의 부재 사이의 인과적 관계는 알아차리기 쉽다. 기근은 여러 나라에서 수백만 의 사람들을 죽이지만, 지배자가 죽는 일은 없다. 왕과 대통령, 관료들과 우두머리, 군부 지도자 와 장군들은 기근의 희생자가 되지 않는다. 만일 선거도 없고 야당도 없고 검열 받지 않는 공개 적 비판도 없다면, 권력을 쥔 자들은 기근을 막지 못한 실패에 대해 정치적 책임을 질 이유가 없 다. 민주주의는 이와 달리 기근의 책임을 지도층과 정치 지도자에게 돌린다. 이 때문에 이들은 예측되는 기근을 막기 위한 정치적 인센티브를 갖게 된다. 사실 기근은 막기 쉽기 때문에(이 단 계에서 경제적 주장은 정치적 주장으로 바뀌게 된다), 충분히 사전에 막을 수 있다.

우리는 광범위한 굶주림과 영양실조, 잦은 기근이 일어나는 세계에 살고 있다. 사람들은 이 절망적 상황을 개선하기 위해 할 수 있는 일이 별로 없다고 암묵적으로 생각하게 된다. 나아가 이 병폐가 장기적으로, 특히 세계 인구의 증가와 더불어 더 악화될 것이라는 생각을 자주 하게 된다. 그리고 굶주림을 해소할 자유가 결여되어 있기 때문에 숙명론에 빠져 우리가 직면한 재앙을 극복하려는 진지한 시도를 못할 수도 있다.

하지만 이러한 비관주의는 그다지 사실에 기초한 것이 아니며, 굶주림과 박탈이 불변할 것이라고 가정할 어떤 적절한 근거도 없다. 현대 세계에 만연한 비참한 굶주림의 문제는 적절한 정책과 행동으로 충분히 극복할 수 있다. 나는 최근의 경제적, 정치적, 사회적 분석에 기반하여 기근을 박멸하고 만성적인 영양부족 상태를 근본적으로 개선할 수 있다고 생각한다. 지금 중요한 것은 분석적 탐구와 실증적 연구로부터 얻은 이 교훈들을 바탕으로 정책과 프로그램을 만드는 일이다.[1]

이 장은 기근과 기타 일시적 '위기'들을 다루는데, 여기에는 영양부족 상태가 포함될 수도 있고 그렇지 않을 수도 있지만 인구의 상당수가 심각한 박탈 상태에 갑자기 빠져드는 현상은 반드시 포함된다(예를 들어 최근 동아시아와 동남아시아의 경제위기 때처럼). 기근과 이런 유형의 위기는 지속적인 고난으로 이어질 수 있다. 하지만 국민 상당수를 불행에 빠뜨리는 극단적 빈곤이 급작스럽게 폭발하지 않는, 만성적인 굶주림과 빈곤이라는 문제는 구별되어야 한다. 뒤에서 만성적인 영양실조와 지속적인, 장기적인 박탈을 분석할 때도(제9장) 나는 이 장의 기근 연구에서 도출된 개념들 일부를 사용할 것이다.

현대 세계에서 굶주림을 박멸하려면 기근의 인과관계를 적절하고 폭넓게 이해하는 것이 중요하며, 식량과 인구의 균형을 기계적으로 맞추려는 관점에서만 보면 안 된다. 기아를 분석할 때 핵심적인 것은 개인과 가정이 적절한 양의 식량을 소유할 수 있는 실질적 자유다. 이것은 농부들처럼 스스로 식량을 경작하거나 비경작자처럼 시장에서 식량을 구입함으로써 이루어진다. 식량이 풍부한 상황에서도 개인은 소득을 상실함으로써,(예를 들어 실업으로 인해 혹은 그가 생계를 위해 만들어 파는 재화의 시장이 붕괴함으로써) 시장에서 식량을 살 수 있는 능력을 잃어버림으로써 기아 상태에 빠질 수 있다. 반면 한 지역이나 국가에서 식량 공급이 급속도로 감소하더라도 식량을 적절하게 분배함으로써 사람들을 기아 상태에서 구할 수도 있다(예를 들어 기근 희생자들을 위해 가능한 한 추가적인 고용과 소득을 제공함으로써). 외국에서 식량을 수입하여 기근 구제책을 보완하고 그것을 더 효과적으로 운용할 수도 있다. 하지만 끔찍한 기근 사태 가운데 많은 경우는 이러한 조치가 없이도 그저 감소된 국내 생산분을 더 평등하게 분배하기만 해도 기근을 충분히 예방할 수 있었다. 그러므로 기근이 발생한 국가의 식량 총량이 아니라 개인과 가정이 충분한 음식을 살 수 있는 경제력과 실질적인 자유에 초점을 맞추어야 한다.

여기에는 경제적·정치적 분석이 필요하며, 또한 기근 이외의 위기와 재난에 대한 충분한 이해가 있어야 한다. 좋은 사례가 동아시아와 동남아시아에서 최근 겪은 재난이다. 기근의 경우처럼 인구의 일부는 이 위기 때문에 예측도 못한 채 갑작스럽게 그들의 경제적 지위를 상실했다. 이 위기에서 박탈의 속도와 강도는 (그리고 그 재난의 예측 불가능성은) 기근이 지역적인 기아 상태와 구별되는 것처럼 '일반적인' 빈곤 현상과는 구별된다.

획득권한과 상호의존성

기아는 식량 생산과 농업의 확장뿐만 아니라 전체 경제의 기능, 그리고 더 폭넓게 말해 정치적·사회적 제도배열의 작동과도 관련된다. 이것들은 직간접적으로 사람들이 식량을 획득하고 건강과 영양을 향유할 능력에 영향을 미친다. 게다가 합리적인 정부정책이 많은 것을 할 수 있지만, 다른 경제적·사회적 기구들의 효율적인 기능과 정부의 역할을 통합하는 것이 중요하다. 이러한 기구에는 무역, 거래, 시장을 비롯해 정당의 적극적 기능, 비정부기구, 그리고 효율적인 뉴스 매체를 포함해 공적 토론을 유지하고 장려하는 제도들까지 포함된다.

영양부족 상태, 기아와 기근은 식량 생산과 농업 활동만이 아니라 전체 경제와 사회의 작동에 영향을 받는다. 현대 세계에서 기아 사태를 지배하는 경제적·사회적 상호의존성에 충분히 주목해야 한다. 식량은 기부나 자동적인 공유 시스템을 통해 분배되지 않는다. 식량을 얻기 위해서는 돈을 '벌어야' 한다. 우리가 주목해야 할 것은 경제에서 식량 공급의 총량이 아니라 각 개인이 향유하는 '획득권한'이다. 즉 개인이 소유할 수 있고 사용할 수 있는 재화를 말한다. 사람들은 충분한 식량을 구할 획득권한이 없을 때 굶주리게 된다.[2]

한 가정의 획득권한을 결정하는 것은 무엇인가? 그것은 다양한 요인에 영향을 받는다. 첫째, 기본 재산이 있다. 이것은 시장에서 거래할 수 있는 자산인 동시에 생산 자원에 대한 소유 관계다. 대부분의 사람들에게 의미 있고 유일한 기본 재산은 노동력이다. 이것은 서로 다른 정도의 기술 및 경험과 결합될 수 있다. 그러나 일반적으로 자산 목록을 구성하는 것은 노동, 토지 그리고 기타 자원들이다.

둘째, 또 다른 중요한 영향력은 생산 가능성과 그 사용에 따라 이루어진다. 여기에 기술이 결합된다. 사용 가능한 기술이 생산의 가능성을 결정하고, 이것은 이용할 수 있는 지식과 함께 사람들이 그 지식을 증대시키고 실질적으로 사용할 수 있는 능력에 영향을 받는다.

토지와 노동 형태의 기본 재산은 농업의 경우처럼 직접적으로 식량 생산에 사용되어 획득권한을 창출할 수 있다. 또는 이와 달리 한 가정이나 개인이 임금 소득을 얻음으로써 식량을 살 수 있는 능력을 획득할 수도 있다. 이것은 취업 기회와 적절한 임금 수준과 관련된다. 이것들은 또한 농업, 공업 그리고 기타 산업에서의 생산 가능성에 달려 있다. 세계 대부분의 사람들은 직접 식량을 생산하지 않으며, 다른 재화를 생산하는 데 고용되어 식량을 구입할 수 있는 능력을 획득한다. 이것은 환금작물부터 수공업제품, 공산품, 각종 서비스 등 다양한 분야에 걸쳐 있고 다양한 직업을 포함한다. 이러한 상호의존성은 기근을 분석할 때 매우 핵심적인데, 대부분의 사람들은 식량이 아니라 다른 재화를 생산할 때 발생한 문제 때문에 식량을 구입할 능력을 상실하기 때문이다.

셋째, 많은 것이 교환조건에 달려 있다. 즉 재화를 사고파는 능력과 제품들의 가격이 상대적이라는 점이다(예를 들어 주요 식량과 수공업제품을 교환하는 것). 대부분의 사람들에게 노동력은 핵심적인—사실 유일한—기본 재산이라는 것을 전제한다면 노동시장의 작동에 주목할 필요가 있다. 취업 희망자는 일반적인 임금 수준에서 일자리를 구할 수 있는가? 또한 장인이나 서비스 제공자는 자신들이 생산한 것을 팔 수 있는가? 시장에서의 식량 가격과 비교해서 그 상대적인 가격은 어떤가?

이러한 교환조건은 경제위기 때 극적으로 변화하여 기근의 위협으로 이어질 수 있다. 이러한 변화는 다양한 요인의 영향으로 매우 빠르게 일어날 수 있다. 생산품의 상대 가격의 급격한 변화와 관련된 기근들이 있었는데(혹은 식량 가격 대비 임금의 변화) 그 원인은 꽤 다양했다. 가뭄, 홍수 혹은 대량 실업, 일부 사람들의 소득만 늘려준 불평등한 호황, 심지어 식량 부족에 대한 공포가 과장되어 식량 가격이 일시적으로 상승하여 벌어진 대혼란 등이 그것이다.[3]

경제위기 시에 어떤 직업은 다른 직업에 비해 더 심하게 타격을 받는다. 예를 들어, 1943년 벵골 기근 당시 식량과 다른 상품들 사이의 교환비율은 극적으로 변화했다. 임금-식량 비율 외에도 어류와 곡물의 상대적 가격도 크게 변화했는데, 벵골의 어부들은 1943년 기근 당시 가장 심각한 피해를 입은 직업군에 속했다. 물론 어류도 음식이지만 이것은 고급의 식량이다. 가난한 어부들은 물고기를 팔아야 주식으로 먹는 저가의 열량을 얻을 수 있고(벵골의 경우에는 이것이 쌀이다) 그로써 생존에 충분한 열량을 얻는다. 생존 기회의 균등은 이러한 교환을 통해서 유지되는데, 어류 대 쌀의 상대적 가격이 급격히 변동하면 이러한 균형을 깨뜨릴 수 있다.[4]

다른 많은 직업들 또한 상대적 가격과 판매 속도의 변화에 민감하다. 이발사 같은 직업을 생각해보자. 이발사는 경제위기 시기에 두 가지 문제에 부딪친다. ① 어려운 시기에 사람들은 이발을 잘 하지 않는다. 그 때문에 이발에 대한 수요가 급격히 떨어진다. ② 이렇게 '양'적으로 위축되면 이발의 상대적 비용 또한 하락한다. 1943년 벵골 기근 때 이발과 식량의 교환비율은 어떤 지역에서 70~80퍼센트 수준으로 떨어졌다. 결국 이미 가난했던 이발사들은 다른 직업군의 종사자들처럼 곤경에 빠졌다. 이 모든 일은 식량 생산 혹은 총 공급이 아주 약간 변화했을 때 발생했다. 도시 거주민의 더 커다란 구매력(전쟁경기 때문에 이익을 본 사람들)과 시장에서 식량이 사라질 것이라는 투기적 예측이 결합하자(식량 가격이 상승하고, 그 결과) 식량 분배가 악화되어 기근이 발생하였다. 굶주림과 기근의 원인을 이해하기 위해서는 식량 생산이나 공급에 대한 설명뿐만 아니라 전체 경제의 작동에 대한 분석이 필요하다.[5]

기근의 원인

기근으로 이어지는 역량의 상실은 다양한 이유로 발생할 수 있다. 기근을 극복하거나 이를 방지하려면 다양한 선행 원인을 염두에 두어야 한다. 모든 기근은 똑같이 곤경을 낳지만, 모든 기근이 반드시 똑같은 하나의 원인에 의해 초래되는 것은 아니다.

스스로 식량을 생산하지 않는 사람들(예를 들어 산업 노동자나 서비스업 종사자들) 또는 자신이 생산한 식량을 소유하지 못하는 사람들(예를 들어 농업 임노동자)에게 시장에서 식량을 획득할 수 있는 역량은 그들의 소득, 식량 가격 그리고 비식량 필수품 소비에 달려 있다. 식량을 획득하는 능력은 취업과 임금, 다른 재화의 생산과 그 가격 같은 경제적 상황에 달려 있기도 하다.

스스로 식량을 생산하는 사람들에 있어서 이들의 역량은 각각의 식량 생산량에 달려 있지만, 국가의 식량 생산량에 대해서는 같은 의존관계가 성립하지 않는다. 또한 가난한 목축인들 같은 사람들은 축산품처럼 값비싼 식량을 팔아 좀 더 싼 곡물을 사야만 한다. 예를 들어 사하라 사막 남부와 '아프리카의 뿔'(에티오피아, 지부티, 소말리아) 지역의 유목민들이 그렇다. 고기를 포함한 축산품을 팔아 값싼 열량의 주식을 사야 하는 아프리카 목축민들의 교환 의존성은 어류를 팔아 쌀을 사야 하는 벵골 어부의 상황과 유사하다. 주식 대비 축산품의 가격 하락은 이 목축민들에게 재난이 될 수 있다. 아프리카의 몇몇 기근에는 이런 과정이 있었다. 가뭄은 전통적으로 싼 식량에 비해 (심지어 고기를 포함한) 축산품의 상대 가격을 떨어뜨렸는데, 경제적 고난의 시기에 사람들은 (가죽과 같은) 비필수품이나 (고기와 같은) 값비싼 음식에 대한 소비를 줄이기 때문이다. 상대 가격의 변화는 목축인들이 생존에 필요한 주식을 충분히 살 수 없게 만든다.[6]

기근은 심지어 식량 생산량이나 식량의 가용량$_{availability}$이 전혀 하락하지 않은 상황에서도 일어날 수 있다. 노동자는 (실업보험과 같은) 사회적 안전망을 제공하는 사회보장 체계가 결여되어 있을 때 실업 때문에 굶주리게 될 수도 있다. 이런 일은 쉽게 벌어지는데, 경제 전체에서 일반적인 식량 가용성이 줄어들지 않고 높은 수준이었는데도—심지어는 식량 가용성이 '최고'인 상태에서도—실제로 많은 기근이 일어났다.

식량 가용성이 높은 상태에서 일어난 기근의 한 사례가 1974년의 방글라데시 기근이다.[7] 이 기근은 1971년부터 1976년 사이 그 어떤 해보다도 1인당 식량 가용량이 더 컸던 해에 일어났다(〈그림 7-1〉). 이 기아를 촉발한 것은 홍수로 인한 지역적인 실업 사태였다. 홍수 때문에 감소한 곡물은 추수 이후 몇 달 뒤에야 식량 생산에 영향을 끼쳤다(대체로 연말이었다). 하지만 기근은 홍수 피해를 입은 곡물이 자라기도 전에 이보다 더 빨리 발생했다. 홍수로 인해 1974년 여름 피해지역 노동자들은 즉각 소득을 잃었다. 이들은 모내기와 기타 활동을 통해 벌 수 있었던 수입을 얻지 못했고

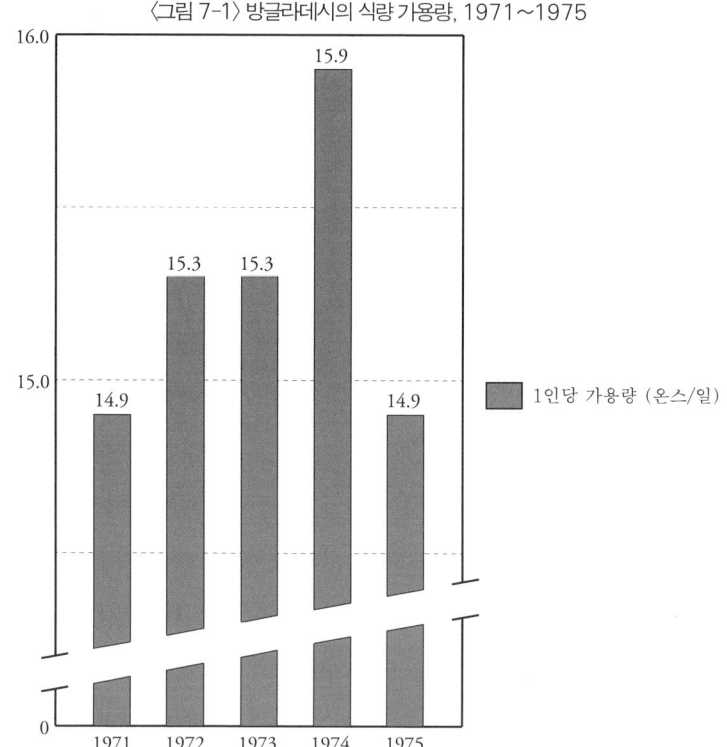

〈그림 7-1〉 방글라데시의 식량 가용량, 1971~1975

출처: Amartya Sen, *Poverty and Famines*(Oxford: Oxford University Press, 1981). table 9.5. 기근은 1974년 일어났다.

그 때문에 식량을 살 수 있는 능력을 잃었다. 지역적인 기아와 공황상태 때문에 굶주림은 더 널리 확산되었고, 이러한 상황은 초조해진 식량 시장과 미래의 식량 부족에 대한 과장된 공포로 말미암아 급작스럽게 뛰어오른 가격에 의해 악화되었다. 미래의 식량 부족은 과대평가되었고 약간은 조작되기까지 했는데, 이러한 가격 상승은 나중에 급격한 가격하락으로 조정되었다.[8] 하지만 그때는 이미 기근이 최악의 상태에 도달한 후였다.

심지어 식량 생산이 감소하여 기근이 발생한 경우에도(1958~1961년 중국의 기근이나 1840년대 아일랜드 기근이 분명 그러했다[9]), 우리는 일부 지역에서는 사람들이 죽어나가는데, 왜 나머지 지역은 평온했는가를 설명하기 위해 생산통계를 넘어서 생각해야 한다. 기근은 이른바 분할통치divide-and-rule를 통해 지속된다. 예를 들어 국가 전체로는 전혀 식량이 부족하지 않은데 한 지역이 가뭄 때문에 식량 생산이 감소하면 그 지역의 농민들은 식량을 구입할 획득권한을 상실해 고통받을 수 있다. 이 희생자들은 자신들의 식량 생산에 손실을 입어 소득을 얻기 위해 팔 것이 없으므로 다른 곳에서 식량을 사올 수 없다. 그러나 다른 직업 혹은 다른 지역에서 더욱 안전한 소득을 올리는 사람들은 타 지역에서 식량을 살 수 있다. 이와 매우 유사한 일이 1973년 에티오피아 월로 기근 때 일어났는데, 월로 지역의 수도인 데시의 식량 가격이 다른 지역인 아디스아바바나 아스마라에 비해 더 높지 않았음에도 이 지역 주민들은 빈곤해져 식량을 살 수 없었다. 사실 당시 월로 지역의 식량이 더 부유한 에티오피아의 다른 지역, 그러니까 사람들이 식량을 살 수 있는 소득이 좀 더 많은 곳으로 흘러 나갔다는 증거도 있다.

다른 사례를 보자면, 어떤 직업군의 구매력이 상승해 식량 가격이 급등하고 그 결과 식량을 사야 할 사람들의 실질 구매력이 급격히 줄어들어 파멸을 맞이하는 경우도 있다. 그러한 기근 사태는 식량 생산량의 변화가 없음에도 발생하는데, 식량의 총량 문제가 아니라 수요의 급증으로 생겨난 것이다. '전쟁경기'로 도시인들의 소득이 올랐을 때 1943년 벵골에서 기근이 일어난 이유가 바로 이것이다. 일본 군대가 인근에 도달하자 영국과 인도의 방위 지출은 캘커타를 포함해 벵골 도심 지역에서 급증했다. 일단 쌀의 가격이 급등하자 조작적인 투기와 함께 대중들의 공포가 가격을 천정부지로 치솟게 만들어 벵골 촌락 지역 사람들의 실질적인 구매력의 범위를 넘어버렸다.[10] "악마는 가장 뒤처진 자를 잡는다"(가격상승 이전에 쌀을 산 사람은 살아남고 그렇지 못한 사람은 죽었다는 뜻—옮긴이).[11]

또 다른 유형의 사례도 있다. 경제가 변화하고 유망 업종의 유형과 위상이 달라짐에 따라 일부 노동자들은 자신들의 업종이 '끝났다'는 것을 알게 될 수도 있다. 예를 들어 사하라 남부 아프리카에서 기후와 환경 조건이 달라지면서 이러한 일이 일어났다. 한때 생산 활동에 활발히 참여하던 노동자들이 갑자기 일이나 소득이 없는 상태가 되었는데, 사회보장 체계가 없는 곳에서 이늘이 의지할 것은 아무것도 없었다.

또 다른 사례들에서 일자리를 잃는 것이 일시적으로 기근을 야기하는 데 강력한 영향력을 발휘할 수 있다는 걸 알 수 있다. 예를 들어 1974년 방글라데시의 기근에서 불황의 첫 신호는 여름철 홍수 이후 땅을 소유하지 못한 노동자들 사이에서 나타났는데, 홍수 때문에 모내기를 위한 일자리가 사라져버렸기 때문이다. 이 노동자들은 하루벌이로 살다가 실업의 결과로 굶주려야 했으며, 이러한 현상은 홍수 피해를 입은 작물이 추수되기 훨씬 이전부터 일어났다.[12]

기근은 일부 피해 계층과 나머지를 분열하는 현상이다. 이것을 1인당 이용 가능한 평균 식량이라는 관점에서 이해하려는 시도는 완벽한 오류일 뿐이다. 인구의 5~10퍼센트 이상에게 영향을 주는 기근은 찾아보기 어렵다. 인구 대부분이 굶주리는 기근에 대한 이야기들도 있기는 하다. 그러나 이러한 이야기들의 대부분은 그다지 검토되지 않은 것들이다. 예를 들어 권위 있는 『브리태니커 백과사전Encyclopedia Britannica』(제11판)은 1344~1345년 인도의 기근에 대해 "무굴제국의 황제는 황실에 필요한 것조차 살 수 없었다"고 기술했다.[13] 이 이야기에는 몇 가지 문제가 있다. 일단 인도의 무굴제국이 1526년 이전에는 존재하지 않았다는 사실을 말해야 한다는 점이 안타깝다. 그보다 더 중요한 것은 1344~1345년 당시 투굴락 제국의 권좌에 있던 모함마드 빈 투굴락 황제가 황실에 필요한 필수품을 구하는 데 별 어려움을 겪지 않았을뿐더러 역사상 가장 뛰어난 기근 구제 계획을 조직할 정도로 충분한 수단을 갖추었다는 사실이다.[14] 예외 없는 기근이라는 일화는 선택적 운명이라는 현실과 들어맞지 않는다.

기근 방지

기근은 특정 지역에서 특정 직업군이 식량을 구입할 획득권한을 상실하는 것과 관련되어 있다. 그러므로 그 결과인 기아는 경제적 변화로 타격을 입은 이들의 소득과 획득권한의 최소 수준을 체계적으로 회복시키면 예방할 수 있는 문제다. 종종 대규모가 되기는 하나 그들의 숫자는 전체 인구 중에서 일부분인 경우가 많고, 기아를 벗어나는 데 필요한 구매력의 최소 수준도 꽤 낮다. 따라서 조기에 체계적이고 효과적인 제도를 운영한다면 기근을 방지하기 위한 공공정책의 비용은 가난한 나라의 입장에서도 감당할 수 있는 수준이다.

만일 잠재적인 기근 희생자가 전 인구의 10퍼센트 정도라고 할 때(통상적으로는 이보다 훨씬 적은 비율이다) 그 규모를 수치적으로 짐작해보자면, 이 가난한 사람들에게 돌아가야 할 총소득의 몫은 통상적인 상황에서 GNP의 3퍼센트를 넘지 않는다. 이들이 차지하는 식량 소비량도 국가 식량 소비의 4~5퍼센트 정도다. 따라서 방지 대책이 효율적으로 조직되기만 하면 그들의 과거 소득수준을 회복하기 위해 혹은 통상적인 식량 소비를 회복하기 위해 필요한 자원이 0의 수준에서부터 시작한다 해도 그리 크지 않아도 된다. 물론 기근 희생자들은 약간의 자원을 가지고 있으며(0의 수준부터 역량을 재건하지 않아도 된다), 따라서 순수하게 필요한 자원의 양은 더욱 적어진다.

또한 기근과 관련된 상당수의 사망이 건강 악화, 위생 시설의 붕괴, 인구 이동, 지역 내 전염병 창궐 등에서 기인한다.15 이 또한 질병 통제와 지역 보건 제도를 포함하는 합리적인 공공정책을 통해 크게 감소시킬 수 있다. 이러한 분야에서는 공적 지출을 잘 기획하면 아무리 작은 규모라도 그에 대한 보상이 실제로는 매우 커질 수 있다.

기근 방지는 획득권한을 보호하는 정치제도에 크게 의존한다. 부유한 나라는 그러한 보호를 빈곤퇴치 프로그램과 실업보험을 통해 제공한다. 대부분의 개발도상국에서 일반적인 실업보험 체계는 없지만, 일부 나라는 자연 혹은 인공적인 재난 때문에 대량 실업 사태가 발생할 경우 긴급 공공 근로 제도를 실시한다. 고용을 창출하기 위한 정부 지출은 기근의 위협을 효과적으로 피할 수 있게 한다. 사실 고용을 창출함으로써 잠재적인 기근을 피하는 것은 독립 이후 인도에서 주로 사용한 방식이기도 하다. 예를 들어 1973년 마하라슈트라 지역에서 심각한 가뭄 때문에 발생한 실업 사태를 구호하기 위해 500만 개의 임시 일자리가 만들어졌다. 이것은 노동자의 가족들까지 고려한다면 매우 큰 규모였다. 그 결과는 놀라웠다. 대규모 지역에서 식량 생산이 크게 감소했는데도(70퍼센트 이하) 사망률이 전혀 증가하지 않았고 심지어 영양실조 상태의 인구도 늘지 않았다.

기근과 소외

기근의 원인과 방지에 대한 정치경제학은 제도와 조직을 포함하지만, 이것은 힘과 권위를 사용할 때 동반되기 마련인 지각과 이해에 달려 있다. 그중에서 특히 지도자들이 국민들로부터 얼마나 단절되어 있느냐에 달려 있다. 기근의 직접적인 원인은 이와 다를지라도, 정부와 국민 사이의 사회적·정치적 거리는 기근을 방지하는 데 큰 역할을 한다.

이런 맥락에서 약 150년 전 아일랜드를 초토화시킨 1840년대 기근을 살펴보는 게 유용하다. 이 기근은 역사상 그 어떤 기근보다도 많은 사람들을 죽게 했다.[16] 이 기근은 또한 결정적으로 아일랜드의 운명을 변화시켰다. 기근은 끔찍한 조건의 항해를 감행한 수많은 사람들의 이민으로 이어졌다. 이런 현상은 세계 어느 곳에서도 보기 힘든 것이었다.[17] 아직까지도 아일랜드의 인구는 기근이 발생했던 1845년의 수준보다 훨씬 적다.

이런 재난을 야기한 것은 과연 무엇이었는가? 조지 버나스 쇼George Bernard Shaw의 『범인과 초인Man and Superman』에서 부유한 아일랜드계 미국인 멀론 씨는 1840년대의 아일랜드 기근을 '기근'이라고 부르기를 거부한다. 그는 영국인 며느리 바이올렛에게 자신의 아버지가 '암흑의 47년에 굶주림으로 죽었다'고 말한다. 바이올렛이 "기근이요?"라고 묻자, 멀론은 이렇게 대답한다. "아니, 굶주림이다. 나라에는 식량이 가득하고 수출까지 하는 상황이었는데, 기근일 수가 없지."

멀론의 통렬한 말에는 몇 가지 문제가 있다. 굶주리는 아일랜드에서 부유한 영국으로 식량이 수출된 것은 사실이지만, 그렇다고 아일랜드에 식량이 충분했던 것은 아니었다(물론 기아와 식량 수출이 공존하는 것은 많은 기근에서 공통적인 현상이다). 또한 '굶주리다'나 '굶주림' 같은 표현이 사람들에게서 식량을 빼앗는다는, 특히 배고픔으로 죽게 만든다는 뜻의—예전에는 사용되었으나 이제는 사라진— 적극적인 의미로 읽힐 수 있는 반면에, 당시 아일랜드에 (일반적으로 이해되는 뜻의) 기근이 존재했다는 것을 부인하긴 어렵다.

여기에서 멀론은 이른바 문학적 허용을 통해 다른—다소 심오한—지적을 하고 있다. 핵심은 기근을 발생시키고 유지시키는 인간의 역할과 관련 있다. 만일 아일랜드의 기근이 막을 수 있는 것이었다면, 특히 당국이 그것을 막을 수 있었다면, 아일랜드인을 '굶주리게 만든' 책임소재는 명확해진다. 그러니 기근을 막지 못한 공공정책의 역할 그리고 그것을 결정한 정치적, 사회적, 문화적 영향을 비난하는 손가락질을 할 수밖에 없다. 이와 관련해서 검토해야 할 정책적 문제에는 부작위不作爲의 문제만이 아니라 작위作爲의 문제도 포함되어야 한다. 전례 없이 풍요로운 현대 세계에서도 여전히 여러 나라에서 기근이 발생하고 있으므로, 공공정책과 그 효과의 문제는 150년 전과 마찬가지로 여전히 중요하다 하겠다.

아일랜드 기근의 직접적인 이유는 감자마름병이었는데, 이 때문에 확실히 아일랜드의 식량 생산량은 감소했다. 그러나 기근의 야기에 있어서 식량 생산의 역할은 통계를 자세히 따져보면 다른 방식으로 평가될 수 있다. 식량 생산을 고려하는 지역의 범위에 따라 많은 게 달라진다. 코맥 오 그라다Cormac O Grada가 지적했듯이 만일 영국 전체의 식량 생산과 공급을 고려하면, 아일랜드에서 일어난 것과 대비될 만한 식량 생산이나 공급의 위기는 없었다.[18] 아일랜드인들이 구매할 여력만 있었다면 식량은 영국에서 아일랜드로 흘러들어갔을 것이 틀림없다. 그러나 이런 일은 없었고 정반대의 일이 일어났다는 사실은 기근이 아일랜드의 빈곤과 아일랜드 희생자들의 경제적 박탈에서 연유했음을 알려준다. 테리 이글턴Terry Eagleton이 아일랜드 기근을 다룬 문학적 저작 『히스클리프와 대기근Heathcliff and the Great Hunger』에서 말하듯이, "이런 의미에서 아일랜드인들은 식량 부족 때문에 굶어 죽은 게 아니라 영국 전체에 풍성했던, 그래서 그들이 충분히 이용할 수 있었던 식량을 구매할 자금이 없었기 때문에 굶어 죽은 것이라고 얼마든지 주장할 수 있다."[19]

기근의 원인을 분석할 때 해당 국가나 지역의 일반적 빈곤의 상태를 파악하는 게 중요하다. 아일랜드의 경우, 마름병과 함께 나타난 경제적 쇠락은 가뜩이나 빈곤하고 소박한 자산을 지닌 아일랜드인들을 경제적으로 더 취약하게 만들었다.[20] 이런 맥락에서 전염병으로 인한 사람들의 빈곤뿐만 아니라 경제적 변화가 발생했을 때 특히 획득권한이 부족한 사람들의 극심한 취약성에도 초점을 맞추어야 한다.[21] 경제적 변화 때문에 잇따른 불운과 극빈층의 무방비가 기아로 인한 끔찍한 희생자를 만들어낸다. 감자를 재배하던 아일랜드의 소농들은 전염병 때문에 심각한 타격을 입었고, 식량 가격의 상승 때문에 다른 사람들도 마찬가지로 타격을 받았다.

식량공급만 따져보아도 기근을 박멸하기 위해 아일랜드로 식량을 수출하기는커녕 (앞에서 언급했듯이) 정반대의 움직임이 있었다는 것을 지적할 수 있다. 식량이 아일랜드에서 영국으로 수출된 것이다(특히 고품질의 식량이). 이러한 '식량의 역수출'은 어떤 유형의 기근—이른바 가격폭락으로 인한 기근—에서 드문 일이 아닌데, 이때 전체 경제가 침체하고 소비자의 구매력은 급격히 떨어져서 이용 가능한 식량 공급분(이것도 마찬가지로 감소하는데)이 다른 곳에서 더 좋은 값을 받기 때문이다. 예를 들어 앞에서 언급한 1973년 에티오피아 윌로 기근 때도 그러한 역수출이 벌어졌다. 이 지역의 거주민들은 식량 가격이 다른 지역보다 더 높지 않았음에도—실제로는 종종 더 낮았음에도—식량을 살 수 없었다. 사실 이 시기에 식량은 윌로 지역에서 빠져나와, 소득이 더 많고 식량을 살 여력이 있던 에티오피아의 다른 지역으로 흘러 들어갔다.[22]

이러한 현상은 1840년대 아일랜드에서 꽤 대규모로 일어났다. 이때 밀, 귀리, 소, 돼지, 달걀, 버터를 실은 배들이 기근이 덮친 아일랜드에서 섀넌 강을 따라 식량이 풍족한 영국을 향해 항해했다. 기근 절정기에 식량의 수출은 아일랜드에서 아주 비통한 주제였으며, 심지어 오늘날에도 영국과 아일랜드 사이의 얽히고설킨 불신에 영향을 주고 있다.

아일랜드 기근 당시 그곳에서 영국으로 식량이 수출되었다는 사실 때문에 어떤 커다란 경제적 수수께끼가 있는 것은 아니다. 시장의 힘은 항상 사람들이 더 비싼 값을 치를 수 있는 장소로 식량이 옮겨가도록 한다. 풍족한 영국은 궁핍해진 아일랜드에 비해 그럴 여력이 있었다. 마찬가지로 1973년 아디스아바바 지역의 주민들은 월로의 굶주리는 불행한 이들이 감당하지 못했던 식량을 살 수 있었다.

그러나 이것을 이유로 기근을 막기 위해 시장의 거래를 금지하는 게 올바른 방법이라는 결론을 내려서는 안 된다. 어떤 특별한 경우에는 그러한 금지가 한정된 목표에 도움이 될 수는 있지만(만일 영국으로의 역수출이 금지되었다면 아일랜드의 소비자들에게는 도움이 되었을 것이다), 여전히 기근 희생자들의 빈곤과 박탈이라는 기본적인 문제는 남아 있게 된다. 이것을 개선하기 위해서는 시장에서 특정 거래를 금지시키는 소극적 정책이 아니라 더욱 적극적인 정책이 필요하다. 사실 궁핍해진 사람들의 소득을 복구하는 적극적인 정책(예를 들자면 공공 고용 정책)이 시행되면 식량 역수출은 자동적으로 줄어들거나 멈춘다. 국내의 수요가 늘기 때문에 식량 공급이 더 늘어나기 때문이다.

물론 우리는 영국 정부가 기근 시기에 아일랜드의 궁핍과 기아 사태를 극복하는 데 거의 도움을 주지 않았다는 사실을 알고 있다. 제국의 다른 지역에도 유사한 사건들이 있었지만 아일랜드는 영국의 일부였기에 좀 더 특별한 경우다. 이것은 문화적 소외로 정치적 비대칭성과는 구별되며, 상당히 중요한 것이다(물론 문화적 소외가 넓은 의미에서 '정치적'이기도 하지만).

이런 맥락에서 아일랜드 기근이 일어난 1840년대에 영국에서는 광범위한 빈곤 구제 대책이 제법 잘 확립되었다는 사실을 기억할 필요가 있다. 물론 잉글랜드(본토)에 한에서만 말이다. 잉글랜드에도 상당수의 빈곤층이 있었고 잉글랜드 노동자들의 삶은 결코 풍족하지 않았다(사실 아일랜드 기근이 시작된 1845년은 프리드리히 엥겔스Friedrich Engels가 영국 노동자의 빈곤과 경제적 비참함을 고발한 고전 『영국 노동 계급의 상태The Conditions of Working Class in England』를 출간한 해다). 그러나 잉글랜드 내에서는 기아를 막기 위한 정치적 개입이 있었지만, 이것이 제국 전체, 그리고 아일랜드에는 적용되지 않았다. 잉글랜드 빈곤층이 구빈법을 통해 받은 혜택에 비해 아일랜드 빈곤층이 아일랜드에 적용된 미약한 구빈법으로 받은 혜택은 훨씬 작았다.

사실 조엘 모커Joel Mokyr가 지적했듯이 "아일랜드는 영국인들에게 야릇하고 심지어 적대적인 국가로 간주되었다."[23] 이러한 소외는 아일랜드와 영국 관계의 여러 측면에 영향을 주었다. 가령 모커에 따르면 이것은 영국의 자본이 아일랜드에 투자하는 것을 가로막았다. 현재의 맥락에서 더 중요한 이야기를 하자면, 영국은 당시 아일랜드의 기근과 고통에 대해 상대적으로 무관심했고, 아일랜드의 궁핍과 기아를 막기 위한 런던의 의지는 부족했다. 리처드 네드 르보우Richard Ned Lebow는 영국 본토의 빈곤이 일반적으로 경제적 변화와 경기변동의 탓인 반면에, 아일랜드의 빈곤은 게으름과 무관심, 무능력에 의한 것으로 여겨졌다며, "영국의 사명은 아일랜드의 고난을 달래는 것이 아니라 그들을 문명화시켜 인간처럼 느끼고 행동하게 이끄는 것"이었다고 주장했다.[24] 이것은 다소 과장된 견해겠지만, 1840년대 아일랜드에서 일어났던 것 같은 기근이 영국 본토에서도 일어날 수 있다고 상상하기는 어렵다.

공공정책을 형성하고 (이 경우에는) 기근을 발생시키는 사회적·문화적 요인의 배후를 파악하기 위하여, 아일랜드인들을 따로 떼어놓고 그들에게 우월감을 갖는 영국인들의 특징적인 태도에 대해 평가하는 것이 중요하다. 아일랜드 기근의 문화적 뿌리는 에드먼드 스펜서Edmund Spenser의 『페어리 퀸The Faerie Queen』(1590)까지 거슬러 올라가며, 심지어 그 이전까지 소급

할 수 있다. 『페어리 퀸』에 자주 나타나는, 희생자들을 비난하는 경향은 1840년대 기근 이후에도 계속 이어졌다. 영국인들은 흔히 아일랜드인들이 감자를 지나치게 좋아한 탓에 기근을 겪었다는 식으로 생각했다.

문화적 우월성의 확신은 정치적 힘의 불균형과 흔히 결합된다.[25] 영국령 인도의 마지막 기근이었던 1943년 벵골 기근이 '토끼처럼' 번식하는 원주민들의 성향 때문이었다고 했던 윈스턴 처칠Winston Churchill의 유명한 말은 식민지인들을 얕보는 일반적인 제국주의 전통에 속한다. 이것은 인도인들이 "세계에서 독일인 다음으로 가장 야만적인 인종이다"라고 했던 처칠의 또 다른 신념을 정확하게 뒷받침해준다.[26] 우리는 그의 정부를 전복시키려는 야만적인 독일인들과 훌륭한 통치를 요구하는 야만적인 인도인들로 인해 직면한 윈스턴 처칠의 이중의 위기에 대해 공감하지 않을 수 없다(비꼬는 말임—옮긴이).

아일랜드 기근 당시 영국의 재무장관이었던 찰스 에드워드 트레블리언Charles Edward Trevelyan은 (그가 책임을 지던) 아일랜드에서의 영국 경제정책의 잘못을 찾아내지 못했고, 아일랜드의 관습이 기근의 원인 중 하나라고 보았다. 관습의 오류 중에서 중요한 것은 오직 감자만을 먹는 아일랜드 빈곤층의 성향이었는데, 이 성향이 그들을 한 가지 작물에만 의존하게 만들었다는 것이다. 사실 아일랜드 기근의 원인에 대한 트레블리언의 시각은 아일랜드 요리에 대한 분석으로 이어졌다. "서아일랜드 농민 계층의 여성 중 감자를 삶는 것 외의 요리를 할 줄 아는 사람은 드물다."[27] 이 이야기가 중요한 것은 영국인이 요리에 대해 국제적인 비평을 한 드문 경우라서가 아니다. 아일랜드 빈곤층의 척박한 식습관을 비난함으로써 피해자에게 책임을 돌리는 경향을 아주 잘 보여주기 때문이다. 이 관점에 따르면 런던 당국이 최선의 노력을 기울였음에도 희생자들이 스스로를 재난으로 몰아넣은 것이다.

아일랜드 기근 당시 영국의 방관적 태도를 이해하기 위해서는 (제6장에서 논의한) 정치적 인센티브의 결여뿐만 아니라 이와 같은 문화적 소외도 고려해야만 한다. 사실 기근을 막는 것은 대단히 쉽기 때문에 그것을 그냥 방치한다는 것은 참으로 놀라운 일이다.[28] 지배자와 피지배층—'우리'와 '그들'—사이의 상호소통을 어렵게 하는 문화적 차이는 기근의 중요한 특징이다. 이 거리는 과거 외국의 지배 아래 있었던 아일랜드와 인도에서처럼 현재 에티오피아, 소말리아, 수단의 기근에서도 역시 심각하다.

생산, 다각화, 성장

이제 기근 방지의 경제학으로 돌아가보자. 기근을 막기 위해 더욱 풍요롭고 성장하는 경제를 갖는 것은 중요하다. 경제성장은 개인의 역량을 보호할 필요성을 감소시키고 그 보호를 제공하는 데 필요한 자원의 여유분을 확장시킨다. 이것은 사하라 남부 아프리카에서 명백하게 드러난 중요한 교훈인데, 이곳에서 경제성장의 결여는 박탈의 지속적인 원인이 되고 있다. 국민이 빈곤하고 공적 기금이 확보되기 어려울 때 기근에 대한 취약성은 더 커진다.

무엇보다 식량 생산의 확대를 포함해서 생산과 소득을 늘리기 위한 인센티브의 필요성에 대해서 주의를 기울여야 한다. 이는 합리적인 가격 인센티브의 고안을 요구하며, 또한 농업과 기타분야에서 기술적 변화, 숙련과 생산성을 장려하고 확장할 수단 역시 요구한다.[29]

식량 생산의 증대가 중요하지만 주된 초점은 전반적인 경제성장이다. 왜냐하면 식량은 세계시장을 통해서 구할 수 있기 때문이다. 한 나라는 수단만 있으면(말하자면 공산품) 외국으로부터 식량을 사올 수 있다. 만일 우리가 아시아와 아프리카 여러 나라에 있어서 1993~1995년의 1인당 식량 생산량을 1979~1981년의 그것과 비교한다면, 우리는 한국에서 1.7퍼센트, 일본에서 12.4퍼센트, 보츠와나에서 33.5퍼센트, 그리고 싱가포르에서 58.0퍼센트가 감소되었다는 걸 알게 된다. 그러나 이 나라들에서 굶주림은 전혀 늘지 않았다. 왜냐하면 식량이 아닌 다른 수단(공업이나 광업)을 통해 1인당 실질 국민소득이 빠르게 늘었고 그로 인해 부유해졌기 때문이다. 늘어난 소득은 이 나라의 국민들이 식량 생산량이 줄어들었음에도 불구하고 전보다 더 많은 식량을 확보할 수 있게 해주었다. 이와 대조적으로 수단(7.7퍼센트 증가)이나 부르키나파소(29.4퍼센트 증가) 같은 나라에서는 1인당 식량 생산량이 전혀 줄지 않았음에도 기아가 늘어났다. 이는 상당수 집단이 일반적인 빈곤과 취약한 경제적 역량에 시달렸기 때문이다. 한 개인 혹은 가정이 실질적으로 식량을 얻는 과정에 주목하는 것이 중요하다.

사하라 남부 아프리카에서 최근까지 1인당 식량 생산량이 줄어들었다는 것은 사실이다. 실제로 이것은 분명 중요한 문제이고 농업기술 연구부터 인구 정책까지 다양한 공공정책과 관련 있다. 그러나 우리가 앞서 보았듯, 1인당 식량 생산량의 감소는 세계 여러 나라들에도 똑같이 적용된다.[30] 하지만 이 나라들은 기근을 겪지 않았는데 ① 다른 생산 분야에서 상대적으로 높은 경제성장을 성취했고 ② 식량 생산을 통해 소득을 얻는 의존도가 사하라 남부 아프리카에 비해 훨씬 덜하기 때문이다.

식량 생산의 증대가 식량 문제의 유일한 해결책이라고 생각하는 경향은 매우 강력하고 그럴듯하며 종종 합리적일 때도 있다. 하지만 상황은 그보다 더 복잡하며 다양한 경제적 기회와 국제 교역의 가능성과 연관되어 있다. 식량 생산의 감소라는 면에서 보면 사하라 남부 아프리카의 문제가 갖는 중요한 특징은 특별히 식량이 부족하지 않았다는 점이다. 오히려 문제는 경제성장 자체가 전반적으로 이루어지지 않았다는 점이다(식량 생산은 그 일부일 뿐이다). 이 지역에서는 좀 더 다각화된 생산구조가 절실하게 필요한데, 한편으로는 기후가 불안정하기 때문이고 다른 한편으로는 다른 생산 활동 분야를 확장시킬 수 있는 가능성 때문이다. 오로지 농업―특히 식량 작물―의 성장에만 집중하는 성장전략을 주장하는 것은 모든 달걀을 한 바구니에 담는 것과 같이 매우 위험한 정책이다.

물론 사하라 남부 아프리카가 소득의 원천으로 식량 생산에 의존하는 것이 단기간에 크게 바뀌리라 기대하기는 어렵다. 하지만 약간의 다각화는 당장 시도할 수 있으며, 몇몇 작물에 과도하게 의존하는 것을 줄이면 소득의 안정성을 증대시킬 수 있다. 장기적으로 사하라 남부 아프리카가 세계 다른 지역에서 일어난 경제성장 과정에 동참하기 위해서는 소득의 원천을 다양화하고 식량 생산과 농업이 아닌 분야에서 성장이 좀 더 활발하게 이루어져야 한다.

고용 해법과 행위주체의 문제

국제 교역의 기회가 없을지라도 한 국가의 여러 집단들 사이에서 식량의 총 공급량을 어떻게 나눌 것인가는 매우 중요한 문제다. 특히 공공 프로젝트를 통하여 일시적으로 임노동을 창출하면 기근의 잠재적인 희생자들이 상실한 소득을 회복시킬 수 있고 기근을 방지할 수 있다. 그럼으로써 그들이 시장에서 식량을 구매할 수 있게 하고 이용 가능한 식량 공급량을 더 평등하게 분배하도록 할 수 있다. 기근이 일어나는 대부분의 상황에서 좀 더 평등한 식량의 분배는 굶주림을 막을 수 있다(물론 식량 생산량을 늘리는 것이 그 일을 더 용이하게 한다). 고용을 창출하여 기근을 방지하는 방법은 식량의 총량과 상관없이 인도, 보츠와나, 짐바브웨 같은 많은 나라에서 훌륭

하게 활용되었다.[31]

고용 해법은 또한 교역과 거래의 과정을 장려하며 경제, 사회 그리고 가정생활을 저해하지 않는다. 지원을 받은 사람들은 대부분 그들의 가정에 머물면서도 경제활동에 종사할 수 있고(농업처럼), 경제는 잘 작동하게 된다. 사람들을 구호 캠프에 집결시키지 않으므로 가정생활 역시 평소대로 지속된다. 또한 북적대는 구호 캠프에서 종종 발생하는 전염병의 창궐 위험도 줄어들며, 사회적 연속성도 더 보장된다. 일반적으로 고용을 통한 기근 방지는 잠재적인 기근 희생자들을 능동적 주체로 다루며, 정부의 구호를 받는 수동적인 수혜자로 보지 않는다.[32]

여기에서 (이 책의 일반적인 접근법에 따라) 지적해야 할 또 다른 요점은 이 과정에서 다양한 사회기구를 결합하는 것이다. 공공정책은 서로 사뭇 다른 제도적 배열의 형태를 가질 수 있다.

(1) 소득과 고용을 창출하는 정부의 보조.
(2) 음식과 노동을 거래하는 사적 시장의 작동.
(3) 통상적인 거래와 사업에 대한 의존.

서로 다른 사회제도들의 각각의 역할을 통합하는 것—비시장 메커니즘뿐만 아니라 시장을 포함한—은 경제발전 일반과 마찬가지로 기근 방지에 대한 폭넓은 접근법에서도 중요하다.

민주주의와 기근 방지

이 책의 앞부분에서 민주주의가 기근 방지에서 하는 역할을 언급했다. 이 주장은 선거, 복수정당제 그리고 언론의 탐사보도 등으로 만들어지는 정치적 인센티브와 특히 관련 있다. 잘 작동하는 복수정당제의 민주주의 사회에서 기근이 일어나지 않았다는 것은 사실이다.

이 역사적 관찰은 인과적인 것인가, 아니면 우연적인 것인가? 민주적인 정치적 권리와 기근의 방지 사이의 연관관계가 '가짜 상관관계'일 가능성은 대부분 민주주의 국가들이 부유하기 때문에 다른 이유로 기근이 일어나지 않을 것이라고 생각하면 그럴듯하게 느껴진다. 하지만 기근은 인도, 보츠와나, 짐바브웨처럼 가난한 민주주의 국가에서도 일어나지 않았다.

사실 가난한 민주주의 국가에서 종종 비민주적 국가에 비해 식량 생산과 공급이 크게 감소하고 인구의 상당수가 구매력을 잃는 일도 있었다. 하지만 독재국가가 큰 기근을 겪을 때 민주주의 국가들은 더 열악한 식량 상황에도 불구하고 기근을 피하는 데 성공했다. 예를 들어 1979~1981년과 1983~1984년 사이 보츠와나에서는 식량 생산량이 17퍼센트 줄었고 짐바브웨에서는 38퍼센트가 줄었지만, 같은 시기에 수단과 에티오피아에서는 감소량이 11 내지 12퍼센트에 지나지 않았다. 그러나 상대적으로 식량 생산 감소량이 더 적은 수단과 에티오피아가 대규모 기근에 시달린 반면 보츠와나와 짐바브웨에서는 기근이 없었는데, 이는 이 나라들에서 적절하고 광범위한 기근 방지 정책을 내놓았기 때문이다.[33]

보츠와나와 짐바브웨 정부가 적절한 조치를 취하지 못했다면 이들은 야당의 가혹한 비판과 압력, 언론의 집중 포화를 감당해야 했을 것이다. 이와는 달리 에티오피아와 수단의 정부는 이런 걱정을 할 필요가 없었고, 민주제도가 제공하는 정치적 인센티브가 전적으로 결여되어 있었다. 수단과 에티오피아 그리고 사하라 남부 아프리카 대부분의 나라에서 기근은 권위주의 정부의 지도자들이 향유하는 이러한 정치적 면죄부 때문에 방치된다. 이것은 북한의 현재 상황에도 적용되는 것으로 보인다.

사실 기근은 심각한 타격을 입은 집단의 구매력을 재생시켜줌으로써 아주 쉽게 막을 수 있고, 이것은 앞에서 보았듯이 단기적인 공공 프로젝트를 통한 비상 고용 창출을 비롯하여 다양한 프로그램을 통해 성취할 수 있다. 독립 이후의 인도는 여러 번 식량 생산량과 이용 가능한 식량이 크게 감소했고, 대규모 인구가 경제적 지급 능력을 상실하는 사태를 겪었다. 그럼에도 잠재적인 기근 희생자들에게 고용 창출을 위한 프로젝트와 다른 수단을 통해 임금을 지급하여 식량을 구매할 '역량'을 제공함으로써 기근을 막아낼 수 있었다. 소득이 없거나 아주 적은 사람들이 소득을 얻게 해주는 것이 중요한데, 잠재적인 기근 희생자들이 식량을 살 경제력을 가진다면 기근으로 타격을 입은 지역에 더 많은 식량을 공급함으로써 기근을 완화시킬 수 있다는 것은 명백하다. 하지만 식량의 수입이 전혀 없더라도 궁핍해진 사람들이 소득을 창출하게 되면 그 자체로 식량의 분배를 조절하기 때문에 굶주림을 완화시킬 수 있다.[34]

1973년 인도 마하라슈트라의 가뭄은 매우 심각해서 이 지역의 식량 생산량은 사하라 남부 아프리카의 절반 수준이었다. 하지만 마하라슈트라에서 기근은 없었는데(급히 만들어낸 공공 프로젝트를 통해 500만의 사람들을 고용했다), 사하라 남부 아프리카에서는 큰 기근이 발생했다.[35] 기근 방지에 대한 여러 나라의 경험을 비교하는 것은 민주주의의 방지 기능을 강력하게 드러내지만, 이와 별도로 이 과정은 한 나라가 민주주의로 이행하는 것과 관련해 흥미로운 증거이기도 하다. 예를 들어 인도는 1947년 독립할 때까지 기근을 경험해야 했다. 가장 큰 기근 중 하나였던 마지막 기근은 1943년 봄과 여름에 발생한 벵골 기근이었다(나는 아홉 살 때 그 가혹함을 경험했다). 이 기근으로 대략 200만에서 300만의 사람이 사망한 것으로 추산된다. 독립과 복수정당제 민주주의 체제의 정착 이후, 작황의 실패와 대규모의 구매력 상실이 있었음에도(예를 들어 1968, 1973, 1979, 1987년) 인도에는 어떤 실질적인 기근도 없었다.

인센티브, 정보, 그리고 기근의 방지

민주주의와 기근의 부재 사이의 인과적 관계는 알아차리기 쉽다. 기근은 여러 나라에서 수백만의 사람들을 죽이지만, 지배자가 죽는 일은 없다. 왕과 대통령, 관료들과 우두머리, 군부 지도자와 장군들은 기근의 희생자가 되지 않는다. 만일 선거도 없고 야당도 없고 검열 받지 않는 공개적 비판도 없다면, 권력을 쥔 자들은 기근을 막지 못한 실패에 대해 정치적 책임을 질 이유가 없다. 민주주의는 이와 달리 기근의 책임을 지도층과 정치 지도자에게 돌린다. 이 때문에 이들은 예측되는 기근을 막기 위한 정치적 인센티브를 갖게 된다. 사실 기근은 막기 쉽기 때문에(이 단계에서 경제적 주장은 정치적 주장으로 바뀌게 된다), 충분히 사전에 막을 수 있다.

두 번째 논점은 정보와 관련된 것이다. 자유로운 언론과 민주주의의 실천은 기근 방지 대책에 엄청난 영향을 주는 정보를 전파하는 데 크게 기여한다(예를 들어 가뭄이나 홍수의 초기 효과나 실업의 특징과 영향에 대한 정보). 멀리 떨어진 지역에서 발생하려는 기근에 대해 기초 정보를 제공하는 가장 기본적인 원천은 뉴스 미디어다. 특히 정부를 당황스럽게 할 수 있는 정보를 전달하는 데 대한 인센티브—민주주의 체제가 제공하는—가 있을 때 그러하다(아마도 권위주의 정부는 이를 통제하려고 할 것이다). 사실상 나는 자유 언론과 활발한 정치적 비판이 기근의 위협을 받는 나라가 가질 수 있는 최고의 조기 경보 체제라고 주장하고 싶다.

정치적 권리와 경제적 필요 사이의 연관성은 1958~1961년 중국의 대규모 기근을 특별한 맥락에서 고찰해봄으로써 잘 조명할 수 있다. 최근의 경제개혁 이전에도 중국은 여러 측면에서 인도보다 더 성공적으로 경제발전을 이루었다. 예를 들어 중국의 평균수명은 인도보다 높았으며 1979년 개혁 이전에도 이미 최고치에 가까웠다(약 70세 정도). 그럼에도 중국은 기근을 막는 데 실패했다. 1958~1961년 사이에 약 3천만 명이 기근 때문에 사망한 것으로 추산되는데, 1943년 영국령 인도의 대규모 기근 사망자의 열 배 규모다.[36]

1950년대 후반부터 시작된 이른바 대약진운동은 크게 실패했다. 하지만 중국 정부는 이 사실을 인정하지 않았고, 3년이나 더 이 파산한 정책을 교조적으로 추구했다. 주기적으로 선거를 치르고 독립적인 언론을 가진 나라에서는 이런 사태를 상상할 수도 없다. 정부가 언론을 통제했기 때문에 이 끔찍한 재난 기간 동안 정부는 언론으로부터 어떤 압력도 받지 않았다. 또 야당이 존재하지 않아 야당의 압력도 없었다.

뉴스가 자유롭게 전달되는 시스템의 부재는 정부를 잘못된 방향으로 이끌었다. 이 정부는 베이징의 인정을 받고자 경쟁하는 지방 관료들의 장밋빛 보고와 스스로의 선전에 속게 되었다. 사실 기근이 절정에 다다랐을 때 중국 정부는 실제 보유했던 것보다 1억 톤 이상의 곡물이 더 있다고 착각했다.[37]

흥미롭게도 마오쩌둥은 자신의 급진적 희망과 신념이 대약진운동을 촉발하고 지속시켰음에도 일단 뒤늦게 그 운동이 실패했다는 사실을 알아차린 후에는 민주주의의 정보생산 역할을 인정했다. 1962년 수천만의 사람을 죽인 기근이 지난 후, 마오는 7천 명의 간부가 모였을 때 다음과 같이 말했다.

민주주의가 없다면 아래서 무슨 일이 일어나는지 알지 못한다. 상황은 불

명확할 것이고 모든 측면에서 충분한 의견을 모을 수도 없다. 또 위와 아래 사이에도 의사소통이 있을 수 없다. 최고위의 지도자 조직은 일방적이고 부정확한 자료에 의존해 결정을 내려야 하며, 그 결과 주관주의자가 되는 것을 피하는 게 어려워진다. 이해의 통합과 행위의 통합을 성취하는 게 불가능할 것이며, 진정한 중앙 집권주의를 성취하는 것도 불가능해진다.[38]

마오쩌둥이 여기에서 민주주의를 옹호하는 것은 꽤 제한적이다. 오직 정보적 측면에만 초점을 맞추었을 뿐, 그 인센티브의 역할 그리고 민주주의의 내재적이고 구성적인 중요성은 무시했다.[39] 그럼에도 마오쩌둥 자신이 중국이 경험한 것과 같은 재난을 피하는 데 있어서 민주적 체제가 제공하는 정보적 연결고리를 인정하고, 그것이 결여되자 얼마나 끔찍한 공공정책이 야기되었는지를 스스로 인정했다는 점은 아주 흥미롭다.

민주주의의 보호적 역할

이 문제는 지금의 세계에서, 심지어 경제적으로 성공한 오늘의 중국에서도 여전히 유효하다. 1979년 경제개혁 이후 중국의 공식적 입장은 경제적 인센티브의 중요성을 인정했으나 정치적 인센티브의 역할에 대해서는 그렇지 않았다. 상황이 합리적으로 잘 풀릴 때 민주주의가 할 수 있는 역할은 크게 아쉽지 않지만, 커다란 정책적 오류가 발생했을 때 이 공백은 꽤 큰 재난이 될 수 있다. 오늘날 중국에서 민주화운동의 중요성은 이런 점에서 판단되어야 한다.

또 다른 일련의 사례는 사하라 남부 아프리카에서 볼 수 있는데, 이곳은 1970년대 초 이후부터 지속적으로 기근에 시달려왔다. 이 지역의 기근에는 여러 요소들이 얽혀 있는데, 기후 악화라는 생태적 문제부터(작황을 불확실하게 한다) 끊이지 않는 전쟁과 분쟁의 부정적 효과까지 포함된다. 그러나 이 지역의 많은 국가가 권위주의적인 성격을 가졌다는 점도 잦은 기근의 발생과 깊은 관련이 있다.[40]

민족주의 운동은 확고하게 반식민주의적이지만, 항상 민주주의를 지향하지는 않는다. 이 지역의 나라들에서 민주주의의 가치에 대한 주장이 정치적으로 존중받기 시작한 것은 최근의 일이다. 이러한 정치적 환경 속에서 냉전은 전혀 도움이 되지 않았다. 미국과 서방 세계는 충분히 반공주의적이면 비민주적 정부라도 기꺼이 지지했고, 소련과 중국은 국내정책에서 얼마나 반평등주의적이든간에 자신들의 편에 서는 정부를 후원했다. 그 때문에 야당이 추방되고 언론이 탄압받았을 때 국제적 항의는 거의 없었다.

아프리카의 몇몇 일당제 국가에서도 재난과 기근을 막기 위해 진지하게 노력했다는 사실을 부인할 수는 없다. 소국인 카보베르데Cape Verde나 정치적 실험을 하는 탄자니아에 이르기까지 여러 사례들이 여기에 포함된다. 하지만 야당의 부재와 자유언론의 탄압은 정부를 비판과 정치적 압력으로부터 자유롭게 만들며 그로 인해 정부는 사태에 무감각해지고 완강하게 정책을 고수한다. 기근은 당연한 것으로 여겨지며 그 책임을 자연적 원인이나 다른 나라의 배신 탓으로 돌리는 경우가 많다. 수단, 소말리아, 에티오피아 그리고 사헬 지역의 여러 나라들은 야당과 뉴스 매체가 없을 때 상황이 얼마나 나빠질 수 있는지를 다양한 방식으로 명백하게 보여주었다.

이 지역의 기근이 작황의 실패와 관련이 있다는 것을 부인하려는 것은 아니다. 작황이 실패하면 식량 공급에 차질을 빚을 뿐 아니라 많은 사람들이 실업자가 되고 생계가 위협 받는다. 하지만 작황의 실패는 공공정책과도 무관하지 않다(정부가 상대 가격을 고정하거나 관개와 농업 개발에 관한 정책을 펴는 것처럼). 더 나아가 작황이 실패했더라도 고용 창출을 포함해 신중한 재분배 정책을 통해서 기근은 피할 수 있다. 사실 앞에서 논의한 것처럼 보츠와나, 인도, 짐바브웨 같은 민주정부는 식량 생산이 급격하게 감소하고 국민 다수의 경제적 역량이 박탈되었음에도 기근을 막는 데 성공했다. 이에 반해 더 나은 식량 사정에도 불구하고 비민주주의 국가는 기근을 막는 데 실패하곤 했다. 따라서 민주주의가 오늘날 세계에서도 기근을 막는 데 매우 적극적인 역할을 할 수 있다는 결론은 불합리하지 않을 것이다.

투명성, 안전 그리고 아시아 경제위기

민주주의의 재난 방지 기능은 도구적 자유의 여러 유형 중 '안전보장'이라고 불리는 것에 대한 요구와 잘 맞아떨어진다. 다당제 선거와 개방적인 언론을 포함하는 민주적 통치는 기본적인 안전보장을 위한 제도들을 정착시킨다. 사실 기근의 발생은 민주주의의 사회보호 기능의 범위에 들어가는 한 가지 사례일 뿐이다. 정치적·시민적 권리의 긍정적인 역할은 일반적인 경제적·사회적 재난을 방지하는 데에도 적용된다.

상황이 안정적으로 잘 흘러갈 때 이러한 민주주의의 도구적 역할은 특별히 아쉬울 게 없다. 하지만 상황이 악화되면 어떤 이유로건 이것이 전면에 드러난다. 그렇게 되면 민주적 통치가 제공하는 정치적 인센티브는 커다란 실용적 의미를 갖게 된다. 여기에는 정치적인 것뿐 아니라 경제적으로 중요한 교훈도 있다. 많은 경제관료들은 시장 시스템이 제공하는 경제적 인센티브의 활용을 권고하면서 민주적 체제가 보장하는 정치적 인센티브를 무시한다. 하지만 경제적 인센티브는 그 자체로 중요하지만 정치적 인센티브를 대체할 수 없으며, 적절한 정치적 인센티브의 결여는 경제적 유인책의 작동으로는 채울 수 없는 공백이다.

이것은 중요한 문제인데, 경제나 다른 상황의 변화나 정책의 실패로 인한 안전의 위험은 겉으로는 건강해 보이는 경제의 배후에 도사리고 있을 수 있기 때문이다. 동아시아와 동남아시아에서 최근 겪은 문제는 다른 무엇보다도 비민주적 통치의 위험성을 보여준다. 이것은 두 가지 측면에서 그러한데, 바로 앞에서 논의한 두 가지 도구적 자유 즉 '안전보장'(지금 검토하고 있는 것)과 '투명성 보장'(안전의 보장과 경제적 정치적 행위자들에 대한 인센티브에서 중요한 것)을 무시하는 것이다.

먼저 이 지역 경제에서 금융 위기가 발생한 것은 사업에서 투명성의 결여와 깊게 관련되어 있는데, 금융과 산업 분야에 공공의 참여가 결여된 점이 특히 그렇다. 효율적인 민주적 토론의 부재는 이런 실패와 관련 있다. 선택된 가문이나 집단의 지배권에 도전하는 민주적 과정은 어떤 기회를 제공할 수 있었고, 이는 큰 차이를 만들었을 것이다.

IMF는 금융개혁을 할 때 상당한 강도로, 정해진 방식대로 추진하려고 애썼는데, 이 문제는 이 지역경제의 특징인 개방성과 정보공개disclosure의 결여 그리고 비양심적인 경제적 야합과 관련 있다. 이러한 특성들은 투명하지 못한 거래 관행과 깊이 얽혀 있다. 예금자가 자신의 돈을 은행에 맡길 때, 이들은 자신의 돈을 부적절한 리스크없이 쉽게 찾을 수 있을 것이라 기대하게 된다. 하지만 이러한 신뢰가 종종 깨졌기에 변화가 필요했다. 나는 IMF의 위기관리가 정확히 옳았는지 혹은 즉각적인 개혁에 대한 요구를 재정적 신뢰가 회복된 뒤로 미룰 수 있었는지에 대해서는 논평하지 않겠다.[41] 하지만 이러한 조정이 얼마나 잘되었건 간에, 아시아의 위기에서 투명성의 보장 혹은 그 부재가 갖는 역할은 쉽게 무시할 수 없다.

부적절하고 위험한 투자의 양태는 인도네시아나 한국에서 민주적 비판자가 그것을 요구했다면 더 성실하게 조사될 수 있었다. 하지만 두 나라는 정부의 바깥에서 오는 그러한 요구를 허용할 민주적 체제를 갖고 있지 않았다. 도전받지 않는 통치권력은 쉽게 무책임과 불투명성에 빠져들며, 이것은 종종 정부와 금융계의 거물들 사이의 강력한 유착 관계 때문에 더 강화되곤 한다. 경제위기의 발생에 있어서 정부의 비민주적 특성은 중요한 역할을 했다.

둘째, 일단 금융 위기가 일반적인 경기 후퇴로 이어지면 민주주의의 보호력은 크게 아쉬워진다—이것은 민주주의 국가에서 기근을 막는 것과 크게 다르지 않다. 궁핍해진 사람들은 그들이 필요로 하는 발언기회를 갖지 못한다.[42] 수십 년간 매년 5~10퍼센트의 경제성장을 경험한 뒤라면 GNP의 하락, 예를 들어 약 10퍼센트 정도의 하락은 그다지 큰 문제가 아니다. 하지만 그러한 위축이 주는 부담이 모든 이에게 공유되지 않고 가장 취약한 계층의 사람들에게만 몰린다면—실업자나 최근 경제적으로 잉여 인력이 된 사람들—이 하락은 수백만의 사람들을 경제적 곤경에 빠뜨린다. 인도네시아에서 가장 타격을 입기 쉬웠던 사람들은 상황이 계속 좋아질 때는 민주주의를 아쉬워하지 않았겠지만 바로 그 공백 때문에 위기가 불평등하게 분담될 때 이들의 목소리는 묻히고 별 효력을 갖지 못했다. 민주주의의 보호적 역할은 그것이 가장 필요할 때 가장 아쉽게 마련이다.

맺음말

발전의 도전 과제는 만성적이고 고질적인 박탈을 제거하는 것과 함께 갑작스럽고 가혹한 궁핍을 막는 것도 포함한다. 그러나 이 두 가지에 대한 제도와 정책의 요구는 서로 구별되며 심지어 다르기까지 하다. 한 분야의 성공이 다른 분야의 성공을 보장해주지는 못한다. 예를 들어 지난 반세기 동안 중국과 인도의 정책을 비교해보자. 중국이 인도보다 평균수명을 높이고 사망률을 낮추는 데 더 성공한 것은 분명하다. 사실 이러한 우위는 1979년의 경제개혁 이전으로까지 거슬러 올라간다(중국의 전반적인 평균수명 개선은 사실 개혁 이전의 시기보다 개혁 이후 더 느려졌다). 인도가 중국보다 더 복잡한 국가이고, 중국보다 더 빠르게 평균수명이 상승한 지역(예를 들어 케랄라)이 있음에도 불구하고 전체적으로 두 나라의 평균수명을 비교하면 확실히 중국이 훨씬 앞선 결과를 보여준다. 하지만 이 장에서 보았듯이 중국은 역사에서 기록된 최악의 기근을 겪었다. 1958~1961년 사이 대약진운동의 실패로 인한 기근 때문에 3천만 명의 사람이 사망했다. 이와 달리 인도는 독립 이후 기근을 겪지 않았다. 기근과 기타 재난 위기의 방지는 평균수명이나 기타 성취에서 전반적인 상승과는 구별되는 분야다.

불평등은 기근과 기타 가혹한 위기의 전개에서 중요한 역할을 한다. 사실 민주주의의 결여는 정치적 권리와 권력의 분배라는 측면에서 그 자체로 불평등이다. 그러나 더 중요한 것은 기근과 기타 위기가 심각한 그리고 종종 급속도로 증대되는 불평등 위에서 판을 친다는 것이다. 이는 총 식량 공급량이 크게 (혹은 전혀) 감소하지 않아도 기근이 일어날 수 있다는 사실에서 입증된다. 왜냐하면 일부 집단은 갑작스럽게 시장에서 힘을 상실할 수 있고(예를 들자면 급작스러운 대규모의 해고 사태), 이러한 새로운 불평등을 통해서 기아 사태가 야기되기 때문이다.[43]

비슷한 문제의식이 최근 동아시아와 동남아시아에서 겪은 경제위기의 성질을 이해하는 데도 적용된다. 예를 들어 인도네시아, 태국 그리고 한국의 사례를 들어보자. 이 나라들이 수십 년간 매해 5~10퍼센트의 GNP 성장을 보인 만큼 한 해에 5~10퍼센트의 GNP 하락이 왜 그리 재앙적이었는지 궁금할 수 있다. 사실 총합의 수준에서 보면 이것은 본질적으로 재난 상황은 아니다. 그러나 5~10퍼센트의 하락이 국민들 사이에서 균등하게 분배되지 않고 가장 가난한 사람들에게 그 부담이 집중된다면, 그 집단은 소득을 거의 얻지 못하게 된다(과거에 전반적인 성장이 얼마나 훌륭했느냐와 상관없이). 그러한 전반적인 경제위기는 마치 기근처럼 뒤처진 사람만 덥치는 것이다. 이것은 부분적으로는 사회적 안전망의 형태로 '안전보장'의 제도가 왜 중요한 도구적 자유인지를 보여주며(제2장에서 말한 것처럼) 왜 시민권 및 무제약과 함께 참여적 기회라는 형태의 정치적 자유가 경제적 권리와 생존에서 궁극적으로 중요한지를 보여준다(제6장과 이 장의 앞부분에서 논의한 것처럼).

불평등의 문제는 물론 만성적인 고질적 빈곤에서도 중요하다. 하지만 지속적인 박탈과 갑작스런 궁핍은 불평등의 성질—과 인과적 영향—이 서로 다르다. 예를 들어 한국이 상대적으로 평등한 소득 분배와 함께 경제성장을 이루었다는 사실은 널리 그리고 정당하게 인정받는다.[44] 그러나 이 나라는 민주정치가 부재한 가운데, 위기 상황에서 모두가 공정한 정치적 관심을 보장받지 못했다. 특히 이 나라는 어떤 사회적 안전망도, 보충적인 보호를 위한 빠른 반응 체계도 마련하지 않았다. '평등과 함께한 성장'이라는 예전 경험에도 불구하고 새로운 불평등과 거침없는 궁핍의 사태는 나타날 수 있다.

이 장에서는 기근을 피하고 끔찍한 위기를 막는 문제에 주로 집중했다. 이것은 자유로서의 발전에서 중요한 부분인데, 시민들이 향유하는 안전과 보호의 확장을 포함하기 때문이다. 이 연관관계는 구성적이면서 도구적이다. 먼저 기아, 전염병, 기타 가혹하면서 갑작스러운 박탈을 막는 것은 그 자체로 안전하게 잘살기 위한 기회를 증진시키는 것이다. 둘째, 기근과 기타 위기를 막는 과정은 공개된 토론, 공공의 검토, 선거정치, 검열 받지 않는 매체를 포함하는 각종 도구적 자유의 활용에 크게 도움을 받는다. 예를 들어 민주주의 국가에서 개방적이고 비판적인 정치는 정부가 기근을 막는 데 적절하고 효과적인 조치를 취하도록 강요하며, 이것은 비민주적 제도 아래에서는 일어나기 힘들다. 과거의 중국, 캄보디아, 에티오피아, 소말리아 그리고 현재의 북한이나 수단 어디에서건 말이다. 발전에는 여러 측면이 있으며 이것들을 분석하고 검토할 때에는 적절하게 구별할 필요가 있다.

8장
여성의 행위주체성과 사회변화

여성의 경제적 참여는 그 자체로 보상인 동시에 (가족의 의사결정에서 여성의 처우에 대한 성적 편향을 감소시키는 것과 함께) 일반적으로 사회적 변화를 가져오는 주요한 요인이다. 방글라데시에서 그라민 은행이 거둔 놀라운 성공은 그 좋은 사례다. 이 통찰력 있는 소액대출운동은 무함마드 유누스Muhammad Yunus가 주도했는데, 여성들에 대한 대출에 특별한 노력을 기울였다. 그럼으로써 여성들이 지역 금융시장에서 차별을 받아 겪는 불이익을 없애려 했다. 그 결과 그라민 은행의 고객 중 여성이 높은 비율을 차지했다.

메리 울스턴크래프트Mary Wollstonecraft의 고전적 저작『여성의 권리 옹호A Vindication of the Right of Woman』(1792)는 그녀가 제시하는 '옹호'의 일반적인 기획 아래 다양한 주장을 담고 있다. 그녀가 언급했던 권리에는 여성의 복지(그리고 그러한 복지를 직접적으로 진작시키는 권한)에 관련된 것뿐만 아니라 여성의 자유로운 활동과 관련한 권리 역시 포함되어 있다.

이 두 가지 특성은 오늘날 여성운동의 의제에서 모두 드러나지만, 초기에는 복지 측면에만 관심이 집중되었다가 이제야 행위주체로서의 측면이 주목받기 시작했다고 말하는 게 옳을 듯하다. 그리 오래지 않은 과거에 여성운동이 직면한 과제는 주로 여성에 대한 더 나은 대우, 즉 공정한 정책을 성취하는 것이었다. 그러므로 주된 관심은 대체로 여성의 복지에 있었고, 이것은 반드시 개선되어야 했다. 그러나 여성 운동의 목표는 이러한 '복리주의'를 넘어서서 점점 진화하고 확장되어 여성 주체의 능동적 역할을 통합하고 강조하는 것으로 옮겨왔다. 여성은 더 이상 복리 증진의 도움을 받는 수동적 수혜자가 아니며, 남성이나 여성 스스로에게 변화의 능동적 주체로 간주된다. 여성과 남성 모두의 삶을 변화시킬 수 있는 사회 변혁

을 일으킬 역동적 주체인 것이다.[1]

행위주체성과 복리

종종 이 두 가지 접근법이 겹치기 때문에 여성 주체에 대한 관심과 강조의 변화가 갖는 성격이 간과되곤 했다. 여성의 능동적 활동이라는 관점에서, 여성의 복리를 고사시키고 불평등한 대우에 종속시키는 많은 불평등을 바꾸는 것은 긴급한 문제이며 간과할 수 없다. 따라서 행위주체의 역할은 여성의 복리에도 역시 관심을 기울인다. 마찬가지로 여성의 복리를 증진시키려는 실질적인 시도는 그러한 변화를 야기하는 여성 자신의 주체적 활동에 기댈 수밖에 없다. 따라서 여성운동에서 복리의 측면이나 주체성의 측면은 필연적으로 실질적인 교집합을 갖는다. 그러나 이들은 토대가 서로 다를 수밖에 없는데, '주체'로서 한 개인의 역할은 근본적으로 '수혜자'로서의 역할과 구별되기 때문이다(전적으로 독립적인 것은 아니라고 하더라도).[2] 주체가 그녀 자신을 수혜자로 봐야 할 수도 있다는 사실은 한 개인의 주체성에 수반되는 책임성이나 여타 측면들을 변화시키지 않는다.

복리를 경험하고 향유하는 실체로서 개인을 바라보는 것은 중요한 인식이지만 여기에서 멈추는 것은 여성들의 특성에 대한 매우 제한된 관점밖에 되지 않는다. 따라서 주체적 역할을 이해하는 것은 사람들을 책임감 있는 개인으로 인식할 때 핵심적이다. 우리는 건강하거나 아플 수도 있지만 또한 행동하거나 행동하기를 거부할 수도 있고, 어떤 특정한 방식이 아니라 다른 방식으로 행동하기를 선택할 수도 있다. 따라서 우리—여성과 남성—는 어떤 일을 하거나 하지 않는 것에 대해 책임을 져야 한다. 이런 관점은 차이를 만들어내며, 우리는 그 차이에 주목해야 한다. 이러한 기본적 인식은 원리적으로는 매우 단순하지만 사회적 분석 그리고 실제적 사고와 실천에서 정확한 함의가 있다.

따라서 여성운동에서 초점이 변하는 것은 이전의 관심사에 대해 중요한 요소를 추가하는 것이며, 예전의 관심사를 부정하는 것이 아니다. 여성의 복리라는 과거의 초점, 혹은 더 정확히 말해 여성의 '불행'에 대한 관심은 물론 무의미하지 않다. 여성의 복지에서 상대적 박탈은 우리가 사는 이 세계에 존재해왔고 지금도 그러하며, 여성을 위한 정의를 포함하여 명백히 사회정의에서 중요한 문제다. 예를 들어 아시아와 북아프리카에서 생물학적 지식과는 모순되는 (사회적으로 야기된) 여성의 '과도한 사망률'을 확인시켜주는 증거들이 많은데, 여기에는 엄청난 수의 '사라진 여성'들이 있다. 보건과 기타 필수품을 분배할 때 성 차별의 결과로 목숨을 잃었다는 의미에서 '사라진' 사람들이다(이에 대해선 《영국 의학 저널》 1992년 3월호에 실린 나의 논문 「사라진 여성들」을 보라).[3] 이 문제는 여성의 복지를 위해서 그리고 여성을 '보통 이하'로 대우하는 것을 이해하기 위해서 의심할 바 없이 중요하다. 또한 전 세계적으로 여성의 요구가 문화적으로 무시되어 왔다는 것을 보여주는 압도적인 지표들이 있다. 그러므로 이러한 박탈을 드러내고 이 불평등의 제거를 확고하게 의제로 설정해야 할 이유가 충분하다.

하지만 여성의 능동적 활동에 부여된 제한적 역할이 모든 사람들—남성과 여성, 어른과 아이—의 삶에 심각하게 영향을 준다는 것 또한 사실이다. 여성의 복지와 불행에 대해 관심을 소홀히 하지 않고 여성의 고난과 박탈에 대해 지속적으로 주목해야 할 충분한 이유가 있다. 그러나 마찬가지로 여성에 대한 의제에서 주체 중심적인 접근법을 취하는 것은 긴급하면서 기본적인 일이며, 특히 지금 이 시점에서 그럴 필요가 있다.

아마 여성의 주체성에 초점을 두어야 할 가장 직접적인 이유는 여성의 복지를 억압하는 불평등을 제거하는 데 그러한 주체성이 기여할 수 있는 역할 때문일 것이다. 최근의 실증적 연구를 보면, 여성이 독립적인 소득을 얻고 집 밖에서 일자리를 찾으며, 소유권을 얻고 글을 읽고 쓰며, 가정의 안팎에서 결정하는 데 지식을 바탕으로 참여할 여성의 능력과 같은 변수들이 어떻게 여성의 복지에 대한 상대적 존중과 관심에 영향을 끼치는지를 알 수 있다. 개발도상국에서 여성은 남성에 비해 생존하는 데 불리하다. 하지만 주체성의 측면에서 진보가 이루어짐으로써, 상대적 불리함은 급격히 줄어들고 심지어는 사라지기까지 한다.[4]

이러한 다양한 측면들(여성의 소득 능력, 가정 밖에서의 경제적 역할, 문자 해독 능력과 교육, 소유권 같은)은 처음에는 다소 이질적이고 산만해 보일 수 있다. 하지만 이것들의 공통점은 독립과 권한의 획득을 통해 여성의 발언과 활동에 기여한다는 것이다. 예를 들어 가정 밖에서 일하며 독립적인 소득을 얻는 것은 가정과 사회에서 여성의 사회적 지위를 향상시키는 데 직접적인 영향을 준다. 다른 이들에게 덜 의존하기 때문에 가정을 번영시키는 데 여성이 기여하는 바가 가시적으로 보이게 되며, 그로써 더 많은 발언권을 얻을 수 있게 된다. 더 나아가 외부 취업은 종종 유용한 '교육적' 효과도 지닌다. 가정 밖의 세계에 노출된다는 이유에서인데, 이를 통해 여성의 활동성은 더욱 효과적이 된다. 마찬가지로 여성의 교육 역시 활동성을 강화하며 더욱 숙련된 것이 되게 한다. 소유권 또한 여성이 가정 안에서 강력한 의사결정권을 갖게 한다.

연구에서 확인되는 이런 다양한 변수들은 여성의 권한을 강화하는 데 통일된 기능을 가진다. 이 연구의 역할은 여성의 권력—경제적 독립과 사회적 해방—이 가정 내부와 사회 전체를 분할하여 지배하는 힘과 조직 원리에 심대한 충격을 주며, 특히 암묵적으로 여성의 '권한'으로 받아들여지는 것에 영향을 준다는 사실을 인식하도록 해주는 데 있다.[5]

협력적 갈등

이 과정을 이해하기 위해 우리는 여성과 남성 모두가 가정생활에 영향을 주는 사안에 대해 조화와 갈등을 모두 겪는다는 점을 주목하는 데서 시작할 수 있다. 가정의 의사결정은 따라서 동의된 해법—종종 암묵적이다—에 따라 갈등의 측면에 대해서 협력을 추구하는 형태를 띠게 된다. 이러한 '협력적 갈등'은 많은 집단 관계의 일반적 특징이다. 협력적 갈등에 대한 분석은 여성이 가정 안의 분배에서 얻게 되는 '대우'에 대한 영향력을 이해하는 데 유용한 방법을 제공한다. 대체로 암묵적으로 합의된 행동양식을 따름으로써 양측이 얻게 되는 이익이 있다. 하지만 대안적 합의가 가능하기도 하다—어떤 것은 한쪽보다 다른 쪽에 더 유리하다. 일련의 대안적 가능성들 중에서 이러한 협력적 조정을 선택하는 것은 공동의 혜택에 대한 특정한 분배로 이어진다.[6]

가정생활에서 부분적으로 서로 다른 이익 사이의 갈등이 벌어질 경우, 보통은 평등할 수도 있고 그렇지 않을 수도 있는 암묵적으로 합의된 행동양식을 통해 갈등이 해소된다. 가정생활의 본성 자체—집을 공유하고 공동생활을 영위하는—는 갈등의 요소가 명시적으로 드러나지 않도록 하기에(갈등에 대해 진지해지는 것은 통합의 '실패'를 보여주는 신호로 보일 수 있다), 종종 곤궁한 여성은 자신의 상대적 박탈의 정도를 명확히 평가하지 못할 수 있다. 마찬가지로 누가 얼마나 '생산적인' 작업을 했는가, 또는 누가 가족의 번영에 얼마나 '기여했는가'를 인지하는 것은 매우 중요할 수 있다. '기여'와 '생산성'을 어떻게 평가할 것인지 그 '이론'을 명시적으로 논의하는 일은 거의 없지만 말이다.

획득권한의 인지

개인적 기여, 그리고 여성과 남성의 적절한 획득권한에 대한 인지는 여성과 남성이 가정 내에서 공동의 혜택을 나누는 데 중요한 역할을 한다.[7] 그러므로 기여와 적절한 권한을 인지하는 데 영향을 주는 환경(독립적인 소득을 올리거나 외부 취업을 하거나 교육받거나 소유물을 가질 수 있는 여성의 능력과 같은)은 이러한 혜택의 분배에서 중요한 역할을 한다. 따라서 여성의 힘과 독립적인 활동의 영향력이 강화되는 것은 남성에 의해 여성의 삶과 복지가 손상되는 불평등도 교정한다. 여성이 더욱 강력한 활동을 통해 구할 수 있는 삶에는 확실히 그들 자신의 것이 포함된다.[8]

그러나 이것이 전부가 아니다. 여기에는 다른—남성과 아이들의—삶도 포함된다. 가족 내부에서 이런 삶의 변화는 아이들에게도 영향을 미치는데, 가족 내부에서 여성의 권한 강화가 아동사망률을 의미심장하게 감소시킨다는 증거가 상당하기 때문이다. 이를 넘어서 교육과 취업으로 강화된 여성의 활동과 발언은 이번에는 다양한 사회적 주제에 대한 공적 토론의 성격에도 영향을 끼치는데, 여기에는 수용 가능한 출산율(특정 여성의 가정만의 문제가 아니라)과 환경적 문제들이 포함된다.

여기에는 또한 음식, 의료, 기타 물자의 가정 내 분배라는 중요한 문제가 있다. 많은 것이 가정의 경제적 수단을 어떻게 활용해 가구 내의 서로 다른 개인들, 즉 여성과 남성, 소녀와 소년, 아이와 어른, 노인과 청년 등의 이익을 충족시킬까에 달려 있다.[9]

가족 내부에서 혜택의 분배는 상당한 정도로 기존의 관행에 따라 이루어진다. 이것은 또한 여성의 경제적 역할과 힘, 그리고 공동체 일반의 가치체계 같은 요소에 의해서도 결정된다.[10] 가족 내 분배의 가치체계와 관행이 진화하면서 여성 교육, 여성 취업, 여성 소유권이 큰 역할을 할 수 있으며, 이러한 '사회적' 측면은 가족 내의 서로 다른 구성원들의 경제적 부(복지나 자유 외에도)에서 핵심적일 수도 있다.[11]

이 책의 일반적 주제라는 맥락에서, 이 관계는 더 관심을 기울일 가치가 있다. 앞에서 논의했듯이 기근을 이해하는 가장 유용한 방법은 획득권한의 상실이라는 관점이다. 이것은 음식을 살 수 있는 실질적인 자유를 잃는 것이다. 이것은 한 단위로서의 가족이 소비할 수 있는 식량의 양이 급격히 줄어드는 것으로 이어진다. 가족 내에서 분배의 문제는 기근 상황에서 매우 심각해질 수도 있지만, 빈곤이 지속되는 상황에서 가족 내의 구성원의 영양실조와 굶주림을 결정하는 데 특히 중요하다. 그리고 이것은 많은 공동체에서 '정상적' 상황이다. 성적 불평등이 강하고 반여성적 편견을 가진 가난한 사회에서 가장 노골적이면서 지속적으로 드러나는 것이 바로 식량 분배―그리고 (아마도 더 심한) 의료―에서의 지속적인 불평등이다.

이러한 반여성적 편견은 여성의 사회적 지위와 경제력에 영향을 받는 것으로 보인다. 남성의 상대적 지배는 수많은 요인과 관련되어 있는데, 여기에는 경제력으로 가족들에게서 존경을 요구하는 '돈을 벌어오는 자'로서의 지위가 포함된다.[12] 이 동전의 반대편에는 여성이 가정 밖에서 돈을 벌 수 있고 또 실제로 벌어올 때 이것이 가정 내의 분배에서 여성의 상대적 지위를 강화시킨다는 상당한 증거가 있다.

여성은 가정에서 매일 오랜 시간을 일하지만 이 작업에는 보수가 따르지 않기 때문에, 가족들이 함께 증진시킨 부에 대해서 여성과 남성의 상대적 기여를 평가할 때 가사노동은 포함되지 않는다.[13] 그러나 여성이 취업하여 밖에서 임금을 벌어온다면 그녀가 가정 경제에 기여하는 바가 더욱 두드러진다. 여성의 향상된 지위는 심지어 여성 아동의 '몫'에 대한 생각에도 영향을 준다. 따라서 외부에서 일을 구하고 유지할 수 있는 자유는 여성의 상대적인—그리고 절대적인—박탈을 감소시키는 데 기여할 수 있다. 이렇듯 한 영역의 자유(외부 취업을 할 수 있는)는 다른 영역의 자유(굶주림, 질병, 상대적 박탈로부터의 자유를 확대함으로써)를 증진시키는 데 기여하는 것으로 보인다.

여성의 힘이 커지면 출산율이 하락하는 경향이 있다는 증거가 많다. 이것은 그렇게 놀랄 만한 일이 아니다. 잦은 출산과 양육 때문에 가장 심하게 타격을 받는 것은 젊은 여성들의 삶이며, 여성의 결정권을 강화시키고 그들의 이익에 대한 관심을 증대시키기는 것은 일반적으로 지나친 임신을 막는 경향이 있기 때문이다. 예를 들어 인도에서 약 300개의 지역에 대한 비교 연구에서 여성의 교육과 취업이 출산율을 감소시키는 데 가장 중요한 두 가지 요인이라는 점이 밝혀졌다.[14] (여성의 문자해독률과 취업을 포함해) 여성의 해방을 돕는 요소는 출산율에 상당한 변화를 가져온다. 나는 '세계 인구 문제'의 특성과 심각성을 평가하는 맥락에서 이 문제로 돌아올 것이다. 인구의 과잉으로 인한 일반적인 환경 문제는 여성과 남성 모두를 고통받게 하는데, 이것은 많은 개발도상국에서 젊은 여성들의 삶을 괴롭히는 끊임없는 출산과 양육으로부터의 자유와 밀접하게 관련이 있다.

아동의 생존과 여성의 활동

여성의 교육과 문자해독력이 아동사망률을 낮춘다는 증거가 많다. 이 영향력은 다양한 경로를 통해서 작동하는데, 아마도 가장 직접적으로는 어머니들이 아이의 복지 문제에 부여하는 중요성, 그리고 어머니들의 주체성이 존중받고 강화될 때 그 방향으로 가족의 결정에 영향력을 끼치기 때문일 것이다. 유사하게 여성의 권리 강화는 생존에서 성적 편향(특히 어린 소녀들에게 불리한)을 감소시키는 데 강력한 영향력을 지니는 것으로 보인다.

기본적으로 성 불평등이 있는 나라들—인도, 파키스탄, 방글라데시, 중국, 이란, 서아시아와 북아프리카의 여러 나라들—은 영아 및 아동기에서 유럽이나 미국, 사하라 남부 아프리카의 상황과는 대조적으로 여아사망률이 높게 나타난다. 인도에서 0~4세의 남아와 여아의 사망률은 나라 전체의 평균 사망률에서는 비슷하게 나타나지만 성적 불평등이 심각한 지역, 특히 북인도 지역에서는 상당한 편차가 존재한다.[15]

이 문제에 관한 흥미로운 연구 가운데 하나—맘타 무르디 Mamta Murthi, 안느카트린 구이오 Anne-Catherine Guio, 장 드레즈가 수행한 통계적 연구—는 1981년 인도의 인구조사에서 296개 지역의 자료를 다루었다.[16] 이후의 자료, 특히 1991년의 인구조사를 다루는 맘타 무르디와 장 드레즈의 후속 연구가 있는데, 이 연구는 1981년의 인구조사를 기반으로 발견한 내용을 더욱 명백하게 확인시켜준다.[17]

이 연구에서 서로 다른—그러나 서로 연관된—일련의 인과관계가 발견된다. 여기에서 설명해야 할 변수는 출산율, 아동사망률, 그리고 아동 생존에서 여아들의 불이익(0~4세 아동기에서 남아 대 여아사망률의 비율을 반영하는)을 서로 다른 지역들 사이에서 비교하는 것이다. 이 변수들은 인구 대비 여성의 문자해독률, 여성의 노동 참여, 빈곤의 정도(소득 수준), 도시화의 정도, 의료시설의 활용, 사회적 하층민의 비율(특정 카스트와 특정 부족) 등을 포함해서 잠재적인 설명력을 가진 지역 고유의 다른 변수들과 관련이 있다.[18]

대개 여성의 활동과 깊은 관련이 있는 이 변수들이 아동의 생존과 사망률에 대해 갖는 영향력에 대해 우리는 무엇을 기대할 수 있는가? 여기에서 변수는 문자해독과 교육 그리고 여성의 노동 참여다. 여성의 문자해독률과 교육 정도가 이 연관관계에서 전적으로 양의 상관관계로 나타나기를 기대하는 것은 자연스러울 것이다. 이에 대한 강력한 증거가 있다(여기에 대해 좀 더 이야기하겠다).

그러나 여성의 노동 참여의 사례를 사회적·경제적으로 분석할 때, 이 요소들이 서로 다른 방향으로 작동한다는 것을 확인할 수 있었다. 먼저 소득이 높은 직종에 취업하는 것은 여성의 주체적 역할에 긍정적 효과를 가져온다. 이를 통해 여성은 양육을 더 우선하게 되며 가족 내 의사결정에서 양육에 더 높은 우선순위를 부여할 수 있는 능력을 갖는다. 둘째, 남성들이 가사노동을 분담하는 것을 꺼리는 경향이 있기 때문에 양육의 우선성에 대한 더 큰 욕망은 바깥의 일과 가사노동의 '이중부담'을 지는 여성들이 실현하기에 쉽지 않다. 따라서 순 효과는 양자택일의 문제가 될 수 있다. 인도의 지역 수준의 자료를 분석한 무르디 등의 연구는 여성의 외부 활동과 아동의 생존 사이에서 통계적으로 의미 있고 확실한 패턴을 발견하지 못했다.[19]

이와는 대조적으로 여성의 문자해독률은 남성의 문자해독률과 상관없이 5세 이하의 사망률을 감소시키는 데 있어 통계적으로 의미 있고 확실한 영향력을 보여주었다. 여성의 문자해독률과 아동의 생존 사이의 밀접한 관계에 대해서는 전 세계적으로 더 많은 증거가 제시되고 있으며, 특히 국가 간 비교에서 그렇다.[20] 이 사례에서 여성의 권리 강화와 활동성은 양육과 가사노동에 남성들이 잘 참여하지 않아 문제가 발생한다 해도 그 효과가 전혀 감소하지 않는다.

여기에 (아동의 전체 생존률과 비교하여) 아동 생존에서 성적 편향이라는 문제가 더 있다. 이 변수에서는 여성의 노동 참여 비율과 문자해독률의 비율 모두가 아동 생존에서 여성의 불이익을 매우 강력하게 감소시킨다는 사실이 드러난다. 높은 수준의 여성 문자해독률과 노동 참여율은 아동 생존에서 여아들이 상대적으로 불이익을 적게 받는 것과 깊게 관련되어 있다. 이와 대조적으로 일반적인 경제발전 정도나 근대화 수준과 관련된 변수들은 이에 대해 통계적으로 의미 있는 효과를 보여주지 못하고 있으며, 근대화가 (여성의 강화를 동반하지 않을 때) 아동 생존에서 성적 차별을 약화시키기는커녕 오히려 강화시킬 수도 있다는 것을 보여준다. 이것은 무엇보다도 도시화, 남성 문자해독률, 의료시설의 활용도, 빈곤의 수준(높은 빈곤 수준은 빈곤층에서 여성의 비율이 높은 것과 관련 있다) 등의 변수에 적용된다. 그런데 인도를 보면 발전의 정도와 성적 편향의 감소 정도 사이에 양의 상관관계가 존재하기 때문에, 이것은 여성의 문자해독률과 노동 참여라는, 여성의 활동성과 관련된 변수들을 통해 주로 작동하는 것으로 여겨진다.

더 많은 여성 교육을 통한 여성 활동성의 강화에 대해 더 언급해야 할 것이 있다. 무르디, 구이오, 드레즈의 통계적 분석은 정량적 측면에서 여성의 문자해독률이 아동사망률에 끼치는 영향이 막대하다는 사실을 알려준다. 이것은 일반적으로 아동사망률 감소에 영향을 끼치는 다른 변수들보다 훨씬 더 강력한 영향력이다. 예를 들어 다른 변수들을 고정시킨 상태에서 여성의 문자해독률이 22퍼센트(1981년 인도의 경우다)에서 75퍼센트로 상승한다면 5세 이하 사망률은 1천 명당 156명(1981년 인도의 실제 숫자)에서 1천 명당 110명으로 극적으로 감소한다.

여성 문자해독률의 강력한 효과는 남성 문자해독률이나 일반적인 빈곤 감소가 아동사망률에 끼치는 상대적으로 미미한 영향력과 대조를 이룬다. 남성의 문자해독률이 같은 증가세(22퍼센트에서 75퍼센트로)를 보인다고 하더라도 5세 이하 사망률은 1천 명당 156명에서 1천 명당 141명 정도로밖에 줄지 않는다. 빈곤층의 수를 절반으로 줄인다고 하더라도 5세 이하 사망률은 1천 명당 156명에서 1천 명당 153명 수준으로밖에 감소하지 않는다.

여기에서 중요한 것은 여성의 활동성과 관련된 몇몇 변수들이 (이 경우에는 여성 문자 해독률) 사회의 복지를 (여기에서는 아동 생존율을) 증대시키는 데 있어 일반적으로 사회를 풍요롭게 하는 데 관련된 변수보다 훨씬 더 중요한 역할을 한다는 사실이다. 이 발견은 중요한 실제적인 함의를 갖는다.[21] 이 두 가지 유형의 변수들은 공공정책을 통해 영향을 받을 수 있다. 그러나 서로 다른 형태의 공적 개입을 필요로 한다.

활동성, 해방, 출산율 감소

여성의 활동적 역할은 또한 출산율 감소에서도 매우 중요하다. 높은 출산율의 부정적 효과는 아시아와 아프리카의 많은 여성들에게 부과된, 끊임없는 임신과 양육에 따른 실질적 자유의 박탈을 포함한다. 그 결과 출산 패턴에 변화를 일으킬 수 있게 하는 여성의 주체성과 복리는 밀접하게 관련되어 있다. 여성의 지위와 권력이 향상되면 종종 출산율의 감소가 뒤따른다는 것은 놀라운 일이 아니다.

이 연관관계는 사실 인도의 총 출산율에서 지역 간 편차에도 반영되고 있다. 사실상 무르디, 구이오, 드레즈의 분석에 포함된 모든 변수 중에서 출산율에 통계적으로 유의미한 영향력을 끼치는 변수는 여성의 문자해독률과 여성의 노동 참여뿐이다. 여성의 주체성의 중요성은 다시 한 번 이 분석을 통해서 강력하게 드러나는데, 일반적인 경제적 진보와 관련된 변수들이 갖는 미미한 영향력과 대조할 때 더욱 그렇다.

여성의 문자해독률과 출산율 사이의 상반 관계는 일반적으로 실증적 기초가 잘 확립되어 있다.[22] 이 연관관계는 다른 나라에서도 널리 관찰되고 있으므로 인도에서 같은 현상이 관찰되는 것은 당연하다. 교육 받은 여성이 끊임없는 양육에 묶이고 싶어 하지 않는 성향은 이 변화를 가져오는 데 분명히 어떤 역할을 하고 있다. 교육은 또한 세계를 보는 시야를 넓혀주며, 더욱 직접적으로 가족계획 관련 지식을 전파하는 데 도움을 준다. 또 교육 받은 여성은 출산과 양육을 포함해 가족의 의사결정에서 자신의 주체성을 행사하는 데 더 큰 자유를 누리는 경향이 있다.

인도에서 사회적으로 가장 진보한 지역인 케랄라의 특수한 경우도 여기에서 언급할 가치가 있는데, 여성의 활동성과 관련해 출산율 감소에서 유례없는 성공을 거두었기 때문이다. 인도 전체에서 출산율이 3.0명 이상인 것에 비해 케랄라에서는 '인구대체수준'(부부 한 쌍당 대략 2명)보다 낮은 1.7명으로 이는 중국의 1.9명보다도 상당히 낮은 수준이다. 케랄라의 높은 여성 교육 수준은 출산율을 급격히 감소시키는 데 큰 영향을 끼쳤다. 여성의 활동성과 문자해독력이 사망률 감소에도 영향력을 발휘하기 때문에 이것은 여성의 활동성(문자해독력을 포함해서)이 출산율을 감소시키는 또 다른 경로가 된다. 왜냐하면 사망률, 특히 아동사망률의 감소가 출산율의 감소에 기여한다는 실증적 증거들이 있기 때문이다. 케랄라에는 여성의 활동과 권리 강화에 도움을 주는 또 다른 요소들이 있다. 여기에는 여성에게 공동체의 실질적이고 영향력 있는 부분에서 소유권을 인정하는 것을 비롯하여 여성의 활동과 권리 강화에 우호적인 특성이 있었다.[23] 이 연관관계에 대해서는 다음 장에서 다른 가능한 인과관계와 함께 더 탐색할 기회가 있을 것이다.

여성의 정치적, 사회적, 경제적 역할

일반적으로 남성의 전유물로만 여겨졌던 기회를 여성이 얻게 된다면, 남성들이 수세기 동안 자신들의 것이라고 주장한 것에 못지않게 여성들이 이 기회를 성공적으로 활용할 수 있다는 것을 보여주는 증거들이 많이 있다. 많은 개발도상국에서 정치적으로 최고의 기회는 오직 특별한 경우에만 여성들에게 주어지는데―이것은 종종 아버지나 남편의 죽음 덕분에 주어지곤 한다―여성들은 이 기회를 열정적으로 잡는 편이다. 스리랑카, 인도, 방글라데시, 파키스탄, 필리핀, 버마, 인도네시아에서 최고 지도자의 자리를 차지한 여성들의 최근 역사는 널리 알려져 있기는 하지만, 다양한 수준의 정치활동과 사회적 주도권initiative에서 여성들이 활약한 바에 대해서는 좀 더 주의를 기울일 필요가 있다.[24]

사회생활에 여성의 활동이 끼치는 영향은 마찬가지로 매우 광범위할 수 있다. 이런 역할들은 잘 알려져 있고 예견되고 있으며, 점점 더 광범위해지고 있다(여성의 교육이 출산율에 끼치는 영향은 그 좋은 사례다). 그러나 더 탐구하고 분석해야 할 다른 연관관계들 역시 존재한다. 흥미로운 가설 중 하나는 남성의 영향력과 폭력범죄 발생 사이의 관계다. 전 세계적으로 남성들이 대부분의 폭력범죄를 일으킨다는 사실은 잘 알려져 있지만, 여기에도 마땅히 주목해야 했으나 미처 관심을 받지 못한 인과관계가 있다.

지역 간 대조를 통해 인도에서 흥미로운 통계를 발견했는데, 그것은 인구 중 양성의 비율과 폭력범죄의 빈도 사이에 강력한, 그리고 통계적으로 유의미한 연관성이 있다는 것이다. 사실 살인사건의 발생비율과 여성-남성 비율의 역의 상관관계는 많은 연구자들에 의해서 지적된 바 있고, 이 인과관계에 대해서도 다양한 설명들이 제시되었다.[25] 어떤 이들은 폭력범죄의 발생으로부터 남아선호로 이어지는 인과관계를 추적했고(폭력적인 사회에서 더 잘 무장된 자손을 보려는 심리), 다른 이들은 여성의 높은 비율이 (덜 폭력적인 성향을 갖고 있으므로) 범죄 발생 빈도를 낮추는 관계를 찾았다.[26] 여기에 폭력범죄와 남성의 초과 비율에 관련된 제3의 설명이 추가될 수 있다. 이러한 대안적 설명들에는 여러 논점이 있지만 그 어떤 것도 남성과 비교할 때 여성이 갖는 영향력과 성의 중요성을 간과할 수 없다.

경제활동으로 돌아가면, 여성의 참여는 큰 차이를 만들어낸다. 많은 국가에서 일상적인 경제 활동에 대한 여성의 참여가 상대적으로 낮게 나타나는 요인 중 하나는 여성이 경제적 자원에 접근하기 어렵다는 데 있다. 개발도상국에서 땅과 자본의 소유권은 가족의 남성 구성원들에게 심하게 편중되어 있다. 자원의 결여를 전제한다면, 아무리 작은 규모라도 여성이 사업을 시작하는 것은 매우 어렵다.

사회제도가 남성들만의 배타적 소유라는 사회적 관행을 벗어난다면 여성이 사업과 경제활동에서 더 큰 성공을 거둔다는 증거가 많이 있다. 여성의 참여가 여성의 소득만을 늘려주는 것이 아니라 여성의 향상된 지위와 독립성으로 생겨나는 사회적 혜택을 가져온다는 것 역시 명백하다(앞에서 논의한 대로 사망률과 출산율의 감소를 포함해서). 따라서 여성의 경제적 참여는 그 자체로 보상인 동시에(가족의 의사결정에서 여성의 처우에 대한 성적 편향을 감소시키는 것과 함께) 일반적으로 사회적 변화를 가져오는 주요한 요인이다.

방글라데시에서 그라민 은행이 거둔 놀라운 성공은 그 좋은 사례다. 이 통찰력 있는 소액대출운동은 무함마드 유누스Muhammad Yunus가 주도했는데, 여성들에 대한 대출에 특별한 노력을 기울였다. 그럼으로써 여성들이 지역 금융시장에서 차별을 받아 겪는 불이익을 없애려 했다. 그 결과 그라민 은행의 고객 중 여성이 높은 비율을 차지했다. 이 은행이 높은 대출 상환 비율을 기록한 것(거의 98퍼센트에 육박한다)은 여성이 자신들에게 주어진 기회에 응답한 방식, 그리고 이 제도를 존속시키려는 기대와 무관하지 않다.[27] 또한 방글라데시에서는 또 다른 통찰력 있는 지도자 파즐 하산 아베드Fazle Hasan Abed가 이끄는 BRAC(방글라데시 농촌발전위원회)가 이와 비슷하게 여성의 참여를 강조했다.[28] 방글라데시에서 나타난 이러한 경제 사회 운동은 여성의 '거래'를 증진시켰을 뿐만 아니라―여성의 더 커진 활동성을 통해―다른 주요한 사회적 변화를 만들어내는 데에도 기여했다. 예를 들어 최근 방글라데시에서 출산율이 급격히 감소한 것은 시골에서도 가족계획 기관을 이용할 수 있게 된 것 외에도 여성의 사회경제적 참여의 비중이 높아진 것과 명백한 관련이 있다.[29]

여성의 경제 참여가 달라지는 또 다른 분야는 토지 소유와 관련된 농업 분야다. 여기도 여성이 얻을 수 있는 경제적 기회가 경제 및 이와 관련된 사회적 제도의 작동에 결정적인 영향을 끼칠 수 있는 분야다. 사실 '자기 자신의 땅'(비나 아가르왈Bina Agarwal이 말한 대로)은 여성의 주도권과 참여를 이끌어내는 주요한 요인이 될 수 있으며, 여성과 남성의 사회적·경제적 권력의 균형에도 심대한 영향을 끼친다.[30] 환경개발 문제나 나무와 같은 자연자원을 보호하는 데에서 (여성의 삶과 일에 대해 존재하는 특별한 연관관계를 통해) 여성의 역할을 이해하려 할 때도 유사한 문제가 제기된다.[31]

사실 여성의 권리 강화는 오늘날 세계의 많은 나라들이 발전 과정에서 마주치는 중요한 논점 중 하나다. 여기에 포함된 요인들은 여성의 교육, 그들의 소유 형태, 취업 기회, 그리고 노동시장의 작동 등이다.[32] 하지만 이러한 '고전적' 변수 외에도 고용제도의 특성, 여성의 경제활동에 대한 가족과 사회 일반의 태도, 그리고 이러한 태도의 변화를 독려하거나 그것에 저항하는 사회적 환경 등도 요인에 포함된다.[33] 다카와 런던에서 방글라데시 여성들의 일과 경제적 참여에 대해 나일라 카비어Naila Kabeer가 수행한 명쾌한 연구는 지역 환경에서 작용하는 경제적·사회적 관계가 과거 제도의 지속이나 단절에 강한 영향을 준다는 사실을 드러낸다.[34] 여성의 변화하는 활동성은 경제적·사회적 변화의 주요한 매개 중 하나이며, 그 결과와 경향성은 발전 과정의 주요한 특징들 다수와 깊은 관련이 있다.[35]

맺음말

여성의 주체적 역할에 초점을 두는 것은 여성의 복리에 대해 직접적인 함의를 갖지만, 여성의 역할이 갖는 영향력의 범위는 그 수준을 훨씬 뛰어넘는다. 이 장에서 나는 활동성과 복지 간의 차이와 상관관계를 탐색하려고 했으며, 더 나아가 여성의 활동성이 갖는 힘과 범위를 특별히 두 가지 영역에서 조명하려 했다―①아동 생존율을 높이는 것과 ②출산율을 줄이는 것. 두 가지 사안 모두 여성의 복리라는 제한된 목표를 넘어서 일반적인 발전과 관련한 함의를 갖는다. 비록 여성의 복리가 이러한 일반적 성취를 확장시키는 것과 직접적으로 관련되며 핵심적인 매개적 역할을 하지만 말이다.

이와 동일한 내용이 한편으로는 지역 금융에서부터 경제활동에 이르기까지, 다른 한편으로는 정치활동과 사회적 논쟁에 이르기까지 경제적, 정치적, 사회적 활동의 다른 영역에도 적용된다.[36] 광범위한 여성의 활동 영역은 발전 연구에서 가장 간과된 분야 중 하나이며, 이를 개선해야 할 필요가 있다. 여성의 정치적, 경제적, 사회적 참여와 리더십만큼 발전에 관한 정치경제학에서 중요한 문제는 없다. 이것은 사실 '자유로서의 발전'이 갖는 중요한 측면이다.

9장

인구, 식량, 자유

맬서스-콩도르세 논쟁 이후 세계 역사는 맬서스의 견해에 그리 후한 점수를 주지 않았다. 출산율은 사회적·경제적 발전과 더불어 급격히 떨어졌다. 이러한 현상은 유럽과 북미에서 벌어졌고, 최근 아시아 대부분의 지역에서 나타난 현상이며, 상당한 정도로 남미에서도 관찰된다. 가장 덜 발달한 지역에서는 출산율이 가장 높거나 그 수치가 상대적으로 고정되어 있는 편인데—특히 사하라 남부 아프리카—이런 곳은 아직 경제적·사회적 발전을 경험하지 못했고 여전히 가난할 뿐만 아니라 기초교육, 보건, 평균수명에서도 뒤처져 있다.

오늘날에도 끔찍하고 형편없는 일들은 전혀 사라지지 않았지만, 전례 없는 풍요 속에서도 지속적이고 광범위하게 발생하는 기아는 분명 최악의 것 중 하나다. 기근은 믿기 힘들 정도로 혹독하게 여러 나라를 덮친다—(존 밀턴John Milton의 표현을 빌리자면) "열 명의 복수의 여신들처럼 격렬하고, 지옥처럼 끔찍"하다. 여기에 덧붙여 대규모의 지역적 기아는 세계의 많은 곳에서 큰 재앙을 야기하는데, 수억 명의 사람들의 건강이 악화될 뿐 아니라 이들 중 상당수가 통계상 일정한 비율로 사망한다. 이러한 대규모의 굶주림을 더 끔찍한 비극으로 만드는 것은 (고대 그리스의 비극처럼) 이것을 본질적으로 피할 수 없는 비극으로 여기며 마치 현대 세계의 일부인 것처럼 받아들이고 참는 방식에 있다.

나는 기아, 영양실조, 기근 문제의 본질과 혹독함을 오직 식량 생산량에 근거해 판단하는 것에 반대하는 주장을 제기했다. 그러나 식량 생산량은 기아가 발생하는 데 영향을 줄 수 있는 변수 중 하나다. 소비자가 식량을 살 수 있는 가격은 식량 생산량에 영향을 받기 때문이다. 더 나아가 우리가 식량 문제를 전 지구적 수준에서 고려한다면(국가나 지역 차원이 아니라), 경제 '바깥'에서 식량을 구할 방법은 없다. 그렇기 때문에 세계적으로

1인당 식량 생산량이 줄어들었다며 종종 회자되는 공포는 간단히 폐기할 수는 없는 문제다.

세계적인 식량 위기인가?

하지만 이런 공포가 정당화될 수 있는가? 세계 식량 생산량은 세계 인구 증가율을 따라가지 못하는가? 이런 일이 벌어진다는, 혹은 곧 벌어질 것이라는 두려움은 이를 뒷받침하는 증거가 거의 없음에도 지속적으로 영향력을 행사했다. 예를 들어 맬서스는 2세기 전 식량 생산이 인구 증가율을 따라가지 못해 '인구와 식량의 자연적 증가의 비율'이 불균형해지고 끔찍한 재앙이 발생할 것이라고 예견했다. 그는 18세기 말의 세계에 대해 "인간의 수가 그들의 생존 수단을 초과한 때가 이미 오래전에 도래했다"고 확신했다.[1] 그러나 맬서스가 그의 유명한 『인구론Essay on Population』을 1798년 출간한 이후 세계 인구는 약 6배 정도 증가했고 1인당 식량 생산량은 맬서스 시대에 비해 상당히 높은 수준이다. 그리고 이러한 변화는 일반적인 생활수준의 유례없는 향상과 함께 이루어졌다.

그러나 맬서스가 자신이 살던 시대의 (10억도 되지 않았던) 과잉 인구에 대한 진단, 그리고 인구 증가의 끔찍한 결과에 대한 예측에서 큰 실수를 했다고 해서 인구 증가에 대한 모든 공포 역시 마찬가지로 오류라는 것이 확증되지는 않는다. 그렇다면 현재는 어떠한가? 〈표 9-1〉은 1인당 식량 생산의 지표(유엔 식량농업기구의 통계에 기초한)를 세계 전체뿐 아니라 몇몇 주요 지역의 (연 단위의 변동에 따른 오류를 막기 위해) 3년 평균을 기초해 제시하는데, 1979~1981년의 평균을 지표 100으로 놓고 1996~1997년까지 숫자를 보여준다(1998년을 추가한다고 기본적인 양상이 달라지진 않는다). 여기에는 1인당 식량 생산량의 실질적인 하락도 없을뿐더러, 제3세계의 인

〈표 9-1〉 지역별 1인당 식량 생산량 지표

지역	1974~1976	1979~1981	1984~1986	1994~1996	1996~1997
세계	97.4	100.0	104.4	108.4	111.0
아프리카	104.9	100.0	95.4	98.4	96.0
아시아	94.7	100.0	111.6	138.7	144.3
인도	96.5	100.0	110.7	128.7	130.5
중국	90.1	100.0	120.7	177.7	192.3
유럽	94.7	100.0	107.2	102.3	105.0
북중미	90.1	100.0	99.1	99.4	100.0
미국	89.8	100.0	99.3	102.5	103.9
남미	94.0	100.0	102.8	114.0	117.2

주: 1979~1981년의 3년간 평균을 기반으로 하면서 1984~1986, 1994~1996, 1996~1997의 평균값은 UN(1995, 1998) 도표 4에서 가져왔다. 앞선 1974~1976의 평균값은 UN(1984)의 도표 1에 기초한 것이다. 두 비교군 사이에 상대적인 차이가 조금 있을 수 있으므로 1979~1981년을 기준으로 양쪽에 대한 완전한 비교로 받아들여지면 곤란할 것이다. 하지만 그 양적 차이는, 설사 있다 해도 꽤 작을 것이다.
출처: UN, *FAO Quaterly Bulletin of Statistics*, 1995 and 1998; *FAO Monthly Bulletin of Statistics*, 1984년 8월.

구밀도가 가장 높은 지역(특히 중국, 인도, 그리고 아시아 각국)에서 1인당 식량 생산량이 크게 증가했음을 보여준다.

그러나 아프리카의 식량 생산량은 감소했으며(여기에 대해서는 앞에서 언급한 바 있다), 만연한 빈곤 때문에 이 지역은 식량 문제에 매우 취약하다. 하지만 앞에서 주장했듯이(제7장) 사하라 남부 아프리카의 문제는 주로 일반적인 경제위기의 반영이며(사실상 경제적 요소만큼이나 사회적·정치적 요소에 의한 위기다) 피상적인 '식량 생산 위기'의 반영이 아니다. 식량 생산에 관한 이야기는 더 광범위한 관점에서 접근해야 할 거시적 문제다.

사실 이 시점에서 세계 식량 생산에는 어떤 심각한 위기도 없다. 물론 식량 생산량의 증가 비율은 시간에 따라 달라지지만(몇 년에 걸친 기후 변동

⟨표 9-2⟩ 1990년 미국 달러를 기준으로 한
1950~1952부터 1995~1997년의 식량 가격

식량	1950~1952	1995~1997	% 변화
밀	427.6	159.3	-62.7
쌀	789.7	282.3	-64.2
수수	328.7	110.9	-66.2
옥수수	372.0	119.1	-68.0

주: 단위는 1톤당 가격(1990년 미국 달러를 기준으로 한)이며, G-5 MUV 지수(Manufactures Unit Value Index)에 의해 조정된 것이다.
출처: 세계은행, *Commodity Markets and the Developing Countries*, November 1998. 도표 1.(Washington, D.C.); 세계은행, *Price Prospects for Major Primary Commodities*, vol. 2. 도표 A5, A10, A15(Washington, D.C., 1993).

때문에 감소되기도 하는데, 그러면 한두 해 정도 식량 위기론자들이 들썩이게 된다), 전반적인 동향은 확실히 증가세에 있다.

경제적 인센티브와 식량 생산

⟨표 9-2⟩에 나와 있듯이 실질 식량 가격의 급격한 하락에도 불구하고 세계 식량 생산이 증가했다는 사실이 중요하다. 여기에서 다룬 시기는—모두 45년간인데—1950~1952년부터 1995~1997년이다. 이것은 북미를 포함해 세계에서 상업적인 식량 생산을 하는 많은 지역에서 더 많은 식량을 생산해야 할 경제적 인센티브가 줄었다는 것을 의미한다.

식량 가격은 물론 단기적으로는 변동을 거듭한다. 그런데 1990년대 중반 식량 가격이 상승했을 때는 공황에 휩싸인 담론이 나오곤 했다. 하지만 1970년 이후 가격이 급락한 것에 비하면 소폭 상승했고(⟨그림 9-1⟩), 사

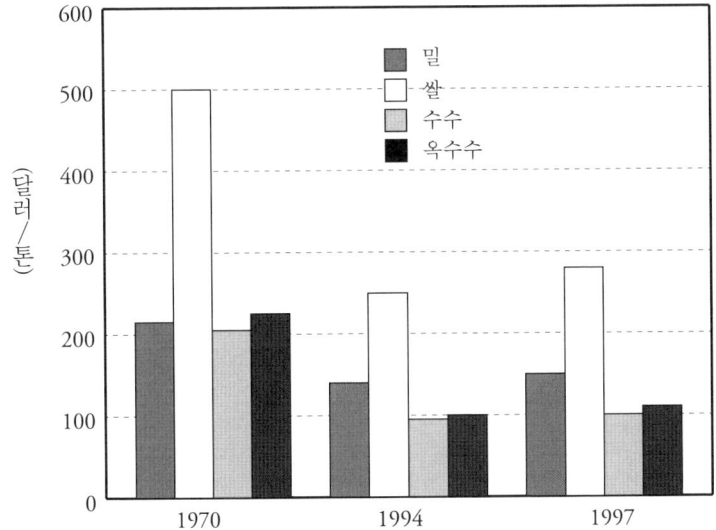

〈그림 9-1〉 1990년 미국 달러를 기준으로 한 식량가격

주: 이 단위는 G-5 MUV 지수에 의해 조정한 뒤 1990년 미국 달러 가치에 고정시킨 것이다.
출처: 세계은행, *Commodity Markets and the Developing Countries*, November 1998. 도표 1.(Washington, D.C.)

실 장기적으로는 강력한 하향세가 보인다. 식량의 상대적 가격의 장기적 하락세가 역전되었다는 것을 보여주는 징후는 없다. 1998년에는 밀과 곡물의 세계적 가격이 다시 각각 20퍼센트와 14퍼센트 하락하였다.[2]

현재 상황에 대한 경제분석의 맥락에서 우리는 세계 식량 가격의 하락이 식량 생산에 끼친 부정적 효과를 무시할 수는 없다. 그럼에도 세계 식량 생산이 꾸준히 증가해 인구 증가를 앞질렀다는 것은 특히 고무적이다. 사실 더 많은 식량이 생산되었다면(그리고 세계의 굶주리는 사람들 대부분이 겪는 부족한 소득의 문제를 해소하지 않는다면), 식량의 판매는 식량 가격의 하락에 반영된 것보다 더 큰 문제였을 것이다. 당연하게도 가장 큰 증가세는 (중국이나 인도와 같이) 국내 식량 시장이 세계 시장과 세계 식량 가격의 하락세와는 단절되어 있는 지역에서 나타났다.

식량 생산을 인간 행위의 결과로 보는 것, 사람들의 결정과 행위에 작용하는 인센티브를 이해하는 것이 중요하다. 다른 경제활동처럼 상업적인 식량 생산도 시장과 가격에 영향을 받는다. 이 시점에서 세계 식량 생산은 수요의 부족과 가격 하락 때문에 억제되고 있다. 이것은 가장 어려운 사람들의 빈곤을 반영한다. (수요가 증가했을 때) 더 많은 식량을 생산할 수 있는 가능성에 대한 기술적 연구는 1인당 식량 생산량을 매우 빠르게 증대시킬 수 있는 실질적인 가능성을 보여주었다. 사실 세계의 거의 모든 지역에서 경지 면적당 생산량은 꾸준히 증가했다. 세계 전체로 보면 1981~1993년 사이에 평균적으로 매년 1헥타르당 42.6킬로그램 정도 증가했다.[3] 세계 식량 생산의 관점에서 1970년에서 1990년 사이의 곡물 생산량의 증가분 중 94퍼센트는 단위경지당 증가량을 반영하며, 나머지 6퍼센트만이 경작지의 증가를 반영한다.[4] 식량에 대한 수요가 막대할 때 경작의 강도도 계속 높아질 것이다. 아직까지 세계 여러 지역의 경지면적당 식량 생산에 큰 차이가 있기 때문에 그러한 가능성은 더 크다.

1인당 식량 생산의 추세를 넘어서

그러나 이 모든 것에도 불구하고 인구 증가 추세를 감속시켜야 할 필요성이 사라지지는 않는다. 사실 환경 문제는 식량 생산의 문제만이 아니라, 인구 증가와 과잉 인구에 관련된 것들도 많기 때문이다. 하지만 또한 앞의 논의는 식량 생산이 인구 증가를 따라가지 못할 것이라는 심각한 비관주의의 근거가 거의 없다는 사실도 지적한다. 사실 식량을 구입할 수 있는 능력을 무시하고 식량 생산량에만 관심을 집중하는 경향은 아주 비생산적이다. 정책 입안자들은 식량 생산 상황이 긍정적일 경우, 기아 상황—심지어는 기근의 위협—이 닥칠 수 있다는 예상을 하지 못하는 오류를 범할 수 있다.

예를 들어 1943년 벵골 기근 당시 당국은 실질적인 식량 생산량의 감소가 없다는 사실에 경도되어 (그건 사실이었다) 혹독한 기근이 벵골을 덮칠 것이라는 사실을 예견하지 못했고, 심지어 몇 달 전에는 그런 가능성을 부인하기까지 했다.[5] '맬서스적 비관론'이 세계 식량 상황에 대한 예언으로는 부적절한 것처럼, 당국이 1인당 식량 생산을 잘못 전망하여 재난과 기근의 초기 징후를 무시했을 때 '맬서스적 낙관론'이라고 할 수 있는 것이 수백만의 사람들을 죽음으로 몰아갔다. 잘못된 이론은 살인을 저지를 수 있으며, 식량-인구 비율에 대한 맬서스적 전망은 그 손에 많은 피를 묻혔다.

인구 증가와 산아제한의 옹호

맬서스주의자들의 식량 생산량에 대한 오랜 공포는 근거 없거나 섣부른 것이지만, 세계 인구의 증가율에 대해 우려해야 할 이유는 충분하다. 세계 인구가 지난 세기에 엄청난 비율로 증가한 것은 사실이다. 세계 인구가 10억이 될 때까지는 수백만 년이 걸렸지만, 이것이 20억이 될 때까지는 123년, 그 후 30억이 될 때까지는 33년, 그리고 그다음 단계인 40억이 되기까지는 14년이 걸렸고 40억에서 50억이 될 때까지는 13년이 걸렸다. 그리고 UN의 예측에 의하면 60억이 될 때까지는 약 11년이 걸릴 것이다.[6] 지구에 사는 인구는 1980년에서 1990년 사이에만 약 9억 2,300만이 늘었는데, 이 증가분은 맬서스 시대의 전 세계 인구와 맞먹는다. 1990년대 이후라고 하더라도 이 증가세가 특별히 줄어들지는 않을 것이다.

이것이 지속된다면 확실히 21세기가 끝나기 전까지 인구가 폭발적으로 증가할 것이다. 하지만 세계 인구의 증가율이 뚜렷하게 감소했다는 징후도 많이 있다. 우리가 제기해야 할 질문은 이러한 감소를 유발한 원인이 더욱 강화될 것인가, 만일 그렇다면 어느 정도나 그렇게 될 것인가 하는 것이다. 마찬가지로 이 감소세를 강화하기 위하여 공공정책을 통해 무엇을 할 수 있는가도 알아봐야 한다.

이것은 논란을 일으키는 주제이며, 이 문제에 대해 다소 암묵적인 태노이지만 강제적인 해법을 강력하게 선호하는 학파가 있다. 그러한 방향으로 최근에는 몇 가지 강력한 움직임이 포착되기도 했다. 가장 대표적인 것이 중국에서 1979년부터 실시한 일련의 정책(한 가구 한 자녀 정책―옮긴이)이다. 이러한 강제적인 산아제한은 세 가지 질문을 낳는다.

(1) 강제적 방법이 이 분야에서 모두 받아들여질 수 있는가?
(2) 강제성이 없다면 인구는 감당할 수 없을 만큼 빨리 증가할 것인가?
(3) 강제적 방법이 유해한 부작용 없이 효과적으로 작동할 수 있는가?

산아제한과 출산권

가족의 의사결정에 대해 강제력을 사용할 수 있느냐는 매우 심대한 질문을 제기한다. 얼마나 많은 아이를 가질 것인가를 결정할 때 가족에게 우선권을 주는 부류(이 견해에 따르면 이 문제는 가족의 결정이다)와 어머니가 결정권을 가져야 하는 문제라고 주장하는 부류(특히 여성의 신체와 직접 관련되는 낙태와 기타 문제에 관한 것일 때) 모두 이것을 반대할 수 있다. 확실히 후자의 입장은 흔히 낙태할 권리(그리고 일반적으로 가족계획을 실행할 수 있는 권리)를 주장하는 맥락에서 제기된다. 그러나 이것은 (국가가 원하건 그렇지 않건) 낙태하지 않겠다는 결정 역시 여성의 몫이어야 한다는 주장과 상응한다. 따라서 출산권의 위상과 중요성에는 실질적인 쟁점이 있다.[7]

권리의 수사법은 오늘날 모든 정치적 논쟁에 등장한다. 그러나 종종 이 논쟁에서 '권리'가 활용되는 의미가 모호할 때가 있다. 특히 법적 강제력을 갖는, 제도적으로 승인된 권리를 가리키는지 아니면 법적 권한 부여에 선행하는 규범적 권리의 관행적 힘에 호소하는 것인지에 대해서 그렇다. 이 두 가지 의미의 차이는 전적으로 명백하지는 않다. 하지만 권리가 내재적인 규범적 중요성을 갖는지, 법의 맥락에서 도구적 관련성만 갖지는 않는지에 대해서는 명확하고 합리적인 논점이 존재한다.

권리가 내재적—그리고 아마도 법 이전의—가치를 가진다는 것은 많은 정치철학자들, 특히 공리주의자들에 의해서 부정되었다. 제레미 벤담은 특히 자연권을 '헛소리'라고, '자연적인 불가침의 권리'를 '과장된 헛소리'라고 했다. 벤담은 권리를 전적으로 도구적 관점에서만 보았고 그 도구적 역할을 목표의 추구(총 효용의 증대를 포함하는)에서만 고려했다.

여기서 권리에 대한 두 가지 접근법 사이의 선명한 대조를 찾아볼 수 있다. 만일 출산권을 포함해서 권리를 일반적으로 벤담주의의 관점에서 고려한다면, 이 분야에서 강제를 허용할 수 있느냐 하는 문제는 전적으로 그 결과, 특히 효용의 결과에 따라 달라진다. 논란이 되는 권리 자체의 충족이나 침해에 대한 내재적 중요성은 아무 관련이 없다. 이와 반대로 만일 권리가 그 자체로 중요할 뿐만 아니라 그 결과에 대한 고려보다 우선권을 갖는 것으로 간주된다면 권리는 무조건적으로 받아들여져야 한다. 사실 자유지상주의적 이론은 일련의 권리에 대해 정확히 이런 태도를 갖는데, 이 권리들은 그 결과가 어떻든 간에 적절한 것으로 간주된다. 따라서 이 권리들은 그 결과에 상관없이 적절한 사회적 제도의 일부가 된다.

나는 다른 곳에서 이러한 이분법 중에서 어느 한쪽을 선택해야 한다는 요구에 반대했고, 다른 목표들과 권리의 충족을 통합하는 결과주의적 체계를 옹호하는 주장을 제시했다.⁸ 이것은 공리주의와는 결과주의적 접근법을 공유하지만(그러나 그 관심사를 효용에만 한정짓지 않는다는 점에서 다르다), 동시에 권리에 내재적 중요성을 부여한다는 점에서 자유지상주의의 체계와도 공통되는 바가 있다(그러나 결과에 상관없이 완전한 우선권을 부여하지 않는다는 점에서 다르다). 이러한 '목표-권리 체계'는 매력적인 동시에 융통성이 있고 적용 범위가 넓은데, 이에 대해서는 다른 곳에서 논의한 바 있다.⁹

다음 장에서 이 접근법에 대해 더 이야기할 기회가 있겠지만 나는 이러한 목표-권리 접근법을 옹호하는 주장을 반복하지는 않겠다. 하지만 이것을 공리주의와 비교할 때, 공리주의가 다양한 종류의 권리들(사생활, 자율성 그리고 무제약을 포함해)에 대한 지지를 오직―그리고 배타적으로―효용이라는 결과의 관점에서만 설명하는 것은 적합하지 않다. 소수자의 권리는 종종 다수의 박해 때문에 침해 받는다. 만일 그로 인해 효용이 증대한다고 해도 소수자의 권리는 보존되어야 한다. 존 스튜어트 밀―그 자신이 위대한 공리주의자였지만―이 말했듯이, (그를 인용하자면) "자신의 의견에 대한 개인의 감정, 그리고 그가 그것을 고수함으로써 침해받은 다른 사람의 감정"과 같이 서로 다른 활동에서 야기되는 효용 사이에 '동등함이 없다.'¹⁰ 현재의 맥락에서 얼마나 많은 아이를 낳을 것인가에 대해 부모가 생각하는 중요성과 국가를 운영하는 지배자들을 포함한 다른 이들이 이 문제에 부여하는 중요성을 비교할 때에도 이 동등함의 결여는 적용된다. 일반적으로 자율성과 무제약에서 내재적 중요성을 발견하는 것은 자연스러우며, 이것은 효용 결과의 극대화(효용 생성의 과정을 전혀 고려하지 않는)와 쉽게 충돌한다.¹¹

따라서 결과 분석을 오직 효용에만 한정하는 것은 만족스럽지 못하다. 특히 무제약과 자율성에 관련된 권리들의 충족과 침해를 배제할 때 더욱 그렇다. 하지만 이 권리들을 자유지상주의자들의 공식처럼 그 결과가 얼마나 끔찍하든 결과에 상관없는 불가침의 것으로 만드는 것은 그다지 신뢰하기 어렵다. 출산권이 중요하다는 사실은 그로 인해 재난과 대규모의 고통과 기아가 발생한다 하더라도 그것이 반드시 완전하게 보호받아야 할 정도로 매우 중요하다는 것을 의미하지는 않는다. 일반적으로 권리를 보유하고 향유하는 것의 결과는 반드시 궁극적으로는 그 권리의 전반적인 수용 가능성과 관련이 있어야 한다.

인구 증가가 식량 문제와 기아에 대해 갖는 결과는 이미 논의되었고, 현재까지는 경계해야 할 만한 실질적 근거가 없다. 하지만 인구 폭발 과정이 계속 진행된다면 세계는 식량의 관점에서도 매우 어려운 상황에 처할 가능성이 높다. 덧붙여 빠른 인구 증가와 관련된 다른 문제도 있는데, 여기에는 도시의 과잉 인구 그리고 국지적이거나 지구적인 차원의 환경 문제도 포함된다.[12] 따라서 인구 증가가 감소할 전망이 어떠한지를 검토하는 것이 매우 중요하다. 이것은 앞서 말한 것 중 두 번째 질문으로 이끈다.

맬서스적 분석

맬서스는 인구가 급격하게 증가할 수 있는 가능성을 선구적으로 분석했다는 명성을 얻었다. 그러나 지속적인 인구 증가가 '지속적인 행복의 감소'로 이어질 가능성은 사실 맬서스 이전에 프랑스 수학자이자 위대한 계몽사상가인 콩도르세가 먼저 발표하였다. 그는 인구 문제에 대한 '맬서스적' 분석의 기초가 되는 핵심적인 시나리오를 먼저 제시했다. 콩도르세는 "그들의 존속 수단을 초과하는 인구수의 증가"가 "행복과 인구의 지속적 감소, 즉 진정한 퇴행으로 이어지거나 혹은 적어도 좋고 나쁜 상태를 오가는 주기적 순환"이 될 것이라고 보았다.[13]

맬서스는 이런 콩도르세의 분석을 좋아했고 그에게 영감을 받아 인구에 관한 그의 유명한 글에서 이를 지지하며 인용했다. 이 둘이 견해가 엇갈린 것은 출산에 대한 견해차였다. 콩도르세는 출산율의 자발적 감소를 예측하고 '이성의 진보'에 기초한 작은 가족이란 새로운 규범이 출현할 것이라 예언했다. 그는 사람들이 "아직 태어나지 않은 사람들을 위한 의무를 갖고 있다면, 그 의무가 그들을 태어나게 하는 것이 아니라 그들에게 행복을 주는 것이라는 사실을 알게 될" 때가 올 것이라고 예측했다. 그는 교육의 확대, 특히 여성 교육의 확대(이에 대해 콩도르세는 가장 앞선, 그리고 가장 목소리를 드높인 지지자였다)로 인해 이러한 유형의 추론이 사람들을 낮은 출산율과 작은 가족으로 이끌 것이라고 생각했다. "무용하고 비참한 존재들로 세계를 가득 채우는 어리석은 일을 하는 대신" 사람들은 자발적으로 이쪽을 선택하리라는 것이다.[14] 문제를 제기한 뒤, 콩도르세는 가능한 해결책도 제시하였다.

맬서스는 이 모든 게 그럴듯하지 않다고 보았다. 일반적으로 그는 사람들이 사회 문제를 이성적으로 해결할 수 없다고 생각했다. 인구 성장의 결과에 관한 한 맬서스는 인구가 식량 공급을 초과하는 것이 불가피하다고 확신했고, 이 맥락에서 식량 생산이 상대적으로 고정된 것이라고 간주했다. 그리고 이 장의 주제와 관련해서, 맬서스는 특히 자발적인 가족계획에 의구심을 가졌다. 그가 인구의 압박을 감소시키기 위해 '도덕적 자제'를 대안으로 언급했지만(다시 말해 고통과 증가된 사망률의 대안으로), 그는 그러한 자제가 자발적으로 이루어질 것이라고 예상하지는 않았다.

시간이 지나면서 맬서스의 견해는 다소 변화했는데, 특히 자신이 이전에 불가피하다고 보았던 진단에 대한 확신이 점점 더 줄어들었다. 현대의 맬서스 연구는 그의 입장에서 이 '변화'의 요소를 강조하는 경향이 있는

데, 초기와 후기의 맬서스를 구분할 수 있는 근거가 있긴 하다. 하지만 경제적 강제성에 대비해 인간들이 더 작은 가정을 꾸리도록 만드는 이성의 힘에 대해 그가 가진 기본적인 불신은 크게 변하지 않았다. 사실 맬서스는 1830년(그는 1834년 죽었다)에 출간된 자신의 마지막 저작에서 다음과 같은 결론을 내린다.

> 대다수 사람들이 조혼을 하지 못하게 하거나 혹은 대가족을 꾸리지 못하게 할 방법은 생필품을 적절하게 얻지 못하는 어려움뿐이다. 그 외에 다른 방법이 있을 것이라고 가정할 이유는 없다.[15]

이러한 자발적 가족계획에 대한 불신 때문에 맬서스는 인구 증가율을 강제적으로 감소시킬 필요성을 지적했다. 그는 자연의 강제만이 인구를 감소시킬 수 있다고 생각했다. 인구 증가에 따른 생활수준의 저하는 사망률을 극적으로 높일 뿐만 아니라(맬서스가 '적극적 억제'라고 부른 것), 경제적 빈곤을 통해 더 작은 가정을 꾸리도록 강제한다. 이러한 주장의 기본적인 연결고리는 "생필품을 적절한 양으로 얻는 것의 어려움 말고는 어떤 것"에 의해서도 효과적으로 인구증가율을 줄일 수 없다는 맬서스의 확신이다―그리고 이것이 중요한 지점이다.[16] 맬서스가 구빈법과 빈곤층에 대한 지원을 반대한 것은 빈곤이 인구증가율을 감소시킨다는 그의 믿음과 관련이 있다.

맬서스-콩도르세 논쟁 이후 세계 역사는 맬서스의 견해에 그리 후한 점수를 주지 않았다. 출산율은 사회적·경제적 발전과 더불어 급격히 떨어졌다. 이러한 현상은 유럽과 북미에서 벌어졌고, 최근 아시아 대부분의 지역에서 나타난 현상이며, 상당한 정도로 남미에서도 관찰된다. 가장 덜 발달한 지역에서는 출산율이 가장 높거나 그 수치가 상대적으로 고정되어 있는 편인데—특히 사하라 남부 아프리카—이런 곳은 아직 경제적·사회적 발전을 경험하지 못했고 여전히 가난할 뿐만 아니라 기초교육, 보건, 평균수명에서도 뒤쳐져 있다.[17]

일반적인 출산율의 저하는 다소 다른 방식으로도 설명할 수 있다. 발전과 출산율의 감소 사이의 양의 상관관계는 종종 '발전이 최고의 피임약'이라는 볼품없는 구호로 요약된다. 이 다소 거친 생각에도 일말의 진실이 있지만 발전에는 다양한 요소들이 있다. 서구는 이 모든 것을 경험했는데, 여기에는 1인당 소득의 증대, 교육의 확대, 여성의 경제적 자율성, 사망률의 감소와 가족계획의 확산이 포함된다(이것들이 사회적 발전을 이룬다). 그러므로 더욱 안목 있는 분석이 필요하다.

경제적 또는 사회적 발전

출산율 감소를 야기하는 것이 무엇인가에 대해 몇 가지 이론이 있다. 한 가지 영향력 있는 사례는 게리 베커Gery Becker의 출산율 결정 모형이다. 베커가 그의 이론을 맬서스적 분석의 '확장'으로 제시했고 그의 분석이 맬서스의 이론과 많은 측면을 공유하지만(여기에는 가족을 그 내부에 하위 요소가 없는, 단일한 의사결정 단위로 보는 전통이 포함된다. 여기에 대해서는 좀 더 언급하겠다), 베커는 사실상 번영이 출산율을 감소시키는 것이 아니라 더 높인다는 맬서스의 결론을 부정한다. 베커의 분석에서 경제발전이 아이들을 '우수하게' 기르기 위한 투자(예를 들어 교육 투자)에 대해 갖는 효과는 중요하다.[18]

베커의 접근법과는 대조적으로 출산율 감소의 사회적 이론은 일반 교육의 확대나, 특히 여성의 교육과 같은 사회적 발전의 결과로 선호의 변화가 생겼다는 점을 지적한다.[19] 이것은 물론 콩도르세가 강조했던 연관관계 중 하나다. 그러나 우리는 ① 선호도가 변하지 않음에도 비용과 편익이 변화함으로써 가족이 원하는 아이의 수가 변화한 것과 ② 공동체의 규범이나 가족의 전체적인 목표 중에서 여성의 관심사가 차지하는 비중의 변화와 같은 사회적 변화의 결과로 그러한 선호도가 변한 것을 구별해야 한다. 콩도르세는 후자에 초점을 두지만, 베커는 전자에 초점을 둔다.

가족계획 기관의 활용도나 이 분야의 지식과 기술의 보급 같은 단순한 문제도 있다. 이러한 방법의 효과성에 대한 초기의 회의에도 불구하고 가족계획 기관을 잘 활용하지 않은 출산율이 높은 나라에서 이러한 지식과 실질적인 활용이 가정의 출산 행태에 변화를 가져온다는 것은 명백해졌다.[20] 예를 들어 방글라데시의 급격한 출산율 저하는 가족계획 운동과 관련되어 있으며, 특히 관련 지식과 시설의 활용도가 증가한 것과 관련 있다. 방글라데시의 출산율이 약 15년(1980~1996) 사이에 6.1명에서 3.4명으로 줄었다는 것은 의미심장하다.[21] 이러한 성과는 저개발국가에서 사람들이 자발적으로 가족계획을 실천하지 못할 것이라는 믿음이 틀렸다는 점을 밝혀냈다. 그러나 방글라데시는 아직 갈 길이 멀고, 인구대체수준(2.0 내지는 2.1명 수준)까지 가려면(출산율은 지속적으로 감소하고 있다) 가족계획 시설의 활용도 이상의 다른 것이 필요할 것이다.

젊은 여성의 권한 상승

최근 매우 강력하게 제기된 분석은(내가 앞 장에서 제시한 바 있다) 가족의 의사 결정이나 공동체의 규범을 형성하는 데 있어 여성의 권한 강화가 중심적인 역할을 한다는 점이다. 그러나 역사적으로 살펴볼 때, 서로 다른 변수들이 함께 작동하므로 경제성장의 효과를 사회적 변화로 인한 효과와 분리하는 것은 쉽지 않다(통계학자들이 말하는 '다중공선성Multicollinearity'). 나는 당장 이 구별을 추적하며 시계열적 비교 대신 횡단면적cross-section 비교를 하겠다. 그러나 충분히 명확한 것은 '적절한 양의 생필품을 얻지 못하는 어려움' 외의 다른 것이 사람들로 하여금 극적으로 작은 가족을 선택하게 만들었다는 것이다. 높은 출산율을 보이는 개발도상국이 경제적·사회적 발전의 결합된 과정을 통해 이미 출산율이 감소한 다른 나라를 따라가지 못할 이유는 없다(발전의 어떤 요소가 정확히 어떤 역할을 하는지에 상관없이).

그러나 우리는 출산의 환경을 변화시키는 데 어떤 핵심변수가 있는지 좀 더 명확하게 해야 한다. 서로 다른 국가와 지역 간의 비교에 근거한 광범위한 통계적 근거가 있고(이른바 횡단면적 연구), 이것은 세계 여러 나라에서 여성의 교육(문자해독률을 포함)과 출산율의 감소를 연결시킨다.[22] 또 다른 요소들은 이른바 여성이 가정 밖에서 소득 활동에 종사하는 것, 여성이 독립적인 소득을 얻을 기회, 여성의 소유권 및 사회 문화 속에서 여성의 위상과 지위 일반을 포함한다. 나는 이 문제들을 이 책에서 이미 제시했지만, 이 논의들을 연결시킬 필요가 있다.

이 연관관계들은 국가 간 비교에서도 관찰되지만, 규모가 큰 나라 내부의 지역 간 비교에서도 마찬가지로 발견된다―예를 들어 인도의 서로 다른 주 사이에서. 이 연관관계에 대한 가장 최근의, 그리고 가장 광범위한 연구는 맘타 무르디, 안느카트린 구이오, 그리고 장 드레즈의 것으로 제8장에서 소개한 바 있다.[23] 앞에서 지적했듯이 이 분석에 포함된 모든 변수 중에서 출산율에 통계적으로 의미 있는 영향력을 보이는 유일한 요소들은 ①여성의 문자해독률과 ②여성의 노동 참여다. 여성의 활동이 갖는 중요성은 이 분석, 특히 경제발전과 관련된 변수들이 행사하는 약한 영향력과 비교할 때 더 강하게 대두된다.

이 분석에 따르면 경제발전이 '최고의 피임약'은 아니다. 오히려 사회발전—특히 여성의 교육과 취업—이 더욱 효과적이다. 펀자브나 하리아나처럼 인도에서 가장 부유한 주는 1인당 소득은 훨씬 낮지만 문자해독률과 취업률이 높은 남부 지방보다 여성의 출산율이 훨씬 높게 나타난다. 사실 인도의 약 300여 개 지역을 비교하면 여성의 교육과 경제적 독립성이 보여 주는 명백하고 실질적인 차이에 비해 실질 개인 소득의 수준은 거의 영향력이 없다. 원래의 무르디-구이오-드레즈의 연구는 1981년 인구조사에 기초한 것이었지만, 그 주된 결론은 1991년 인구조사에 기초한 드레즈와 무르디의 분석에 의해서도 다시 검증된 바 있다(앞에서 인용했다).

외부성, 가치, 의사소통

이러한 통계를 뒷받침하는 강력한 증거는 교육과 외부에서의 소득 활동 모두 여성이 결정할 자율권을 증대시킨다는—앞에서 언급한—설명을 포함해, 이 영향관계에 대한 사회적·문화적 설명으로부터 구별되어야 한다. 사실 학교교육이 가족 내부에서 젊은 여성의 결정권을 증대시키는 방법은 다양하고 많다. 여성의 사회적 지위에 영향을 끼침으로써, 독립적이 될 수 있는 능력을 통해, 자기 주장을 펼칠 수 있는 힘을 통해, 혹은 외부 세계에 대한 지식을 통해, 집단적 결정에 영향을 끼치는 기술을 통해서 등 말이다.

그렇지만 여성의 자율성이 교육과 함께 증대하고 이것이 출산율을 줄이는 데 도움이 된다는 믿음과는 반대되는 주장도 있다는 점을 지적하려 한다. 이러한 반대의 증거는 모두 (지역 간 연구가 아니라) 가족 간 비교 연구에서 나왔다.[24] 이 연구가 망라하는 범위가 상대적으로 작지만(인도 전체를 대상으로 한 무르디, 구이오, 드레즈의 연구에 비하면 아주 작은 범위다), 그럼에도 이 반대의 증거를 무시한다면 오류에 빠질 수 있다.

그러나 이것은 어떤 것을 분석의 적절한 단위로 사용할지에 대한 주의를 환기시킨다. 만일 한 지역에서 일반적인 문자해독률의 수준과 함께 여성의 영향력이 증대된다면(사회적 토론과 가치 형성에 대한 정보를 통해), 가족 간 비교는 이 영향력을 포착하지 못할 것이다. 무르디, 구이오, 드레즈가 수행한 지역 간 비교는 가정에 대해서는 '외부적'이지만 그 지역에서는 '내부적인' 관계들, 예를 들어 한 지역의 서로 다른 가정들 사이의 의사소통 같은 것을 변수로 포함한다.[25] 공적 토론과 교환의 중요성은 이 책의 주요한 일반적 주제 중 하나다.

강제는 얼마나 효과적인가

이러한 영향력들은 중국이 강제정책을 시도함으로써 달성할 수 있었던 것과 비교하면 어떠한가? '한 가정 한 자녀' 정책이 1979년 개혁 이후 중국 대부분의 지역에서 시도되었다. 또한 정부는 너무 많은 자녀를 가진 가족들에게 주택과 기타 혜택을 주지 않음으로써 정부정책에 반대하는 성인과 함께 그들의 아이들에게도 불이익을 주었다. 중국의 총 출산율(여성 1인당 평균적인 자녀의 수)은 현재 1.9로, 인도의 3.1보다 훨씬 낮은 수준이며 중국과 인도를 제외한 저소득 국가의 높은 평균—약 5.0—보다는 훨씬 낮다.[26]

중국의 사례는 '인구폭탄'이란 생각에 빠져 두려움에 떨며 빠른 해결책을 원하는 사람들에게 호소력을 지닌다. 하지만 이 방법의 수용 가능성을 고려할 때, 무엇보다 이 과정에 내재적으로 중요한 가치를 침해하는 것을 포함하여 사회적 비용이 든다는 사실을 상기해야 한다. 가족 규모를 축소시키도록 강제하는 것은 종종 매우 가혹한 정책이 되곤 했다. 《뉴욕타임스》에 다음 같은 충격적인 사건이 소개되었다.

> 통무충 마을 사람들은 가족계획 담당자인 랴오 씨가 그들의 집을 날려버릴 것이라고 위협했던 날 그 위협을 의심할 이유가 없었다. 작년 이웃 마을인 샤오시에서 황푸추라는 이름의 남자가 아내와 세 명의 아이들과 함께 집에서 쫓겨났다. 집이 폭파되어 가루가 되는 것을 보면서 모든 이들이 두려움에 떨었다. 가까운 벽에는 정부의 폭발물 관리자가 경고를 붙였다. "가족계획 정책에 협조하지 않는 사람은 그들의 재산을 잃어버릴 것이다."[27]

인권단체와 여성단체는 이 과정에서 발생하는 자유의 상실에 대해 특별한 우려를 표명하였다.[28]

둘째, 출산과 기타 권리의 근본적인 문제는 제쳐 두고 강제적인 산아제한을 평가할 때 고려해야 할 다른 결과들이 있다. 이러한 강제의 사회적 결과는, 사람들이 원치 않는 강제에 반응하는 방식을 포함해서 종종 꽤 끔찍한 것이 될 수 있다. 예를 들어 '한 자녀 가정'의 요구는 영아에 대한 방치―또는 더 심한 일―로 이어져 영아사망률을 높였다. 또한 남아선호가 강한 나라―중국, 인도 그리고 아시아와 북아프리카의 많은 나라들의 특성―에서 한 가정당 한 자녀만 허락하는 정책은 여아에 대한 치명적인 방치 등을 야기하며 여성에게 매우 해롭다. 이러한 현상은 바로 중국에서 대규모로 벌어졌다.

셋째, 출산 행태가 강제적으로 변할 경우, 그것이 안정적인 것이 되리라는 보장은 없다. 가족계획 위원회의 대변인은 기자들에게 이렇게 말했다.

> 지금 중국의 낮은 출산율은 안정적이지 않다. 왜냐하면 대중들의 출산 관

넘이 근본적으로 변하지 않았기 때문이다.[29]

    넷째, 이러한 강제적 방법으로 중국이 출산율을 얼마나 더 감소시켰는지는 전혀 명확하지 않다. 중국의 지속적인 사회·경제 계획들이 출산율을 감소시키는 역할을 했을 터인데, 여기에는 교육을 확대시킨 것(남성뿐만 아니라 여성도), 의료 혜택을 더 일반화한 것, 여성에게 더 많은 취업 기회를 제공한 것, 그리고—더 최근에는—빠른 경제성장을 독려한 것이 포함된다. 이러한 요인들은 그 자체로 출산율 감소에 기여하는 경향이 있었다. 그러니 강제력을 통해서 얼마나 더 추가로 출산율 감소가 이루어졌는지는 분명하지 않다. 사실 강제력이 없었다고 해도 교육과 보건, 여성의 취업 기회 등 사회발전의 요소에서 중국이 이룬 거대한 성과를 보면, 중국의 출산율은 인도의 평균보다 훨씬 낮았을 것이다.

    강제와 대비되는 이러한 사회적 변수들의 영향력을 '떼어내서' 판단하기 위해 우리는 중국보다 인도가 이질성이 더욱 심하다는 점에 착안하여 이러한 사회적 영역에서 상대적으로 발전한 인도의 지역을 살펴볼 수 있다. 특히 케랄라 주는 중국과 비교할 때 흥미로운데, 이곳이 교육, 보건의료 등에서 중국의 평균보다 훨씬 수준이 앞서 있기 때문이다.[30] 케랄라는 또한 여성의 권한 강화와 활동에 유리한 조건을 갖고 있는데, 공동체의 실질적이고 영향력 있는 자산에 대해 여성의 소유권을 크게 인정하는 법적 전통을 갖고 있다.[31]

    1천 명당 18명이라는 케랄라의 총 출생률은 중국의 1천 명당 19명이라는 수치보다 낮으며, 이것은 어떤 강제력 없이도 달성되었다. 케랄라의 출산율은 1990년대 중반 중국의 1.9명보다 낮은 1.7명이다. 이것은 출산율을 자발적으로 감소시키는 요소의 발전에서 기대할 수 있는 결과다.[32]

출산율 감소의 부작용과 속도

케랄라의 낮은 출산율은 자발적으로 이루어졌기 때문에 중국에서 나타나는 높은 여아사망률이나 광범위한 선별적 낙태 같은 부작용의 징후도 없다는 점이 주목할 만하다. 1979년 중국의 산아정책이 시작될 무렵 두 지역은 비슷한 수준의 영아사망률을 보였지만 케랄라의 영아 1천 명당 사망률(여아 16명, 남아 17명)은 중국(여아 33명, 남아 28명)보다 훨씬 낮은 수준이다.[33] 물론 케랄라에는 중국처럼 여아에 대한 선별적 낙태가 없다.

강제적 방법을 사용할 경우 자발적 감소보다 훨씬 빠른 속도로 출산율이 낮아진다는, 강제적 산아제한을 옹호하는 주장도 검토할 필요가 있다. 이런 일반화 역시 케랄라의 경험에 의하면 맞지 않는다. 케랄라의 출산율은 1950년의 44명에서 1991년 18명으로 떨어졌는데, 이것은 중국보다 결코 느리지 않다.

그러나 이렇게 긴 기간을 고려하는 것은 1979년에 도입된 '한 자녀 가정 정책'과 기타 강제적 정책의 효율성을 평가하기에 공정하지 않다고, 그래서 1979년 이후를 같이 비교해야 한다고 주장할 수도 있다. 그렇게 해보자. 1979년 중국에 한 자녀 가정 정책이 도입되었을 때, 케랄라는 중국의 2.8명보다 더 높은 3.0명의 출산율을 기록했다. 1991년 케랄라의 출산율은 1.8명으로 중국의 2.0보다 훨씬 낮다. 한 자녀 가정 정책 및 기타 강제적 수단이 갖는 '이점'에도 불구하고 출산율은 이 시기에도 케랄라보다 중국이 더 느리게 감소했다.

또 다른 인도의 주 타밀나두는 1979년 3.5명에서 1991년 2.2명으로 느리지 않은 감소 속도를 보여주었다. 타밀나두는 매우 적극적인, 하지만 자발적 협조에 기초한 가족계획을 시행했는데, 이 지역은 인도 내에서 사회적 성취라는 측면에서 상대적으로 좋은 조건의 도움을 받았다—인도의 주요 지역 중에서 가장 높은 문자해독률, 여성의 높은 취업률, 상대적으로 낮은 영아사망률 등. 중국에서 시행된 것과 같은 강제적 정책은 타밀나두나 케랄라 어디에서도 도입되지 않았고, 두 개의 주 모두 중국이 한 자녀 가정 정책과 기타 수단을 도입한 이후에 이룩한 것보다 더 빠르게 출산율을 감소시켰다.

인도 내에서 서로 다른 지역 사이의 대조는 이 주제에 대해 더 심도 깊은 통찰을 제공한다. 이른바 북쪽의 중심지대라고 불리는 지역(우타르프라데시, 비하르, 마디아프라데시, 라자스탄 등)은 교육 수준이 훨씬 낮은데 특히 여성의 교육면에서 그러하며, 일반적인 보건의료 수준도 열악하다. 케랄라와 타밀나두가 빠른 출산율 감소를 보인 반면, 이 지역들은 4.4명에서 5.1명에 이르는 높은 출산율을 보인다.[34] 이러한 현상은 이 지역에서 약간의 강제 정책을 포함한 강압적인 가족계획을 시행하는 경향이 있음에도 불구하고 나타났다(케랄라와 타밀나두에서 더 자발적이고 협조적인 접근법을 취한 것과 대조된다).[35] 인도 내의 지역 간 비교는 강제가 아닌 자발성을 강력하게 옹호한다(무엇보다 교육받은 여성의 적극적인 참여에 기초한).

강압의 유혹

강제적 산아제한을 고려할 때 인도가 중국보다 훨씬 신중했음에도 인도에서도 많은 활동가들이 강제정책을 고려했다는 증거가 많이 있다. 1970년대 중반 인도 정부는 인디라 간디의 주도 하에 '비상사태'를 선언하였다. 그리고 시민과 개인의 권리를 보장하는 것을 유보함으로써 강제정책을 시행할 법적 가능성을 얻은 뒤, 이 분야에서 상당한 강제를 시도했다. 앞에서 언급했던 북부 지역은 가족계획을 강제하는 많은 규제와 정책을 시도했는데, 그것은 종종 여성에 대한 돌이킬 수 없는 불임시술의 형태를 띠

기도 했다.[36]

　강제가 공공정책의 일부가 아니었을 때조차도 '가족계획 목표를 맞추려는' 정부의 확고한 의지는 당국과 다양한 수준의 보건의료인들로 하여금 강제에 가까운 모든 종류의 압력을 행사하게 했다.[37] 이러한 책략의 사례 중 특정 지역에 널리 퍼진 것은 모호하지만 냉혹한 말로 협박하는 것이었다. 즉 빈곤 구제 정책의 수혜 자격 조건으로 불임시술을 추가하고, 2명 이상의 자녀를 가진 어머니에게 모성보호 혜택을 주지 않으며, 불임시술을 받은 사람들에게만 특정한 의료 혜택을 제공하고, 두 명 이상의 자녀를 가진 사람들은 지방선거에 출마하지 못하게 하는 것 등이었다.[38]

　피선거권을 제한하는 마지막 방법은 라자스탄과 하리아나 지역에서 몇 년 전 도입되었는데, 일부 집단은 이를 매우 환영했다. 피선거권을 제한하는 것은 기본적인 민주적 권리를 강력하게 침해하는 것이었는데도 말이다. 또한 두 명 이상의 자녀를 가진 사람들이 국가나 주 정부의 관직에 오르는 걸 금지하는 법률이 인도 의회에 상정되기도 했다(통과하지는 못했다).

　어떤 이들은 종종 가난한 나라에서 강제력의 문제를 지나치게 걱정하는 것은 잘못된 것이라고 주장하기도 한다. 그런 걱정은 부유한 나라들만이 '감당' 할 수 있는 사치품이며, 가난한 사람들은 그 강제정책 때문에 실제로 고통 받을 일이 없다는 것이다. 하지만 이러한 주장의 근거가 무엇인지는 전혀 분명하지 않다. 이러한 강제적 방법 때문에 가장 고통 받는 사람들—원하지 않는 일을 억지로 하도록 강요받는 사람들—은 사회에서 가장 가난하고 가장 비참한 사람들이다. 규제와 그 규제가 행사되는 방식은 여성이 출산의 자유를 행사할 때 특히 가혹하다. 예를 들어 '불임 목표'를 맞추기 위해 다양한 압력을 가해 가난한 여성들에게 집단적으로 불임시술을 하려는 야만적 시도가 북부 인도의 여러 지역에서 있었다.

사실상 가난한 사람들에게 강제력을 사용하는 것은 민주적 저항에 부딪힐 수밖에 없는데, 권위주의적 정부는 시민들이 저항할 수 있는 기회를 억제한다. 이러한 시도는 중국이 아니라 1970년대 '비상사태의 시기'에 인도에서도 이루어졌는데, 이때 인디라 간디 정부는 다양한 법적 권리와 시민의 자유를 유보함으로써 강제적인 산아제한을 시도했다. 앞에서 언급했듯이 산아제한을 포함한 강제정책은 뒤따른 총선거에서 압도적인 패배로 이어졌다. 가난에 신음하던 인도의 유권자들은 경제적·사회적 불평등에 저항하는 것만큼이나 정치적·시민적 권리와 출산권을 강제적으로 침해하는 것에 대한 항의에도 관심을 보였다. 자유와 기본권에 대한 관심은 아시아와 아프리카의 다른 많은 나라들에서 나타나는 오늘날의 정치운동에서도 역시 잘 드러난다.

사실 강제에 대한 사람들의 반응에는 또 다른 측면이 있다. 행동을 변화시킨다는 점이다. 인도의 가족계획 전문가들이 기록하듯이 자발적 산아제한 계획은 강제적 불임시술 계획 때문에 방해를 받았는데, 사람들이 가족계획 전체에 대해 깊은 의구심을 갖게 되었기 때문이다. 출산율에 직접적인 효과가 거의 없었다는 것 외에도 비상사태의 시기에 인도의 몇몇 지역에 도입된 강제적 수단은 사실 오랜 기간 출산율의 정체로 이어졌고, 이것은 1985년에야 끝나게 된다.[39]

맺음말

인구 문제의 심각성은 종종 과장되지만 그럼에도 많은 개발도상국에서 출산율을 감소시킬 방법과 수단을 찾는 데에는 충분한 이유가 있다. 특별히 관심을 기울여야 할 접근법은 양성평등과 여성의 자유(특히 교육, 보건, 취업의 기회)를 증대시키는 공공정책과 가정 내의 개인 책임(잠재적인 부모, 특히 어머니의 결정권) 사이의 밀접한 관계를 포함한다.[40] 이런 방법론의 효율성은 젊은 여성의 복지와 그들의 활동성 사이의 밀접한 연관관계에 달려 있다.

이런 일반적 논리는 빈곤한 개발도상국에도 적용된다. 그러지 않아야 할 이유가 없다. 가난한 사람들이 자유 일반, 특히 출산권에 가치를 두지 않는다는 주장이 종종 제기되지만, 찾아볼 수 있는 근거는 모두 이에 반대되는 결론을 지지한다. 사람들은 물론 복지와 안전을 포함한 다른 것들도 소중히 여기지만,―그래야 할 이유를 갖고 있지만―그렇다고 정치적·시민적 권리나 출산권에 무관심하지는 않다.

강제적 방법이 자발적인 사회적 변화와 발전을 통해 성취할 수 있는 것보다 더 빠르게 작동한다는 증거는 거의 없다. 강제적인 가족계획은 출산의 자유에 대한 침해 외에도 매우 바람직하지 않은 결과를 초래하는데, 여기에는 영아사망률에 대한 부정적 효과(특히 확고한 남아선호 편향을 가진 나라에서의 여아사망률)가 포함된다. 우리는 바람직한 결과를 얻기 위해 출산권을 침해해야 할 어떤 확고한 근거도 찾아볼 수 없다.

정책 분석의 관점에서 국가 간 비교뿐만 아니라 한 나라 내부의 지역 간 비교에 근거해 여성의 권한 강화(여성의 교육, 취업 기회, 소유권 등)와 사회적 변화(사망률 감소)가 출산율 감소에 강하게 영향을 끼친다는 증거가 많이 있다. 사실 이러한 발전에 암묵적으로 들어 있는 정책적 교훈을 무시하기는 어렵다. 이러한 발전이 다른 이유(성적 불평등의 감소를 포함해)로도 매우 바람직하다는 사실 때문에 발전을 분석할 때 이 문제들은 중심적인 관심사가 된다. 또한 '표준적 행동'으로 간주되는 사회적 관행은 이 문제의 본질에 대한 이해 및 평가와 무관하지 않다. 공공의 토론은 큰 차이를 만들어낸다.

출산율 감소는 경제적 번영으로 인한 효과 때문만이 아니라 높은 출산율이 사람들이 소중하게 생각하는 유형의 삶을 영위할 자유—특히 젊은 여성의 자유—를 감소시키기 때문에 중요하다. 사실 잦은 임신과 양육 때문에 가장 심각한 타격을 받는 사람들은 여전히 많은 나라에서 번식하는 도구로 전락당한 젊은 여성들이다. 이 '균형'은 한편으로 가족 내에서 젊은 여성의 결정권이 약하기 때문에, 다른 한편으로는 잦은 출산을 무비판적으로 받아들이며 관행으로 만드는 검토되지 않은 전통 때문에 지속되는데(지난 세기 이전에는 유럽에서도 그러했다), 사람들은 여기에서 어떤 부정의도 발견하지 못한다. 여성의 문자해독률, 취업 기회, 자유롭고 개방적이며 수준 높은 공공토론에 대한 참여 기회를 높이는 것은 정의와 부정의의 이해에 근본적인 변화를 가져올 수 있다.

'자유로서의 발전'이라는 관점은 이러한 실증적 연관관계를 통해 강화되는데, 왜냐하면 인구 증가 문제의 해법이 (다른 사회적·경제적 문제들의 해법처럼) 잦은 임신과 양육에 의해 가장 직접적으로 영향을 받는 사람들, 즉 젊은 여성들의 자유를 확대하는 것에 있기 때문이다. 인구 문제의 해법은 더 많은 자유를 필요로 한다. 더 적은 자유가 아니라.

10장
문화와 인권

사실 공자는 아시아적 가치라는 상상의 건축물에서 두 개의 기둥, 즉 가족에 대한 헌신과 국가에 대한 충성이 서로 충돌할 수 있다는 것을 명백하게 지적하였다. '아시아적 가치'의 힘을 지지하는 많은 사람들은 국가의 역할을 가정의 역할이 확장된 것으로 간주하지만, 공자가 말했듯이 이 둘 사이에는 긴장이 있을 수 있다. 섭공葉公이 공자에게 "나의 백성 중에는 정직한 사람이 있는데, 아버지가 양을 훔치자 그를 고발했습니다"라고 하자, 공자가 대답하기를 "우리 백성 중에 정직한 사람은 그와 다릅니다. 아버지는 아들의 죄를 덮고 아들은 아버지의 죄를 덮습니다"라고 말했다.

인권이라는 관념은 최근 상당한 기반을 구축했고 국제적 담론에서 일종의 공식적인 지위를 확보했다. 이제 유력한 위원회가 주기적으로 만나 세계 여러 나라의 인권의 보장과 침해에 대해 논의한다. 확실히 인권 담론은 과거 그 어느 때보다도 오늘날 널리 받아들여지고 있으며 더 자주 활용된다. 적어도 국가 내의 그리고 국가 간의 의사소통의 언어는 불과 몇십 년 전의 지배적인 담화 유형과 비교할 때, 우선순위의 변화를 반영하는 것처럼 보인다. 인권은 또한 발전에 관한 문헌에서도 역시 중요한 부분이 되었다.

인권이란 관념과 사용에서 뚜렷한 성과를 이루었지만, 비판론자들은 이런 접근법의 깊이와 일관성에 대해 회의적이다. 인권에 대한 웅변 아래에 깔려 있는 전체적인 개념 구조가 약간 단순하지 않느냐는 의구심을 제기하는 것이다.

세 가지 비판

무엇이 문제인가? 인권의 지적 성과에 대해 비판적인 사람들이 갖는 세 가지 서로 다른 관심사가 있다. 첫째, 인권이 사람들에게 잘 정의된 권리를 부여하는 사법체계의 결과인지 누구에게나 정당한 권리를 실제로 부여하는 법 이전의 원칙인지를 혼동한다는 우려가 있다. 이것은 인권에 대한 요구를 정당화하는 문제다. 궁극적인 사법적 권위를 가진 국가가 법을 제정하지 않고서 어떻게 인권이 실질적 위상을 가질 수 있는가? 이 견해에 따르면 자연 상태의 인간은 옷을 입고 태어나지 않듯이 인권을 갖고 태어나지 않는다. 권리는 마치 재봉을 통해서 옷을 얻듯 입법을 통해서 획득되어야 한다. 재봉을 거치지 않은 옷이 존재하지 않는 것처럼 입법을 통하지 않는 권리는 없다는 것이다. 나는 이러한 방향에서의 공격을 정당성 비판이라고 부르겠다.

두 번째 방향의 공격은 인권의 윤리학과 정치학이 채택하는 형식을 문제 삼는다. 이 관점에 따르면 권리란 그와 상응하는 의무를 필요로 하는 획득권한이다. A라는 사람이 x에 대한 권리를 가졌다면, 여기에 대해서는 어떤 행위자(말하자면 B)가 A에게 x를 제공해야 할 의무를 지녀야 한다. 만일 그러한 의무가 규정되지 않는다면, 이 관점에서 봤을 때 앞서 언급한 권리는 공허할 뿐이다. 이러한 입장은 인권을 권리로 대우하려 하는 것에 대해 매우 큰 문제를 제기하는 것처럼 보인다. 이 주장을 따라가보면, 모든 인간이 음식이나 의료에 대한 권리를 갖는다고 말하는 것은 충분히 좋은 일이지만, 행위자가 가져야 할 특정한 의무가 없다면 이러한 권리는 별 의미가 없다. 이러한 이해방식에 따르면 인권이란 개념은 마음을 따뜻하게 해주지만 엄격히 말해 비일관적이다. 그것은 권리라기보다는 정서적인 표현으로 보아야 한다는 것이다. 나는 이것을 일관성 비판이라고 부르겠다.

세 번째 방향의 회의는 그다지 법적이거나 제도적인 형태를 띠지 않는데, 대신 인권을 사회윤리의 영역에 있는 것으로 본다. 이 관점에 따르면 인권의 도덕적 권위는 수용 가능한 윤리의 성격에 따라 달라진다. 그러나 그러한 윤리는 진정으로 보편적인가? 만일 어떤 문화에서 권리를 다른 미덕이나 특성보다 특별히 가치 있는 것으로 간주하지 않는다면? 인권의 범위에 대한 논쟁은 종종 이러한 문화적 비판에서 나온다. 아마도 가장 두드러진 예는 이른바 인권에 대한 아시아적 가치라는 회의적 입장에 기반을 두고 있다. 인권이란 그 이름을 정당화하기 위해서라도 보편성을 요구한다. 하지만 이 유형의 비판자들은 그러한 보편적 가치가 없다고 주장한다. 나는 이것을 문화적 비판이라고 부르겠다.

정당성 비판

정당성 비판은 긴 역사를 갖고 있다. 윤리적 문제를 권리에 기반해 추론하는 것에 회의적인 사람들은 다양한 형태로 비판을 제기해왔다. 이러한 다양한 형태의 비판 사이에는 차이점만큼이나 흥미로운 유사성이 있다. 한편에는 권리가 국가의 제도보다 선행할 수 없다는 칼 마르크스의 주장이 있다. 그가 전투적으로 단호하게 쓴 「유대인 문제에 대하여On the Jewish Question」에 들어 있는 이야기다. 다른 한편에는 '자연권'을 '무의미한 헛소리'라고, '침해 불가능한 천부적 권리'를 '과장된 헛소리'라고 말하는 제레미 벤담의 주장이 있다. 이들―그리고 다른 이들―에게 공통된 비판의 노선은 권리를 윤리적 권한이라기보다는 도구로 보고, 제도화된 이후에나 유의미한 것으로 보아야 한다는 것이다. 이것은 다소 근본적인 방식으로 보편적 인권이라는 기본적인 생각에 비판을 제기한다.

법보다 선행하는 도덕적 주장을 법적 실체로 간주하는 것은 무리다. 이런 주장은 법정이나 다른 강제적 제도에서 정당화할 수 있는 권리를 제공한다고 보기 어렵다. 하지만 이런 이유로 인권을 거부하는 것은 실행의 요점을 놓치는 것이다. 적법성에 대한 요구는 그저 어떤 권리들이 모든 인간에게 주어진 획득권한이라는 사실을 인정하는 것의 윤리적 중요성에 의해 정당화되는 요구, 그 이상의 것이 아니다. 이런 의미에서 인권은 윤리적 판단에 의해 뒷받침되는 주장, 권력, 면책권(그리고 권리의 개념과 관련된 다른 형태의 보장들)을 대표할 수 있고, 이 윤리적 판단은 이러한 보장에 내재적인 중요성을 제공한다.

사실 인권은 실제적인 것과 대비되는 잠재적인 법적 권리의 영역을 넘어설 수 있다. 법제화하기에 부적절해 보이는 맥락에서도 인권은 효과적으로 받아들여질 수 있기 때문이다. (남편이 얼마나 성차별적이건 간에) 가정사의 중대한 결정에 부인이 동등하게 참여할 수 있는 도덕적 권리는 이러한 요구가 법제화되고 경찰력으로 뒷받침되기를 원치 않는 사람들이라도 인정할 수 있다. '존중받을 권리'는 법제화나 강제력의 동원이 문제가 되고 당혹스럽게 느껴지는 또 다른 사례다.

사실 인권을 일련의 윤리적 주장으로 간주하는 게 최선인데, 이것은 법제화된 법적 권리와 혼동되어서는 안 된다. 하지만 이러한 규범적 해석 때문에 인권이 전형적으로 적용되는 맥락에서 인권 개념의 유용성을 부정할 필요는 없다. 특정한 권리와 관련된 자유는 논쟁에서도 적절한 초점이 될 수 있다. 우리는 정치적 요구에 대한 기초로서, 그리고 윤리적 추론의 체계로서 인권의 유용함을 판단해야만 한다.

일관성 비판

이제 두 번째 비판으로 넘어가자. 우리가 권리를 충족시키기 위해 그것이 누구의 의무여야 하는지를 특정하지 않아도 권리에 대해 일관적으로 말할 수 있는가에 대한 문제다. 이런 관점에서의 주류적 접근법은 권리가 관련된 의무와 조합되어야만 유의미하게 정식화될 수 있다는 견해를 취한다. 개인의 권리는 관련된 어떤 것을 그에게 제공해야 하는 다른 행위자의 의무와 짝을 이루어야 한다는 것이다. 이러한 이항적 관계를 주장하는 사람들은 일반적으로 책임자와 권리를 충족시키기 위한 그들의 의무를 정확히 정하지 않고 '인권'이란 말에서 '권리'를 수사적으로 사용하는 것에 대해 비판적이다. 따라서 인권에 대한 요구는 부질없는 이야기라고 말한다.

이러한 회의론을 불러일으키는 질문은 이렇다. 상응하는 의무 없이 어떻게 권리가 실현될 것이라 확신할 수 있는가? 사실 어떤 이들은 칸트 Immanuel Kant의 '완전한 의무', 즉 그 권리를 실현하기 위한 특정한 행위자의 특정한 의무가 권리와 쌍이 되지 않는다면 그 권리에는 어떤 의미도 없다고 생각한다.[1]

그러나 완전한 의무가 없는 권리를 사용하는 게 타당성이 없다는 이러한 주장에 대해 반론을 제기할 수 있다. 법적 맥락에서는 이러한 주장이 사실 어떤 미덕을 가질 수 있지만, 규범적 논의에서 권리는 사람들이 소유하는 것이 좋겠다고 여기는 권한이나 권력 혹은 면책으로서 주장되고는 한다. 인권은 모든 사람들이 나누어 갖는 권리로—시민권 여부와 관련 없이—그 혜택은 모두에게 돌아가야 한다. 개인이 자신의 권리를 충족시킬 수 있도록 하는 것은 다른 누군가의 특정한 의무는 아니지만, 그것을 도울 수 있는 위치에 있는 모든 사람들에게 그 의무가 부과될 수 있다. 사실 임마누엘 칸트 자신도 이러한 일반적 요구를 '불완전한 의무'라고 불렀고 사회적 삶에서 그 유의미함을 논의했다. 특정한 개인이나 행위자가 권리의 충족을 위해 책임지지 않는다고 하더라도, 도울 수 있는 위치에 있는 누구에게나 일반적으로 이 주장이 적용될 수 있다.

이렇게 정식화된 권리가 종종 충족되지 못할 수 있다는 것도 물론 사실이다. 하지만 한 개인이 가진, 충족되지 못한 권리와 그가 아예 갖지 못한 권리를 구별하는 것도 가능하다. 궁극적으로 어떤 권리에 대한 윤리적 주장은 누군가에게 그를 돕도록 노력하라고 요구되는 한에서만 그에 상응하는 자유의 가치를 뛰어넘는다. 우리는 권리의 언어보다 자유의 언어를 더 잘 다룰 수 있으므로(내가 이 책에서 주로 써왔던 것도 자유의 언어다), 다른 이들이 한 개인으로 하여금 문제가 된 그 자유를 성취할 수 있도록 도와야 한다는 제안—혹은 요구—에 대해 좋은 논거를 제공할 수도 있다. 권리의 언어는 자유의 언어를 보완할 수 있다.

문화적 비판과 아시아적 가치

세 번째 노선의 비판은 보다 매력적이며 확실히 더 많은 주목을 끌었다. 인권의 관념은 정말로 보편적인가? 권리보다 규율에, 권한보다 충성심에 초점을 두는 경향이 있는 유교 문화권의 세계라고 윤리학이 없는 것인가? 인권에 정치적 무제약과 시민권에 관한 요구가 포함되는 한, 아시아의 이론가들은 이러한 종류의 긴장이 있을 수밖에 없다고 지적해왔다.

아시아적 가치의 성격이 근래 아시아에서 권위주의적인 정치질서를 정당화하기 위해 종종 언급되었다. 권위주의의 이러한 정당화는 개개인의 역사가들에게서 나온다기보다는 권위주의 당국(정부 관료나 대변인들)이나 권력자의 측근으로부터 나오는 게 일반적이었다. 이들의 견해는 분명히 국가를 다스리는데, 그리고 국가 간의 관계에 영향을 미친다.

과연 아시아적 가치는 기본적인 정치적 권리에 대해 반대하거나 무관심한가? 이러한 일반화가 종종 이루어지지만 그 근거가 있는가? 사실 아시아에 대한 일반화는 그 크기를 생각한다면 쉽지 않다. 아시아는 전 세계 인구의 60퍼센트가 살아가는 곳이다. 그토록 다양한 모습을 보여주는, 이토록 거대한 지역에서 통용되는 가치로 우리가 무엇을 선택할 수 있을까?

사실 이 엄청난 규모의 다양한 인구에게 적용되며, 세계의 나머지 사람들로부터 이들을 구별 지을 본질적인 가치란 존재하지 않는다.

종종 '아시아적 가치'의 지지자들은 그것이 적용되는 지역으로 동아시아를 지목하곤 한다. 서구와 아시아 사이의 대조에 대한 일반화는 태국의 동쪽 지역에 초점을 두면서, 종종 아시아의 나머지 지역도 '유사하다'는 야심찬 주장으로까지 넘어가기도 한다. 예를 들어 리콴유는 '사회와 정부에 대한 서구적 개념과 동아시아적 개념 사이의 근본적인 차이'를 말하며 이렇게 설명했다. "내가 동아시아인을 이야기할 때, 동아시아인은 한국, 일본, 중국, 베트남을 언급하는 것으로 이들은 동남아시아와는 구별된다. 비록 인도 문화도 유사한 가치를 강조하지만, 동남아시아 지역은 중국계와 인도계의 혼합지대라고 봐야 한다."²

그러나 사실 동아시아조차도 많은 다양성이 있는데, 일본, 중국, 한국 그리고 기타 지역 사이에는 상이한 요소들이 존재한다. 이 지역 내부와 외부에서의 다양한 문화적 영향은 상당히 넓은 이 지역에서 오랜 역사를 거쳐 사람들의 삶을 형성해왔다. 이 영향력들은 다양한 방식으로 지금도 살아 있다. 예를 들어 호턴 미플린Houghton Mifflin 사의 국제『연감Almanac』을 보면 1억 2,400만 명의 일본인 중 1억 1,200만 명은 신토교도, 9,300만 명은 불교도라고 설명한다.³ 서로 다른 문화적 요소들이 여전히 오늘날의 일본인들의 정체성에 영향을 주고 있기에 신토교인 사람이 동시에 불교도일 수 있는 것이다.

문화와 전통은 동아시아와 같은 지역에서, 그리고 일본, 중국, 한국과 같은 국가 내에서도 중첩되므로 '아시아적 가치'(이 '가치'는 다양한 믿음과 신념을 가진 이 지역의 많은 사람들에게 매우 강압적이면서 종종 잔인하게 느껴지는 함의를 지닌다)를 일반화하려는 시도는 지나치게 조야해질 수밖에 없다.

심지어 싱가포르의 280만 명의 인구도 문화적·역사적 전통에서 엄청난 다양성을 보여준다. 사실 싱가포르는 공동체 간의 친선과 우호적인 공존을 증진하는 데 있어 경이로운 사례이기도 하다.

현재의 서구와 고유성의 주장

아시아, 더 일반적으로 말하면 비서구의 권위주의적 사고는 서구적 사고방식 자체로부터 간접적으로 지원받기도 한다. 확실히 미국이나 유럽에는 정치적 자유와 탁월한 민주주의가 서구문화의 근본적이고 오래된 특징이라고 (아시아에서는 발견되지 않는 것이라고) 암묵적으로라도 생각하는 경향이 있다. 이러한 경향에서는 예를 들어 유교에 내재되어 있다고 여겨지는 권위주의와 서구의 자유주의적 문화에 깊게 뿌리내렸다고 여겨지는 개인적 자유 및 자율성에 대한 존중이 서로 대조된다. 서구가 비서구 지역에서 개인적이고 정치적인 자유를 장려하는 것은 종종 아시아와 아프리카에 서구적 가치를 도입하려는 것으로 간주된다. 세계는 '서구 민주주의' 클럽에 참여해 전통적인 '서구적 가치'를 존중하고 승인하도록 초청받는 것이다.

이 모든 것에는 현재를 기준으로 과거를 끌어들여 추정하는 경향이 있다. 유럽의 계몽주의와 최근의 상대적 발전이 일반화하고 전파한 가치들은 지난 수천 년간 서구가 경험한 오래된 서구적 유산의 일부라고 보기는 어렵다.[4] 우리가 특정한 서구의 고전적 작가들(예를 들어 아리스토텔레스)의 저작에서 발견할 수 있는 것은 정치적 자유에 대한 현재의 관념을 구성하는 포괄적인 통념 전체가 아니라, 그것의 일부 구성요소들에 대한 주장들이다. 하지만 그러한 부분적인 주장들은 아시아의 전통적 저작에서도 발견할 수 있다.

이 점을 조명하기 위해 좋은 사회라면 모든 사람들의 개인적 자유를 중요시한다는 관념에 대해 고려해보자. 이 주장은 두 가지 서로 다른 구성요소로 이루어져 있다. ① 개인적 자유의 가치: 개인적 자유는 중요하며 좋은 사회에서 '중요한' 사람들에게 보장되어야 한다는 것이다. 그리고 ② 자유의 평등함: 모든 사람은 중요하며 한 사람에게 보장되는 자유는 모든 사람들에게 보장되어야만 한다. 이 두 가지는 함께 공유된 기초 위에서 모든 이들에게 개인적 자유가 보장되어야 한다는 것을 함의한다. 아리스토텔레스는 전자의 명제를 지지하는 글을 적지 않게 썼다. 하지만 여성과 노예를 배제함으로써 후자를 위한 노력은 기울이지 않았다. 사실 이런 형태의 평등을 주장한 것은 비교적 최근의 일이다. 계급과 카스트에 의해 분류된 사회에서도 자유는 소수 특권층에게만 아주 중요한 가치로 간주될 수 있었다(중국의 관료층이나 인도의 브라만 계급에게). 이것은 좋은 사회에 대한 그리스식의 개념에서 노예가 아닌 남성에게만 자유가 소중한 것이라고 여긴 것과 비슷하다.

또 다른 유용한 구별이 ① 관용의 가치: 즉 서로 다른 믿음, 헌신, 행위에 대해 관용을 가져야 한다는 것과 ② 관용의 평등성: 누군가에게 적용되는 관용은 모든 사람에게 확대되어야 한다(단 누군가에 대한 관용이 다른 이들에 대한 불관용으로 이어지는 경우만 제외하고)는 것에도 적용될 수 있다. 여기에서 다시 관용에 대한 주장은 관용의 평등성을 제외한 상태로 과거의 서구 저작에서 많이 발견된다. 현대의 민주적이고 자유주의적인 이상의 뿌리는 원래부터 온전하게 존재했던 것이 아니며, 그 일부 구성요소에서만 찾을 수 있다.

서구와 아시아를 비교할 경우, 서구 사상에서처럼 아시아의 저작에서도 이러한 구성요소들이 발견되는지에 대해 질문을 던져야 한다. 이러한 요소의 존재는 그 반대, 즉 자유와 관용을 명백히 강조하지 않는, 관념과 교의doctrine의 부재와 혼동되지 말아야 한다. 질서와 규율에 대한 강조는 서구의 고전에서도 찾을 수 있다. 사실 공자가 플라톤이나 아우구스티누스보다 이런 점에서 더 권위주의적이었는지는 전혀 분명하지 않다. 진짜 논점은 비자유적 관점이 아시아적 전통에 존재하느냐가 아니라 자유지향적 관점이 결여되어 있느냐다.

여기가 아시아적 가치체계가 갖는 다양성이 논쟁의 중심이 되는 지점이다(이 체계는 지역적 다양성을 통합하면서도 초월한다). 명백한 사례는 사고의 형태로서 불교가 갖는 역할이다. 불교 전통에서 자유에는 막대한 중요성이 부여되고, 불교적 사유와 연관된 초기 인도의 이론은 의욕과 자유 선택에 큰 여지를 두고 있다. 행동의 고귀함은 자유를 통해서 달성되어야만 하며, 해방의 관념(해탈moksha과 같은)도 이러한 특성을 지니고 있다. 불교 사상의 이러한 요소가 유교가 강조한 질서 있는 규율이 아시아에서 갖는 가치를 지워버리지 않지만, 유교를 아시아의, 심지어는 중국의 유일한 전통으로 강조하는 것은 문제가 있다. 아시아적 가치에 대한 현재의 권위주의적 해석의 대부분이 유교에만 집중했기에 이러한 다양성은 특별히 강조할 가치가 있다.

공자의 해석들

사실 아시아적 가치에 대한 권위주의적 지지자들 사이에서 표준화된 유교의 해석은 공자 자신의 가르침에 내재된 다양성도 올바르게 취급하지 않는다.[5] 공자는 국가에 대한 맹목적 충성을 권하지 않았다.[6] 자로가 "어떻게 임금을 섬겨야 합니까?" 하고 묻자 공자가 대답하기를 "속이지 말고 간언하라"고 했다.[7] 그러나 싱가포르나 북경의 검열 당국자들은 이와는 다른 견해를 갖고 있을 것이다. 공자는 신중하고 유연한 태도를 싫어하지 않았지만 나쁜 정부에 저항하도록 권하는 것마저 침묵하지는 않았다. "나라에 도가 있을 때는 말과 행실을 떳떳하게 하고, 나라에 도가 없을 때는 행실을 떳떳하게 하고 말을 부드럽게 하라."⁸

사실 공자는 아시아적 가치라는 상상의 건축물에서 두 개의 기둥, 즉 가족에 대한 헌신과 국가에 대한 충성이 서로 충돌할 수 있다는 것을 명백하게 지적하였다. '아시아적 가치'의 힘을 지지하는 많은 사람들은 국가의 역할을 가정의 역할이 확장된 것으로 간주하지만, 공자가 말했듯이 이 둘 사이에는 긴장이 있을 수 있다. 섭공葉公이 공자에게 "나의 백성 중에는 정직한 사람이 있는데, 아버지가 양을 훔치자 그를 고발했습니다"라고 하자, 공자가 대답하기를 "우리 백성 중에 정직한 사람은 그와 다릅니다. 아버지는 아들의 죄를 덮고 아들은 아버지의 죄를 덮습니다"⁹라고 말했다.

아소카와 카우틸랴(차나캬)

공자의 생각은 그의 이름과 관련해 자주 거론되는 경구들보다 훨씬 복잡하고 섬세하다. 또한 중국 문화에서는 다른 저자들을 간과하거나 다른 아시아 문화를 무시하는 경향이 있다. 인도의 전통에 관심을 기울인다면 사실 우리는 자유, 관용, 평등에 대해 다양한 견해들을 발견할 수 있다. 평등주의에 기초하여 관용의 필요성을 가장 흥미롭게 정식화한 것은 아소카 황제의 저술에서 발견할 수 있다. 그는 기원전 3세기 어떤 인도의 왕보다도 더 넓은 지역을 통치한 황제였다(무굴제국이나 영국이 버려둔 자치 지역을 제외한다면 영국령보다도 더 컸다). 그는 공공윤리에 관심을 돌려 계몽주의 정책을 폈는데, 칼링가(현재 오리사) 왕국과의 전투에서 승리한 뒤 벌어진 학살에 경악했기 때문이다. 그는 불교도로 개종했고 동서로 불교를 전파하기 위해 사절단을 보냄으로써 세계 종교의 성립에 기여했을 뿐 아니라, 국가 전체를 올바른 삶의 형태와 좋은 정부의 본성을 기술한 비석으로 가득 덮었다.

이 비문은 다양성에 대한 관용을 특별하고 중요하게 본다. 예를 들어 (현재 XⅡ번으로 불리는) 에라구디에 대한 포고령은 이 문제에 대해 이렇게 말한다.

> 사람은 이유 없이 자신의 종파를 찬양하거나 다른 사람의 종파를 비난해서는 안 된다. 다른 종파에 대한 경시는 특별한 이유에서만 행해져야 하는데, 다른 사람들의 종파 모두 이런저런 이유로 존중받을 가치가 있기 때문이다.
>
> 그렇게 행동함으로써 사람은 그 자신의 종파를 드높이고 동시에 다른 사람의 종파에 대해 봉사하는 것이 된다. 반대로 행동하면 자신의 종파를 해치고 다른 사람의 종파에도 몹쓸 짓을 하는 것이다. 왜냐하면 자신의 종파에 대한 충성심으로 인해 자신의 종파의 위엄을 드높이겠다는 의도로 다른 이들의 종파를 폄하하면서 자신의 종파를 찬미하는 사람은 그렇게 행동함으로써 그 자신의 종파에 심각한 손상을 주기 때문이다.[10]

기원전 3세기의 이 포고령을 보면, 정부의 공공정책과 더불어 시민이 다른 시민에게 어떻게 행동해야 할지 조언하는 두 가지 측면에서 관용의 중요성을 강조한다.

관용의 영역과 범위에 대해 아소카는 보편주의자였다. 그는 '숲의 사람들'이라고 불렀던, 농업 이전의 경제적 조건에서 살아가던 부족들까지 포함한 모든 이에게 이를 요구했다. 아소카의 평등주의적이고 보편주의적인 관용의 강조는 어떤 비평가에게는 비아시아적인 것으로 보일 수도 있겠으나 그의 견해는 그전까지 인도의 지식계에서 이미 유행했던 노선에 확고하게 기초한 것이다.

이런 맥락에서 통치와 정치경제학에 대한 논고로 심오한 영향을 끼쳤던 인도의 다른 저자를 살펴보는 것도 흥미로울 것이다. 나는 『아르타샤스트라Arthashastra』의 저자 카우틸랴에 대해 말하려 한다. 그의 책은 '경제의 학문'이라고 번역될 수 있지만 적어도 경제와 함께 실제 정치에도 관심을 기울이고 있다. 카우틸랴는 아리스토텔레스와 동시대인으로 기원전 4세기경에 활동했고 아소카 황제의 조부인 찬드라굽타 마우리아 밑에서 수상으로 일했다. 찬드라굽타 마우리아는 인도 전역에 걸쳐 거대한 마우리아 제국을 건설한 제왕이다.

카우틸랴의 저작은 종종 자유와 관용이 인도의 고전적인 전통에서 중요하게 여겨지지 않았다는 근거로 인용되곤 한다. 『아르타샤스트라』에서 발견될 수 있는 경제와 정치에 대한 인상적이며 상세한 설명의 두 가지 측면이 그러한 판단을 뒷받침하는 것으로 보인다. 먼저 카우틸랴는 꽤 좁은 의미에서 결과주의자다. 그에게 있어 사람들의 행복을 증진시키려는 목표와 왕국의 질서는 상세한 정책적 조언에 의해 뒷받침되며, 왕은 항상 자비로운 군주로 보이고 그의 권력은 적정한 조직을 통해 극대화된다. 이와 같이 『아르타샤스트라』는 (2,000년이 지난) 지금도 유의미한 기아예방, 경영의 효율성과 같은 실용적인 주제들과 관련한 이념과 제안을 보여준다. 또 한편으로는 만일 필요하다면 상대편의 자유를 침해해서라도 어떻게 자신의 뜻을 관철할 수 있는지 왕에게 충고한다.[11]

둘째, 카우틸랴는 정치적·경제적 평등은 거의 중요하게 생각하지 않는 듯하며, 계급과 카스트제도에 의해 아주 차별적인 사회를 이상적으로 여긴다. 비록 행복의 증진이라는 목적이 모두를 위한 것이어도, 그의 다른 목표들은 분명히 불평등한 형태와 내용을 담고 있다. 그러나 고통으로부터 탈피하고 행복한 삶을 살기 위해 도움이 필요한, 사회의 불운한 사람들을 지원해야 할 의무가 있다. 그는 "고아, 노인, 약한 사람, 고통 받는 사람, 빈곤한 사람을 보조하고, 임신한 여성과 그들이 낳은 아이들을 부양하는 것"[12]이 왕의 임무라고 말한다. 그러나 이러한 부조의 의무는 어떻게 살아야 할지에 대한, 사람들의 결정의 자유를 평가하는 것과는 전혀 다르다. 여기에는 이단heterodoxy에 대한 관용이 필요하다.

    그러면 우리는 어떤 결론을 내릴 수 있을까? 확실히 카우틸랴는 민주주의자도 평화주의자도 아니고 모두를 위한 자유의 옹호자도 아니다. 하지만 가장 축복받은 사람들인 상류층은 눈에 띄는 자유를 갖고 있었다. 상류층인 아리아인의 개인적 자유를 부정하기는 어려워 보인다. 사실 기존의 노예제가 완벽하게 용인되는 것처럼 보였어도, 상류계층의 어른이나 어린이를 계약을 통해 노예로 삼는 것에 대해서는 형벌이 제정되어 있었고 그 중 일부는 매우 무거웠다.[13] 확실히 카우틸랴 시대에는 자유롭게 능력을 발휘하는 게 중요하다고 말하는 아리스토텔레스와 같은 것을 찾을 수는 없다. 그러나 상류계층에 관해서는 카우틸랴 시대에도 자유에 대한 관심이 아주 분명하다. 이는 하층부에 대한 국가의 의무와 대조되는데, 이 의무는 심각한 박탈과 비참함에서 벗어나도록 공공의 관심과 정부의 보조를 제공하는 온정주의적인 형태를 띤다. 좋은 삶에 대한 관심이 이와 같이 나타나는 한, 이것이 자유를 높이 평가하는 윤리적 체계와 일치한다고 보는 게 바람직할 것이다. 그 영역은 사실상 제한되어 있지만, 이는 그리스가 노예나 여성보다 자유인에 관심을 가졌던 것과 크게 다르지 않다. 범위와 관련해서 카우틸랴는 보편주의자 아소카와는 다르지만, 선별주의자particularist인 아리스토텔레스와는 그렇게 다르지 않다.

이슬람의 관용

그들의 이념이 후에 인도의 저작들에 큰 영향을 미쳤기 때문에, 각각 인도의 기원전 3세기와 4세기에 살았던 매우 다른 두 위인이 주장한 구체적인 정치적 이념과 현실적 추론에 대해 논해 보았다. 하지만 우리는 다른 저자들도 살펴볼 수 있다. 인도에서 다양성에 대한 관용의 영향력 있는 해설자이자 전문가로 1556년에서 1605년까지 통치한 무굴제국의 악바르Akbar 왕이 있다. 다시 말하지만 그가 민주주의를 이야기한 것은 아니다. 대신 그는 숭배의 자유와 종교적 행위의 자유를 포함하여 다양한 인권을 받아들였고, 다양한 사회적 · 종교적 행위를 받아들이도록 강조했던 왕이었는데, 이러한 생각은 그 시대 유럽에서는 받아들여지기 어려웠다.

예를 들어보자. 이슬람력 헤지라 1000년은 1591~1592년이었는데, 델리와 아그라에서는 새천년에 대한 소요가 있었다(기독교력으로 2000년이 다가오자 지금 일어나는 것처럼). 악바르 왕은 이런 역사적 시점에서 칙령을 공포하였는데, 이것들은 특히 종교적 관용에 초점을 두었다.

> 아무도 종교로 인해 간섭 받아서는 안 되며, 그가 원하는 대로 종교를 바꿀 수 있다.
> 만약 힌두인이 어렸을 때나 다른 때에 그의 의지에 반하게 무슬림이 되었다면, 그가 원할 경우 자신의 선조가 믿었던 종교로 돌아가도 된다.[14]

다시 말해 관용은 종교에서는 중립적이지만, 성평등과 젊은이와 노인 간의 평등을 고려한 다른 관점에서는 보편적이지 않다. 악바르 왕의 포고문은 이슬람교도 애인을 따라 힌두교를 포기한 젊은 힌두여인을 가족에게 돌려보내는 것과 관련하여 논쟁을 일으켰다. 젊은 남편을 모시느냐 힌두교도 아버지를 모시느냐의 선택에서 늙은 악바르 왕은 아버지 편을 들었다. 한편에서의 관용과 평등이 다른 면에서의 비관용 및 불평등과 연관되어 있지만 신앙과 관습 문제에 관한 관용의 범위는 꽤 놀랍다. 이런 맥락에서, 특히 '서구적 자유주의'가 강제적으로 전파된 것을 염두에 두었을 때, 악바르 왕이 종교적 관용을 공포한 동시대에 유럽에서는 종교재판이 성행했다는 걸 언급하는 것은 꽤 의미가 있다.

현재의 정치적 갈등, 특히 중동의 경험 때문에 이슬람 문명은 종종 근본적으로 개인적 자유에 대해 불관용적이며 적대적인 것으로 그려진다. 하지만 전통 내부의 다양성은 이슬람에도 적용된다. 인도에서 악바르와 다른 무굴인 대부분이 정치적·종교적 관용의 이론과 실천에서 훌륭한 사례를 제공한다. 터키의 황제들은 동시대의 유럽인들에 비해 훨씬 더 관용적이었다. 풍부한 사례들이 카이로와 바그다드에서도 발견된다. 사실 위대한 유대인 학자 마이모니데스Maimonides는 12세기에 관용적이지 않던 유럽(그의 고향인)의 유대인 박해로부터 도망쳐 더 관용적이고 도회적이었던 카이로로 몸을 피해 술탄 살라딘Saladin의 보호를 받았다.

이와 비슷하게 이란의 수학자로 11세기 초 인도에 대한 최초의 일반적인 저술을 남긴 알베루니Alberuni는 (인도의 수학책을 아랍어로 번역하기도 했는데) 세계 최초의 인류학 이론가이기도 했는데, 그는 '외국인에 대한 경시는 모든 나라에서 공통적으로 발견된다'고 쓰며 이에 대해 반대했다. 그는 자신의 삶 대부분을 11세기의 세계에서 상호 이해와 관용을 증진시키는 데 바쳤다.

더 많은 사례를 찾는 것은 쉬운 일이다. 여기에서 파악해야 할 요점은 현대의 '아시아적 가치'의 지지자들이 그것의 권위주의적 관점을 자의적으로 해석하고, 그들의 생각이 작가들과 전통을 극단적으로 좁게 선택한 것에 기반했다는 것이다. 자유를 높이 평가하는 것은 한 문화에만 국한되지 않으며, 서구의 전통만이 유일하게 자유를 기반으로 사회적 이해의 접근법을 제공한 것도 아니다.

세계화: 경제, 문화, 그리고 권리

민주주의의 문제는 최근 정당하게 주목받는 또 다른 문화적 문제와 밀접한 관련이 있다. 이것은 전통적인 삶과 사회적 관습의 기초를 허물어뜨리는 서구문화와 생활양식의 지배적 힘과 관련된다. 전통과 토착적 문화양식에 관심 있는 이에게 이것은 심각한 위협이다.

오늘날의 세계는 서구가 지배하고 있으며, 과거 세계의 지배자들이 가진 제국적 권위가 쇠퇴했다고 하더라도 서구의 지배는 여전히 강력하다. 어떤 의미에서는 이전보다 더 강력한데, 특히 문화적 문제에서 그렇다. 코카콜라나 MTV의 제국에서 태양은 아직 지지 않았다.

오늘날의 세계화된 세계에서 토착문화에 대한 위협은 상당히 불가피한 것이다. 교역과 경제의 세계화를 막는 것은 불가능한 해법이다. 현대적 기술을 경쟁력의 한 요소로 만드는 대규모의 기술적 진화는 세계의 경쟁을 부추기며, 그러한 세계에서 경제적 교환과 노동의 분업은 저항하기 힘들기 때문이다.

이것은 문제이기는 하지만, 꼭 문제인 것만은 아니다. 왜냐하면 전 지구적 교역과 상업은—애덤 스미스가 예측했듯이—각각의 나라에 더 큰 경제적 번영을 가져올 수 있기 때문이다. 하지만 승자와 함께 패자도 존재하는데, 순익의 총합이 하락하는 게 아니라 상승할 때조차도 그러하다. 이렇게 경제적으로 불균등한 상황에 대한 적절한 반응은 세계화의 형태가 고용과 전통적인 생활방식을 덜 파괴하고 지속 가능한 방식으로 이행되도록 공동의 노력을 기울이는 것이다. 이행의 과정을 원활하게 하기 위해 새로운 기술의 습득과 재훈련의 기회가 (그게 아니라면 낙오되어버릴 사람들에게) 주어져야 하며, 동시에 (사회보장과 다른 지원 제도의 형태로) 세계화의 변화에 의해—적어도 단기적으로—손해를 입는 사람들에게 사회적 안전망을 제공해야 한다.

이러한 유형의 대응은 어느 정도는 문화적 측면에도 작동한다. 컴퓨터 사용이나 인터넷과 기타 유사한 시설을 활용하는 기술은 경제적 기회를 변화시킬 뿐만 아니라 그러한 기술적 변화에 영향 받는 사람들의 삶도 변화시킨다. 다시 말해, 이것은 반드시 안타까워할 일이 아니다. 그러나 여기에는 두 가지 문제가 있다. 하나는 문화와 경제에 공통되는 문제이고 다른 하나는 꽤 다른 것이다.[15]

먼저 현대에서 의사소통과 교류를 하려면 기초교육과 훈련이 필요하다. 세계의 몇몇 가난한 나라들이 이 영역에서 놀라운 진보를 보이는 동안(동아시아와 동남아시아가 그 좋은 예다), 다른 지역(남아시아와 아프리카)에서는 지체 현상을 보였다. 경제적인 것과 함께 문화적 기회의 평등이 이루어지는 게 세계화되는 세계에서는 아주 중요하다. 이것은 경제적, 문화적 세계가 공유하는 과제다.

두 번째 문제는 이와 사뭇 다르며 문화의 문제를 경제적 곤경과 분리시킨다. 경제적으로 구조조정이 이루어질 때, 새로운 것으로 대체된 생산 방식이나 폐기된 기술에 대해 아쉬워하지는 않는다. 특별하며 품격 있는 것에 대한 향수는 있을 수 있지만(예를 들어 오래된 증기기관이나 골동품 시계), 일반적으로 낡고 폐기된 기계류를 원하는 경우는 거의 없다. 하지만 문화 영역에서 사라진 전통은 큰 아쉬움의 대상이 된다. 오래된 삶의 양식의 붕괴는 분노와 깊은 상실감을 야기할 수 있다. 이것은 동물 종의 소멸과도 조금은 유사하다. 상황을 헤쳐 나가고 번식하는 데 '더 유능'하도록 '더 잘 적응'한 종에게 오래된 종이 자리를 내주는 소멸은 안타까움을 느끼게 하는 원천이 될 수 있다. 그러니 다원주의적으로 비교했을 때 새로운 종이 '더 나은' 것이라는 점을 위안으로 삼아야 할 필요는 없다.[16]

이것은 조금 진지한 문제다. 그러나 막대한 경제적 비용을 지불하면서까지 낡은 형태의 삶을 보존하기 위해 무엇을 할 것인가를 결정하는 것은 그 사회의 몫이다. 삶의 양식은 사회가 그렇게 하기를 원할 때 보존될 수 있다. 이것은 사회가 보존하고자 하는 대상과 생활양식에 부여하는 가치와 그 보존 비용 사이의 균형 문제다. 물론 이러한 비용편익 분석에 대해 정해진 공식은 없다. 하지만 그러한 선택에 대한 합리적 평가에서 핵심적인 것은 이 주제에 대한 공공의 논의에 참여할 수 있는 대중의 역량이다. 우리는 역량의 문제로 다시 돌아왔다. 사회적인 특권층 외에도 사회의 다른 집단들이 무엇을 보존하고 무엇을 버릴 것인가를 둘러싼 결정에 능동적으로 참여할 수 있어야 한다. 막대한 비용을 치르고서라도 모든 생활양식을 보존해야 한다고 강제하지는 않아도, 대중이 사회정의를 위해 그러기를 원한다면 이러한 사회적 결정에 참여할 수 있게 해야 한다. 이것은 실제로 필요한 일이다.[17] 이것은 (기초교육을 통한) 읽기와 쓰기, (자유로운 언론을 통한) 정보 습득, 그리고 (선거, 소환, 그리고 시민권의 일반적 행사와 같이) 자유롭게 참여할 실질적인 기회 같은 기본적 역량에 대해 중요성을 부여할 또 다른 이유가 된다. 광범위한 의미에서 인권은 이러한 실천과도 연관되어 있다.

문화적 교류와 상호의존성의 확산

이러한 기초적 인식 위에서 문화 간의 의사소통과 이해가 수치와 불명예의 문제여야 할 필요가 없다는 것을 지적하는 것도 필요하다. 우리는 다른 지역에서 발생한 문화를 즐길 능력이 있다. 문화적 내셔널리즘과 국수주의는 삶에 대한 접근법으로는 매우 허약한 것이다. 위대한 벵골의 시인 라빈드라나드 타고르Rabindranath Tagore는 이 문제에 대해 이렇게 말했다.

> 인간의 생산물에서 우리가 이해하고 즐기는 것은 어떤 것이든 빠르게 우리의 것이 된다. 그 기원이 어디든 말이다. 나는 조국뿐만 아니라 다른 나라의 시인과 예술가들을 인정할 때 나의 인간성에 대해 자랑스럽게 여긴다. 인간의 위대한 성취들이 나의 것이라는 순수한 기쁨을 느끼게 해달라.[18]

문화의 독자성을 무시하는 것도 위험하지만, 마찬가지로 만연한 고립주의의 가정에 속아서도 안 된다.

문화적 종속을 경계하는 사람들이 흔히 인정하는 것보다 세계에는 더 많은 상호관계 및 문화의 교차적 영향관계가 있다고 주장할 수도 있다.[19] 문화에 대해 공포를 가진 사람들은 문화를 너무 강력한 것으로 바라보며, 다른 문화로부터 배우면서도 그 경험에 압도당하지 않을 우리의 능력을 무시하는 경향이 있다. 사실 '국가적 전통'이라는 수사는 외부의 다른 전통으로부터 영향을 받았다는 사실을 숨기는 역할을 한다. 예를 들어 칠리는 우리가 아는 한 인도 음식에서 중심 재료다(어떤 사람은 이것이 인도 음식의 '주제 음악'이라고도 한다). 하지만 불과 몇 세기 전 포르투갈인들이 그것을 가져오기 전까지 인도에서는 칠리를 알지 못했다는 것도 사실이다(고대의 인도 요리사들은 후추를 사용했지 칠리를 쓰지 않았다). 인도의 커리도 마찬가지로 이런 이유에서 '인도적'이지 않다.

오늘날 영국에서 인도 음식의 압도적인 인기를 생각하면 영국 여행국The British Tourist Board이 커리를 고유한 '영국 산물'이라고 소개하는 것에 특별히 문제가 있는 것도 아니다. 몇 년 전 나는 런던에서 한 사람의 도저히 어쩔 수 없는 '영국성'에 대한 멋진 묘사를 접했는데, 우리가 들은 바에 따르면 그녀는 '수선화 혹은 치킨 티카 마살라만큼 영국적'이라고 말했다.

문화의 문제에서 지역적 자족성의 이미지는 상당히 오도된 것이며, 전통을 순수하고 오염되지 않은 상태로 지키고자 하는 가치는 지속되기 힘들다. 때로는 외국으로부터의 지적 영향이 더욱 광범위하고 다양할 수도 있다. 예를 들어 인도의 몇몇 국수주의자들은 학교 교과과정, 예를 들자면 현대 수학에서 '서구적' 용어법을 쓰는 것에 대해 불만을 터뜨렸다. 하지만 수학계의 상호관계는 무엇이 '서구적'이고 무엇이 그렇지 않은지 판단하기 어렵게 한다. 그 예로 삼각함수에서 사용하는 '사인'이란 용어를 생각해보자. 이것은 영국을 통해 인도에 들어왔지만, 그 기원에는 상당한 정도로 인도적 요소가 들어 있다. 5세기의 위대한 인도 수학자 아랴바타Aryabhata는 그의 저술에서 '사인' 개념에 대해 논하며 그것을 산스크리트어로 '지야-아르다jya-ardha(절반의 화음)'라고 불렀다. 이후로 이 용어가 옮겨 다닌 역사는 흥미로운데, 수학사가 하워드 이브스는 다음과 같이 말한다.

> 아랴바타는 '아르다-지야(절반의 화음)', '지야-아르다(화음-절반)'라고 불렀는데, 결국 이 용어를 줄여 '지야(화음)'라고 불렀다. 이 단어로부터 아랍인들은 '지바'라는 발음을 추출한 뒤, 모음을 생략하는 아랍식 방식으로 'jb'로 표기했다. 이 단어는 그 기술적 중요성 외에는 아랍어에서 의미 없는 것이었다. '지바'라는 무의미한 단어의 약어로 'jb'라는 표기를 접한 후대의 저자들은 이것을 같은 철자로 되어 있는 '자이브'의 약어로 받아들였는데, 이 단어는 아랍어로 '(작은) 만'이란 뜻이었다. 더 후대에 크레모나의 게라르도(1150년 출생)는 아랍어를 번역하면서 아랍어 '자이브'를 같은 뜻의 라틴어 '시누스

(sinus)'로 바꾸었다. 그리고 이로부터 오늘날의 '사인'이 탄생했다.[20]

내가 말하려는 요점은 각 문화의 독자적인 중요성에 대해 반대하려는 게 아니라 다른 문화와 지역의 산물을 즐길 수 있는 우리의 기본 역량과 함께 여러 문화가 서로 주고받는 영향을 더욱 섬세하게 이해할 필요가 있다고 호소하려는 것이다. 보존과 순수함을 열정적으로 옹호하면서도 다른 나라의 문화적 산물을 즐길 수 있는 능력을, 서로를 이해할 수 있는 능력을 잃지 말아야 한다.

보편주의적 가정

이 장을 끝내기 전 나는 이 책의 일반적인 접근법을 전제로 문화적 분리주의와 관련된 문제를 더 고려해야 할 것 같다. 다른 문화를 가진 서로 다른 사람들이 어떤 공통의 목표에 동의하고 공통의 가치를 공유할 능력을 갖고 있다는 믿음에 의해 이 책이 쓰였다는 것은 독자들도 명백히 알 것이다. 사실 이 책을 구성하는 원리인 자유가 갖는 압도적 가치는 이렇게 강력한 보편주의적 가정을 특징으로 한다.

'아시아적 가치'가 자유에 대해 특히 무관심하다는, 혹은 자유에 중요성을 부여하는 것은 본질적으로 '서구적' 가치라는 주장은 이미 앞에서 논박했다. 그러나 종종 종교 영역에서 이교에 대한 관용이 역사적으로 매우 특별한 '서구적' 현상이라는 주장이 제기되곤 했다. 내가 미국의 잡지에 '아시아적 가치'를 권위주의적으로 해석하는 것을 비판하는 논문을 게재했을 때(「인권과 아시아적 가치 Human Rights and Asian Values」, The New Republic, July 14 and 21, 1997), 내게 돌아온 일반적인 반응은 (대체로 권위주의적인) '아시아적 가치'가 가지고 있다는 이른바 특수성에 대한 나의 주장에 대해서는 다소 지지하면서도, 다른 한편으로 관용의 문제만큼은 서구가 특별한 점이 있다는 주장이었다.

종교적 회의주의와 이교에 대한 관용은 특히 '서구적' 미덕이라는 주장이 있었다. 한 논평자는 '서구적 전통'에 대한 자신의 이해를 설명하면서 그것이 '무신론조차 신앙을 거부하는 것을 허용하는 종교적 관용을 충분한 수준으로 수용한 것'이라며 절대적으로 독특한 것이라 했다. 이 논평자는 회의주의와 무신론에 대한 관용을 포함해서 종교적 관용이 사회적 자유의 핵심적 측면이라고 주장하는 점(존 스튜어트 밀이 설득력 있게 설명했듯이)에서는 확실히 옳았다.[21] 그는 더 나아가 이렇게 말했다. "우리는 아시아의 역사 어디에서 아마티아 센이 회의주의, 무신론, 자유사상의 이런 놀라운 역사에 상응하는 것을 발견할 수 있을지 묻게 된다."[22]

이것은 사실상 좋은 질문이지만 대답하기 어려운 것은 아니다. 사실 어려움이 있다면 아시아 역사의 어떤 부분에 집중해야 하는지, 즉 풍성한 사례로 인해 난처한 점이 있지만 역사의 매우 많은 부분에서 그 대답을 찾을 수 있기 때문이다. 예를 들어 특히 인도의 맥락에서, 우리는 카르바카Carvaka와 로카야타Lokayata의 무신론 학파의 중요성을 지적할 수 있다. 이들은 예수 탄생 훨씬 이전에 성행했고 지속적이고 영향력 있는, 방대한 무신론 저술을 남겼다.[23] 무신론적 신념을 주장하는 지식인의 저술 외에 많은 정통 문헌에서도 이교적 견해가 발견된다. 사실 고대의 서사시인 『라마야나Ramayana』가 힌두교 정치 운동가들로부터 신성한 라마Rama의 삶을 그린 성전으로 종종 인용되지만, 이 책조차도 매우 날카로운 반대 견해들을 포함한다. 예를 들어 『라마야나』는 라마가 세속적 학자인 자발리Javali로부터 종교적 믿음의 어리석음에 대해 강의를 들었던 것을 기술한다. "오 라마, 현명해지게. 이 세계 외에 다른 세계는 없고 그것은 확실하네. 현재의 것을 즐기고 불쾌한 것은 모두 지나쳐버리게."[24]

확고한 불가지론에 입각한 유일한 세계종교, 즉 불교가 아시아에서 기원했다는 사실을 반추하는 것도 역시 의미 있는 일이다. 사실 불교는 기원전 6세기경 인도에서 기원했는데, 이 시기는 카르바카와 로카야타 학파의 무신론적 저술이 활발하던 때였다. (이보다 좀 더 오래된 힌두 경전의 중요한 일부로 내가 마이트레이의 질문을 인용한 바 있는) 『우파니샤드Upanishad』조차도 분명히 존중하는 태도로 사유와 지성이 육체의 물질적 조건의 결과라는 견해를 논의하며 "그것들이 파괴된 후, 즉 죽음 이후에는 지성이 존재하지 않는다"고 말한다.[25] 종교에 회의적인 학파들은 인도의 지적 분파에서 천 년 이상 이어졌고 14세기의 마드하바 아카랴Madhava Acarya(바이시나바파의 힌두교도)는 그의 고전적인 저서 『사드바다리사나삼그라하Sarvadarsanasamgraha(모든 철학의 집성)』에서 첫 장 전체를 인도의 무신론 학파의 주장을 진지하게 소개하는 데 할애하였다. 종교적 회의주의와 그에 대한 관용은 서구에만 고유한 현상이 아니다.

아시아 문화(아랍, 중국, 인도 등의)의 관용에 대한 근거는 앞에서 밝혔고, 종교적 관용은 인용한 사례가 보여주듯 그 일부다. 관용의 침해―때론 심각한 침해―의 사례들 또한 어떤 문화에서건 발견하기 어렵지 않다(중세의 종교재판에서 현대 서구의 수용소까지, 그리고 종교적 학살에서부터 동양의 탈레반의 끔찍한 억압까지). 하지만 서로 다르고 동떨어진 문화에서도 서로 다른 형태로 자유를 옹호하는 목소리가 끊이지 않았다. 특히 자유의 중요성을 높이 평가하는 이 책의 보편주의적 가정을 비판한다면, 그 비판의 논거는 다른 데서 찾아야 할 것이다.

맺음말

기본적인 자유와 그것을 권리의 측면에서 정식화하는 것은 다음에 기반한다.

(1) 그 내재적 중요성.
(2) 경제적 안전에 정치적 동기를 부여하는 결과적 역할.
(3) 가치와 우선순위의 생성에서 갖는 구성적 역할.

그 사례는 다른 곳에서처럼 아시아에서도 다르지 않으며, 아시아적 가치의 특성에 근거해 이 주장을 부정하는 것은 면밀하게 검토하여 논파할 수 있다.[26]

공교롭게도 아시아적 가치가 본질적으로 권위주의적이라는 견해는 아시아에서 거의 전적으로 권력을 가진 자들의 대변인으로부터 나오는 경향이 있다(이는 사람들이 '서구의 자유주의적 가치'로 여겨지는 것을 받아들여야 한다는 서구 측의 논평에 의해서 보완되거나 재차 강조되고는 한다). 하지만 외무부나 정부 관계자 혹은 종교적 지도자들이 지역 문화와 가치를 해석할 독점권을 가진 것은 아니다. 각 사회에서 이의를 제기하는 목소리에 귀를 기울이는 게 중요하다.[27] 아웅산 수지Aung San Suu Kyi는 버마인들이 무엇을 원하는지를 해석하는 데 있어서 미얀마의 군사 지도자보다 정당성이 떨어지지 않으며(실제로는 더 갖고 있다), 패배한 군부가 그녀를 감옥에 넣기 전 공개선거에서 그들의 대표에게 승리했다.

서로 다른 문화에서 다양성을 인정하는 것은 오늘날 세계에서 매우 중요하다.[28] 다양성의 존재를 이해하는 것은 '서구문명', '아시아적 가치', '아프리카 문화' 등의 지나치게 단순한 일반화에 의해 끊임없이 극심한 공격을 받으며 폄하되는 경향이 있다. 역사와 문명에 대한 이러한 독해는 지적으로 피상적일 뿐만 아니라 우리가 살아가는 세계의 분열을 강화한다. 어떤 문화에서건 사람들은 서로 논쟁하는 것을 좋아하는 것처럼 보이며 실제로 기회가 주어지면 그렇게 한다는 것이 사실이다. 사회 내에서의 불일치는 지역적 가치의 '진정한 본성'에 대해 일치된 견해를 갖는 것을 어렵게 한다. 사실 의견을 달리하는 사람들은 모든 사회에 존재하며,—때로는 매우 많이—이들은 그들 자신의 안전과 관련해 매우 큰 위험을 무릅쓰곤 한다. 사실 이 사람들이 지속적으로 존재하지 않았다면 권위주의적 정치는 그들의 비관용적 신념을 뒷받침하기 위해 억압적인 정책을 쓸 필요가 없다. 이의를 가진 사람들이 있기에 권위주의적 지도자 집단은 지역문화에 대해 억압적인 관점을 갖게 된다. 그와 동시에 이들의 존재 자체는 지역적 신념을 단일한 사상으로 해석하는 지적 기초를 붕괴시킨다.[29]

비서구 사회에 대해 논의할 때 서구 사람들은 종종 권위를 지나치게 존중한다. 통치자, 수상, 군부, 종교 지도자들 말이다. 이러한 '권위에 대한 편향'은 서구 국가들을 대변하는 것이 종종 국제적 회합에서 정부의 관계자나 대변인이라는 사실로부터, 그리고 그로 인해 상대하는 국가의 유사한 부류로부터 견해를 듣는다는 사실로 설명할 수 있다. 발전에 대한 적절한 접근은 권력을 지닌 사람들에게만 집중해서는 이루어질 수 없다. 그 범위는 더 넓어져야 하며 대중적 참여의 필요성은 단순한 허울이 아니다.

사실 발전의 관념은 대중의 참여와 분리될 수 없다.

'아시아적 가치'에 대한 권위주의적 주장에 관한 한, 과거 아시아—동아시아와 다른 지역—에서 주창되었던 가치가 엄청난 다양성을 포함한다는 것을 인식해야만 한다.[30] 사실 이것은 서구 사상사에서 종종 나타났던 실질적인 변형들과 많은 점에서 유사하다. 아시아의 역사를 권위주의적 가치의 좁은 범주로 보는 것은 아시아의 지적 전통에서 나타나는 사유의 풍요로운 다양성을 공정하게 대하지 못하는 것이다. 역사의 왜곡으로 왜곡된 정치에 면죄부를 줄 수 없다.

11장
사회적 선택과 개인의 행위

정육점 주인은 구매자들의 복지를 증진시키기 위해서가 아니라 돈을 벌기 위해 고기를 판다. 마찬가지로 빵가게 주인과 양조업자는 각자 자기 이익을 추구하지만 서로 돕는 결과를 낳는다. 역시 소비자가 고기나 빵, 맥주를 사는 것은 정육점 주인이나 빵가게 주인, 혹은 양조업자의 이익을 위해서가 아니라 자기 자신의 이익을 추구하기 위해서다. 그러나 정육점 주인이나 빵가게 주인, 양조업자는 소비자가 스스로 만족감을 충족하는 과정에서 이익을 얻는다. 스미스가 간파했듯이 개인들은 "보이지 않는 손에 이끌려 자신들이 의도하지 않은 다른 목적에 기여한다."

이성을 사용해 더 바람직한 사회를 규정하고 진작시킨다는 생각은 과거에 사람들을 강력하게 추동했고 지금도 여전히 그렇다. 아리스토텔레스는 신조차도 과거를 바꿀 수 없다는 점에서 아가톤 Agathon에게 동의한다. 하지만 그는 미래는 우리에게 달려 있다고 생각한다. 이것은 이성을 기반으로 선택함으로써 가능하다.[1] 여기에서 우리는 적절한 평가의 틀을 필요로 한다. 우리는 또한 목표와 평가적 활동을 고무시키기 위해 작동할 제도를 필요로 하며, 더 나아가 우리가 성취하려는 것을 성취하도록 도와주는 행동규범과 추론을 필요로 한다.

이런 노선을 더 밀고 나가기 전에 이성에 기반한 진보의 가능성을 의심하는 것에 대한 몇 가지 논거들을 논의해야 한다. 만일 이러한 논거들이 설득력이 있다면 그것들은 이 책에서 추구하는 접근법에는 아주 파괴적일 것이다. 모래 같은 기초 위에 튼튼한 구조를 지으려 하는 것은 어리석기 때문이다.

특히 나는 주의를 요하는 것으로 보이는 세 가지 노선의 회의주의를 규명하고자 한다. 첫째는, 한 사회에서조차도 서로 다른 사람들이 갖는 선호와 가치가 이질적이라는 점을 전제할 경우, 사회적 평가를 위한 일관된 틀을 만드는 것은 불가능하다는 것이다. 이런 시각에 따르면 합리적이고 일관된 사회적 평가 같은 것은 없다. 케네스 애로우의 유명한 '불가능성 정리'가 이 주장을 이해시키기 위해 종종 언급되곤 한다.[2] 이 뛰어난 정리는 흔히 개인적 선호에서 사회적 선택을 합리적으로 이끌어내는 것은 불가능하다는 점을 증명한다고 해석되는데, 이것은 아주 비관적인 결과로 간주된다. 이 정리의 실질적 해석은 물론 분석적 내용도 검토해야 할 필요가 있다. 제3장에서 이미 탐구한 '정보적 기초'라는 아이디어가 이 맥락에서 중요한 것으로 드러날 것이다.

두 번째 노선의 비판은 특히 방법론적 형태를 띠는데, 갖고자 하는 것을 가질 수 있는 우리의 능력에 의문을 던지며 '의도하지 않은 결과'가 실제의 역사를 지배한다고 주장한다. 그중에서도 애덤 스미스, 칼 멩거Carl Menger, 그리고 프리드리히 하이에크가 서로 다른 방식으로 의도되지 않은 결과의 중요성을 강조했다.[3] 만일 일어난 일들 중 가장 중요한 것들이 의도되지 않은 것이라고 한다면(의도적 행위를 통해서 일어난 게 아니라고 한다면) 우리가 원하는 것을 추구하는 합리적 시도는 무의미한 일로 보일 수 있다. 우리는 스미스가 개척한 이 분야의 저작들에서 나타난 통찰에서 그 함의가 무엇인지를 검토해야 한다.

세 번째 유형의 의심은 인간적 가치와 행위규범의 가능한 범위에 대한 회의주의와 관련되는데 많은 사람들이 이를 받아들인다. 우리의 행위 원리는 좁게 규정된 자기 이익을 벗어날 수 있는 것일까? 그렇지 않다면 시장 메커니즘이 여전히 작동하는 한(그것은 인간의 이기심만을 불러일으키는 것으로 여겨지므로), 우리는 '사회적'이라거나 '도덕적' 혹은 '헌신적인' 것을 요구하는 사회적 제도배열도 가질 수 없다. 의도된 사회적 변화의 가능성은 이 관점에 따르면 시장 메커니즘의 작동에서 벗어날 수 없다(심지어 그것이 비효율성, 불평등, 혹은 빈곤으로 이어진다고 하더라도). 이 시각에서 보면 그 이상을 요구하는 것은 가망 없는 낙관주의다.

이 장의 주된 관심사는 자유를 증진시키고 발전을 성취하는 것에서 가치와 추론의 상관성을 검토하는 것이다. 차례로 이 세 가지 주장을 논의하겠다.

불가능성과 정보적 기초

애로우의 정리는 사실 대중적으로 받아들여지는 해석을 보여주지는 않는다. 이것은 사회적 선택이 합리적으로 이루어질 수 없다는 것을 입증하는 것이 아니다. 대신 제한된 유형의 정보적 기초 위에서 사회적 선택을 할 때 생기는 불가능성을 보여준다. 과도한 단순화의 위험을 무릅쓰고 애로우의 정리를 바라보는 한 가지 방법을 고려해보자.

'투표의 역설'의 오래된 사례를 살펴보자. 이것은 콩도르세와 장샤를 드 보르다Jean-Charles de Borda 같은 18세기 프랑스 수학자들이 관심을 보였던 문제다. 만일 사람 1이 선택지 x를 y에 비해, y를 z에 비해 더 선호하고, 사람 2는 y를 z에 비해, z를 x에 비해 더 선호하고 사람 3은 z를 x에 비해, x를 y에 비해 선호한다고 해보자. 우리는 다수성의 원칙에 따르면 불일치가 발생한다고 결론을 내릴 수 있다. 특히 x가 y에 비해 우위에 있는 반면, y는 z에 대해 우위에 있는데 z는 또 x보다 더 우위에 있게 된다. 애로우의 정리는 그것이 보여주는 다른 통찰들 중에서도 특히 다수결의 원칙뿐만 아니라 동일한 정보적 기초(즉 관련된 대안들에 대한 개인적 선호의 순서)에 기초한 모든 의사결정의 원칙이 일관성을 결여한 불행한 결과에 이르게 된다는 것을 보여준다. 우리가 한 개인의 선호 순위에만 따르게 하는 독재라는 해법을 택하지 않는다면 말이다.

이것은 아주 인상적이고 우아한 정리다. 아마도 사회과학 분야에서 가장 훌륭한 분석적 결과 중 하나다. 하지만 이것은 더 많은—혹은 다른—정보적 기초를 사용하는 결정 메커니즘을 전혀 배제하지 않는다. 경제적 문제에 대해 사회적 결정을 내릴 때 다른 유형의 정보를 고려하는 것은 자연스러운 일이다.

사실 다수결의 원칙—일관되건 그렇지 않건—은 경제적 분쟁을 해소하기 위한 방법으로는 전혀 가망성이 없다. 각각 자신의 몫을 최대한 크게 얻으려고 한다는 가정 아래 세 사람 사이에서 케이크를 나누는 문제를 고려해보자(이 가정은 사례를 단순화시키지만 중요한 것은 아니며, 다른 유형의 선호도로도 대체될 수 있다). 케이크를 어떤 방식으로건 세 조각으로 나누어보자. 우리는 언제나 한 사람(사람1)의 몫에서 일부를 떼어내어 다른 두 사람(사람2, 3)에게 나누어줌으로써 '다수의 이익 향상'을 가져올 수 있다. 사회적 결과를 '개량'하는 이러한 방식은 희생자(사람1)가 셋 중 가장 가난한 사람일 때조차도 작동한다(다수결의 원칙에 따른 사회적 판단을 전제로 하면). 사실 우리는 가장 가난한 사람의 몫을 계속 빼앗아 더 부유한 사람들에게 나누어주면서 다수의 이익을 향상시킬 수 있다. 이 '개량'의 과정은 가장 가난한 사람에게 아무것도 남지 않을 때까지 계속될 수 있다. 다수대표제의 관점에서 사회적 진보의 놀라운 연속이 아닌가.

이런 유형의 규칙들은 개인들의 선호순위만을 고려하는 정보적 기초에만 기반하며, 누가 누구보다 가난한지, 누가 소득의 변화로 얼마나 이익을 보는지(손해를 입는지) 등 기타 정보(어떻게 각 개인들이 그들의 특정한 몫을 얻게 되었는지)는 고려하지 않는다. 다수제와 같은 결정 과정이 이런 유형의 규칙이 갖는 정보적 기초에 관한 탁월한 사례인데, 이 토대는 극단적으로 제한적이어서 복지에 관한 경제적 문제에 대해 상세한 판단을 내리기에는 확실히 부적합하다. 그것이 (애로우의 정리에서 일반화된) 비일관성으로 이어져서가 아니라, 그토록 적은 정보로는 사회적 판단을 내릴 수 없기 때문이다.

사회정의와 풍부한 정보

우리가 용인할 수 있는 사회적 규칙은 케이크를 나눌 때 다른 다양한 관련 사실을 고려해 판단해야 한다. 누가 누구보다 가난한가, 누가 복지 혹은 생활의 기본 요소들이라는 측면에서 얼마나 이익을 얻는가, 케이크를 어떻게 '벌거나' 혹은 '획득' 했는가 등등. 다른 정보는 필요치 않다(그리고 그 다른 정보들은 사용 가능하더라도 내려야 할 결정에 영향을 줄 수 없다)고 전제하면 경제적 의사결정과 관련한 규칙들은 별로 흥미로운 문제가 되지 못한다. 이러한 인식을 전제한다면, 투표로 케이크를 나눌 때 발생하는 비일관성이라는 문제 또한 사실은 별 문제가 아니다. 오히려 야만적이고 정보적으로 투박한 과정이 불러오는 그릇된 일관성으로부터 다행스럽게도 구원받을 수 있는 통로로 보일 것이다.

제3장의 첫머리에서 고려한 사례에서 디누나 비샤노 혹은 로기니 중 누구를 고용할까를 놓고 사용된 주장 중 어떤 것도 애로우의 정보적 기초에서는 사용할 수 없다. 비샤노가 가장 불행하고, 로기니가 가장 아프다는 사실은 모두 (애로우의 조건에서) 세 사람의 선호 순위라는 정보적 기초와 상관없는 부수적 사실일 뿐이다. 실제 경제적 의사결정을 할 때 우리는 일반적으로 애로우의 이론과 호환 가능한 유형의 방법에서 허용되는 것보다 더 광범위한 정보를 사용하는 경향이 있다.

사실 '불가능성'의 정신은 내가 믿기에 애로우의 '불가능성 정리'를 바라보는 올바른 관점이 아니다.[4] 애로우는 개인들의 조건에 기초하여 사회적 결정을 내리는 문제에 관한 일반적인 접근법을 제공하며, 그의 정리―그리고 그의 선구적인 작업으로 확립된 일군의 결과들―는 사회적 결정을 내릴 때 어떤 정보를 효과적으로 고려하느냐에 따라 무엇이 가능하고 불가능한지가 크게 달라진다는 점을 보여준다. 사실 정보를 확대함으로써 사회적·경제적 평가를 위한 합리적이고 일관된 기준을 확보하는 게 가능하다. 애로우의 선구적 연구에서 비롯된 '사회적 선택'(이 분석적인 남구 분야의 이름이기도 한)에 관한 저작들은 조건부의 불가능성과 함께 가능성의 세계이기도 한 것이다.[5]

사회적 상호작용과 부분적 일치

이에 관련된 문제에서 또 지적해야 할 것은 사회적 합의의 정치학은 주어진 개인적 선호에 기초해서 작동할 것을 요구한다는 것, 그리고 사회적 결정을 내릴 때 개인적 선호와 규범의 발전에 민감하게 반응할 것을 요구한다는 것이다. 이런 맥락에서 가치가 공유되고 참여가 이루어지려면 공적 토론과 상호작용의 역할에 특별한 중요성을 부여해야 한다.[6] 무엇이 정의롭고 정의롭지 않은가에 대한 관념은 공적 토론에서 제시되는 주장들에 반응할 것이며, 우리는 서로의 견해에 때로는 타협이나 거래로, 때로는 가차 없는 단호함과 고집으로 대응하게 마련이다. 사회적 상호작용을 통한 선호의 형성은 이 연구에서 주요한 관심 주제이며 이 장과 다음 장에서 좀 더 논의될 것이다.

합의된 사회제도와 적절한 공공정책이 모든 대안적인 사회적 가능성을 완전하게 순서짓는 고유한 '사회적 순서짓기'를 요구하지 않는다는 점을 인식하는 것 역시 중요하다. 부분적인 일치만으로도 용인 가능한 선택을 구분해낼 수 있고(용인 불가능한 것을 솎아낼 수 있고) 완전한 사회적 의견

일치를 요구하지 않으면서도 특정한 사안들의 조건부적인 수용에 의해서도 작동 가능한 해법을 찾는 게 가능하다.[7]

'사회정의'의 판단이 말하자면 39퍼센트의 세금은 정당하지만 39.5퍼센트의 세금은 정당하지 않다는(혹은 전자가 후자보다 '더 올바르다'는) 주장처럼 아주 정밀할 것을 요구하지는 않는다고 주장할 수도 있다. 그보다 필요한 것은 눈에 보일 정도로 심각한 부정이나 불공정과 관련한 기본적인 문제들에 대한 합의다.

사실 모든 가능한 선택에서 무엇이 정의인지를 완벽하게 판단해야 한다는 주장은 실질적인 사회적 행동의 적일 뿐만 아니라 정의 그 자체의 본성에 대한 오해도 반영한다. 극단적인 예를 들자면 충분히 막을 수 있는 기근의 발생이 사회적 부정의라는 것에 동의할 때 우리는 시민들 사이에서 식량을 어떻게 정확히 분배하는 것이 '가장 정의로운지'를 알 수 있어야 한다고 요구하지 않는다. 광범위한 기근, 불필요한 사망, 조기사망, 지속적인 빈곤, 여아들에 대한 방치, 여성들의 종속 등과 같이 방지할 수 있는 박탈에서 우리는 부정의를 인지할 수 있다. 그리고 이러한 인지는 세련된 차이와 사소한 부적절함 등을 모두 고려하여 모든 가능한 선택들의 완전한 순위를 매길 때까지 기다릴 필요 없이 이루어진다. 사실 정의 개념의 과도한 사용은 우리가 사는 세계를 특징짓는 끔찍한 궁핍이나 불평등에 적용될 때 그 관념의 힘을 감소시킨다. 오래된 벵골 속담처럼 정의는 마치 대포와도 같아 모기를 잡기 위해 쏠 수는 없는 것이다.

의도된 변화와 의도하지 않은 결과

이제 계산된 진보라는 생각에 대해 의구심을 품는 두 번째 이유, 즉 이른바 '의도되지 않은 결과'의 지배와 계산되고 의도된 전진에 대한 의심으로 넘어가자. 세계에서 일어난 커다란 변화의 상당수가 인간이 의도치 않은 행위의 결과라는 생각은 이해하기 어렵지 않다. 종종 일은 우리가 계획한 대로 풀리지 않는다. 때로 우리는 이 점에 매우 감사해야 하는데, 다른 목적으로 만든 접시의 찌꺼기에서 페니실린을 발견한 것이라든가 군사력을 과신하던 히틀러로 인해—의도한 것은 아니나—나치가 몰락했다는 사실을 생각하면 그렇다. 역사를 아주 협소한 시각으로 바라볼 때만 결과와 예상이 대체로 일치한다고 기대할 수 있다.

그러나 그것 때문에 이 책의 기초를 이루는 합리주의적 접근법이 곤란해지지는 않는다. 그러한 접근법을 위해 필요한 것은 의도되지 않은 결과가 전혀 없어야 한다는 일반적인 요구가 아니라, 사회적 변화를 위해 의도된 시도가 관련된 상황 속에서 더 나은 결과를 가져와야 한다는 것뿐이다. 의도적인 계획을 통해 사회적·경제적 개혁이 성공한 사례가 많이 있다. 보편적인 문맹 퇴치는 진지하게 착수된 경우라면 성공하는 경향이 있는데, 유럽과 북미에서 그랬듯이 일본과 동아시아 여러 나라에서도 마찬가지였다. 천연두 같은 여러 질병은 소멸되었거나 급격히 감소했다. 유럽 국가에서 국가적 보건 체계의 발전은 대부분의 시민들에게 의료 혜택을 누리게 해주었다. 사물은 종종 충분할 정도로 우리에게 보이는 그대로 존재하며, 그곳에 도달하기 위해 힘들게 노력한 사람들이 기대한 것과 별 차이가 없다. 이러한 성공의 이야기는 실패와 좌절에 대한 설명으로 보충되어야 하는데, 다음번에 더 나은 결과를 얻기 위해서는 잘못으로부터 배울 수 있어야 한다. 시행착오에 의한 학습은 합리주의적 개혁가의 위대한 우군이다.

그렇다면 애덤 스미스가 주창하고 칼 멩거와 프리드리히 하이에크가 확고하게 지지한, 수많은—아마도 대부분의—좋은 일들은 전형적으로 의도되지 않은 결과들이라는 주장에 대해 우리는 어떻게 생각해야 하는가?

의도되지 않은 결과에 대한 이러한 찬사 아래 깔려 있는 '일반적인 철학'은 진지하게 검토할 가치가 있다. 나는 애덤 스미스로부터 시작할 것인데 그가 이 이야기를 처음 꺼낸 사람이기도 하지만 이 책이 '스미스주의'적인 성격을 크게 갖고 있기 때문이기도 하다.

우리는 스미스가 부자들의 도덕성에 아주 회의적이었다는 사실에 주목할 필요가 있다. 가난한 이들의 이익과 대조하여 경제적으로 부유한 사람들의 동기에 대해 그처럼 강력하게 비판한 사람은 없다(심지어 칼 마르크스조차도). 스미스는 『국부론』이 나오기 17년 전인 1759년 출간된 『도덕 감정론The Theory of Moral Sentiment』에서 많은 부유한 이들이 '이기심과 탐욕으로 인해' 오직 '허영심과 끝없는 욕망'만을 추구한다고 주장했다.[8] 하지만 많은 경우, 다른 이들은 이 부유한 사람들의 행위에서 이익을 얻을 수 있는데, 서로 다른 사람들의 행위는 생산적으로 상호보완될 수 있기 때문이다. 스미스는 부자들이 의식적으로 다른 이들에게 좋은 일을 행한다고 찬사를 보내려 하지 않는다. 의도되지 않은 결과라는 명제는 부자들에 대한 스미스의 회의적인 시각의 연장선상에 있다. 스미스에 따르면 이기적이고 탐욕스러운 이들은 '보이지 않는 손'에 의해서 '사회의 이익을 증진'시키게 되며, 이들은 '의도하지 않고 알지도 못하는' 상태에서 이 일을 하게 된다. 이 말들로부터—그리고 멩거와 하이에크의 작은 도움에 의해—'의도되지 않은 결과 이론'이 탄생했다.

스미스가 『국부론』에서 경제적 교환의 장점에 대해 자주 인용되는 논의—이미 앞에서 인용했지만—의 대략적인 내용을 말하는 것은 이러한 일반적인 맥락에서다.

우리가 저녁을 기대할 수 있는 것은 정육점 주인, 양조업자, 혹은 빵가게 주인의 자비 덕분이 아니라 그들 자신의 이익에 대한 고려 덕분이다. 우리는 그들의 인간성이 아니라 자기애에 호소한다.⁹

정육점 주인은 구매자들의 복지를 증진시키기 위해서가 아니라 돈을 벌기 위해 고기를 판다. 마찬가지로 빵가게 주인과 양조업자는 각자 자기 이익을 추구하지만 서로 돕는 결과를 낳는다. 역시 소비자가 고기나 빵, 맥주를 사는 것은 정육점 주인이나 빵가게 주인, 혹은 양조업자의 이익을 위해서가 아니라 자기 자신의 이익을 추구하기 위해서다. 그러나 정육점 주인이나 빵가게 주인, 양조업자는 소비자가 스스로 만족감을 충족하는 과정에서 이익을 얻는다. 스미스가 간파했듯이 개인들은 "보이지 않는 손에 이끌려 자신들이 의도하지 않은 다른 목적에 기여한다."¹⁰

'의도되지 않은 결과'의 주창자의 주장은 다소 겸손하게 출발했다. 하지만 칼 멩거는 이것이 경제학에서 중심적 명제라고 주장했고(그는 스미스가 그것을 충분히 인식하지 못했다고 보았다), 훗날 프리드리히 하이에크는 이 이론을 더 전개시켜 '모든 사회이론의 대상에 대한 심오한 통찰'로 기술했다.¹¹

이 이론은 얼마나 중요한가? 하이에크는 중요한 결과가 종종 의도되지 않은 것이라는 기본적인 사실에 매료되었다. 이 사실은 그 자체로는 별로 놀랍지 않다. 어떤 행위든지 간에 매우 많은 결과를 가져올 수 있으며, 그중 일부의 결과만이 행위자가 의도한 것이다. 나는 아침에 집을 나가 편지를 부친다. 당신은 나를 본다. 당신이 길에서 나를 마주치는 것은 내 의도가 아니었다(난 그저 편지를 부치기 위해 나갔을 뿐이다). 하지만 이것은 내가 우체통에 편지를 넣으려고 집을 나온 행위의 결과다. 그것은 내 행위의 의도되지 않은 결과다. 다른 예를 또 들어보자. 방에 많은 사람이 있으면

온도가 올라가는데, 이것은 아마도 파티가 열릴 때는 꽤 중요한 일일 것이다. 아무도 방의 온도를 올리려고 하지 않았지만 그들이 함께 있음으로써 그러한 결과가 야기되었다.

이런 것을 인식하기 위해 대단히 현명할 필요가 있는가? 꼭 그렇지 않다고 말하고 싶다. 사실 많은 결과들이 전적으로 의도된 것만은 아니라는 일반적 결론에 대단히 심오한 무언가가 있다고 생각하기는 힘들다.[12] 프리드리히 하이에크와 그의 사상을 존경하지만(그는 누구보다도 합헌성, 권리의 중요성, 사회적 과정의 중요성을 비롯해 많은 중요한 사회학적, 경제학적 개념들에 기여한 인물이다), 이러한 소박한 인식이 결정적인 사상으로 보이지는 않는다. 하이에크가 말하듯 이것이 '심오한 통찰'이라면 아마도 그 심오함에 문제가 있을 것이다.

하지만 동일한 문제를 바라보는 다른 방식이 존재하며, 아마도 이것이 하이에크가 강조하고자 했던 점일 것이다. 그것은 어떤 결과들이 의도하지 않은 것이라는 사실이 아니다. 인과적 분석을 통해 의도되지 않은 효과를 합리적으로 예측할 수 있다는 것이다. 사실 정육점 주인은 고기를 돈과 교환하는 것이 그 자신에게만 이익이 될 뿐 아니라 소비자(고기의 구매자)에게도 이익이 된다는 것을 예측할 수 있다. 따라서 이 관계는 양쪽 모두에 이익이 되는 방식으로 작용해 지속 가능하다. 양조업자, 빵가게 주인 그리고 소비자도 마찬가지로 이러한 경제적 관계가 지속 가능하기를 기대한다. 의도되지 않은 결과는 예측 불가능한 것일 필요가 없으며, 이 사실에 많은 것이 함축되어 있다. 사실 이러한 시장 관계가 지속되는 데 있어 양측의 신뢰는 이러한 방식으로 만들어지거나 암묵적으로 가정한 예측에 기대고 있다.

만일 이것이 의도되지 않은 결과를 이해하는 방식이라면(중요하지만 의도되지 않은 결과들에 대한 예측이라는 관점에서), 이것은 합리주의적 개혁의 가능성과 결코 충돌하지 않는다. 사실 오히려 그 반대다. 경제적·사회적 추론은 의도되지 않더라도 제도적 배열에서 생겨나는 결과를 고려할 수 있으며, 특정한 제도적 배열을 옹호하는 주장은 의도되지 않은 다양한 결과들의 가능성을 주목함으로써 더 잘 평가될 수 있다.

중국의 몇 가지 사례

때로 발생한 결과는 의도되지 않았을 뿐 아니라 예상하지 못한 것일 수도 있다. 그러한 사례는 인간의 예측에 오류가 있을 수 있다는 사실을 강조하기 위해서만이 아니라 미래의 정책을 형성할 때 학습자료를 제공하기 위해서도 중요하다. 아마도 최근 중국의 역사에서 몇 개의 사례들이 이 점을 조명하는 데 도움이 될 것이다.

1979년 경제개혁 이후 중국에서는 지역의 의료 보건 문제를 포함해 많은 사회적 목표와 관련하여 경제개혁이 끼친 명백히 부정적인 효과에 대해 많은 논의가 있었다. 개혁가들은 부정적인 사회적 효과를 의도하지 않았지만 그런 결과는 일어나고 말았다. 예를 들어 1970년대 후반 중국 농업의 '가정연산승포책임제responsibility system'의 도입은 이전의 집단농장체계를 대체했고(그리고 예상하지 못한 농업 성장을 가져왔다), 지역에서 의료 보건 체계의 재정을 어렵게 만들었다. 의료 보건 체계는 강제적인 기반 위에서 집단 체계로 재정을 꾸려나가고 있었다. 사실 이 제도를 농촌 사람들에 의한 자발적인 의료보험 체계로 대체하는 것은 매우 어렵다는 게 드러났다. 이는 개혁 직후의 시기에 공공 의료 보건의 향상을 더 어렵게 했을 것이다. 이 효과는 개혁가들에게 다소 놀라운 결과로 다가왔는데, 만일 그렇다면 중국이나 다른 곳에서 의료보험 재정에 대한 더 충실한 연구를 바탕으로 이 결과가 더 잘 예측되어야 했다고 주장할 수 있다.

또 다른 유형의 사례를 고려해보자면, ('한 가구 한 자녀' 정책을 포함해) 강제적인 가족계획은 1979년 중국에 도입되어 출산율을 낮추었지만 오히려 반대로 영아사망률의 감소에는 불리하게 작용했다. 여기에는 특히 여아가 포함되는데, 이에 대해서는 제9장에서 논의했다. 가정은 남아선호를 포기하지 않으면서 아이들의 총 인구를 유지하려는 정부 시책에 부응하려고 노력했다. 사실 어느 정도까지는 (유아살해까지는 아니더라도) 여아의 방치와 사망을 조장하는 풍조가 있었다. 사회개혁과 강제적인 가족계획의 입안자들은 일반적인 영아사망률, 특히 여아사망률 상승이라는 부정적 효과를 의도하지는 않았을 것이다. 마찬가지로 이들이 성별 선택 낙태를 조장하려 한 것도 아니다. 그들은 오직 출산율을 낮추고 싶었을 뿐이다. 하지만 이러한 부정적 결과는 실제로 발생했고 관심과 대처방안을 요구한다.

따라서 중심적인 문제는 이러한 역효과를 예측할 수 있는지, 그리고 의도하지 않았더라도 예상했어야 하는 것인지다. 의도되지 않은 결과를 포함해 원인과 결과에 대한 보다 예측적인 분석이 있었다면 중국에서 경제적·사회적 개혁은 더 효과적이었을 것이다. 역효과를 의도하지 않았다는 사실은 그것을 전혀 예측할 수 없었다는 것을 함의하지 않는다. 결과를 좀 더 분명하게 이해했더라면 새로운 제안에 무엇이 포함되는지를 더 잘 알고 예방적인 혹은 교정적인 정책을 내놓을 수 있었다.

최근 중국이 경험한 이 사례들은 사회적 관점에서 바람직하지 않은, 의도되지 않은 결과들과 관련되어 있다. 이러한 의도되지 않은 결과들의 방향은 애덤 스미스, 칼 멩거, 프리드리히 하이에크가 고려한 유형의 비의도적 결과들과는 다른데, 이들이 고려한 것은 대개 바람직한 것들이었다. 그러나 한쪽의 의도되지 않은 결과가 매력적이고 다른 쪽은 그렇지 않다고 하더라도 두 유형의 사례의 작동 사이에는 기본으로 유사한 점이 있다.

사실 바람직한 비의도적 결과의 발생(스미스-멩거-하이에크 사례)은 중국의 경제계획의 영역에서도 유사한 사례가 있다. 여기에 대해서는 최근 중국 역사의 다른 측면을 살펴봐야 한다. 동아시아와 동남아시아의 빠른 경제성장을 좀 더 충실하게 분석하면서 그러한 빠른 경제의 이행을 이끈 것은 경제의 개방성—그리고 국내와 국외 서래에 대한 더 큰 의존—뿐만이 아니라는 게 차츰 밝혀지고 있다. 그 토대는 또한 긍정적인 사회적 변화에도 있는데, 여기에는 토지개혁, 교육과 문자해독률 그리고 더 나은 보건의료의 공급이 포함된다. 우리가 여기에서 목격하는 것은 경제개혁의 사회적 결과뿐만 아니라 사회개혁의 경제적 결과이기도 한 것이다. 시장경제는 그러한 사회적 발전의 토대 위에서 번영한다. 최근 인도가 보여주듯이 사회발전의 결여는 경제발전의 범위를 꽤 심각하게 제약할 수도 있다.[13]

언제, 그리고 어떻게 중국에서 이러한 사회적 변화가 일어났는가? 이러한 사회적 발전의 주된 시발점은 1979년 개혁 이전 시기로, 상당 부분 마오주의 정책이 활발히 시행되던 때였다. 마오쩌둥은 시장경제와 자본주의적 팽창의 사회적 기반을 구축하려 의도했던 것일까(그리고 그에 성공한 것일까)? 이러한 가정은 받아들이기 힘들다. 토지개혁, 문자해독률 증대, 공공 의료의 확대 같은 마오주의 정책은 개혁 이후의 중국 경제에 긍정적인 효과를 가져왔다. 개혁 이후의 중국이 개혁 이전의 성취에 얼마나 의존하여 이러한 결과를 얻었는지를 더 많이 주목할 필요가 있다.[14] 긍정적인 비의도적 결과는 여기에서도 중요하다.

마오쩌둥이 번영하는 시장경제가 중국에서 발생할 가능성을 진지하게 고려하지 않았기 때문에 자신의 지도 아래 추진된 사회적 변화들의 특정한 함의를 고려하지 않았다는 것은 당연하다. 하지만 여기에도 이 책에서 말하는 역량에 대한 관심에 꽤 가까운 일반적인 연관성이 존재한다. 우리가 고려하는 사회적 변화들(문자해독률의 증대, 기본적인 보건, 그리고 토지개혁)은 더 가치 있고 덜 위태로운 삶을 영위할 인간의 역량을 실제로 증진시킨다. 하지만 이러한 역량들은 또한 이에 연관된 사람들의 생산성과 고용 가능성을 향상시키는 것과도 관련되어 있다(이른바 그들의 '인적 자본'을 확장시킨다). 인간의 역량 일반과 특정한 인적 자본 사이의 상호의존은 합리적 예측이 가능한 것으로 보인다. 중국에서 시장경제의 발전을 예비하는 것이 마오쩌둥의 의도가 전혀 아니었던 반면에 사회 분석가들은 그러한 관계를 예측할 수 있어야 했다. 이러한 사회적 관계와 인과적 연관에 대한 예측은 사회조직, 그리고 사회적 변화와 진보가 가능한 노선에 대해 합리적으로 추론할 수 있게 도와준다.

따라서 의도되지 않은 결과에 대한 예측은—충돌을 일으킨다기보다는—부분적으로 조직의 개혁과 사회변화에 대한 합리적 접근법의 일부다. 스미스, 멩거, 하이에크가 발전시킨 통찰은 비의도적 효과를 연구하는 것의 중요성에 주의를 환기시키지만(그들 자신이 각각 그러했듯이), 비의도적 효과의 중요성이 (의도된 것이건 의도되지 않은 것이건) 모든 결과에 대한 합리적 평가의 필요성을 손상시킨다고 생각하는 것은 전적으로 오류다. 여기에는 대안적 정책이 가져올 수 있는 모든 결과들을 예측하려 노력하는 것의 중요성을 평가절하하거나, 대안적인 시나리오를 합리적으로 평가하여 정책결정의 기초로 삼는 것의 필요성을 뒤엎을 그 어떤 것도 없다.

사회적 가치와 공적 이해

이제 세 번째 주장으로 가보자. 인간은 전적으로 이기적이라는 주장은 어떠한가? 광범위한 사회적 가치의 가능성에 대한 이러한 깊은 회의주의에 대해 우리는 어떻게 대응해야 하는가? 사람들이 향유하는 모든 자유가 예외 없이 이기적으로 활용되기 때문에 사회적 진보와 공공정책이 계획적으로 이루어지리라는 기대는 전적으로 망상에 불과한 것인가?

나는 그러한 회의주의가 정당화되기 힘들다고 주장한다. 물론 자기 이익은 아주 중요한 동기이며, 경제 사회 조직에 관한 많은 연구들이 이 기본적인 동기를 적절히 주목하지 못해서 어려움을 겪었다. 하지만 우리는 또한 사회적 요소들을 지닌 가치를 반영하는 행위들을 매일 목격한다. 이 요소들은 좁게 정의된, 순전히 이기적인 행위를 훌쩍 뛰어넘는다. 사회규범의 출현은 이성적 의사소통, 그리고 행동규범의 진화적 선택에 의해서 만들어질 수 있다. 이 주제에 대해서는 꽤 방대한 문헌이 쌓여 있고 나는 이 점을 길게 논의하지 않을 것이다.[15]

사회적으로 책임 있는 추론과 정의 관념의 활용은 개인적 자유의 중심성에 아주 밀접하게 연관되어 있다. 사람들이 자유를 어떻게 향유할 것인가를 결정할 때 예외 없이 정의의 관념을 환기하거나 혹은 사회를 고려하는 추론 능력을 발휘한다고 주장하려는 것은 아니다. 하지만 정의에 대한 감각은 사람들을 움직이게 만들 수 있고 실제로 움직이게 만드는 관심사 중 하나다. 사회적 가치는 다양한 형태의 사회조직이 성공하는 데 매우 중요한 역할을 담당할 수 있고 실제로 담당해왔다. 여기에는 시장 메커니즘, 민주주의 정치, 기본적인 시민권과 참정권, 기초적인 생활필수품의 공급, 공공정책과 이의를 제기하기 위한 기구들이 포함된다.

서로 다른 사람들은 사회정의를 포함한 윤리적 관념을 해석하는 데 있어 각기 다른 방식을 취한다. 그리고 이들은 이에 대한 자신들의 생각을 어떻게 조직하는지 스스로 잘 모를 수도 있다. 그러나 정의의 기본적 관념은 사회적 존재에게 낯선 것이 아닌데, 이들은 그들 자신의 이익에 대해 걱정하면서도 또한 가족 구성원, 이웃, 동료 시민들 그리고 세계의 다른 사람들에 대해서도 생각할 수 있기 때문이다. 애덤 스미스가 탁월하게 분석한, '공정한 관찰자'를 포함한 사고 실험은 우리들 대부분에게 떠오르는 직관적인―그리고 지배적인―생각을 정식화한 것이다(이 분석은 강력한 질문에서 시작한다. '공정한 관찰자'라면 어떻게 할까?). 정의나 공정함을 생각하기 위해 우리의 마음에 인위적으로―도덕적 폭격이나 윤리 강의를 통해―그 공간을 만들어낼 필요는 없다. 그런 공간은 이미 존재하며, 사람들의 일반적인 관심사를 체계적이고 일관되며 효과적으로 사용할 수 있는가가 문제가 된다.

자본주의에서 가치의 역할

자본주의가 종종 모든 이들의 탐욕을 기반으로 작동하는 제도로 간주되곤 하지만 자본주의가 효율적으로 작동하려면 사실상 강력한 가치와 규범의 체계에 의존해야 한다. 사실 자본주의를 탐욕스런 행동의 집합으로만 보는 것은 자본주의 윤리를 평가절하하는 것이다. 이러한 윤리는 자본주의가 성취한 의심할 수 없는 성과에 크게 기여해왔다.

경제이론에서 표준적 관행인, 시장 메커니즘의 작동을 이해하기 위해 형식적인 경제모델을 사용하는 것은 어느 정도는 양날의 칼이다. 이 모델들은 실제 세계가 작동하는 방식을 통찰해낼 수 있다.[16] 그러나 한편으로 모델의 구조는 모델의 기초가 되는 통상적 관계 배후의 암묵적 가정을 숨기기 쉽다. 성공적인 시장은 '허용된' 교환의 기초 위에서만 작동하지 않으며 또한 제도(계약으로부터 발생된 권리를 보장해주는 효과적인 법적 구조와 같은)와 행동윤리(협상된 계약을 따르게 하기 위해 끊임없이 소송을 걸 필요를 줄여주는)의 단단한 기초 위에서도 작동한다. 서로의 말과 약속에 대한 신뢰의 구축과 활용은 시장이 성공하는 데 아주 중요한 요소가 될 수 있다.

탐욕의 해방 외에도 자본주의 시스템의 출현과 발전에 다른 요소들이 관련되어 있다는 사실은 자본주의의 초기 옹호자들도 명백하게 주장한 것이다. 맨체스터의 자유주의자들은 탐욕과 자기애의 승리를 위해서만 싸운 것이 아니다. 그들의 인간성에 대한 생각은 폭넓은 영역의 가치와 통합되어 있었다. 그들은 인간이 무엇을 할 수 있고 할 것인가에 대해 지나치게 낙관적이긴 했지만, 이들은 사람들이 서로에 대해 갖는 감정에서 자발성을 발견하고 (정부의 끊임없는 채찍질 없이도) 호혜적 행위의 필요성에 대한 자각의 가능성을 받아들였으며, 이는 전적으로 옳았다.

동일한 논점이 애덤 스미스에게도 적용되는데, 그는 경제적, 사회적, 정치적 관계에 포함된 다양한 가치를 고려했다. 자본주의를 '정념'을 '이익'으로 대체하는 것이라고 본 초기의 논평가들(몽테스키외Montesquieu나 제임스 스튜어트James Stuart)조차도 지적이고 합리적인 방식으로 이익을 추구하는 것이 정열과 갈망, 그리고 폭압적인 성향에 의해 추동되는 것보다 더 위대한 도덕적 진보라는 사실에 관심을 기울이곤 했다. 제임스 스튜어트는 '이익은 전제주의의 어리석음에 대한 가장 효과적인 제어'라고 생각했다. 앨버트 허시먼Albert Hirschman이 탁월하게 분석했듯이 초기의 자본주의 옹호자들은 자본주의적 윤리의 출현에서 동기부여와 관련하여 커다란 진보를 보았다. "이것은 악의적 성향을 억제하고 그 대신 인간의 선한 성향을 작동시킨다."[17]

그 효율성에도 불구하고 자본주의 윤리는 사실 어떤 측면에서 매우 제한되어 있는데, 특히 경제적 불평등, 환경 보호 그리고 시장 외부에서 작동하는 협동의 필요성과 관련해서 그렇다. 하지만 자본주의는 자체의 영역 안에서 시장 메커니즘과 관련 제도들을 성공적으로 활용하기 위해 필요한 비전과 신뢰를 제공하는 일련의 윤리를 통해 효과적으로 작동한다.

기업윤리, 신뢰, 그리고 계약

성공적으로 작동하는 교환경제는 암묵적이건 명시적이건 상호신뢰와 규범의 활용에 의존한다.[18] 이러한 행동규범들이 풍성할 때 그것을 간과하기 쉬워진다. 하지만 이 규범을 육성해야 할 상황이라면 규범의 결여는 경제적으로 성공하는 데 주된 장애가 될 수 있다. 자본주의적 장점이 발전하지 못한 결과 전자본주의 경제가 직면한 문제들에는 많은 사례가 있다. 단순한 이익 극대화보다 더 복잡한 동기와 구조를 필요로 하는 자본주의는 오랫동안 마르크스, 베버Weber, 토니Tawney 등의 선도적인 사회과학자들에 의해 다양한 형태로 논의되었다.[19] 비록 이 방향의 풍부한 역사적 근거와 개념적 논쟁이 최근 전문적인 경제학에서 종종 간과되었지만, 비이윤적 동기가 자본주의가 성공하는 데 중요한 역할을 담당했다는 것은 새로운 사실이 아니다.[20]

좋은 기업윤리의 기본강령은 산소와도 같다. 우리는 오직 그것이 없는 곳에서만 그 존재에 대해 관심을 보인다. 애덤 스미스는 이러한 일반적 경향을 자신의 「천문학의 역사History of Astronomy」에서 흥미롭게 논평했다.

> 우리가 꽤 친숙한, 우리가 매일 보는 대상은 비록 위대하고 아름답긴 하지만 아주 작은 영향만을 우리에게 끼친다. 왜냐하면 우리의 존경이 감탄이나 놀라움에 의해서 뒷받침되지 않기 때문이다.[21]

하지만 취리히나 런던, 파리에서 감탄이나 놀라움을 자아내지 못하는 것이 카이로나 봄베이, 라고스(혹은 모스크바)에서는 꽤 문제가 될 수 있는

데, 제대로 작동하는 시장경제의 규범과 제도를 만들기 위해 어려운 투쟁을 할 때 그렇다. 심지어 이탈리아의 정치적·경제적 부패의 문제는 최근 몇 년간 많이 논의되었지만(그리고 이탈리아의 정치적 안정에 근본적인 변화로 이어졌지만), 이탈리아 경제의 다소 이중적인 특성과 깊은 관련이 있다. 이탈리아 경제는 가장 역동적인 자본주의이면서도 일부 측면에서는 '후진적인' 요소를 갖고 있다.

체제 전환 이후 소련과 동유럽 국가가 겪은 경제적 곤경과 관련하여 성공적인 자본주의의 핵심이 되는 제도적 구조와 행동규범이 부재했다는 사실은 특히 중요하다. 진화한 자본주의 경제에서 표준이 되는 신뢰성과 함께 그 자체의 고유한 논리를 가진 제도와 규범에 대한 다양한 체계가 발전할 필요가 있다. 하지만 '계획된 자본주의'의 일부로서 이러한 것들을 급속도로 자리 잡게 하기는 어렵다. 그러한 변화들은 작동하기까지 꽤 많은 시간이 필요한데, 구소련과 동유럽 일부에서는 이 점을 뼈아프게 학습하는 중이다. 처음에는 시장 과정의 마법이 자동으로 이루어질 것이라 생각하며 뜨겁게 열광했지만, 제도와 경험의 중요성을 다소 간과했다.

제도적 발전의 필요성은 행동규범의 역할과 명백하게 관련 있는데, 대인관계와 공유된 이해에 기초한 제도들이 공통의 행동 패턴, 상호 신뢰, 그리고 상대의 윤리에 대한 믿음을 기초로 작동하기 때문이다. 행위규칙에 대한 신뢰는 명시적이기보다는 암묵적인 편이다. 사실 너무나 암묵적이어서 그러한 신뢰가 문제가 되지 않는 곳에서는 그 중요성이 쉽게 간과되곤 한다. 하지만 이것이 문제가 되는 곳에서는 그 필요성을 간과하는 게 심각한 재난이 된다. 구소련에서 마피아 스타일의 기업 운영이 나타난 것은 최근 주목의 대상이 되었는데, 이 문제를 다루기 위해서 우리는 그 선례를 살펴야 한다. 여기에는 '기존의 행위규칙'의 광범위한 역할에 대한 애덤 스미스의 분석이 포함된다.

시장경제 내에서 규범과 제도의 다양성

행동규범은 발전된 자본주의 경제 안에서도 다양하게 나타나며 경제적 성과를 진작시키는 효율성 역시 그러하다. 자본주의가 근대 세계에서 생산량을 급격히 증대시키고 생산성을 향상시켰다는 점에서는 매우 성공적이었지만, 서로 다른 나라에서의 경험들은 꽤 다양한 것이 사실이다. (최근 수십 년간) 동아시아 경제, 특히 (조금 더 거슬러 올라가는) 일본의 성공은 전통적인 경제이론에서 자본주의를 모형화할 때 중요한 질문을 제기한다. 자본주의를 개인의 자본 소유를 바탕으로 이윤을 극대화하는 시스템으로만 이해하면 이 시스템이 생산량을 증대시키고 소득을 올리는 데 성공하도록 하는 많은 이유를 간과하게 된다.

일본은 자주 성공적인 자본주의의 사례로 간주되었고, 최근 경기침체와 금융 혼란의 긴 시기에도 불구하고 이러한 진단은 여전히 유효할 듯하다. 그러나 일본에서의 거래 활동을 지배하는 동기의 유형은 이윤 극대화보다 더 많은 내용을 갖고 있다. 서로 다른 논평가들은 일본 특유의 동기를 다르게 강조했다. 미치오 모리시마Michio Morishima는 규칙에 기초한 행동 패턴을 지향하는 경향과 일본 역사의 특성에서 기인한 '일본의 윤리적 심성'의 특성을 개관했다.[22] 로널드 도어Ronald Dore와 로버트 웨이드Robert Wade는 '유교윤리'의 영향을 지적했다.[23] 마사히코 아오키Masahiko Aoki는 전략적 사고라는 관점에서 협동과 행동규범을 관찰했다.[24] 코타로 스즈무라Kotaro Suzumura는 경쟁적인 분위기로의 몰입과 잘 계획된 공공정책의 결합을 강조했다.[25] 에이코 이케가미Eiko Ikegami는 사무라이 문화의 영향을 강조했다.[26] 마찬가지로 행위에 기초한 또 다른 설명도 존재한다.

사실 일본이 '유일하게 작동하는 공산주의 국가'라는 《월스트리트 저널The Wall Street Journal》의 흥미로운 주장에도 어느 정도 진실이 있다.[27] 이 수수께끼 같은 논평은 일본의 많은 경제활동과 거래에서 보이는 동기가 비이윤적이라는 점을 지적하였다. 우리는 세계에서 가장 성공한 자본주의 국가 중 하나가 여러 중요 영역에서 자본주의의 기반인 단순한 자기 이익의 추구에서 벗어난 동기 구조를 갖고도 경제적으로 성공했다는 특이한 사실을 이해하고 평가해야만 한다.

일본은 자본주의의 성공을 증진시키는 특별한 기업윤리를 갖는 유일한 사례가 아니다. 사심 없는 노동과 기업에 대한 헌신은 생산성을 향상시켜 많은 나라에서 경제적 성공에 중요한 것으로 간주되어왔다. 또 가장 발달한 산업국가에서조차도 이 행동규범에는 다양한 변이형이 존재한다.

제도, 행동규범, 그리고 마피아

자본주의적 성공에서 가치의 역할이 갖는 다양한 측면에 대한 이 논의를 마치기 위해서 우리는 자본주의의 기초에 있는 윤리체계가 탐욕을 긍정하고 물욕을 숭상하는 것 이상이라는 점을 인식해야 한다. 세계적으로 경제의 전반적인 수준을 향상시킨 자본주의의 성공은 시장의 거래를 경제적이고 효과적으로 만든 도덕과 행동규범에 기초하고 있다. 시장 메커니즘이 제공하는 기회를 활용하면서 그리고 거래와 교역을 더 많이 활용하면서, 개발도상국들은 신중한 행위의 장점뿐만 아니라 상보적인 가치들의 역할에도 주의를 기울여야 한다. 여기에는 신뢰의 생성과 유지, 부패의 유혹에서 벗어나기, 그리고 형벌에 의한 법적 강제와 관련하여 실현 가능한 대안을 확실하게 마련하는 것이 포함된다. 자본주의의 역사에는 기본적인 자본주의 행동규범 안에서 서로 다른 성취와 경험을 지닌 변이형들의 수가 상당하며, 여기에는 모두 배울 점이 있다.

현재의 세계에서 자본주의가 직면한 큰 도전에는 불평등의 문제(유례없는 번영의 세계에서 고통스러운 빈곤의 문제), '공공자산'의 문제(환경과 같이 모든 이들이 공유하는 자산)가 포함된다. 이러한 문제들의 해법은 확실히 자본주의 시장경제를 넘어서는 제도를 필요로 한다. 하지만 자본주의 시장경제 자체의 범위는 여러 가지 면에서 이러한 문제들에 대해 더 민감한 윤리를 적절히 발전시킴으로써 확장할 수 있다. 광범위한 가치와 시장 메커니즘이 공존할 수 있느냐는 중요한 질문이다. 우리는 순수한 시장 메커니즘의 한계를 넘어서는 제도적 배열을 확장시키는 방법을 탐구함으로써 이 질문에 직면해야 한다.

최근 논의에서 가장 주목을 받는 행동규범에 관한 문제들은 경제적 부패와 조직적 범죄의 연관성이다. 이 주제에 대해 이탈리아에서 토론이 벌어졌는데, 여기에서 '의무규범deontological codes'이라고 불린 것의 역할이 많이 언급되었다. 공공정책에 영향을 끼치는 불법적이고 불공정한 절차와 투쟁하면서 명예와 의무의 규범을 활용할 가능성은 주목을 받았다. 이러한 노선의 해결책은 심지어 정부가 작동하는 데 있어 마피아가 갖는 장악력을 감소시킬 방법으로 고려되었다.[28]

마피아 같은 조직도 상호 이익을 뒷받침하는 상대적으로 원시적인 경제 부분에서 담당하는 사회적 기능이 있다. 이런 조직의 기능적 역할은 합법적인 시장 내 경제의 실제적인 행동규범에 크게 달려 있다. 한 가지 사례는 스테파노 자마니Stefano Zamagni와 다른 이들이 논의했듯이 계약과 거래의 강제를 보장하기 위해 이러한 조직들이 담당하는 역할이다.[29] 시장 시스템은 계약 이행을 위한 제도를 필요로 하는데, 계약 일방이 상대방을 곤경에 빠뜨리는 걸 막기 위해서다. 그러한 강제는 한편으로는 법과 그 이행을 통해서도 이루어지지만, 대안적으로는 상호 신뢰와 의무를 암묵적으로 감지하는 것에 기초할 수도 있다.[30] 이 영역에서 정부가 효과적으로 개입하는 것은 제한적이고 그 속도가 느리기 때문에 많은 거래가 신뢰와 명예를 기반으로 진행된다.

그러나 시장윤리의 표준이 확립되지 않고 거래에 대한 신뢰가 발달하지 않은 곳에서 계약은 유지되기 어렵다. 이런 상황에서 외부 조직은 이러한 거래 파기 문제를 다루며 완력을 사용한 강제의 형태로 사회적으로 가치 있는 서비스를 제공할 수 있다. 마피아 같은 조직이 이런 기능적 역할을 하며, 빠르게 자본주의적 거래로 진입하는 전자본주의적 경제에서는 인정을 받을 수도 있다. 상호연관의 성격에 따라 이러한 유형의 강제는 서로 다른 상대방에게 유용한 것으로 끝날 수도 있는데, 그들 중 상당수가 부패나 범죄에 전혀 관심이 없을 수도 있다. 거래의 각 당사자는 단지 다른 경제적 행위자들이 적절한 일을 하도록 하는 '보장'만을 원할 수도 있다.[31]

그러한 '보장'을 만들기 위해 강제적 조직이 하는 역할은 그러한 외부적 강제의 필요성을 감소시킬 행동규범이 부재하다는 것에 달려 있다. 초법적 조직들의 강제적 기능은 상대를 신뢰하고 신뢰를 만들어내는 행동이 증진될 경우 위축된다. 행동규범과 제도적 개혁의 상보성은 따라서 매우 밀접할 수 있다.[32] 이것은 특히 퇴행적인 경제에서 마피아와 유사한 조직들에 대한 대응책을 마련할 때 고려해야 할 아주 일반적인 논점이다. 마피아가 혐오스러운 조직이지만 우리는 총과 폭탄을 그들의 힘으로 인지하는 대신, 마피아를 경제의 일부로 기능하게 하는 경제적 행위를 이해함으로써 그 영향력의 경제적 기초를 인지해야 한다. 이러한 기능적인 매력은 계약의 법적 강제 및 상호 신뢰와 규범적 행동강령에 기초한 계약과 행동의 일치가 서로 결합되어 이 영역에서 마피아의 역할을 불필요한 것으로 만들 때 사라질 것이다. 따라서 거래 규범이 잘 발달되지 않은 것과 그러한 경제 내에서 조직적 범죄가 존재한다는 사실은 일반적으로 연관성이 있다.

환경, 규제, 그리고 가치

시장의 규칙을 넘어서야 할 필요성은 최근 환경 보호의 맥락에서 많이 논의되고 있다. 여기에는 정부 규제를 위한 제도들—과 제안들—과 함께 세금과 보조금을 통해 적절하게 동기를 부여하는 것이 존재해왔다. 하지만 이것은 또한 환경 친화적 규범과 관련된 윤리적 행동의 문제이기도 하다. 이 질문은 비록 당시에는 환경 보호가 그다지 눈에 띄는 특정한 문제는 아니었지만(그리고 스미스도 이에 대해 명백한 관심을 보이지 않았다) 애덤 스미스가 『도덕 감정론』에서 광범위하게 논의했던 고려사항과 딱 맞아떨어진다.

앞서 제5장에서 논의했던 것처럼 여기에는 또한 '낭비자와 투기꾼들'의 행위에서 기인하는 낭비에 대한 스미스의 우려도 관련되어 있다. 그는 이자율의 규제를 통해 낭비성 투자의 영향력을 줄이려고 노력했다. 이 행성의 생명체들에게 크게 좋은 일을 할 능력도 없으면서 높은 이자를 지불할 낭비적인 투기꾼들의 커다란 능력을 스미스가 두려워했기 때문이다.[33] 스미스는 고리대금을 규제할 필요가 있다며 경제활동에 대한 개입을 지지했는데, 이것은 제레미 벤담이 그에게 권유한 과제이기도 하다.[34]

오늘날의 '낭비자와 투기꾼들'은 공기와 물을 오염시켰고, 스미스의 일반적 분석은 그들이 야기하는 문제와 어려움뿐만 아니라 기존의 다양한 노선의 치유법을 이해하는 데에도 깊은 관련이 있다. 규제와 행동 제약의 상대적 역할은 이 맥락에서 중요하게 논의되어야 한다. 환경 문제는 '공공자산'을 포함한 자원배분과 관련하여 더욱 일반적인 문제의 일부다. 여기에서 재화는 어떤 소비자가 독점하는 것이라기보다 사람들이 공유하며 향유하는 것이다. 공공자산을 효과적으로 제공하기 위해서 우리는 정부의 행위와 사회적 공급의 가능성을 고려해야 할 뿐만 아니라, 강력한 행정행위의 필요성을 감소시킬 수 있는 사회적 가치의 발전과 책임감에 의해 수행되는 부분도 검토해야만 한다. 예를 들어 환경윤리가 발전하면 강압적으로 규제해야만 달성할 수 있는 과제의 일부를 해결할 수 있다.

검약, 공감, 그리고 헌신

철학에서는 덜 발견되지만 경제학과 정치학의 저작 중에서 '합리적 선택'이란 용어는 놀라울 정도로 단순하게, 개인적 이익에만 배타적으로 기초한 체계적인 선택을 가리키기 위해 쓰인다. 만일 개인적 이익이 좁게 정의된다면 윤리, 정의, 혹은 미래의 세대들의 이익에 대한 고려가 우리의 선택과 행위에 기반한 이러한 유형의 '합리적' 모형에서 큰 역할을 할 것이라 기대하기 어려울 것이다.

합리성은 그토록 좁게 정의되어야 하는가? 만일 합리적 행위가 우리의 목표에 대한 치밀한 접근을 의미한다면 공감에 대한 철저한 추구, 혹은 정의의 철저한 진작이 합리적 선택의 실천으로 간주되지 말아야 할 이유는 없다. 협소한 자기 이익의 행동으로부터 벗어나는 두 가지 다른 경로의 출발을 구별하는 게 편리하다. 말하자면 '공감'과 '헌신'이 바로 그것이다.[35] 먼저 자기 이익에 대한 우리의 이해는 다른 사람에 대한 우리의 관심을 포함하고, 공감은 광범위하게 정의된 개인 자신의 복지의 관념으로 통합될 수 있다. 둘째로, 광범위하게 정의된 복지 혹은 자기 이익을 넘어서 우리는 사회정의나 내셔널리즘 혹은 공공의 복지를 위해서 (개인의 비용을 감수하고) 희생할 수도 있다. 이런 유형의 출발점은, (단순한 공감보다는) 헌신을 포함해서 개인적 복지나 자기 이익(우리가 공감하는 상대의 이익을 증진시키는 것에 관련된 자기 이익을 포함해서)보다는 가치를 환기한다.

이 구분은 사례로 조명해볼 수 있다. 당신이 곤궁에 처한 사람을 도왔는데 그 이유가 그 사람의 곤궁이 당신을 불행하게 느끼게 만들기 때문이라면 그것은 공감에 기초한 행위다. 하지만 당신이 그 사람의 곤궁 때문에 특별히 불행하게 느끼지 않으면서도 공정하지 못하다고 생각하는 시스템을 변화시키겠다고 결심한다면(보다 일반적으로, 당신의 결의는 그 곤궁의 존재가 불러일으키는 불행한 느낌으로는 충분히 설명되지 않는다), 그것은 헌신에 기초한 행위다.

어떤 의미에서 공감에 반응하는 것에는 자기 이익이나 복지의 어떤 희생도 필요하지 않다. 곤궁에 빠진 사람을 돕는 것, 당신이 그의 고난을 함께 겪는다면 오히려 당신을 더 풍요롭게 해준다. 그러나 헌신적 행동은 자기희생을 포함하는데, 왜냐하면 당신이 도우려고 노력하는 이유는 부정의에 대한 당신의 감각 때문이지 당신 자신의 동정심으로 인한 괴로움을 달래려는 욕망이 아니기 때문이다. 그럼에도 헌신을 추구하는 데에는 '자기'의 요소가 들어가는데, 그러한 헌신은 그 자신의 고유한 것이기 때문이다. 더욱 중요한 점은 헌신적 행위가 개인의 이익(혹은 복지)을 증진시키건 아니건 그 목적은 개인의 합리적 의지를 부정할 필요가 없다는 것이다.[36]

애덤 스미스는 양쪽의 출발점 모두에 대한 필요성을 논의했다. 그는 "가장 인간적인 행위는 자기 부정, 자기 극복, 어떠한 정의감의 위대한 실천을 요구하지 않는다"고 주장했다. 그 이유는 이것이 "우리의 공감이 스스로 우리에게 그렇게 하도록 만드는 것"을 따르기 때문이다.[37] "하지만 이것은 한편으로는 관대함과 함께한다." 이는 정의와 같이 더 광범위한 가치에서도 동일한데, 정의는 개인이 자기 이익을 억누르고 "공정한 관찰자가

행위의 원칙에 개입하게" 하며, "공적인 정신의 더 커다란 활용"을 요구할 수도 있다.[38]

'인간성과 정의의 정당성'에 대한 스미스의 견해에서 중요한 것은 '행위자의 정서와 관찰자의 정서 사이의 일치'다.[39] 합리적 개인에 대한 스미스의 생각은 이 사람을 다른 사람들과의 공동체 속에 확고하게 위치시킨다. 즉 사람을 그가 속한 사회 속에 두는 것이다. 이 사람의 평가와 행위는 다른 사람들의 존재와 관련되어 있으며, 개인은 '공공'으로부터 유리되지 않는다.

이런 맥락에서 현대 경제학의 아버지인 애덤 스미스를 단순히 자기이익의 예언자로만 보는 통속적인 언술은 비판해야 한다. 스미스를 합리적 세계에서 오직 자기 이익만을 추구한 (그리고 그가 관찰한 것을 통해 행복해했던) 사람으로 보는 경제학의 잘 확립된 전통이 존재하기는 한다(일반적인 공공의 논의에서도 그러하다). 그러나 이것은 그의 방대한 저작에서 몇몇 단락—보통 한 문단(앞에서 인용한 빵가게주인-양조업자-정육점주인 단락)—만을 뽑아낸 결과다. 이 때문에 스미스를 심각하게 왜곡한 견해가 생겨났으며, 조지 스티글러George Stigler는 (다른 측면에서는 훌륭한 저자이자 경제학자이지만) 이렇게 요약한 바 있다. "자기 이익이 대다수 인간을 지배한다."[40]

스미스가 놀랄 만큼 자주 (맥락에서 떼어내서) 인용되는 그 특정한 단락에서, 정육점 주인, 양조업자 혹은 빵가게 주인이 우리에게 생산품을 팔려는 이유나 우리가 그걸 사려는 이유를 설명하기 위해 '자비'에 호소할 필요가 없다고 주장했다는 것은 확실히 사실이다.[41] 스미스는 호혜적 거래가 자신이 '자기애'라고 부른 것 이상을 필요로 하지 않는다는 것을 지적했고 그것은 전적으로 옳았다. 이것은 매우 중요한 지적인데 거래는 경제적 분석에서 아주 핵심적이기 때문이다. 하지만 다른 문제들을 다룰 때—분배나 평등, 생산성의 효율을 위한 규칙 따르기 등—스미스는 더 광범위한 동기를 강조했다. 이러한 광범위한 맥락에서 분별은 "모든 미덕 중에서 개인에게 가장 도움이 되는 것"으로 남는데, 그 이유는 "인간성, 관대함, 공적 정신은 대부분 타인에게 유용한 것"이기 때문이다.[42] 우리가 받아들일 만한 이유가 있는 방대한 동기들은 사실 인간 행동에 대한 스미스의 놀랄 만큼 풍요로운 분석에서 꽤 중심적이다. 이것은 조지 스티글러가 묘사하는 스미스와는 거리가 멀고, 자기 이익의 태두$_{guru}$로 묘사되는 스미스의 캐리커처와도 거리가 멀다. 우리는 셰익스피어를 살짝 비틀어, 어떤 사람은 왜소하게 태어나고 어떤 사람은 자기 노력으로 왜소해지지만 애덤 스미스는 강제로 떠밀려 왜소해졌다고 말할 수 있다.[43]

여기에서 문제가 되는 것은 우리 시대의 위대한 철학자 존 롤스가 우리가 공유한다고 말한 '도덕적 힘'이다. 그것은 '정의를 지각하고 선한 것을 생각할 수 있는 역량'이다. 롤스는 이렇게 공유된 힘을 가정하는 것이 '민주적 사고의 전통'에서 '(이 힘들과 연관된 판단, 생각, 추론을 할 수 있는) 이성의 힘'과 함께 핵심적이라고 본다.[44] 사실 가치는 인간 행동에 있어 광범위한 역할을 하며 이를 부인하는 것은 민주적 전통에서 이탈하는 것일 뿐만 아니라 우리의 합리성을 제한하는 것이기도 하다. 우리가 우리 자신의 이익과 편리뿐만 아니라 의무와 이상을 고려할 수 있게 해주는 것도 이성의 힘이다. 이러한 생각의 자유를 부정하는 것은 우리의 이성이 갖는 범위를 크게 제한한다.

의도적 선택과 진화적 생존

합리적 행위의 요구를 평가할 때, 고립된 목표를 즉각적으로 선택하는 것을 넘어서 효율성과 생존을 통해 목적을 출현시키고 지속시키는 것이 역시 중요하다. 선호의 형성과, 이 형성 과정에서 진화의 역할에 대한 최근의 저작들은 합리적 선택 이론의 전망과 범위를 실질적으로 확장시켜왔다.[45] 심지어 궁극적으로는 어떤 개인에게도 정의와 윤리에 신경 쓸 직접적인 이유가 없다고 하더라도 이러한 고려들은 경제적 성공에서 도구적으로 중요하며, 개인들은 그러한 이점을 통해서 행동의 사회적 규칙을 다른 경쟁자들보다 더 오래 지속시킬 수 있다.

이러한 유형의 '파생적' 추론은 개인이 어떻게 '행동해야 하나'에 대한 윤리적 검토(예를 들어 칸트나 스미스가 탐구한)를 통해 개인에 의해서 신중하게 선택된 행동규칙과 대비될 수 있다.[46] 정의와 이타주의에 (파생되었다기보다는) '직접적인' 관심을 갖는 윤리적 이유는 근대의 윤리적 저작에서 다양한 형태로 탐구되었다. 행동에 대한 실천 윤리학은 순수하게 윤리적인 문제에 덧붙여 사회적이고 심리적인 본성에 대한 다양한 영향력을 통합했는데, 여기에는 꽤 복잡한 규범과 관습도 포함된다.[47]

정의에 대한 고려는 '직접적'인 이유와 '파생된' 이유 모두에서 우리의 숙고 대상이 될 수 있고, 이 이유들은 반드시 양자택일적인 것으로 볼 필요가 없다. 심지어 행동규범과 관심사가 윤리적 혹은 사회적, 심리적 이유에서 출현한다고 하더라도, 그것이 오래 존속할 경우 나타나는 결과와 진화 과정에서 독립적인 것이라고 보기 힘들다. 한편 광범위한 틀에서 진화적 선택을 연구할 때, 이기적이지 않은 행위가 도입되는 것을 오직 진화적 과정에만 한정하고 합리적인 의식적 행동에 어떤 독립적인 역할을 부여하지 말아야 할 이유도 없다. 행동의 의식적 선택과 진화적 선택을 하나의 통합된 틀로 결합하는 것도 가능하다.[48]

우리에게 영향을 끼치는 가치들은 세 가지 다른 경로로 출현한다. 첫째, 성찰과 분석에서 출현할 수 있다. 성찰은 우리의 관심사 및 책임감과 직접적으로 관련되며(칸트와 스미스가 모두 강조했다), 좋은 행동의 결과와 간접적으로 관련될 수도 있다(예를 들어 좋은 명성과 깊은 신뢰를 받는 것의 이득).

둘째, 가치들은 기존의 관행대로 생각하고 행동하는 것처럼 관습을 따르려는 우리의 의지에서 올 수도 있다.[49] 이런 유형의 '순응하는 행동'은 추론의 범위를 개인의 비판적 평가의 한계를 넘어 확장시킬 수 있는데, 다른 사람들이 어떤 행동을 할 이유를 발견했다면, 우리가 그 행동을 모방할 수 있기 때문이다.[50]

셋째, 공적 토론도 가치 형성에 큰 영향을 준다. 위대한 시카고대학교의 경제학자 프랭크 나이트Frank Knight가 지적했듯이 가치들은 "토론을 통해서 확립되고 정당화되며 인지되는데, 이 행위는 사회적인 동시에 지적이고 창조적이다."[51] 제임스 뷰캐넌James Buchanan은 공공선택의 맥락에서 이렇게 지적했다. "민주주의를 '토론에 의한 정부'라고 정의하는 것은 개인적 가치가 의사결정의 과정에서 바뀔 수 있고 또 바뀐다는 사실을 함의한다."[52]

넷째로 진화의 과정이 중요한 역할을 할 수 있다. 행동패턴은 그것이 남기는 결과의 역할에 의해 살아남고 퍼져나갈 수 있다. 행동선택의 각 범주들은(반성적 선택, 순응적 행동, 공적 토론, 그리고 진화적 선택) 모두 의미가 있으며, 인간 행동을 개념화할 때 이 범주들을 독립적으로 보거나 함께 다루어야만 한다. 사회적 행동에서 가치의 역할은 이 광범위한 연결망에 잘 들어맞는다.

윤리적 가치와 정책 형성

이제 윤리와 규범에 관한 토론에서 공공정책의 형성과 관련 있는 가치의 문제로 돌아가보자. 정책 입안자들은 사회정의의 가치에 흥미를 가질,

서로 관련되어 있지만 두 가지 다른 이유를 갖는다. 첫째는 더 직접적인 이유인데, 정의가 공공정책의 목적과 목표를 정하는 데 그리고 선택된 목표를 추구하기 위해 적합한 도구를 결정하는 데 있어서 핵심적인 개념이기 때문이다. 정의의 관념 그리고 특히 정의에 대한 특정한 접근법의 정보적 기초(제3장에서 논의한 것)는 공공정책의 타당성과 범위에서 특히 핵심적이다.

두 번째는 더 간접적인 이유인데, 모든 공공정책은 개인과 집단이 사회에서 어떻게 행동하는가에 달려 있기 때문이다. 이러한 행동들은 무엇보다 사회윤리가 요구하는 것을 이해하고 해석하는 것에 따라 영향을 받는다. 공공정책의 형성에서 공공정책의 목표와 우선성을 선택할 때 정의의 요구와 가치의 범위를 평가하는 것뿐만 아니라 정의감을 포함해 공적인 것의 가치 일반을 이해하는 것이 중요하다.

사법적 개념의 후자의 역할이 아마도 더 복잡할 것이기 때문에(그리고 확실히 분석이 덜 되었다), 이것은 행동과 수행을 결정하는 데 있어 규범과 정의의 관념이 하는 역할, 그리고 그것이 공공정책의 방향에 어떻게 영향을 끼칠 수 있는지를 조명하는 데 유용할 수 있다. 앞에서 출산에 관한 규범의 영향력을 논의하면서(제8장과 9장) 이 연관관계를 조명한 바 있지만 여기에서는 또 다른 중요한 사례를 고려할 것이다. 즉 부패의 만연이다.

부패, 동기, 그리고 기업윤리

가령 부패의 만연은 많은 아시아와 아프리카 국가에서 성공적인 경제적 진보를 가로막는 가장 중요한 장애물로 간주되고 있다. 부패가 심하면 공공정책을 비효율적으로 만들며, 투자와 경제활동을 할 때 생산적 목표를 추구하기보다 비밀거래를 해서 큰 보상을 받는 데 관심을 갖게 한다.

또 앞에서 논의했듯이 이것은 마피아와 같은 폭력조직을 만연하게 할 수도 있다.

하지만 부패는 전혀 새로운 현상이 아니며 그에 대한 대응책 역시 마찬가지다. 고대 문명은 광범위한 불법과 부패의 증거를 제공한다. 일부는 특히 관료들의 부패를 감소시키는 방안에 대해 상당한 양의 문헌을 남기기도 했다. 사실 우리는 이런 역사적 자료에서 오늘날의 부패를 막기 위한 방법에 대해 약간의 통찰을 얻을 수 있다.

그렇다면 '부패한' 행동이란 무엇인가? 부패는 개인적 혜택과 이익에 대한 기존의 규칙을 침해한다. 사람들을 덜 이기적이 되도록 유도한다고 해서 부패가 박멸될 수 없다는 것은 명백하다. 그렇다고 사람들에게 일반적으로 자기 이익을 덜 추구하라고 부탁함으로써 부패를 줄이려고 노력한다고 효과가 있을 것 같지도 않다. 개인의 이익을 포기하기 위해서는 특별한 이유가 있어야 한다.

조직의 개혁을 통해 부패한 행동으로부터 얻는 이익과 손실의 균형을 변화시키는 게 어느 정도는 가능하다. 첫째, 감사와 처벌의 체계는 부패를 방지하는 규칙을 통해 오랫동안 뛰어난 성과를 보였다. 예를 들어 인도의 정치 분석가 카우틸랴Kautilya는 기원전 4세기에 공직자가 금전적으로 부패의 유혹을 받는 40가지 다양한 방식을 신중하게 구별하고, 처벌과 보상이 따르는 불시점검으로 어떻게 이러한 행위를 막을 수 있는지를 기술하고 있다.[53] 규칙과 처벌이라는 투명한 체계는 엄격한 강제를 통해 행동 패턴을 변화시킬 수 있다.

둘째로, 몇몇 규제 당국은 다른 이들에게—특히 기업인들에게—큰 돈을 벌 만한 특혜를 줄 수 있는 공직자들에게 자유재량의 권한을 줌으로써 부패를 조장한다. 과도하게 규제되는 경제(예를 들자면 인도의 인허가 왕국)

는 부패가 자라나는 데 이상적인 토양인데, 특히 남아시아의 경험이 이를 예증한다. 이러한 당국이 다른 측면에서는 비생산적이지 않더라도(자주 그러긴 하지만) 부패로 인한 사회적 비용을 생각하면 그러한 제도를 기피할 만한 충분한 이유가 있다.

셋째, 공직자가 많은 권력을 가졌지만 상대적으로 가난할 때 부패의 유혹은 심해진다. 이는 과도하게 규제되는 경제에서도 관료의 보수가 낮은 행정 당국에서 흔히 벌어진다. 이는 왜 관료 시스템 전체를 관통해 선임 관리자부터 말단 공직자까지 부패가 만연한지 설명해준다. 고대 중국에서는 부분적으로 이 문제를 다루기 위해 많은 관료들에게 양리엔yang-lien이라는 '부패방지용 수당'을 주어 그들이 청렴하게 법을 준수할 수 있게 했다.[54]

다른 유인책들도 효과를 보일 수 있지만, 오직 금전적인 면에서 동기를 부여하는 것만으로는 부패를 방지하기 어렵다. 사실 앞서 설명한 세 가지 방법은 모두 고유한 한계가 있다. 첫째, 도둑을 잡으려는 체계는 감독과 조사가 항상 효과적이기 않기 때문에 종종 제대로 작동하지 않는다. 또한 도둑을 잡는 사람에게 그들이 매수되지 않도록 적절하게 보상해주어야 한다는 복잡한 문제도 있다. 둘째, 어떤 통치 시스템에서든 공직자들에게 권력을 줄 수밖에 없는데, 이 권력은 다른 사람들이 공직자들을 매수하려 할 만큼 가치 있는 것이다. 그러한 권력의 범위를 줄이는 것은 확실히 가능할 수 있지만 실질적으로 어떤 것을 실행할 수 있는 권력은 어떤 것이든 부분적으로는 늘 오용될 가능성이 있다. 셋째, 심지어 부유한 관료들조차도 위험을 무릅쓰고 더 부유해지려고 한다. 최근 여러 나라에서 이러한 사례가 많이 있었다.

그러나 이러한 제약들이 있다고 해서 조직을 효과적으로 변화시키기 위해 해야 할 일들을 하지 않아서는 안 된다. 하지만 오직 개인적 이득이라는 유인책에만 의존하여서는 부패를 충분히 제거할 수 없다. 사실 일반화된 유형의 부패를 찾아보기 힘든 사회에서는 반부패를 위한 금전적 장려책보다는 행동규범의 역할에 더 의존한다. 이것은 관심사가 서로 다른 사회에서 각기 성행하는 규범과 행동강령에 주목하도록 한다.

플라톤은 『법률Laws』에서 강력한 의무감이 부패를 막는 데 도움이 된다고 제안한다. 하지만 그는 또한 이것이 '쉬운 일'이 아니라고 했다. 여기에서 문제가 되는 것은 일반적인 의무감만이 아니라 부패와 직접적인 관련이 있는 규칙과 순종에 대한 특별한 태도다. 이 모든 것은 애덤 스미스가 '적절함'이라고 부른 일반적인 주의사항에 들어간다. 정직함과 솔직한 행동이라는 규율에 우선순위를 부여하는 것은 확실히 한 개인이 소중하게 여기는 가치에 포함된다. 그리고 그러한 규율에 대한 존중이 부패에 대한 강력한 예방책이 되는 나라도 있다. 사실 규율을 준수하는 행동은 문화마다 다른데, 이것은 현재 세계에서 가장 두드러지게 나타나는 다양성 가운데 하나다. 우리가 서유럽과 남아시아/남동아시아를 비교하거나 서유럽 안에서 스위스와 이탈리아를 비교하더라도 그렇다.

하지만 행동강령은 불변의 것이 아니다. 사람들이 어떻게 행동하는가는 그들이 다른 사람들의 행동을 보고 지각하는 것에 달려 있다. 따라서 많은 것이 지배적인 행동규범의 독해에 달려 있다. 비교 집단을 통한 '상대적 정의'의 감각은 행동에 중요한 영향력을 행사한다. 사실 "남들도 다 그렇게 한다"는 주장은 1993년 부패와 마피아의 연결고리를 조사한 이탈리아 국정조사에서 부패에 대한 '이유'로 가장 자주 언급된 것 중 하나였다.[55]

모방―과 기존의 '관행'을 따르는 것―의 중요성은 사회적, 정치적, 경제적 생활에서 '도덕적 감정'의 역할을 연구하고자 했던 논평가들에 의해서 강조되었다. 애덤 스미스는 다음과 같이 말한다.

많은 사람들이 진중하게 행동하며, 살면서 크게 비난을 받지 않고 살아간다. 하지만 우리는 그들의 행동을 인정할 올바름에 대해 어떤 감정도 느끼지 못하고 그들이 그저 기존의 행동규칙이라고 여기는 것에 따라 단순하게 행동할 뿐이다.[56]

'기존의 행동규칙'이라고 할 때, 권력과 식책을 가진 사람의 행동은 특별히 중요하다. 이 점 때문에 행동규범을 확립하는 데 있어 상위 공직 관료의 행동이 특히 더 중요해진다. 중국의 기원전 122년의 저작 『회남자淮南子』는 이 문제를 이렇게 말한다.

> 만일 자가 똑바로 되어 있다면 잘린 나무가 곧을 텐데, 이는 특별한 노력을 하기 때문이 아니라 그것을 '재는' 것이 그렇게 하도록 하기 때문이다. 마찬가지로 군주가 신의 있고 올바르다면 정직한 관료들이 조정에서 일하고 협잡배들이 사라질 것이며, 군주가 그렇지 않다면 사악한 이들이 제멋대로 날뛰고 충실한 신하들이 물러날 것이다.[57]

이러한 고대의 지혜에는 일리가 있다. '높은 지위'에서 부패한 행동은 훨씬 더 직접적으로 막대한 영향을 끼치기 때문에 윗물이 맑아야 한다는 주장은 타당하다.

나는 여기에서 부패를 제거하기 위한 '알고리즘algorithm'을 제안하려는 것이 아니다. 앞에서 논의한 것 같은 조직 개혁을 통해 이득과 손실의 균형점을 변경할 가능성에 특별히 주의해야 할 이유가 있다. 하지만 또한 규범과 행동강령의 분위기를 통해서도 접근해볼 여지가 있는데, 이를 통해서 모방과 '상대적 정의'의 감각이 중요한 역할을 한다. 도둑들 사이의 정의는 다른 이들에게 '정의'로 여겨지지 않지만('도둑 사이의 명예'가 그다지 명예롭지 않은 것처럼), 동조자들에게는 그렇게 보일 것이다.

부패의 문제를 더 충실하게 이해하려면 사람들이 오직 개인적 이익만 따르고, 가치와 규범이 중요하지 않다는 가정을 버려야 한다. 서로 다른 사회의 행동강령의 차이에 의해서 예증되듯 이것들은 중요하다. 여기엔 변화의 여지가 있으며, 그 변화 중 일부는 축적되기도 하고 일부는 사라져버린다. 어떤 부패한 행동이 다른 부패를 장려하듯이 부패의 지배력을 감소시키면 이를 더 약화시킬 수도 있다. 행동의 전반적인 풍토를 바꾸기 위해 노력할 때, 각각의 악순환들이 그 방향을 역전시키면 선순환을 함축한다는 점을 염두에 두는 것이 희망이 된다.

맺음말

이 장에서 나는 계획적인 사회 진보—이 책의 접근법에서 꽤 중심적인 생각—의 관념에 대한 회의적인 주장을 검토하면서 시작했다. 한 주장은 합리적인 사회적 선택의 가능성을 문제 삼으며, 특히 케네스 애로우의 잘 알려진 '불가능성 정리'에 호소한다. 그러나 문제가 되는 것은 합리적인 사회적 선택의 가능성이 아니고 사회적 판단과 결정을 위해 적절한 정보적 기초를 사용하는 것임이 밝혀졌다. 이것은 중요한 이해이지만, 비관적이지 않은 결론이다. 사실 정보적 기초의 핵심적인 역할은 제3장에서 주로 논의했고 적절함의 문제는 이 관점에서 평가되어야 한다.

두 번째 주장은 의도된 결과라는 관점에서 회의를 표현하며 '의도되지 않은' 결과에 초점을 맞춘다. 여기에서도 회의주의로부터 배울 게 있다. 하지만 주된 교훈은 사회적 선택에 대한 합리적 평가의 무용성이 아니라 의도하지 않았지만 예측 가능한 결과들을 예상해야 할 필요성이다. 이것은 의도의 힘에 압도당하지 말라는 것이 아니라 이른바 부수적 효과를 무시하지 않아야 한다는 것이다. 실증적 증거들—중국의 경험에서 온 사례들—은 인과적으로 추측할 수 없는 것이 아니라 편협한 시각을 고수한 것이 실패의 원인이었다는 것을 보여준다. 합리적으로 추론하기 위해서는 더 많은 것이 필요하다.

세 번째 주장은 동기를 이해하는 것과 관련된다. 이는 인간이 타협 불가능할 정도로 자기중심적이고 이기적이라, 유일하게 효율적으로 작동할 수 있는 시스템은 자본주의 시장경제일 뿐이라고 결론 내린다. 그러나 인간 동기에 대한 이러한 견해는 실증적 관찰 앞에서는 올바르지 않다. 또한 경제 시스템으로서 자본주의의 성공이 오직 자기중심적 행동에 있다고 보는 것도 적절하지 않다. 자본주의는 그 외에도 신뢰성, 믿음, 거래의 정직함(반대의 유혹 앞에서도) 등을 포함한 다른 요소들을 가진 복잡하고 정교한 가치체계다. 모든 경제 시스템은 행동윤리를 요구하며 여기에서 자본주의도 예외는 아니다. 그리고 가치는 상당한 범위에서 개인의 행동에 영향을 끼친다.

나는 개인의 행동에서 가치와 규범의 역할을 강조하는데, 여기에서 나의 의도는 대부분 사람들이 계산적이고 물질적으로 생각하는 대신 점점 더 정의감에 따라 움직인다고 주장하려는 것이 아니다. 전혀 그렇지 않다. 행동을 예측할 때—개인적인 작업에서건 사적인 기업 활동이건 공공의 서비스에서건—사람들이 특별히 도덕적이며 정의를 추구한다고 가정하는 오류를 피해야 한다. 사실 과거에 좋은 의도를 가진 계획이 많았지만 개인들이 사심없이 그것을 실행할 것이라는 과도한 기대 때문에 실패를 맛보아야 했다. 광범위한 가치의 역할을 인지할 때 우리는 순전한 물욕과 탐욕만큼이나 영악한 자기 이익 추구의 광범위한 역할을 놓치지 말아야 한다.

이는 우리의 행동에 대한 가정에서 균형을 잡는 문제다. 우리는 모든 이들이 강렬하게 도덕적이며 가치에 의해 추동된다고 믿는 '고상한 정신의 감상주의'에 빠져서는 안 된다. 마찬가지로 똑같이 비현실적인 반대의 가정으로 대체할 필요도 없다―이것은 '천박한 정신의 감상주의'라고 부를 수 있겠다. 이 가정은 여러 경제학자들이 선호하는 것으로 우리가 전혀 가치에 영향 받지 않는다는 가정이다(오직 개인적 이득만 고려하며 움직인다).[58] 우리가 '직업윤리'나 '거래의 윤리', 혹은 '부패', '공적 책임', '환경적 가치', '양성평등', '적절한 가족의 규모' 등 어떤 문제를 다루더라도 우리는 우선순위와 규칙의 다양함 및 변화 가능성을 염두에 두어야 한다. 효율성과 평등의 문제를 분석할 때 혹은 빈곤과 속박의 제거를 다룰 때, 가치의 개념은 중요할 수밖에 없다.

부패의 문제에 관련된 실증적 토론의 목적은 그 자체로 중요한 논점을 검토하는 것만이 아니라 공공정책의 형성에서 핵심적인 것이 될 수 있는 행동 패턴의 규범과 가치의 중요성을 조명하는 것이다. 이러한 조명은 또한 가치와 정의 관념의 형성에서 공공의 상호작용이 하는 역할의 개요를 파악하는 데도 도움이 된다. 공공정책 형성에서 '공적인 것'의 기능은 다른 관점에서 고려되어야 한다. 실증적 연관성은 사람들이 갖는 정의와 도덕의 관념의 범위를 조명해줄 뿐 아니라 가치 형성이 공적인 상호작용을 포함하는 사회적 과정이라는 사실을 강조한다.

이해를 돕고 공공토론의 수준을 높이기 위한 조건에 특별히 관심을 기울일 만한 이유가 있다. 이는 매우 강력한 정책적 함의를 갖는다. 예를 들어 특히 문자해독의 확산과 학교교육, 여성의 고용 및 소득 능력과 경제적 권한 강화는(제8장과 9장에서 논의한 대로) 젊은 여성의 생각과 행동의 자유와 밀접한 관련이 있다. 논점을 광범위한 기초 위에서 떠맡는 그 능력 때문에, 언론과 매체의 자유에도 중요한 역할이 주어진다.

공공의 토론이 갖는 핵심적 기능은 종종 부분적으로만 인지되곤 한다. 중국에서 언론에 대한 통제에도 불구하고 가족의 규모라는 문제는 광범위하게 논의되었고, 지도자들은 가족 규모에 대한 다른 유형의 규범을 출현시키려 했다. 하지만 유사한 고려사항이 다른 경제적·사회적 변화의 많은 영역에 적용되는데, 여기에서도 열린 공공의 토론이 도움이 된다. 중국에서 허용 가능성(과 격려)의 선은 정부 정책의 우선순위를 반영한다. 사실 여기에는 갈등이 있으며 이는 아직 풀리지 않고 있다. 이것은 선택된 영역의 부분적 성공이라는 기이한 현상으로 드러난다. 예를 들어 중국에서 출산율의 감소는 영아사망률과 성별 낙태의 급속한 증가라는 성적 편향의 강화를 동반했다. 강제가 아니라 남녀 간 정의(무엇보다 자주 반복되는 임신과 육아에 의해 압도되지 않을 여성의 자유)의 더 큰 수용을 통한 출산율 감소였다면 훨씬 내적인 긴장을 덜 겪었을 것이다.

공공정책은 사회적 가치와 대중의 동의에서 생겨나는 우선순위를 시행하는 것뿐만 아니라 더욱 충실한 공공 토론을 유지하고 보장하는 것에서도 역할을 한다. 열린 토론의 범위와 질은 다양한 공공정책의 도움을 받을 수 있는데, 언론의 자유와 매체의 독립성(검열의 부재를 포함해), 기초교육과 학교의 확대(여성의 교육을 포함해서), 경제적 독립성의 확장(여성 고용을 포함한 고용을 통해), 그리고 개인들이 참여적 시민이 되도록 돕는 다른 사회적·경제적 변화들과 같은 것이 이에 포함된다. 이 접근법에서 핵심은 대중을 지시나 보조를 받는 수동적이고 온순한 수혜자로 보는 것이 아니라 변화에 대한 능동적 참여자로 본다는 점이다.

12장
사회 참여로서의 개인의 자유

유능한 인간으로서 우리는 사태가 어떠하며 무엇을 해야 할지를 판단할 과제를 떠안는다. 우리는 성찰적 존재로서 다른 사람의 삶을 반추할 능력을 갖고 있다. 우리는 우리 자신의 행동이 야기한 결과들뿐만 아니라(이것도 마찬가지로 중요할 수 있다), 우리가 주변에서 목격하고 있으며 우리의 힘으로 치유가 가능한 재난들에 대해서도 책임감을 가져야 한다. 이 책임감은 물론 우리의 관심을 요구하는 유일한 것이 아니지만 이러한 일반적 주장의 적절성을 부정하는 것은 우리의 사회적 존재성의 핵심을 간과하는 일이 될 것이다. 이것은 우리가 어떻게 행동해야 하는지 정확한 규칙을 정의하는 문제라기보다, 우리가 어떤 상황에 직면해 선택해야 할 때, 공유하는 인간성의 의미를 인식하는 것에 대한 문제다.

확고한 무신론자였던 버트런드 러셀Bertrand Russell은 만일 사후에 신과 만난다면 어떻게 하겠느냐는 질문을 받았다. 러셀은 이렇게 대답했다고 한다. "나는 신에게 묻겠다. 전능하신 신이시여, 왜 제게 당신의 존재 증거를 그토록 적게 주셨습니까?"[1] 확실히 우리가 살아가는 이 끔찍한 세계는—적어도 표면적으로는—전능한 자비의 존재가 주재하는 곳으로는 보이지 않는다. 자애로운 세계의 섭리가 어떻게 그토록 끔찍한 고난, 지속적인 굶주림, 박탈과 궁핍으로 고통 받는 사람들을 포함할 수 있는지, 왜 수백만의 죄 없는 아이들이 매년 음식과 의료 또는 사회복지의 부족으로 죽어야 하는지 이해하기란 쉽지 않다.

물론 이 문제는 새로운 것이 아니며 신학자들이 계속 논의해온 주제였다. 신은 우리가 이 문제들을 스스로 처리하기를 원한다는 주장은 상당한 지적 지지를 받아왔다. 나는 종교인이 아니므로 이러한 주장의 신학적 미덕을 평가할 만한 위치에 있지 않다. 하지만 사람들이 자신이 사는 세계의 발전과 변화에 책임져야 한다는 강력한 주장에 대해서는 평가할 수 있다. 이 기본적 연관성을 받아들이는 데 신앙의 문제는 관련이 없다. 넓은 의미에서 함께 살아가는 사람들로서 우리가 목격하는 끔찍한 일들이 본질적으로 우리 자신의 문제라고 생각할 수밖에 없다. 그것이 누구의 문제이건 간에, 결국은 우리 자신의 책임이다.

유능한 인간으로서 우리는 사태가 어떠하며 무엇을 해야 할지를 판단할 과제를 떠안는다. 우리는 성찰적 존재로서 다른 사람의 삶을 반추할 능력을 갖고 있다. 우리는 우리 자신의 행동이 야기한 결과들뿐만 아니라(이것도 마찬가지로 중요할 수 있다), 우리가 주변에서 목격하고 있으며 우리의 힘으로 치유가 가능한 재난들에 대해서도 책임감을 가져야 한다. 이 책임감은 물론 우리의 관심을 요구하는 유일한 것이 아니지만 이러한 일반적 주장의 적절성을 부정하는 것은 우리의 사회적 존재성의 핵심을 간과하는 일이 될 것이다. 이것은 우리가 어떻게 행동해야 하는지 정확한 규칙을 정의하는 문제라기보다, 우리가 어떤 상황에 직면해 선택해야 할 때, 공유하는 인간성의 의미를 인식하는 것에 대한 문제다.[2]

자유와 책임의 상호의존성

책임의 문제는 다른 질문을 불러일으킨다. 개인은 자신에게 일어나는 일에 전적으로 책임을 갖는가? 사람들은 왜 자신들의 삶에 끼친 영향에 책임을 져야 하는가? 이러한 생각은 어떤 형태로건 많은 정치적 논평자들을 움직이는 것으로 보이는데 자기 책임self-help에 대한 생각은 현재의 기조와 잘 맞아떨어진다. 더 나아가 어떤 이들은 다른 사람에게 의존하는 것이 오직 윤리적 문제일 뿐이라고 주장하며 개인적인 주도권과 노력, 그리고 자존감마저 포기하는 실질적 패배주의라고 말한다. 한 사람이 자신의 이익과 문제를 돌보는 데 자기자신보다 더 의존할 수 있는 존재가 어디 있겠는가?

이런 방향의 추론에 힘을 더해주는 문제는 사실 아주 중요할 수 있다. 어떤 사람의 이해관계를 돌볼 책임을 다른 사람에게 지울 경우(책임의 분화) 동기, 참여, 그리고 자기인식self-knowledge이란 측면에서 많은 중요한 것을 놓칠 수 있는데, 이것들은 모두 한 개인이 고유하게 소유하는 것들이다. 개인적 책임을 사회적 책임으로 대체하면, 그 정도는 다르지만 결국 비생산적이 될 수밖에 없다. 개인적 책임을 대체할 수 있는 것은 없다.

오직 개인적 책임에만 의존하는 것은 그 범위와 유용성이 제한적이다. 그래서 그 본질적 역할을 긍정한 후에야 논의할 수 있다. 그러나 우리 각자가 책임을 다하며 향유하는 실질적인 자유는 극단적으로 개인적, 사회적, 환경적 상황에 따라 달라진다. 기초교육을 받을 기회를 부정당한 아이는 어린 시절에만 기회를 박탈당한 것이 아니라 일생 동안 불리하게 작용할 지적 장애를 갖게 된 것이다(읽기, 쓰기, 셈하기에 기초한 기본적인 일들을 하지 못하는 사람으로서). 질병에 걸려 고통스러워하지만 의학적 치료를 받을 수단이 없는 성인은 충분히 예방할 수 있는 질병의 희생자이자 피할 수 있던 사망의 희생자일 수 있지만, 마찬가지로 책임 있는 인간으로서 소망하는 많은 것들을 행할 자유를 잃은 것이기도 하다. 유사노예제 속에 태어나 강제로 구속되거나, 억압적인 사회에 숨 막히게 종속된 소녀, 소득을 얻을 수단을 결여한 비참하고 땅을 갖지 못한 노동자는 모두 복지를 박탈당한 것일 뿐만 아니라 몇 가지 기본적 자유에 의존하는 책임 있는 삶을 영위할 능력을 박탈당한 것이다. 책임은 자유를 요구한다.

사람들의 자유를 확장하기 위한 사회적 원조를 요구하는 주장은 따라서 개인적 책임에 대한 주장이기도 하며, 그것을 반대하는 것이 아니다. 자유와 책임의 연관성은 양방향으로 작동한다. 어떤 일을 할 실질적인 자유와 역량이 없다면 한 개인은 책임을 질 수도 없다. 하지만 어떤 일을 할 자유와 역량을 실제로 갖고 있다는 것은 그 개인에게 그것을 할 것인지 말 것인지 고려할 의무를 부여하며 이것은 개인적 책임을 포함한다. 이런 점에서 자유는 책임의 필요충분조건이다.

개인적 책임에 배타적으로 의존하는 것에 대한 대안은 종종 생각하듯 이른바 과보호 국가 nanny state(국민을 과보호하려드는 국가를 뜻한다—옮긴이)가 아니다. 개인의 선택을 '돌보는' 것과, 선택에 기초해 책임을 질 수 있는 개인들에게 책임과 실질적인 결정의 기회를 더 많이 주는 것 사이에는 차이가 있다. 개인적 자유에 대한 사회적 기여는 국가를 통해서만 작동할 필요가 없으며 다른 기관들도 포함해야만 한다. 예를 들자면 정치적·사회적 조직, 공동체에 기반한 기관, 다양한 종류의 비정부 기구 그리고 시장과 계약관계를 작동시키는 제도들이다. 개인적 책임을 자의적으로 편협하게 보는 것은 개인을 다른 이들로부터 도움도 방해도 받지 않는 허구의 섬 위에 올려놓는 것이다. 이러한 생각은 정부의 역할뿐만 아니라 다른 기관들과 행위자들의 기능을 인지함으로써 확장시킬 필요가 있다.

정의, 자유, 그리고 책임

우리가 현재 직면한 문제들에서 중심적인 것은 바람직한 사회acceptable society에 대한 관념이다. 왜 어떤 제도들은 소중히 여길 수 없는가? 우리는 좀 더 좋은 사회를 만들기 위해 무엇을 할 수 있는가? 이러한 생각에는 평가에 대한 이론과 더불어 우리가 생각하는 사회적 정의가 종종 암묵적으로 깔려 있다. 물론 여기에서 정의론을 상세하게 탐구하려는 것은 아니다. 나는 이미 다른 곳에서 그것을 시도한 바 있다.[3] 이 책에서는 정의의 관념과 그 정보적 요구사항을 활용하는 (제1~3장에서 간단히 논의한) 일반적인 평가의 틀을 활용해왔다. 도중에 논의한 것들과 이 생각들의 연관성을 검토하는 것은 유용할 것이다.

먼저 나는 개인의 이득을 평가할 때, 그리고 사회적 성취와 실패를 평가할 때 실질적 자유의 우위성을 주장했다. 자유의 관점은 단순히 절차적인 것이 아니다(비록 무엇이 진행되는가를 평가할 때 무엇보다 과정이 문제가 되지만). 나는 내 기본적인 관심사가 우리가 소중히 여길 만한 삶을 실제로 영위할 수 있는 역량에 있다고 주장했다.[4] 이 접근법은 일반적으로 GNP나 기술적 발전, 산업화에 초점을 두는 발전관과는 사뭇 다른 견해를 제시한다. 이 모든 것들은 자유의 성격을 정의하지는 않으며, 그저 상황에 따라 가변적이고 조건적으로만 중요할 뿐이다.[5]

둘째, 자유 지향적 관점은 이 일반적 접근법에서 상당한 변형들을 수용할 수 있다. 자유는 불가피하게 다양한 종류일 수밖에 없으며, 특히 앞에서 이미 논의했듯이 자유가 갖는 '기회의 측면'과 '과정의 측면'(이에 대해서는 제1장을 보라) 사이에는 중요한 차이가 있다. 자유를 구성하는 요소는 서로 다르며 이것들은 종종 결합되거나 분리되는데, 많은 것들이 서로 다른 요소가 갖는 상대적인 비중에 달려 있다.[6]

또한 자유 지향적인 접근법은 효율성과 평등에 대한 상대적인 요구를 강조하는 입장과도 어울릴 수 있다. ① 자유의 불평등을 줄이는 것과 ② 불평등과 상관없이 모두가 최대한의 자유를 누리는 것 사이에는 갈등이 있을 수 있다. 여기에서 공통된 접근법은 동일한 일반적 지향과 함께 서로 다른 정의론을 형성하는 것을 허용한다. 물론 평등 지향적인 것과 효율 지향적인 것 사이의 갈등은 자유의 관점에서만 '특별한' 것은 아니다. 이것은 개인의 이득을 평가할 때 자유에 집중하건 다른 방법을 사용하건 상관없이 발생하는 문제다(예를 들어 행복이나 '효용' 혹은 '자원', '기초재화' 등 어떤 것이든). 표준적인 정의론은 이 갈등을 매우 특정한 정식화를 통해 접근한다. 예를 들자면 분배와 상관없이 총 효용을 극대화시켜야 한다는 공리주의나 다른 이들의 이익에 미치는 영향과 상관없이 극빈자의 이익을 최대화할 것

을 요구하는 롤스의 원칙 등이 그러한 정식화다.[7]

나는 이와는 대조적으로 이 문제를 해결하기 위한 어떤 정식화도 주장하지 않고 대신 총합에 대한 관심과 분배에 대한 관심 모두의 설득력과 정당성을 인식하는 데 집중했다. 이렇게 인식하는 것은 각각의 관심에 실제로 주의를 기울일 필요성과 함께 기본적이지만 방치된 공공정책의 문제들에 대한 관심을 환기시키며, 빈곤, 불평등 그리고 사회적 실행을 자유라는 시각에서 바라본다. 발전 과정을 평가할 때 총합과 분배에 대한 판단의 연관성은 발전의 문제를 이해하는 데 핵심적이다. 하지만 이로써 모든 발전의 경험을 한 가지 기준에 따라 순위를 매길 수 있게 되는 것은 아니다. 오히려 필수불가결하게 중요한 것은 평가의 정보적 기초에 대한 적절한 이해다. 이것은 현실에서 실행되는 것과 그 과정에서 심각하게 방기된 것을 검토하기 위해 우리에게 필요한 종류의 정보다.

사실 제3장에서 논의했듯이(그리고 다른 곳에서 논의했듯이[8]), 순수한 정의론의 수준에서 이러한 경쟁적인 관심사 중 어떤 것에 '가중치를 부여'하는 특정한 체계를 성급하게 고정시키는 것은 실수인데, 그것이 핵심적인 해법을 만드는 민주적 의사결정의 여지를 심각하게 제한하기 때문이다(보다 일반적으로 참여와 관련된 다양한 과정을 포함한 '사회적 선택'에서). 정의의 근본적 개념은 우리의 기본적 문제들을 서로 불가피하게 연관된 것들로 분리시키지만, '공정한 사회'의 고유한 청사진에 따라 상대적인 가중치를 부여한 매우 정교한 공식을 배타적으로 선택함으로써 만족스러운 해답을 찾을 수 없다.[9]

예를 들어 충분히 예방할 수 있는 기근을 방치하는 사회는 명백하게 정의롭지 않다. 하지만 그러한 진단을 내리려고 이 국가의 모든 국민들 사이에서 식량 혹은 소득, 또는 획득권한의 분배가 이루어지는 고유한 형태가 최대한 정의로워지기 위해 모든 자원이 정확하게 분배되어야(모두 완전하게 순위를 매겨야) 한다고 생각할 필요는 없다. 정의론의 가장 큰 의미는 세계가 정확히 어떻게 운영되어야 하는가에 대해 어떤 공식을 유도하는 것이 아니라 공인된 부정의를 확인하는 데 있으며, 이것은 이성적으로 합의할 수 있다.

셋째로 명백한 부정의가 문제가 될 때에도 그 바탕이 되는 윤리적 주장에서 그것이 얼마나 불가피해 보이는가와 상관없이, 그러한 '부정의'에 대한 인식이 공유되는 것은 실제로는 이 문제를 해결할 수 있는지에 대한 공적 토론에 달려 있을 수 있다. 인종, 성별, 계급 사이의 극단적인 불평등은 암묵적인 이해의 기초 위에서 종종 지속되는데—마거릿 대처Margaret Thatcher가 유명하게 만든 (물론 이와는 사뭇 다른 맥락에서 사용했지만) 표현을 사용하자면— '대안은 없다'는 것이다. 예를 들어 반여성적 편견이 퍼져 있고 이를 당연시하는 사회에서 이것이 불가피한 것이 아니라고 이해하려면 분석적 주장과 함께 실증적 지식이 필요하다. 많은 경우 이것은 힘들고 도전적인 과정이다.[10] 실행 가능성과 평가 양측면에서 전통적 지혜에 도전하는 공적 토론은 부정의를 인지하는 데 있어 핵심적인 역할을 할 수 있다.

공적 논쟁과 토론이 우리의 사회적 가치의 형성과 사용에서 담당해야 하는 역할을 전제하면(서로 다른 원칙과 기준의 경쟁하는 주장들을 다루는 것), 기본적인 시민의 권리와 정치적 자유는 사회적 가치의 출현에서 필수불가결하다. 사실 중요한 평가와 가치 형성의 과정에 참여할 자유는 사회적 존재에게 가장 핵심적인 자유 중 일부다. 사회적 가치는 단순히 정부를 좌지우지하는 권위자의 선포로 선택될 수 있는 것이 아니다. 앞에서 논의했듯이(서론과 제1장) 우리는 발전에 관한 연구에서 자주 제기되는, 민주주의와 기본적인 정치적·시민적 권리가 발전 과정을 진작시키는가 하는 질문이 근본적으로 잘못되었다는 것을 간과해야 한다. 오히려 이러한 권리가 출현하고 공고화되는 것은 발전 과정의 구성요소 자체로 여겨질 수 있다.

이 점은 민주주의와 기본적인 정치적 권리가 취약집단에게 안전과 보호를 제공한다는 도구적 역할과 구분된다. 이러한 권리를 행사하는 것은 사실상 정부가 취약한 사람들의 곤경에 더욱 민감하게 반응하도록 할 수 있고, 그를 통해 기근과 같은 경제적 재난을 막는 데 기여할 수 있다. 하지만 이를 넘어서 정치적·시민적 자유의 일반적인 확대는 발전 그 자체의 과정에서 핵심적이다. 이와 연관된 자유에는 잘 먹고 잘 입고 잘 대접받는 신민이 아니라 문제를 제기하고 목소리를 내는 시민으로서 행동할 자유가 포함된다. 민주주의와 인권의 도구적 역할은 의심할 나위 없이 중요하지만 이러한 구성적 중요성과는 구별되어야 한다.

넷째로 실질적 자유에 집중하는 정의와 발전에 대한 접근은 불가피하게 행위자와 개인의 판단에 초점을 둔다. 이들은 단순히 발전 과정에서 혜택을 소비하는 수혜자로만 볼 수 없다. 책임 있는 성인은 자신의 복지를 돌보아야 한다. 자신의 역량을 어떻게 사용할 것인가를 결정하는 것은 그들의 몫이다. 하지만 한 개인이 실제로 갖는 역량은(이론적으로 갖고 있는 것 말고) 사회적 제도배열의 특성에 달려 있으며, 이것이 개인적 자유에서 핵심을 이룬다. 정부와 사회는 책임을 피할 수 없다.

예를 들어 강제노동이 만연한 곳에서 이것을 끝내야 한다는, 그리고 강제로 예속된 노동자들이 자유롭게 다른 곳에서 노동할 수 있어야 한다는 것은 한 사회가 공유하는 책임이다. 사람들이 경제적·사회적으로 생존하기 위해 고용의 기회를 넓혀주는 경제정책을 마련해야 하는 것도 사회적 책임이다. 하지만 궁극적으로 고용의 기회를 어떻게 활용할 것인가, 어떤 일을 선택할 것인가를 결정하는 것은 개인의 책임이다. 마찬가지로 아이에게 기초교육의 기회를 박탈하는 것, 혹은 아픈 사람에게 본질적인 보건의료 혜택을 받지 못하게 하는 것 등은 사회적 책임의 실패이지만 교육에서 얻은 것이나 건강의 성취를 정확히 활용하는 것은 개인 자신이 결정해야 할 문제다.

또한 취업의 기회, 교육 제도, 소유권 인정 등을 통해 여성의 역량을 강화하는 것은 의료 혜택, 음식과 기타 재화의 가정 내 분배와 노동의 제도 배열은 물론 출산율 등과 같은 다양한 문제에 여성이 기여할 수 있는 자유를 제공하지만, 이렇게 강화된 자유를 활용하는 것은 궁극적으로 여성 자신의 문제다. 이러한 자유가 어떻게 활용될지에 대해 통계적으로 잘 예측할 수 있다는 사실(예를 들어 여성 교육과 여성 취업 기회의 확대는 출산율과 육아의 비율을 낮춘다)은 이를 위해 여성의 확장된 자유의 행사가 필요하다는 사실을 보여준다.

자유는 어떻게 차이를 만드는가?

이 연구에서는 자유의 관점에 초점을 맞춘다. 그렇다고 이것이 몇 세기에 걸친 발전 과정을 풍요롭게 이해하게 해준 사회변화에 관한 방대한 연구를 반대하는 것으로 간주해서는 안 된다. 최근의 발전 연구 중 일부가 1인당 GNP 같은 매우 제한된 발전지표에 집중하고 있지만, 이러한 협소한 시각에 갇히는 걸 거부한 꽤 긴 전통이 있다. 이 전통은 상당히 광범위한 견해를 제시해왔는데, 여기에는 아리스토텔레스가 포함되어 있고 그의 저작은 현재의 분석이 기대는 자료의 원천이기도 하다(『니코마코스 윤리학 Nicomachean Ethics』에서 그가 "부는 필연적으로 우리가 추구하는 선이 아니다. 그것은 단지 유용하며 다른 것을 위한 도구다.")[11] 또 이런 생각은 '근대' 경제학의 선구자로 『정치 산술 Political Arithmetick』(1691)의 저자였던 윌리엄 페티 William

Petty에게도 적용되는데, 그는 국민소득을 계산하는 것에서 이룬 혁신을 더욱 광범위한 관심사에 대한 논의를 진작시키는 것으로 보완했다.[12]

사실 자유의 확대가 궁극적으로 경제적·사회적 변화를 평가하는 중요한 동기적 요소라는 믿음은 전혀 새롭지 않다. 애덤 스미스는 인간의 자유를 중요하게 여기며 명시적으로 주목하였다.[13] 칼 마르크스 또한 그의 여러 저작에서 이러한 모습을 보였는데, 예를 들자면 그는 "환경과 우연이 개인을 지배한 것을 개인이 우연과 환경을 지배하는 것으로 대체"하는 것의 중요성을 강조한다.[14] 자유의 보호와 강화는 존 스튜어트 밀의 공리주의적 관점을 실질적으로 보완해주었고, 여성의 실질적 자유를 부정하는 것에 대해 그가 분개했던 것 역시 같은 역할을 했다.[15] 프리드리히 하이에크는 경제발전의 성취를 무제약과 자유의 일반적인 공식 속에 위치시키는 데 열정적이었다. 그는 이렇게 주장했다. "경제적 고려사항들은 우리가 그것을 이용해 서로 다른 목적을 조화시키고 조정해야 하는 대상에 지나지 않으며, 최종적으로는 어떠한 목적도 경제적이지 않다(돈을 버는 것이 그 자체로 목표가 된 수전노를 제외하곤 말이다)."[16]

여러 발전경제학자들도 발전의 기준으로서 선택의 자유가 갖는 중요성에 대해 강조했다. 예를 들어 피터 바우어Peter Bauer는 발전경제학 내부에서 '이의'를 제기한 사람인데(그의 통찰력 있는 저작 『발전에 대한 이의Dissent on Development』를 포함해서), 그는 발전의 다음과 같은 성격을 강하게 주장했다.

> 나는 선택범위의 확장, 즉 효과적 대안의 범위가 증대하고 이것이 사람들에게 개방되는 것이 경제발전의 주요한 목표이자 기준이라고 간주한다. 그리고 나는 어떤 정책에 대해 본질적으로 개인에게 열린 선택의 범위에서 일어날 개연적인 효과로 판단한다.[17]

W. A. 루이스W. A. Lewis는 자신의 유명한 역작 『경제성장의 이론The Theory of Economic Growth』에서 발전의 목표가 '인간 선택의 범위'를 증대시키는 것이라고 진술했다. 그러나 이러한 핵심을 밝힌 뒤에 루이스는 궁극적으로 단지 '1인당 산출의 증대'에만 집중하기로 결심하는데, 그 이유는 그것이 '인간에게 환경에 대한 더 큰 지배력을 주고 그 때문에 그의 자유가 확대되기 때문'이다.[18] 물론 다른 조건이 동일하다면 산출과 소득의 증대는 구매할 재화에 대한 인간 선택의 범위를 확장시킨다. 하지만 앞에서 논의했듯이 중요한 문제들에 대한 실질적인 선택의 범위는 다른 많은 요소들에 달려 있다.

왜 차이인가?

이런 맥락에서 (루이스와 다른 사람들이 선택한 것처럼) '1인당 산출의 증대'(1인당 GNP와 같은)에 초점을 맞춘 발전의 분석과 인간 자유의 확대에 근본적인 토대를 둔 것 사이에 실질적 차이가 있는지를 묻는 게 중요하다. (루이스가 지적했듯이) 둘이 서로 연관성이 있는데도 발전에 대한 이 두 가지 접근법이 왜 실질적으로 일치하지 않는가? 자유에 초점을 둔 것이 어떤 차이를 불러오는가?

그 차이는 두 가지 서로 다른 이유에서 생겨나는데, 각각 자유의 '과정의 측면'과 '기회의 측면'에서 온다. 먼저 자유가 의사결정 과정과 동시에 가치 있는 산출을 성취할 기회와도 관련되어 있으므로 우리의 관심영역은 산출이나 소득의 진작 혹은 더 높은 소비의 달성(혹은 경제성장과 관련된 다른 지표들)이라는 형태로 나타나는 성과에만 한정될 수 없다. 정치적 결정과 사회적 선택에 참여하는 것과 같은 과정은 발전의 수단으로 간주될 수도 있지만(말하자면 경제성장에 대한 기여를 통해서), 그래도 발전 그 자체적 목표를 구성하는 부분으로 간주되어야 한다.

'자유로서의 발전'과 더 전통적인 발전관 사이의 차이를 가져오는 두 번째 이유는 과정의 측면과 관련된다기보다는 기회의 측면의 자체적인 내부 대조와 관련된다. 자유로서의 발전이라는 관점을 추구하면서 우리는 정치적, 사회적, 경제적 과정의 자유와 더불어, 사람들이 소중히 여기고 그럴 이유가 있는 성취를 얻을 기회를 누리는 정도까지 검토한다. 사람들이 향유하는 실질소득의 수준은 재화와 용역을 구매하고 그러한 구매를 통해 표준적인 삶을 즐기며, 이에 상응하는 기회를 제공하기 때문에 중요하다. 그러나 이 책의 앞부분에서 제시된 몇몇 실증적 증거를 보면 소득 수준은 오래 살 자유, 피할 수 있는 사망을 피할 자유, 가치 있는 일자리를 얻을 자유, 평화롭고 범죄가 없는 공동체에서 살 자유와 같은 중요한 문제들에 대해서는 부적절한 안내자가 된다. 이렇게 비소득 변수들은 한 개인이 소중히 여길 만한 이유가 있지만 경제적 번영과 엄격하게 연결되지는 않는 기회들이 존재한다는 사실을 보여준다.

따라서 자유의 과정적 측면이나 기회적 측면 모두 '1인당 산출의 증대'라는 전통적인 발전관을 넘어설 것을 요구한다. 여기에서 자유를 활용으로서만 평가하느냐 그 이상으로 평가하느냐에 따라 근본적인 관점의 차이가 있다. 하이에크는 종종 그렇듯이 "어떤 특정한 일을 할 우리의 자유가 갖는 중요성은 우리 혹은 다수가 그 가능성을 활용하려고 하느냐와는 전혀 무관하다"[19]고 과장된 주장을 하고 있다. 하지만 그는 ① 자유의 파생적 중요성(그 실제 활용에 의존하는)과 ② 자유의 내재적 중요성(우리가 실제로 선택하건 말건 어떤 선택을 자유롭게 하게 만들어주는)을 구별하는 것에서만큼은 전적으로 옳다.

사실 종종 개인은 그것을 거부하기 위한 목적으로 선택의 자유를 원할 때가 있다. 예를 들어 마하트마 간디가 라지Raj(왕국이나 왕정을 뜻하는 말로 여기에서는 영국을 뜻하는 것으로 보인다―옮긴이)에 반대하기 위해 단식했을 때, 그는 단지 굶었을 뿐만 아니라 먹을 기회를 거부한 것이기도 하다(그것이 단식이다). 단식하기 위해서 간디는 먹을 수 있는 기회를 가져야 했다(그것을 거부하기 위해서 말이다). 기근의 희생자는 이와 동일한 정치적 의사 표현을 할 수 없을 것이다.[20]

나는 하이에크가 선택한 순수주의자의 길까지 내려가길 원치는 않지만(자유를 그 실제 사용에서 전적으로 분리한다는 점에서), 자유가 여러 측면을 갖고 있다는 걸 강조하고 싶다. 자유에서 과정의 측면은 기회의 측면과 더불어 함께 고려해야 하는데, 기회의 측면은 그 자체로 파생적 중요성과 함께 내재적 중요성도 고려해야 한다. 더 나아가 공공의 토론이나 사회적 상호작용에 참여할 자유는 가치와 윤리의 형성에서 구성적 역할도 담당한다. 자유에 초점을 맞추는 것은 이렇게 차이를 가져온다.

인적 자본과 인간 역량

간단하게 논평할 필요가 있는 또 다른 관계, 즉 '인적 자본'에 대한 문헌과 자유의 표현으로서 '인간 역량'에 집중하는 이 책 사이의 관계를 언급해야겠다. 현재의 경제분석은 기본적으로 자본축적을 물리적 관점에서 보는 것에서 인간의 생산적 자질이 통합적으로 관여된 과정으로 보는 것으로 강조점이 상당히 옮겨가고 있다. 예를 들어 교육과 학습, 기술 습득을 통해 사람은 시간이 지남에 따라 더 생산적이 될 수 있으며 이것은 경제성장의 과정에 크게 기여한다.[21] 경제성장에 대한 최근 연구를 보면(유럽과 북미뿐만 아니라 일본과 나머지 동아시아 국가의 경험에 대한 실증적 독해에 영향을 받은) 예전보다 '인적 자본'에 대한 강조가 부쩍 늘어난 것을 볼 수 있다.

이러한 변화는 이 책에 제시된 발전관과 어떻게 관련 있는가? 우리는 더욱 구체적으로 물을 수 있는데, '인적 자본'의 지향과 이 연구가 집중하는 '인간 역량'에 대한 강조 사이의 관계는 무엇인가? 둘 다 인간성에 관심을 갖는데, 일치점과 함께 차이점도 있는가? 인적 자본에 대한 저작은 지나친 단순화의 위험을 감수하고 생산 가능성을 증대시키는 인간의 행위에만 초점을 두는 경향이 있다. 그러나 인간 역량에 대한 관점은 사람들이 소중히 여길 만한 삶을 영위할, 그리고 실제 가능한 선택을 확장시킬 사람들의 실질적인 자유로서의 역량에 초점을 둔다. 이 두 관점은 관련될 수밖에 없다. 왜냐하면 둘 다 인간의 역할에 초점을 두기 때문이고, 그들이 성취하고 획득하는 실제적인 능력에 관련되기 때문이다. 하지만 평가의 척도는 서로 다른 성취에 초점을 맞춘다.

개인적 특성, 사회적 배경, 경제적 상황 등을 전제할 때 한 개인은 그가 하려는 일들을 할 역량을 갖추었다고 볼 수 있다. 평가의 이유는 직접적일 수도(잘 먹고 건강한 것처럼 개인의 삶을 직접적으로 풍요롭게 하는 기능들) 있고, 간접적일 수도(더 많은 생산에 기여하거나 시장에서의 가격을 결정하는 데 관련된 기능들) 있다. 인적 자본의 관점은 원칙적으로 이 두 가지 유형의 평가를 모두 망라하도록 광범위하게 정의될 수도 있지만 보통은 관습적으로 간접적인 가치의 용어로만 정의된다. 인간의 자질은 (물리적 자본이 존재하는) 생산에서의 '자본'으로 활용될 수 있어야 한다. 이런 의미에서 인적 자본 접근법의 좁은 관점은 더욱 포괄적인 인간 역량의 관점에 흡수되는데, 후자는 인간 역량의 직접적이고 간접적인 결과를 모두 망라한다.

예를 들어보자. 교육으로 한 개인이 재화의 생산에서 더 효율적이 되었다고 하면 이는 명백히 인적 자본의 증대다. 이는 경제에서 생산물의 가치를 증대시키고 교육받은 사람의 소득에도 기여한다. 하지만 같은 소득 수준에서도 이 개인은 교육의 혜택을 받을 수 있다. 읽기, 의사소통하고 논쟁하기, 더욱 현명한 방법으로 선택할 수 있게 되는 것, 남들에게 더 좋은 대우를 받는 것 등. 따라서 교육의 혜택은 상품 생산에서 인적 자본의 역할을 넘어선다. 인간 역량의 광범위한 관점은 이러한 부수적 역할 역시 주목하고 가치 있게 평가한다. 이 두 관점은 따라서 서로 관련이 있지만 분명히 다르다.

최근 몇 년간 '인적 자본'의 역할에 더 큰 관심을 보여온 중요한 변화는 역량 관점의 관련성을 이해하는 데도 도움이 되었다. 어떤 개인이 더 나은 교육과 건강 등의 혜택으로 재화를 생산하는 데 더 생산적이 될 수 있다면, 그가 살아가면서 이러한 수단을 통해 직접적으로 더 많은 것을 성취할 수 있다고 기대할 수 있다. 역량의 관점은 어느 정도는 애덤 스미스가 특히 주창했던 경제적·사회적 발전에 대한 통합적 관점으로 돌아가는 것이기도 하다(『국부론』과 『도덕 감정론』). 생산 가능성의 결정요소를 분석하면서 스미스는 노동의 분업, 현장학습, 기술 형성과 함께 교육의 역할도 강조한다. 하지만 가치 있는(물론 더 생산적이기도 한) 삶을 영위하기 위한 인간 역량의 발전은 '국부'에 대한 스미스의 분석에서 꽤 핵심적이다.

사실 교육과 학습에 대한 스미스의 믿음은 매우 강력한 것이었다. '자연nature'과 '양육nuture' 사이의 상대적 역할에 대해 오늘날까지 이어지는 논쟁과 관련해, 스미스는 가차 없는—심지어 교조적인— '양육주의자'였다. 사실 이것은 인간 역량의 개량 가능성에 대한 그의 집단적인 신뢰와도 잘 맞아떨어진다.

서로 다른 사람들의 타고난 능력의 차이는 현실에서 우리가 아는 것보다 적다. 그리고 성숙했을 때 서로 다른 직업의 사람들을 두드러지게 해주는 서로 다른 재능은 많은 경우 노동분업의 이유라기보다는 결과다. 서로 다른 성격의 차이, 예를 들어 철학자와 거리의 짐꾼의 차이는 선천적이라기보다 습관, 관습, 그리고 교육에서 오는 것이다. 그들이 세상에 태어났을 때 그리고 첫 6~8년 동안의 환경이 서로 비슷했다면 그들의 부모나 동료도 뚜렷한 차이를 알지 못했을 것이다.[22]

스미스의 확고한 양육주의자의 관점이 맞는지를 검토하는 것은 내 목적이 아니지만 그가 생산적 능력과 생활양식을 교육과 훈련에 연결시키고 각각의 개량 가능성에 대해 가정한 것을 확인하는 것은 의미 있는 일이다.[23] 이러한 연관은 역량 관점에서 볼 때 꽤 핵심적이다.[24]

사실 인적 자본이라는 초점과 인간 역량에 대한 집중 사이에는 중요한 평가의 차이가 존재한다. 이 차이는 어느 정도는 수단과 목적의 차이와 관련되어 있다. 경제성장을 진작하고 유지하는 데 기여하는 인간 자질의 역할을 인정하는 것은—그것이 중요하지만—우선 왜 경제성장을 추구해야 하는지에 대해서는 말해주는 게 없다. 그러나 만일 인적 자본이라는 초점이 궁극적으로 사람들이 소중히 여길 만한 삶을 영위할 수 있는 인간 자유의 확대에 맞춰진다면, 이러한 기회를 증진시킬 경제성장의 역할은 더욱 가치 있고 자유로운 삶을 영위할 인간 역량의 확장으로서 발전 과정에 대한 더 근본적인 이해에 통합되어야 한다.[25]

이 차이는 공공정책에서 중요한 실질적 함의를 갖는다. 확실히 경제적 번영은 사람들이 확장된 선택지와 더욱 충실한 삶을 누릴 수 있게 도와준다. 하지만 더 많은 교육, 더 나은 보건의료, 높은 수준의 치료, 기타 사람들이 실제로 향유하는 효과적인 자유에 인과적으로 영향을 주는 다른 요소들 또한 모두 그러하다. 이러한 '사회적 발전'은 이것이 생산성 혹은 경제성장 혹은 개인 소득을 진작시키는 데 끼치는 역할과 더불어 직접적으로 '발전적'인 것으로 간주되어야 한다. 이로 인해 우리가 더 오래, 더 자유롭게, 더 유익하게 살게 되기 때문이다.[26] 이 전체 상의 한 가지 측면에만 관심을 집중하는(물론 '생산적 자원'의 설명을 확장시키는 것과 관련해서 중요한 측면이다) '인적 자본'의 개념 사용은 확실히 의미 있는 움직임이긴 하다. 그러나 이것을 보완할 필요가 있다. 인간은 단순히 생산의 수단이 아니라 그 목적이기도 하기 때문이다.

사실 애덤 스미스는 데이비드 흄(David Hume)과 논쟁하면서 인간을 오직 생산적인 활용의 관점에서 보는 것은 인간성의 본질을 훼손한다는 점을 강조했다.

> 미덕의 인정이 우리가 편리하거나 잘 고안된 건물을 승인하는 것과 같은 종류의 것이라는 것, 혹은 우리가 서랍을 주문하는 것 이상으로 인간을 찬양할 이유가 없다는 것은 불가능한 것으로 보인다.[27]

인적 자본 개념의 유용성에도 불구하고 인간을 더 넓은 관점에서('서랍'과의 비유를 벗어나) 보는 것은 중요하다. 우리는 그 개념의 타당성과 범위를 인정한 뒤 인적 자본의 관점을 넘어서야 한다. 여기에서 필요로 하는 확장은 '인적 자본' 관점을 대체하는 것이 아니라 부가적이고 포괄적인 것이다.

사회적 변화를 가져오는 역량 확장의 도구적 역할 역시 주목할 필요가 있다(경제적 변화를 훨씬 뛰어넘어서 말이다). 사실 변화의 도구로서 인간 존재의 역할은 경제적 생산의 영역을 훨씬 뛰어넘으며, 여기에는 사회적·정치적 발전이 포함된다. 예를 들어 앞에서 논의했듯이 여성 교육의 확대는 가정 내 분배에서 성적 불평등을 감소시키고 영유아 사망률과 함께 출산율을 낮춘다. 기초교육의 확장은 공적 토론의 질 또한 향상시킨다. 이러한 도구적 성취는 궁극적으로 꽤 중요한데, 이를 통해 우리는 전통적으로 정의된 재화의 생산을 넘어서게 된다.

인간 역량의 역할을 더욱 충실하게 이해하기 위해 우리는 다음에 주목해야 한다.

(1) 사람들의 복지와 자유에 대해 가지는 직접적인 유관성.
(2) 사회적 변화에 영향을 주는 간접적인 역할.
(3) 경제성장에 영향을 주는 간접적인 역할.

역량 관점의 타당성은 이러한 기여들을 모두 포괄하는 데 있다. 이와는 대조적으로 인적 자본에 대한 전통적인 문헌들은 이 세 가지 역할 중 마지막 것에만 집중한다. 물론 여기에는 중복되는 영역이 있고 그 중복은 사실 중요한 것이다. 하지만 우리가 자유로서의 발전을 이해하기 위해서는 인적 자본의 다소 제한되고 축소된 역할을 훨씬 뛰어넘어야 할 필요가 있다.

최종 논평

이 책에서 나는 발전에 대한 특별한 접근법을 제시하고 분석하고 옹호하려고 노력했다. 발전을 사람들이 향유하는 실질적인 자유의 확장 과정이라고 본 것이다. 이 자유의 관점은 변화에 대한 평가적 분석과 함께, 급속한 변화를 가져오는 인과적으로 효과적인 요인으로서 자유를 바라보는 기술적이고 예측적인 분석에서도 모두 사용된다.

나는 이 관점이 일반적인 경제적, 정치적, 사회적 연관성에 대한 이해뿐만 아니라 정책 분석에 대해서도 갖는 함의를 논의했다. 다양한 사회제도들―시장, 기관, 법령, 정당, 비정부적 기구, 사법제도, 매체와 공동체 일반의 작동과 관련된―은 개인적 자유의 확장과 유지에 영향을 끼침으로써 발전 과정에 기여할 수 있다. 발전에 대한 분석은 여러 제도들 각각의 역할과 그들의 상호작용에 대해 통합적으로 이해할 것을 요구한다. 가치의 형성과 사회윤리의 출현 및 진화는 시장과 다른 제도들의 작동과 함께 우리가 주목해야 하는 발전 과정의 일부다. 이 연구는 내적으로 연관된 이 구조를 이해하고 탐구하며 광범위한 발전의 관점에서 필요한 교훈을 찾으려는 시도였다.

다양한 행위와 제도와 관련하여 다양한 측면을 갖는 것이 자유의 특성이다. 이 연구는 자본의 축적, 시장의 개방, 혹은 효율적인 경제계획의 수립 등 단순한 '공식'으로 쉽게 번역되는 발전관을 제시하지는 않는다(이 모두가 큰 그림 속에서 나타나는 부분적인 측면들이다). 서로 다른 모든 요소들을 통합적인 전체로 자리 잡게 하는 조직적 원리는 개인 자유의 확장과 이를 불러일으키는 사회적 기여의 과정에 대한 전체적인 관심이다. 이 통일성은 중요하며, 동시에 우리는 자유가 내재적으로 다양한 개념이며 실질적인 기회와 함께 과정에 대한 고려를 포함한다는 사실을 간과하면 안 된다.

다양성은 물론 안타까워할 문제가 아니다. 윌리엄 카우퍼William Cowper가 말했듯이,

>자유는 천 개의 매력을 갖고 있지만
>아무리 만족스러운 노예라도 그것을 결코 알지 못한다.

발전은 실로 자유의 가능성을 실현하기 위한 의미심장한 노력이다.

옮긴이의 말

아마티아 센은 1933년 인도 벵골에서 태어나 캘커타 대학(현재는 콜카타로 이름이 바뀌었다)을 졸업하고 케임브리지 대학에서 박사학위를 받은 인도 국적의 경제학자다. 그는 불평등과 빈곤의 문제를 다루는 후생경제학 분야의 대가로, 1998년 알프레드 노벨을 기념하는 스웨덴 중앙은행 경제학상, 그러니까 흔히 노벨 경제학상이라고 불리는 상을 받았다. 센은 단순히 빈곤과 재분배만을 문제 삼은 것이 아니라 인간개발이라는 관점에서 빈곤과 성장의 문제도 다루었는데, 그의 이러한 문제의식은 그의 저서 곳곳에서 되풀이되고 있다. 다행히도 아마티아 센의 저서들 상당수가 번역되어 있다. 『불평등의 재검토』 『윤리학과 경제학』 『자유로서의 발전』 『아마티아 센, 살아 있는 인도』 외에도 논문 모음집 『센코노믹스: 인간의 행복에 말을 거는 경제학』이 있다.

그의 많은 저서들 중 이 책 『자유로서의 발전』은 흔히 경제의 (양적) 성장, 말하자면 GNP(국민총생산) 혹은 GDP(국내총생산)의 성장을 경제발전과 동일시하는 관점에 대해 집중적으로 이의를 제기하는 책이다. 이 책은 세계은행 총재 초빙 강연의 원고를 바탕으로 만들어졌는데, '발전이란 결국 다양한 실질적 자유의 확장'이라는 명쾌한 명제가 가진 다양한 함의를 탐구한 명저다.

    센의 이러한 주장은 우리의 입장에서 더욱 진지하게 검토할 가치가 있다. 대한민국은 제2차 세계대전 이후의 신생 독립국 중에서 거의 유일하게 산업화와 민주화라는 두 가지 과제를 높은 수준으로 성취한 전무후무한 나라다. 그러나 그 과정에 이른바 '개발독재'라는 어두운 시기가 있었고, 이 시기의 독재권력과 경제발전, 그리고 민주화 사이의 관계는 여전히 우리에게 풀어야 할 숙제로 남아 있다. 사실 이것은 우리뿐만 아니라 발전경제학 전체의 근본적인 문제이기도 하다. 센은 한국을 종종 언급하지만, 주로 다루는 것은 자신에게 친숙한 인도의 사례이며 한국의 경우를 깊게 파고들지는 않았다. 그의 논의를 한국의 사례에 적용해보고, 한국의 경험을 바탕으로 그의 논의를 비판적으로 검토하는 것이 우리 독자들의 몫이겠다.

    한 가지만 언급한다면 독재와 발전의 관계를 이해하기 위해서는 센이 말하는 것처럼 '다양한 자유들과 권리들'의 문제를 다각도로 검토해야 한다는 점이다. 센이 자유라는 개념을 매우 넓은 의미에서 사용하는 것을 고려할 때, 독재 혹은 권위주의 시대라고 하더라도 기본적인 정치적 자유 외에 다양한 자유가 실질적으로는 신장되었고, 그것이 경제성장과 상승효과를 가져왔다고 (그러니 센의 관점에서 볼 때 발전이 이루어졌다고) 볼 수 있기 때문이다. 노골적인 독재와 부정부패가 판을 쳤던 이승만 대통령 치하에서도 교육과 언론의 자유는 점점 확장되었는데, 그것이 4·19로 이어진 시민의 역량을 배양했다고 볼 수 있다. 마찬가지로 박정희 시대의 산업화는 (유신 시대의) 정치적 자유를 담보로 한 중공업 육성책으로 이어졌지만 당시 교육, 복지, 의료 등 다양한 측면에서 시민의 자유와 권리는 지속적으로 확대되었다. 이것이 결국 1980년의 봄과 1987년 6월을 거쳐 민주화를 지속적으로 확대시킨 저력으로 이어진 것이 아닐까. 독재의 억압과 자유의 증대 사이에는 이렇게 단순하지 않은 인과가 숨어 있다.

이미 번역되어 나온 이 책을 다시 번역하는 것에 대해서는 약간의 변명의 말을 덧붙여야겠다. 전문가들을 상대로 한 강연이지만 최대한 대중적으로 문제에 접근하려는 저자의 의도를 고려할 때, 기존의 번역서가 나쁜 번역은 아님에도 읽기 어렵다는 것이 중평이었다. 조금 더 쉽게 일반인들이 접할 수 있는 책을 만들면 좋겠다는 것이 새로운 번역본을 내는 이유였다. 그래서 책이 원래 강연으로부터 시작되었다는 것을 고려해 최대한 구어체의 문구를 살리려고 하였고 함축적인 저자의 문체를 독자를 배려하여 가급적 풀어 쓰려고 노력하였다.

참고로 지금까지 모두 '자유'라고 옮겨진 liberty와 freedom의 구별에 대해서 부언해야겠다. 이 두 단어는 우리말로는 적절한 단어가 없어서 번역에 어려움을 겪는 대표적인 경우이다. 센은 liberty와 freedom을 의식적으로 구별하여 사용하고 있는데, 말하자면 political liberty는 제약이 사라진 (형식적인) 상태를 의미하고 political freedom은 정치적 권리를 행사할 수 있는 (실질적) 역량을 의미한다. 두 단어가 함께 나오거나 꼭 구별을 해야 할 곳에서만이라도 문맥을 해치지 않는 한에서 전자를 '무제약'으로, 후자를 '자유'로 옮기려고 애썼다.

2013년 10월
김원기

주

해제: 아마티아 센, 경제학의 양심
1. 이 글은《비평》제17호(2007 겨울)에 게재했던 글을 수정하고 보완한 것이다.
2. 당시 나는 김대중 대통령이 센 교수를 청와대로 초청하여 대담하는 자리에 배석하였는데, 예상 외로 두 분은 동양의 철학과 사상에 관한 논의를 주로 하였으며 인도와 한국이 모두 여러 종교가 오랜 역사를 통해 평화롭게 공존한 다원주의적인 전통을 가지고 있음에 주목하였다. 이 대화에 감명 받은 센 교수가 나를 통해 김대중 대통령에게 케임브리지 대학에서 명예박사학위를 수여하도록 주선하겠다고 제의했으나, 국정에 바쁜 대통령이 사양했던 사실도 있다.
3. 공리주의가 평등주의적이라는 견해도 있으나 이는 모든 사람이 동일한 효용함수를 가지고 있는 경우와 같이 단순한 예에서 비롯된 오해다. 이를 센은 장애인인 B는 건강한 A에 비해 동일한 소득에서 반만큼의 효용밖에 누리지 못하는 경우를 들어 설명한다. 이 경우 롤스의 정의론에 입각하면 보다 많은 소득이 B에게 주어져야 하지만 공리주의에 입각하면 A에게 더 많은 소득이 주어져야 한다([2]).
4. 이와 관련한 논의는 본서의 제 2장에 자세하게 나와 있다.
5. 여기서 G는 지니계수Gini coefficient를 말한다. 따라서 예를 들어, 미국의 평균소득은 독일의 평균소득보다 23퍼센트 높지만, 미국의 G는 0.35인 반면 독일의 G는 0.25인 것을 감안하면 센이 말하는 실질적인 소득수준으로 보았을 때 미국의 소득이 독일에 비해 13퍼센트밖에 높지 않은 셈이 된다.
6. 하나의 탁월한 사례로 김우중 씨가 외환위기 당시에 IMF가 주도한 시장개혁에 반대하면서 민족주의적 수사를 동원하여 이른바 민족해방(NL)계열 운동권과 유사한 논리를 전개한 사실을 들 수 있다. 필자도 시장만능주의는 강하게 비판하지만 시장 자체의 진보성에 주목하고 가급적 시장의 순기능을 살려야 한다는 주장을 해왔다([26])
7. 그러나 민주주의가 불평등한 권력구조와 분배구조 때문에 공허한 것이 되어버릴 때 과연 더 많은 민주주의의 필요를 역설하는 것이 답일까? 더욱 급진적인 학자들은 기득권 구조를 타파하기 위한 정치적 투쟁이라는 문제는 회피하는 센을 비판한다([27], [28]).

1장 자유의 관점

1. *Brihadaranyaka Upanisbad* 2.4, 2~3.
2. Aristotle, *The Nicomachean Ethics*, translated by D. Ross(Oxford: Oxford University Press, revised edition, 1980), book 1, section 5, p.7.
3. 나는 이전의 저작에서 자유에 초점을 둔 사회적 평가의 관점이 갖는 다른 측면들에 대해 논의했다. "Equality of What?" in *Tanner Lectures on Human Values*, volume 1, edited by S. McMurrin(Cambridge: Cambridge University Press, 1980); *Choice, Welfare and Measurement*(Oxford: Blackwell; Cambridge, Mass.: MIT Press, 1982; republished, Cambridge, Mass.: Harvard University Press, 1997); *Resources, Values and Development*(Cambridge, Mass.: Harvard University Press, 1984); "Well-Being, Agency and Freedom: The Dewey Lectures 1984," *Journal of Philosophy* 82(April 1985); *Inequality Reexamined*(Oxford: Clarendon Press; Cambridge, Mass.: Harvard University Press, 1992). 또한 Martha Nussbaum and Amartya Sen, eds., *The Quality of Life*(Oxford: Clarendon Press, 1993).
4. 나의 케네스 애로우 기념 강연을 보라. *Freedom, Rationality and Social Choice: Arrow Lectures and Other Essays*(Oxford: Clarendon Press, forthcoming). 이 분석에서는 자유의 평가와 사정에 얽힌 많은 기술적인 논점들도 검토하였다.
5. 평가적 이유와 효율성의 이유에 대해서는 아래의 논문들에서 좀 더 충실하게 검토하였다. "Rights and Agency," *Philosophy and Public Affairs* 11(1982), reprinted in *Consequentialism and Its Critics*, edited by Samuel Scheffler; "Well-Being, Agency and Freedom," *On Ethics and Economics*(Oxford: Blackwell, 1987).
6. 이 구성요소들은 각각 자유의 ① 과정의 측면과 ② 기회의 측면에 대응하는데, 나는 케네스 애로우 기념 강연에서 이를 분석하였다. Kenneth Arrow Lectures, included in *Freedom, Rationality and Social Choice*.
7. 나는 1992년 세계은행 연례 컨퍼런스의 기조 강연에서 '대상선별'의 문제를 논의하려고 했다. "The Political Economy of Targeting," keynote address to the 1992 Annual World Bank Conference on Development Economics, published in *Public Spending and the Poor: Theory and Evidence*, edited by Dominique van de Walle and Kimberly Nead(Baltimore: Johns Hopkins University Press, 1995). 발전의 일부로서의 정치적 자유의 문제는 다음에서도 논의되었다. "Freedoms and Needs," *New Republic*, January 10 and 17, 1994.

8. 나는 이 문제를 다음의 글에서 논의했다. "Missing Women," *British Medical Journal* 304(1992).

9. 이와 또 다른 비교들은 다음에 수록되었다. "The Economics of Life and Death," *Scientific American* 266(April 1993); "Demography and Welfare Economics," *Empirica* 22(1995).

10. 이에 대해서는 다음의 논문과 그곳에 인용된 의학 자료를 보라. "Economics of Life and Death" 또한 Jean Drèze and Amartya Sen, *Hunger and Public Action*(Oxford: Clarendon Press, 1989)을 보라. 일반적인 문제에 대해서는 다음을 참조하라. M. F. Perutz, "Long Live the Queen's Subjects," *Philosophical Transactions of the Royal Society of London* 352(1997).

11. 이 점은 다음의 문헌에서 기대수명을 계산하기 위해 (예를 들어 1990년) 사용된 배경 자료로부터 도출할 수 있다. C. J. L. Murray, C. M. Michaud, M. T. McKenna and J. S. Marks, *U.S. Patterns of Mortality by County and Race: 1965~1994*(Cambridge, Mass.: Harvard Center for Population and Development Studies, 1998). 특히 도표 6d를 보라.

12. Colin McCord and Harold P. Freeman, "Excess Mortality in Harlem," *New England Journal of Medicine* 322(January 18, 1990); 또한 M. W. Owen, S. M. Teutsch, D. F. Williamson and J. S. Marks, "The Effects of Known Risk Factors on the Excess Mortality of Black Adults in the United States," *Journal of the American Medical Association* 263, no.6(February 9, 1990).

13. Nussbaum and Sen, eds., *The Quality of Life*(1993).

14. Martha Nussbaum, "Nature, Function and Capability: Aristotle on Political Distribution," *Oxford Studies in Ancient Philosophy*(1988; supplementary volume); 또한 Nussbaum and Sen, eds., *The Quality of Life*(1993).

15. Adam Smith, *An Inquiry into the Nature and Causes of the Wealth of Nations*(1776), republished, edited by R. H. Campbell and A. S. Skinner(Oxford: Clarendon Press, 1976), volume 2, book 5, chapter 2(section on "Taxes upon Consumable Commodities"), pp.469~471.

16. 이 문제들은 1985년 캠브리지에서 있었던 나의 태너 강연에서 논의되었는데, 다음의 저서로 출간되었다. *The Standard of Living*, edited by Geoffrey Hawthorn(Cambridge: Cambridge University Press, 1987).

17. 그러므로 18세기 후반 라그랑주는 우리 시대에 '새로운 소비관'으로 알려질 것을 미리 분석한 셈이다(Kevin J. Lancaster, "A New Approach to Consumer Theory," *Journal of Political Economy* 74(1996); W. M. Gorman, "A Possible Procedure for Analysing Quality Differentials in the Egg Market," *Review of Economic Studies* 47(1980)]. 이것과 연관된 문제들은 다음에서 논의되었다. *The Standard of Living*(1987).
18. 두드러진 예외는 Robert Nozick, *Anarchy, State and Utopia*(New York: Basic Books, 1974).
19. 이는 주로 애덤 스미스가 '고리대금'에 대한 규제와 함께 그가 '낭비자와 투기꾼들'이라고 부른 이들의 과도한 투기적 투자에서 기인하는 혼란을 통제할 필요성을 지지하는 맥락과 관련 있다. Smith, *Wealth of Nations*, volume 1, book 2, chapter 4, paragraphs 14~15, in the edition of Campbell and Skinner(1976), pp.356~357. 스미스는 '투기꾼projector'이란 단어를 '기획을 하는 사람'이라는 자연스러운 의미가 아니라 1616년부터 일반적 용례가 된 경멸적 의미(*The Shorter Oxford English Dictionary*)로 사용하는데, 무엇보다 '유령회사를 만드는 사람, 투기꾼, 사기꾼'을 의미한다. 조르조 바세비Giorgio Basevi는 스미스의 비판과 『걸리버 여행기』(1726)에 나타난 조나산 스위프트의 냉정한 묘사 사이의 유사점에 관심을 기울이게 해주었다. 이 책은 『국부론』보다 반세기 앞선 것이다.
20. '포괄적 결과'와 '최종 결과'를 구별하는 것의 중요성은 여러 맥락에서 논의되었다. "Maximization and the Act of Choice," *Econometrica* 65(July 1997). 시장 메커니즘과 그 대안의 구체적 사례에 대해서는 "Markets and Freedoms," *Oxford Economic Papers* 45(1993); "Markets and the Freedom to Choose," in *The Ethical Foundations of the Market Economy*, edited by Horst Siebert(Tübingen: J. C. B. Mohr, 1994). 또한 이 책의 제4장을 보라.
21. J. R. Hicks, *Wealth and Welfare*(Oxford: Basil Blackwell, 1981), p.138.
22. Robert W. Fogel and Stanley L. Engerman, *Time on the Cross: The Economics of American Negro Slavery*(Boston: Little, Brown, 1974), pp.125~126.
23. Fogel and Engerman, *Time on the Cross*(1974), pp.237~238.
24. 이 중요한 문제의 여러 측면을 검토한 저작으로 Fernando Henrique Cardoso, *Capitalismo e Escravidão no Brasil Meridionel: O negro na sociadade escravocrata do Rio Grande do Sul*(Rio de Janeiro: Paz e Terra, 1977); Robin

Blackburn, *The Overthrow of Colonial Slavery, 1776~1848*(London and New York: Verso, 1988); Tom Brass and Marcel van der Linden, eds., *Free and Unfree Labour*(Berne: European Academic Publishers, 1997); Stanley L. Engerman, ed., *Terms of Labor: Slavery, Serfdom and Free Labor*(Stanford, Calif.: Stanford University Press, 1998).

25. Karl Marx, Capital, volume 1(London: Sonnenschein, 1887), chapter 10, section 3, p.240. 또한 그의 *Grundrisse*(Harmondsworth: Penguin Books, 1973).

26. V. K. Ramachandran, *Wage Labour and Unfreedom in Agriculture: An Indian Case Study*(Oxford: Clarendon Press, 1990), pp.1~2.

27. 다른 무엇보다 속박과 부자유의 이러한 측면에 대한 중요한 실증적 연구는 다음에서 발견된다. Sudipto Mundle, *Backwardness and Bondage: Agrarian Relations in a South Bihar District*(New Delhi: Indian Institute of Public Administration, 1979).

28. *Decent Work: The Report of the Director-General of the ILO*(Geneva: ILO, 1999). 이것은 국제노동기구의 신임 사무총장 후안 소마비아Juan Somavia의 프로그램에서 특히 강조되는 것 중 하나다.

29. 이러한 관점은 다음의 저술에서 강력하게 전개되었다. Stephen M. Marglin and Frederique Appfel Marglin, eds., *Dominating Knowledge*(Oxford: Clarendon Press, 1993). 관련된 인류학적 통찰을 위해서는 Veena Das, *Critical Events: An Anthropological Perspective on Contemporary India*(Delhi: Oxford University Press, 1995)를 참조하라.

2장 발전의 목표와 수단

1. 나는 이전의 논문에서 이러한 대조를 논의했다. "Development Thinking at the Beginning of the 21st Century," in *Economic and Social Development into the XXI Century*, edited by Louis Emmerij(Washington, D.C.: Inter-American Development Bank, distributed by Johns Hopkins University Press, 1997). 또한 나의 "Economic Policy and Equity: An Overview," in *Economic Policy and Equity*, edited by Vito Tanzi, Ke-young Chu and Sanjeev Gupta(Washington, D.C.: International Monetary Fund, 1999).

2. 이 장은 1999년 3월 1~2일에 걸쳐 도쿄에서 열린 금융 세계화와 발전에 관한 세계 은행

심포지엄에서 행한 기조연설의 기초가 되었다.
3. Jean Drèze and Amartya Sen, *Hunger and Public Action*(Oxford: Clarendon Press, 1989).
4. World Bank, *The East Asian Miracle: Economic Growth and Public Policy*(Oxford: Oxford University Press, 1993). 또한 Vito Tanzi et al., *Economic Policy and Equity*(1999).
5. Hiromitsu Ishi, "Trends in the Allocation of Public Expenditure in Light of Human Resource Development—Overview in Japan," mimeographed, Asian Development Bank, Manila, 1995. 또한 Carol Gluck, *Japan's Modern Myths: Ideology in the Late Meiji Period*(Princeton: Princeton University Press, 1985).
6. Jean Drèze and Amartya Sen, *India: Economic Development and Social Opportunity*(Delhi: Oxford University Press, 1995); the Probe Team, *Public Report on Basic Education in India*(Delhi: Oxford University Press, 1999).
7. Sudhir Anand and Martin Ravallion, "Human Development in Poor Countries: On the Role of Private Incomes and Public Services," *Journal of Economics Perspectives* 7(1993).
8. Jean Drèze와 나의 공저를 보라. *India: Economic Development and Social Opportunity*(1995).
9. Drèze and Sen, *Hunger and Public Action*(1989). 특히 제10장을 보라.
10. 케랄라는 하나의 주에 지나지 않지만, 그 인구는 3천만에 이르며 상당수의 나라들(예를 들자면 캐나다)보다 인구가 더 많다.
11. "From Income Inequality to Economic Inequality," Distinguished Guest Lecture to the Southern Economic Association, published in *Southern Economic Journal* 64(October 1997); "Mortality as an Indicator of Economic Success and Failure," first Innocenti Lecture to UNICEF(Florence: UNICEF, 1995). 이것은 다음에도 수록되었다. *Economic Journal* 108(January 1998).
12. Richard A. Easterlin, "How Beneficent Is the Market? A Look at the Modern History of Mortality," mimeographed, University of Southern California, 1997.
13. Drèze and Sen, *Hunger and Public Action*(1989).
14. 나중에 이 문제로 돌아오게 될 것이다. Drèze and Sen, *India: Economic Development and Social Opportunity*(1995).

15. 빠른 경제성장을 위한 시장 친화적 정책을 사회적 인프라(보건과 기초교육 등)의 빠른 확장으로 보완하고 뒷받침해야 할 필요성을 아래의 드레즈와 나의 공저에서 인도의 맥락을 통해 상세하게 논의하였다. *India: Economic Development and Social Opportunity*(1995).
16. Robert W. Fogel, "Nutrition and the Decline in Mortality since 1700: Some Additional Preliminary Findings," working paper 1802, National Bureau of Economic Research, 1986; Samuel H. Preston, "Changing Relations between Mortality and Level of Economic Development," *Population Studies* 29(1975); "American Longevity: Past, Present and Future," *Policy Brief* no.7, Maxwell School of Citizenship and Public Affairs, Syracuse University, 1996. 또한 Lincoln C. Chen, Arthur Kleinman and Norma C. Ware, eds., *Advancing Health in Developing Countries*(New York: Auburn House, 1992); Richard G. Wilkinson, *Unhealthy Societies: The Afflictions of Inequality*(New York: Routledge,1996); Richard A. Easterlin, "How Beneficent Is the Market?"(1997).
17. J. M. Winter, *The Great War and the British People*(London: Macmillan, 1986).
18. R. M. Titmuss, *History of the Second World War: Problems of Social Policy*(London: HMSO, 1950).
19. R. J. Hammond, *History of the Second World War: Food*(London: HMSO, 1951). 또한 Titmuss, *History of the Second World War: Problems of Social Policy*(1950).
20. J. M. Winter, *Great War and the British People*(1986).
21. 이 자료는 잉글랜드와 웨일스에 국한된 것인데, 대영제국 전체를 포괄하는 통계를 확인할 수 없어서였다. 그러나 잉글랜드와 웨일스가 대영제국의 매우 큰 부분을 차지하기 때문에 범위가 제약된다고 하더라도 자료의 신뢰도에서 큰 문제는 없을 것이다.
22. 앞서 언급한 R. J. Hammond, R. M. Titmuss, J. M. Winter의 저술과 그들이 언급하는 다른 저작들을 보라. 그리고 다음 저서의 논의와 참고문헌도 참조하라. Drèze and Sen, *Hunger and Public Action*(1989), chapter 10.
23. 나는 이 점을 다음 문헌들에서 논의했다. "Development: Which Way Now?" *Economic Journal* 92(December 1982); *Resources, Values and Development*(Cambridge, Mass.: Harvard University Press, 1984); *Hunger and Public Action*(1989).

3장 자유 그리고 정의의 기초

1. 필요한 정보를 모을 수 있는 상황과 그렇지 못한 상황의 차이는 다음에서 논의되었다. "On Weights and Measures: Informational Constraints in Social Welfare Analysis," *Econometrica* 45(October 1977), reprinted in *Choice, Welfare and Measurement*(Oxford: Blackwell; Cambridge, Mass.: MIT Press, 1982; republished, Cambridge Mass.: Harvard University Press, 1997); "Informational Analysis of Moral Principles," in *Rational Action*, edited by Ross Harrison(Cambridge: Cambridge University Press, 1979).

2. Jeremy Bentham, *An Introduction to the Principles of Morals and Legislation*(London: Payne, 1789; republished, Oxford: Clarendon Press, 1907).

3. 요구되는 정보라는 측면에서 행한 공리주의에 대한 비판은 다음에서 찾아볼 수 있다. "Utilitarianism and Welfarism," *Journal of Philosophy* 7(September 1979); "Well-Being, Agency and Freedom: The Dewey Lectures 1984," *Journal of Philosophy* 82(April 1985).

4. 이 구별에 대해서는 J.C.B. Gosling, *Pleasure and Desire*(Oxford: Clarendon Press, 1969); John C. Harsanyi, *Essays in Ethics, Social Behaviour, and Scientific Explanation*(Dordrecht: Reidel, 1977).

5. 여기 얽힌 방법론적 문제에 대해서는 "On Weights and Measures"(1977); "Informational Analysis of Moral Principles"(1979).

6. 개인들 사이에서 행복을 비교하기 위해서 어떤 과학적 기초도 존재할 수 없다는 주장에서 특히 영향력이 있는 것은 라이오넬 로빈스의 주장이었다〔"Interpersonal Comparisons of Utility," *Economic Journal* 48(1938)〕. 그의 비판은 후생경제학의 주류적인 접근법으로서 공리주의에 대해 심각한 의문을 제기하였다.

7. Bentham, *An Introduction to the Principles of Morals and Legislation*(1789); John Stuart Mill, *Utilitarianism*(London, 1861; republished London: Collins/Fontana, 1962); Henry Sidgwick, *The Method of Ethics*(London: Macmillan, 1874); William Stanley Jevons, *The Theory of Political Economy*(London: Macmillan, 1871; reprinted, 5th edition, 1957); Francis Edgeworth, *Mathematical Psychics: An Essay on the Application of Mathematics to the Moral Sciences*(London: Kegan Paul, 1881); Alfred Marshall, *Principles of Economics*(London: Macmillan, 8th edition, 1920); A. C. Pigou, *The Economics of Welfare*(London: Macmillan, 1920).

8. 이것은 공리주의의 가장 간단한 형태다. 조금 더 복잡한 형태에 대해서는 다음을 참조하라. R. M. Hare, *Moral Thinking: Its Levels, Methods and Point*(Oxford: Clarendon Press, 1981); James Griffin, *Well-Being: Its Meaning, Measurement, and Moral Importance*(Oxford: Clarendon Press, 1986).
9. 여기에 얽힌 문제와 효용을 선택의 이원적 문제틀로 정의하려는 것의 한계에 대해서는 다음을 참조하라. Choice, *Welfare and Measurement*(1982); 이에 관한 조금 덜 형식적인 논의는 다음의 *On Ethics and Economics*(Oxford: Blackwell, 1987).
10. Independent Commission on Population and Quality of Life, *Caring for the Future*(Oxford: Oxford University Press, 1996); 또한 Mark Sagoff, *The Economy of the Earth*(Cambridge: Cambridge University Press, 1988)와 무엇보다 Kjell Arne Brekke, *Economic Growth and the Environment*(Cheltenham, U.K.: Edward Elgar, 1997).
11. 나는 다음의 저술에서 공리주의에 대한 나의 유보적 입장을 드러냈다. *Collective Choice and Social Welfare*(San Francisco: Holden-Day, 1970; republished, Amsterdam: North-Holland, 1979); *On Economic Inequality*(Oxford: Clarendon Press, 1973); *Inequality Reexamined*(Oxford: Clarendon Press; Cambridge, Mass.: Harvard University Press, 1992). 공리주의적 전통에 대한 강력한 비판으로는 John Rawls, *A Theory of Justice*(Cambridge, Mass.: Harvard University Press, 1971); Bernard Williams, "A Critique of Utilitarianism," in *Utilitarianism: For and Against*, by J.J.C. Smart and B. Williams(Cambridge: Cambridge University Press, 1973); Robert Nozick, *Anarchy, State and Utopia*(New York: Basic Books, 1974); Ronald Dworkin, *Taking Rights Seriously*(London: Duckworth, 1978); Joseph Raz, *Ethics in the Public Domain*(Oxford: Clarendon Press, 1994; revised edition, 1995).
12. Sen, *Inequality Reexamined*(1992); Martha Nussbaum, *Sex and Social Justice*(New York: Oxford University Press, 1999).
13. Rawls, *A Theory of Justice*(1971).
14. Nozick, *Anarchy, State and Utopia*(1974). 그러나 이후 노직은 조금 더 적절한 입장을 *The Examined Life*(New York: Simon & Schuster, 1989)에서 개진하였다.
15. Rawls, *A Theory of justice*(1971); 또한 그의 *Political Liberalism*(New York: Columbia University Press, 1993), 특히 제8강을 보라.

16. H.L.A. Hart, "Rawls on Liberty and Its Priority," *University of Chicago Law Review* 40(Spring 1973), reprinted in *Reading Rawls*, edited by Norman Daniels(New York: Basic Books, 1975); Rawls, *Political Liberalism*(1993), lecture 8.
17. 나의 *Poverty and Famines: An Essay on Entitlement and Deprivation*(Oxford and New York: Oxford University Press, 1981) 그리고 Jean Drèze와의 공저, *Hunger and Public Action*(Oxford and New York: Oxford University Press, 1989). 또한 Jeffrey L. Coles and Peter J. Hammond, "Walrasian Equilibrium without Survival: Existence, Efficiency and Remedial Policy," in *Choice, Welfare and Development: A Festschrift in Honour of Amartya K. Sen*, edited by Kaushik Basu, Prasanta Pattanaik and Kotaro Suzumura(Oxford: Clarendon Press, 1995).
18. 권리를 통합하는 확장된 결과론적 체계를 특별히 제안하는 내용이 다음에 들어 있다. "Rights and Agency," *Philosophy and Public Affairs* 11(1982), reprinted in *Consequentialism and Its Critics*, edited by Samuel Scheffler(Oxford: Oxford University Press, 1988); "Well-Being, Agency and Freedom: The Dewey Lectures 1984," *Journal of Philosophy* 82(April 1985). 또한 나의 *Freedom, Rationality and Social Choice: Arrow Lectures and Other Essays*(Oxford: Clarendon Press, forthcoming).
19. Robbins, "Interpersonal Comparisons of Utility"(1938), p.636. 이 입장, 특히 효용의 개인 간 비교의 과학적 위상을 일반적으로 부정하는 것에 대한 비판으로는 I.M.D. Little, *A Critique of Welfare Economics*(Oxford: Clarendon Press, 1950; 2d edition, 1957); B.M.S. Van Praag, *Individual Welfare Functions and Consumer Behaviour*(Amsterdam: North-Holland, 1968); Amartya Sen, *On Economic Inequality*(Oxford: Clarendon Press, 1973; expanded edition, 1997); Amartya Sen, "Interpersonal Comparisons of Welfare," *Economics and Human Welfare*, edited by Michael Boskin(New York: Academic Press, 1980)—이 논문은 나의 *Choice, Welfare and Measurement*(1982)에도 재수록되었다. *Foundations of Social Choice Theory*, edited by Jon Elster and A. Hylland(Cambridge: Cambridge University Press, 1986)에 수록된 Donald Davidson과 Allan Gibbard의 논문; Jon Elster and John Roemer eds., *Interpersonal Comparisons of Well-Being*(Cambridge: Cambridge University Press, 1991).
20. 존 하사니[John Harsanyi는 이때 한 개인이 다른 사람이 되는 것을 고려하는 가상의 선

택을 상정함으로써 선택에 입각하여 정의한 효용의 개인 간 비교 가능성을 제시한다. ("Cardinal Welfare, Individualistic Ethics, and Interpersonal Comparison of Utility," *Journal of Political Economy* 63(1955). 이것은 그의 *Essays in Ethics, Social Behaviour, and Scientific Explanation*(Dordrecht: Reidel, 1976)에 재수록되었다]. 사실 공리주의적 후생경제학에 대한 하사니의 접근법은 사회의 구성원 모두가 누구라도 될 수 있는 동등한 확률을 갖고 있다는 가정에 입각해서 사회적 제도를 평가하는 것에 기초한다. 이것은 극단적으로 유용한 사고 실험이며, 윤리학 저작에서 오랫동안 언급된 공정함에 대한 일반적 접근법을 우아하고 엄밀하게 정식화해준다. 하지만 그러한 가상의 선택은 실천적으로는 효용의 실제적 비교에서 활용하기 어려우며, 그 접근법의 주된 미덕은 순전히 개념적인 것이다.

21. 주어진 선택행동에 상응하는 가능한 효용함수 집합의 내용은 그것이 전제하는 측정 가능성의 유형에 달려 있다(예를 들면 기수적, 서수적, 비율적). 효용의 개인 간 비교는 각 개인의 가능한 효용함수 집합의 곱집합[순서쌍의 집합]으로부터 각 개인의 효용함수의 조합에 대해 '불변조건'이 부가되어야 한다고 요구한다. 이 문제에 대해서는 "Interpersonal Aggregation and Partial Comparability," *Econometrica* 38(1970), reprinted *Choice, Welfare and Measurement*(1982); *Collective Choice and Social Welfare*(1970). 또한 K.W.S. Roberts, "Interpersonal Comparisons and Social Choice Theory," *Review of Economic Studies* 47(1980). 그러한 '불변조건'은 관찰된 선택행동에서 얻을 수 없다.

22. Franklin M. Fisher and Karl Shell, *The Economic Theory of Price Indices*(New York: Academic Press, 1972). 이 문제는 또한 다음에서도 제기되었다. Herb Gintis's Harvard University Ph.D. thesis, "Alienation and Power: Toward a Radical Welfare Economics"(1969).

23. 실질소득의 비교에 대한 연구의 기본적 결과는 다음에서 조사되고 검토되었다. "The Welfare Basis of Real-Income Comparisons: A Survey," *Journal of Economic Literature* 17(1979). 이것은 나의 *Resources, Values and Development*(Cambridge, Mass.: Harvard University Press, 1984; reprinted 1997)에도 재수록되었다.

24. 개인적 복리에 끼치는 다양한 영향은 삶의 표준에 대한 '스칸디나비아 학파의 연구'에서 심도 있게 연구되었다. 예를 들자면, Robert Erikson and R. Aberg, *Welfare in Transition*(Oxford: Clarendon Press, 1987).

25. Glen Loury, "A Dynamic Theory of Racial Income Differences," *Women,*

Minorities and Employment Discrimination, edited by P. A. Wallace and A. Lamond(Lexington, Mass.: Lexington Books, 1977); "Why Should We Care about Group Inequality?" *Social Philosophy and Policy* 5(1987); James S. Coleman, *Foundations of Social Theory*(Cambridge, Mass.: Harvard University Press, 1990); Robert Putnam, R. Leonardi and R. Y. Nanetti, *Making Democracy Work: Civic Traditions in Modern Italy*(Princeton: Princeton University Press, 1993); Robert Putnam, "The Prosperous Community: Social Capital and Public Life," *American Prospect* 13(1993); "Bowling Alone: America's Declining Social Capital," *Journal of Democracies* 6(1995).

26. Adam Smith, *An Inquiry into the Nature and Causes of the Wealth of Nations*(1776). 또한 W. G. Runciman, *Relative Deprivation and Social Justice: A Study of Attitudes to Social Inequality in Twentieth-Century England*(London: Routledge, 1966); Peter Townsend, *Poverty in the United Kingdom: A Survey of Household Resources and Standards of Living*(Harmondsworth: Penguin Books, 1979).

27. "Gender and Cooperative Conflict," in *Persistent Inequalities: Women and World Development*, edited by Irene Tinker(New York: Oxford University Press, 1990). 그리고 여기에 인용된 문헌을 참조하라.

28. 사실 어떤 맥락에서는 기근의 설명(그리고 기근 방지를 위한 정책 분석)이 그러하기 때문에 잠재적인 기근 희생자의 소득 부족(과 소득 재생산의 가능성 결여)이 탐구에서 중심적인 위치를 차지할 수도 있다. *Poverty and Famines*(1981).

29. Rawls, *A Theory of Justice*(1971), pp.60~65. 또한 그의 *Political Liberalism*(1993).

30. 이와 관련된 주장의 연장선상에서 로널드 드워킨Ronald Dworkin은 '자원의 평등'을 주장하며 롤스가 기초재화를 다룬 것을 확장시켜 '잔인한 운수'의 변덕으로부터 안전을 보장받을 기회까지 포함시키려 했다((그의 "What is Equality? Part 1: Equality of Welfare"; "What Is Equality? Part 2: Equality of Resources," *Philosophy and Public Affairs* 10(1981)을 보라].

31. "Equality of What?" *Tanner Lectures on Human Values*, volume 1, edited by S. McMurrin(Cambridge: Cambridge University Press, 1980); "Justice: Means versus Freedoms," *Philosophy and Public Affairs* 19(1990). 그러나 롤스가 정의한 '기초재화'의 정확한 범위는 애매하다. 어떤 기초재화('소득과 부'와 같은)는 실질적인 목적을

위한 수단일 뿐이다(아리스토텔레스가 『니코마코스 윤리학』의 첫머리에서 지적하듯 말이다). 다른 기초재화(롤스가 '자존감의 사회적 기초'라고 명시적으로 언급한 것)는 일반화된 수단이라고 할 수 있을 사회적 환경의 측면까지 포함한다('자존감의 사회적 기초'의 경우 자존감을 성취하기 위한 수단이 될 것이다). 또 다른 기초재화(예를 들어 '자유')는 다른 방식으로 해석될 수 있다. 예를 들자면 자유는 수단으로 해석되거나(자유는 우리가 가치있게 여기는 일을 할 수 있게 허락해준다), 혹은 어떤 결과를 얻기 위한 실질적인 자유로도 해석된다[이렇게 자유를 바라보는 것은 특히 사회적 선택에 관한 문헌에서 활용되는데, 이에 대해서는 나의 *Collective Choice and Social Welfare*(1970), 제6장] 참조. 하지만 '차이 원리'의 개인적 이득을 평가하기 위해 기초재화를 활용하는 롤스의 기획은 주로 일반적 수단을 규정하려는 그의 시도에 의해 추동되고 있고, 따라서 목적을 추구하는 자유에 따라 수단이 바뀌는 개인들 간의 차이에 종속된다.

32. Alan Williams, "What Is Wealth and Who Creates It?" *Dependency to Enterprise*, edited by John Hutton et al.(London: Routledge, 1991); A. J. Culyer and Adam Wagstaff, "Needs, Equality and Social Justice," Discussion Paper 90, Centre for Health Economics, University of York, 1991; Alan Williams, *Being Reasonable about the Economics of Health: Selected Essays by Alan Williams*, edited by A. J. Culyer(Cheltenham, U.K.: Edward Elgar, 1997). 또한 Paul Farmer, *Infections and Inequalities: The Modern Plagues*(Berkeley, Calif.: University of California Press, 1998); Michael Marmot, Martin Bobak and George Davey Smith, "Explorations for Social Inequalities in Health," *Society and Health*, edited by B. C. Amick, S. Levine, A. R. Tarlov and D. Chapman Walsh(London: Oxford University Press, 1995); Richard G. Wilkinson, *Unhealthy Societies: The Afflictions of Inequality*(New York: Routledge, 1996); James Smith, "Socioeconomic Status and Health," *American Economic Review* 88(1998); "Healthy Bodies and Thick Wallets: The Dual Relationship between Health and Socioeconomic Status," *Journal of Economic Perspectives* 13(1999). 특정한 건강 문제에 대한 연구에서 많은 통찰을 이끌어낼 수 있다. 다음을 보라. Paul Farmer, Margaret Connors and Janie Simmons, eds., *Women, Poverty and AIDS: Sex, Drugs and Structural Violence*(Monroe, Me.: Common Courage Press, 1996); Alok Bhargava, "Modeling the Effects of Nutritional and Socioeconomic Factors on the Growth

and Morbidity of Kenyan School Children," *American Journal of Human Biology* 11(1999).

33. A. C. Pigou, *The Economics of Welfare*, 4th edition(London: Macmillan, 1952). 또한 Pitambar Pant et al., *Perspectives of Development: 1961~1976, Implications of Planning for a Minimal Level of Living*(New Delhi: Planning Commission of India, 1962.); Irma Adelman and Cynthia T. Morris, *Economic Growth and Social Equity in Developing Countries*(Stanford: Stanford University Press, 1973); Amartya Sen, "On the Development of Basic Income Indicators to Supplement the GNP Measure," *United Nations Economic Bulletin for Asia and the Par East* 24(1973); Pranab Bardhan, "On Life and Death Questions," *Economic and Political Weekly* 9(1974); Irma Adelman, "Development Economics?A Reassessment of Goals," *American Economic Review*, Papers and Proceedings 65(1975); A. O. Herrera et al., *Catastrophe or New Society? A Latin American World Model*(Ottawa: IDRC, 1976); Mahbub ul Haq, *The Poverty Curtain*(New York: Columbia University Press, 1976); Paul Streeten and S. Javed Burki, "Basic Needs: Some Issues, World," *Development* 6(1978); Keith Griffin, *International Inequality and National Poverty*(London: Macmillan, 1978); Morris D. Morris, *Measuring the Conditions of the World's Poor: The Physical Quality of Life Index*(Oxford: Pergamon Press, 1979); Gracieia Chichilnisky, "Basic Needs and Global Models: Resources, Trade and Distribution," *Alternatives* 6(1980); Paul Streeten, *Development Perspectives*(London: Macmillan, 1981); Paul Streeten, S. Javed Burki, Mahbub ul Haq, N. Hicks and Frances Stewart, *First Things First: Meeting Basic Needs in Developing Countries*(New York: Oxford University Press, 1981); Frances Stewart, *Basic Needs in Developing Countries*(Baltimore: Johns Hopkins University Press, 1985); D. H. Costa and R. H. Steckel, "Long-Term Trends in Health, Welfare and Economic Growth in the United States," Historical Working Paper 76, National Bureau of Economic Research, 1995; R. C. Floud and B. Harris, "Health, Height and Welfare: Britain 1700~1980," Historical Working Paper 87, National Bureau of Economic Research, 1996; Nicholas F. R. Crafts, "Some Dimensions of the 'Quality of Life' during the British Industrial Revolution," *Economic History Review* 4(1997); Santosh Mehrotra and Richard

Jolly, eds., *Development with a Human Face: Experiences in Social Achievement and Economic Growth*(Oxford: Clarendon Press, 1997); A. P. Thirwall, *Growth and Development*, 6th edition(London: Macmillan, 1999).

34. United Nations Development Programme, *Human Development Report 1990*(New York: Oxford University Press, 1990)과 매년 나온 후속 보고서들을 보라. 이 혁신적인 시도에 대한 마붑 울하크 자신의 설명은 그의 *Reflections on Human Development*(New York: Oxford University Press, 1995). 또한 Nicholas F. R. Crafts, "The Human Development Index and Changes in the Standard of Living: Some Historical Comparisons," *Review of European Economic History* 1(1997)이 제시하는 응용과 확장에 대해서도 참고하라. 유엔아동기구(UNICEF) 역시 아동의 삶에 대한 연례 보고서를 내는 데 선구자였다. UNICEF, *The State of the World's Children*(New York: Oxford University Press, 1987) 등의 연례 보고서들을 보라. 풍부한 정보를 담은 세계은행의 『세계 개발 보고서』에 대해서도 언급해야 하는데, 이들은 생생한 현실에 더 많은 근거를 두려고 노력하였다. 1993년 보고서에는 보건 문제가 광범위한 주목을 받았다. *World Development Report 1993*(New York: Oxford University Press, 1993).

35. Aristotle, *The Nicomachean Ethics*, translated by D. Ross(Oxford: Oxford University Press, revised edition 1980), book 1, section 7, pp.11~14. 이에 대해서는 다음을 보라. Martha Nussbaum, "Nature, Function and Capability: Aristotle on Political Distribution," *Oxford Studies in Ancient Philosophy*(1988; supplementary volume).

36. Smith, *Wealth of Nations*(1776), volume 2., book 5, chapter 2.

37. Smith, *Wealth of Nations*(1776), volume 1, book 5, chapter 2, in the edition by R. H. Campbell and A. S. Skinner(Oxford: Clarendon Press, 1976), pp.469~471.

38. "Equality of What?" in *Tanner Lectures on Human Values*, volume I, edited by S. McMurrin(Cambridge: Cambridge University Press, 1982; Salt Lake City: University of Utah Press); reprinted in Choice, *Welfare and Measurement*(1980); John Rawls et al., *Liberty, Equality and Law*, edited by S. McMurrin(Cambridge: Cambridge University Press, and Salt Lake City: University of Utah Press, 1987); Stephen Darwall, ed., *Equal Freedom: Selected Tanner Lectures on Human Values*(Ann Arbor: University of Michigan Press, 1995). 또한 나의 "Public Action

and the Quality of Life in Developing Countries," *Oxford Bulletin of Economics and Statistics* 43(1981); *Commodities and Capabilities*(Amsterdam: North-Holland, 1985); "Well-Being, Agency and Freedom"(1985); (jointly with Jean Drèze) *Hunger and Public Action*(Oxford: Clarendon Press, 1989); "Capability and Well-Being," in *The Quality of Life*, edited by Martha Nussbaum and Amartya Sen(Oxford: Clarendon Press, 1993).

39. 그러한 가변성의 본질과 지배적 성격에 대해서는 *Commodities and Capabilities*(1985); *Inequality Reexamined*(1992). 자원배분에서 상이한 요구를 고려해야 할 일반적인 연관성에 대해서는 *On Economic Inequality*, chapter I; L. Doyal and I. Gough, *A Theory of Human Need*(New York: Guilford Press, 1991); U. Ebert, "On Comparisons of Income Distributions When Household Types Are Different," Economics Discussion Paper V-86-92, University of Oldenberg, 1992; Dan W. Brock, *Life and Death: Philosophical Essays in Biomedical Ethics*(Cambridge: Cambridge University Press, 1993); Alessandro Balestrino, "Poverty and Functionings: Issues in Measurement and Public Action," *Giornale degli Economisti e Annali di Economia* 53(1994); Enrica Chiappero Martinetti, "A New Approach to Evaluation of Well-Being and Poverty by Fuzzy Set Theory," *Giornale degli Economisti* 53(1994); M. Fleurbaey, "On Fair Compensation," *Theory and Decision* 36(1994); Elena Granaglia, "More or Less Equality? A Misleading Question for Social Policy," *Giornale degli Economisti* 53(1994); M. Fleurbaey, "Three Solutions for the Compensation Problem," *Journal of Economic Theory* 65(1995); Ralf Eriksson and Markus Jantti, *Economic Value and Ways of Life*(Aldershot: Avebury, 1995); A. F. Shorrocks, "Inequality and Welfare Comparisons for Heterogeneous Populations," mimeographed, Department of Economics, University of Essex, 1995; B. Nolan and C. T. Whelan, *Resources, Deprivation, and Poverty*(Oxford: Clarendon Press, 1996); Alessandro Balestrino, "A Note on Functioning Poverty in Affluent Societies," *Notizie di Politeia*(1996: special volume); Carmen Herrero, "Capabilities and Utilities," *Economic Design* 2(1996); Santosh Mehrotra and Richard Jolly, eds., *Development with a Human Face*(Oxford: Clarendon Press, 1997); Consumers International, *The Social Art of Economic Crisis: ...... Our Rice Pots Are Empty*(Penerz, Malopia: Consumers

International, 1998).

40. "Equality of What?"(1980); *Commodities and Capabilities*(1985); *Inequality Reexamined*(1992). 또한 Keith Griffin and John Knight, *Human Development and the International Development Strategies for the 1990s*(London: Macmillan, 1990); David Crocker, "Functioning and Capability: The Foundations of Sen's and Nussbaum's Development Ethic," *Political Theory* 20(1992); Nussbaum and Sen, *The Quality of Life*(1993); Martha Nussbaum and Jonathan Glover, *Women, Culture, and Development*(Oxford: Clarendon Press, 1995); Meghnad Desai, Poverty, Famine, and Economic Development(Aldershot: Edward Elgar, 1994); Kenneth Arrow, "A Note on Freedom and Flexibility"; Anthony B. Atkinson, "Capabilities, Exclusion and the Supply of Goods," *Choice, Welfare and Development*, edited by K. Basu, P. Pattanaik and K. Suzumura(Oxford: Clarendon Press, 1995); Stefano Zamagni, "Amartya Sen on Social Choice, Utilitarianism and Liberty," *Italian Economic Papers* 2(1995); Herrero, "Capabilities and Utilities"(1996); Nolan and Whelan, *Resources, Deprivation, and Poverty*(1996); Frank Ackerman, David Kiron, Neva R. Goodwin, Jonathan Harris and Kevin Gallagher, eds., *Human Well-Being and Economic Goals*(Washington, D.C.: Island Press, 1997); J.-Fr. Laslier et al., eds., *Freedom in Economics*(London: Routledge, 1998); Prasanta K. Pattanaik, "Cultural Indicators of Well-Being: Some Conceptual Issues," *World Culture Report*(Paris: UNESCO, 1998); Sabina Alkire, "Operationalizing Amartya Sen's Capability Approach to Human Development"(D. Ph. thesis, Oxford University, 1999).

41. 영양공급을 충분히 받는 것과 같은 기본적인 기능조차도 중요한 개념적, 실증적 문제를 제기한다. 이에 대해서는 Nevin Scrimshaw, C. E. Taylor and J. E. Gopalan, *Interactions of Nutrition and Infection*(Geneva: World Health Organization, 1968); T. N. Srinivasan, "Malnutrition: Some Measurement and Policy Issues," *Journal of Development Economics* 8(1981); K. Blaxter and J. C. Waterlow, eds., *Nutritional Adaptation in Man*(London: John Libbey, 1985); Partha Dasgupta and Debraj Ray, "Adapting to Undernutrition: Biological Evidence and Its Implications"; S. R. Osmani, "Nutrition and the Economics of Food: Implications of Some Recent Controversies," *The Political Economy of Hunger*, edited by Jean

Drèze and Amartya Sen(Oxford: Clarendon Press, 1990); Partha Dasgupta, *An Inquiry into Well-Being and Destitution*(Oxford: Clarendon Press, 1993); S. R. Osmani, ed., Nutrition and Poverty(Oxford: Clarendon Press, 1993).

42. *The Standard of Living*, edited by Geoffrey Hawthorn(Cambridge: Cambridge University Press, 1987). Geoffrey Hawthorn, John Muellbauer, Ravi Kanbur, Keith Hart; Bernard Williams의 논평과 그에 대한 나의 답변을 참조하라. Kaushik Basu, "Achievement, Capabilities, and the Concept of Well-Being," *Social Choice and Welfare* 4(1987); G. A. Cohen, "Equality of What? On Welfare, Goods and Capabilities," *Recherches Economiques de Louvain* 56(1990); Norman Daniels, "Equality of What: Welfare, Resources or Capabilities?" *Philosophy of Phenomenological Research* 50(1990); Crocker, "Functioning and Capability" (1992); Brock, *Life and Death*(1993); Mozaffar Qizilbash, "Capabilities, Well-Being and Human Development: A Survey," *Journal of Development Studies* 33(1996), "The Concept of Well-Being," *Economics and Philosophy* 14(1998); Alkire, "Operationalizing Amartya Sen's Capability Approach to Human Development"(1999). 역량 접근법에 대한 심포지엄이 실린 다음 문헌을 참조하라. *Giornaledegli Economisti e Annali di Economia* 53(1994), *Notizie di Politeia*(1996; special volume). 여기에는 Alessandro Balestrino, Giovanni Andrea Cornia, Enrica Chiappero Martinetti, Elena Granaglia, Renata Targetti Lenti, Ian Carter, L. Casini and I. Bernetti, S. Razavi 등의 글이 실려 있다. 획득권한 분석에 대한 또 다른 심포지엄에 대해서는 *Journal of International Development* 9(1997), edited by Des Gasper. 여기에는 Des Gasper, Charles Gore, Mozaffar Qizilbash, Sabina Alkire, Rufus Black의 글이 실려 있다.

43. 각 기능의 수치적 표현이 가능하지 않을 때에는 기능적 성취를 '기능 n-순서쌍'으로 보고, 역량집합을 적절한 공간에서의 이러한 n-순서쌍의 집합으로 보는, 더 일반적인 방법으로 분석이 이루어져야 한다. 여기에는 모호함과 함께 불완전한 영역이 있을 수 있다. 이에 대해서는 *Commodities and Capabilities*(1985). 모호집합(fuzzy set) 이론에 관한 최근의 문헌들은 기능 벡터와 역량집합의 평가를 분석하는 데 도움이 될 수 있다. Enrica Chiappero Martinetti, "A New Approach to Evaluation of Well-being and Poverty by Fuzzy Set Theory," Giornale degli Economisti, 53(1994). 그리고 그녀의 "Standard of Living Evaluation Based on Sen's Approach: Some Methodological

Suggestions," *Notizie di Politeia* 12(1996; special volume). 또한 Kaushik Basu, "Axioms for Fuzzy Measures of Inequality"(1987); Flavio Delbono, "Poverta come incapacita: Premesse teoriche, identificazione, e misurazione," *Rivista Internazionale di Scienze Sociali* 97(1989); A. Cerioli and S. Zani, "A Fuzzy Approach to the Measurement of Poverty," in *Income and Wealth Distribution, Inequality and Poverty*, edited by C. Dagum et al.(New York: Springer-Verlag, 1990); Balestrino, "Poverty and Functionings"(1994); E. Ok, "Fuzzy Measurement of Income Inequality: A Class of Fuzzy Inequality Measures," *Social Choice and Welfare* 12(1995); L. Casini and I. Bernetti, "Environment, Sustainability, and Sen's Theory," *Notizie di Politeia*(1996; special volume).

44. 다른 영역에서의 역량적 관점의 중요성도 잘 탐구되었는데, 내가 지도를 맡은 하버드 대학의 박사 논문 다수가 여기에 포함된다. A. K. Shiva Kumar, "Maternal Capabilities and Child Survival in Low-Income Regions"(1992.); Jonathan R. Cohen, "On Reasoned Choice"(1993); Stephan J. Klasen, "Gender, Inequality and Survival: Excess Female Mortality—Past and Present"(1994); Felicia Marie Knaul, "Young Workers, Street Life, and Gender: The Effects of Education and Work Experience on Earnings in Colombia"(1995); Karl W. Lauterbach, "Justice and the Functions of Health Care"(1995); Remigius Henricus Oosterdorp, "Adam Smith, Social Norms and Economic Behavior"(1995); Anthony Simon Laden, "Constructing Shared Wills: Deliberative Liberalism and the Politics of Identity" (1996); Douglas Hicks, "Inequality Matters"(1998); Jennifer Prah Ruger, "Aristotelian Justice and Health Policy: Capability and Incompletely Theorized Agreements"(1998); Sousan Abadian, "From Wasteland to Homeland: Trauma and the Renewal of Indigenous Peoples and Their Communities"(1999).

45. 다소 포괄적인 문헌의 개괄을 위해서는 *On Economic Inequality*(Oxford: Clarendon Press, expanded edition, 1997). 특히 제임스 포스터와 함께 쓴 실질적인 부록을 참조할 것. 또한 앞서 주 38~44에서 언급된 문헌들과 함께 Haidar A. Khan, *Technology, Development and Democracy*(Northampton, Mass.: Edward Elgar, 1998); Nancy Folbre, "A Time(Use Survey) for Every Purpose: Non-market Work and the Production of Human Capabilities," mimeographed, University of Massachusetts, Amherst, 1997; Frank Ackerman et al., *Human Well-Being and Economic Goals*;

Felton Earls and Maya Carlson, "Adolescents as Collaborators: In Search of Well-Being," mimeographed, Harvard University, 1998; David Crocker and Toby Linden, eds., *Ethics of Consumption*(New York: Rowman and Littlefield, 1998).

46. 이것은 '기초적 평가lelementary evaluation' 라고 불리며, 그 성질과 전망에 대해서는 *Commodities and Capabilities*(1985). 또한 그가 'midfare' 라고 명명한 것에 대한 G. A. Cohen의 논의를 보라. "On the Currency of Egalitarian Justice," *Ethics* 99(1989); "Equality of What? On Welfare, Goods and Capabilities" (1990); *Self-Ownership, Freedom, and Equality*(Cambridge: Cambridge University Press, 1995). 또한 Richard Arneson, "Equality and Equality of Opportunity for Welfare," *Philosophical Studies* 56(1989); "Liberalism, Distributive Subjectivism, and Equal Opportunity for Welfare," *Philosophy and Public Affairs* 19(1990).

47. 이 문제들은 다음의 문헌에서 상세하게 논의되었다. *Freedom, Rationality and Social Choice*(forthcoming). 또한 Tjalling C. Koopmans, "On Flexibility of Future Preference," *Human Judgments and Optimality*, edited by M. W. Shelley(New York: Wiley, 1964); David Kreps, "A Representation Theorem for 'Preference for Flexibility,'" *Econometrica* 47 1979); Peter Jones and Robert Sugden, "Evaluating Choice," *International Review of Law and Economics* 2(1982); James Foster, "Notes on Effective Freedom," mimeographed, Vanderbilt University, presented at the Stanford Workshop on Economic Theories of Inequality, sponsored by the MacArthur Foundation, Match 11~13, 1993; Kenneth J. Arrow, "A Note on Freedom and Flexibility," *Choice, Welfare and Development*, edited by Basu, Pattanaik and Suzumura(1995); Robert Sugden, "The Metric of Opportunity," Discussion Paper 9610, Economics Research Centre, University of East Anglia, 1996.

48. *Commodities and Capabilities*(1985); "Welfare, Preference, and Freedom," *Journal of Econometrics* 50(1991). '자유'의 범위를 평가하는 다양한 제안에 대해서는 또한 David Kreps, "A Representation Theorem for 'Preference for Flexibility'" (1979); Patrick Suppes, "Maximizing Freedom of Decision: An Axiomatic Analysis," *Arrow and the foundations of Economic Policy*, edited by G. R. Feiwel(London: Macmillan, 1987); P. K. Pattanaik and Y. Xu, "On Ranking Opportunity Sets in Terms of Freedom of Choice," *Recherches Economiques de*

Louvain 56(1990); James Foster, "Notes on Effective Freedom"(1993); Kenneth J. Arrow, "A Note on Freedom and Flexibility," *Choice, Welfare and Development*, edited by Basu, Pattanaik and Suzumura(1995); Carmen Herrero, "Capabilities and Utilities"; Clemens Puppe, "Freedom, Choice, and Rational Decisions," *Social Choice and Welfare* 12(1995).

49. *Commodities and Capabilities*(1985); *Inequality Reexamined*(1992); "Capability and Well-Being"(1993).

50. Rawls, *A Theory of Justice*(1971), *Political Liberalism*(1993). 롤스의 기초재화를 전체적으로 만족스럽게 지표화하는 것에 대해 케네스 애로우의 유명한 불가능성 정리와 유사한 다양한 '불가능성 정리들'이 제시되었다. Charles Plott, "'Rawls' Theory of Justice: An Impossibility Result," *Decision Theory and Social Ethics*, edited by H. W. Gottinger and W. Leinfellner(Dordrecht: Reidel, 1978); Allan Gibbard, "Disparate Goods and Rawls's Difference Principle: A Social Choice Theoretic Treatment," *Theory and Decision* 11(1979); Douglas H. Blair, "The Primary-Goods Indexation Problem in Rawls' Theory of Justice," *Theory and Decision* 24(1988). 제한된 정보의 사용은 (애로우의 정리에서처럼) 이러한 결론에 이르는 데 큰 역할을 한다. 이렇게 사용 가능한 정보를 제약하는 것에 대한 반론은 "On Indexing Primary Goods and Capabilities"(mimeographed, Harvard University, 1991). 여기에서는 롤스적 과정에서 이른바 불가능성 결과와의 마찰을 줄이려고 했다.

51. 가중치 범위를 체계적으로 줄이는 것과('가능한 순서 짓기의 교집합'에 기초해) 생성된 부분적인 순서를 단일하게 확장하는 것 사이의 분석적인 상응관계는 다음에서 탐구되었다. "Interpersonal Aggregation and Partial Comparability"(1970); *Collective Choice and Social Welfare*(1970), chapters 7 and 7*; Charles Blackorby, "Degrees of Cardinality and Aggregate Partial Ordering," *Econometrica* 43(1975); Ben Fine, "A Note on Interpersonal Aggregation and Partial Comparability," *Econometrica* 43(1975); Kaushik Basu, *Revealed Preference of Government*(Cambridge: Cambridge University Press, 1980); James Foster and Amartya Sen, "On Economic Inequality after a Quarter Century," 나의 *On Economic Inequality*, expanded edition(1997). 교집합의 부분적 순서짓기는 기능의 평가와 측정의 '모호한' 표현과 결합될 수 있다. Chiappero Martinetti, "A New Approach to Evaluation of Well-being and Poverty by Fuzzy Set Theory"(1994), 또한 그녀의 "Standard of

Living Evaluation Based on Sen's Approach"(1996). 그리고 L. Casini and I. Bernetti, "Environment, Sustainability, and Sen's Theory," *Notizie de Politeia* 12(1996); Herrero, "Capabilities and Utilities"(1996). 하지만 불완전한 순서짓기를 통해서도 순위 결정과 관련된 많은 문제들은 적절히 해소될 수 있으며, 충분히 해소되지 않은 것도 실질적으로 단순화될 수 있다.

52. 이 문제와, 이것이 사회적 선택이론과 공공 선택이론에서 갖는 연관성은 미국 경제학회의 회장 취임 연설에서 논의되었다. "Rationality and Social Choice," *American Economic Review* 85(1995).

53. T. N. Srinivasan, "Human Development: A New Paradigm or Reinvention of the Wheel?" *American Economic Review*, Papers and Proceedings 84(1994), p.239. 이 주장을 제시하면서 스리니바산Srinivasan은 사실상 로버트 서그던Robert Sugden을 인용하고 있는데〔"Welfare, Resources, and Capabilities: A Review of Inequality Reexamined by Amartya Sen," *Journal of Economic Literature* 31(1993)〕, 그는 서로 다른 역량을 평가할 때 스리니바산보다 덜 회의적인 편이다(서그던이 자신의 결론을 내리면서 말했듯이, "역량적 접근법에 대해서 유사한 척도가 개발될 수 있을지는 두고보아야 한다" p.1953).

54. Paul A. Samuelson, *Foundations of Economic Analysis*(Cambridge, Mass.: Harvard University Press, 1947), p.205.

55. 나는 1995년 미국 경제학회장 취임 강연과 1998년 노벨상 수상 강연을 통해 이 문제를 다루려고 했다. "Rationality and Social Choice," *American Economic Review* 85(1995); "The Possibility of Social Choice," *American Economic Review* 89(1999).

56. 이 접근법은 *On Economic Inequality*의 증보판(1997년)의, 제임스 포스터와 함께 쓴 새로운 부록에서 논의되었다.

57. (소득, 수명, 문자해독률 등의 분포 등) 서로 다른 공간에서 분배의 척도를 고려한 뒤 그것을 다시 통합하는 것은 매력적인 발상이다. 하지만 이것은 오도될 위험이 있는데, 이러한 변수들이 각 개인들의 유형에 따라 어떻게 결합되어 있는지에 의해 많은 것이 달라지기 때문이다. 예를 들어 낮은 소득 수준의 사람들에게서 문맹율이 높다고 하면, 이 둘은 서로를 강화시킬 것이다. 그러나 이 둘이 서로 무관한(교차하는) 관계라고 하면 서로 강화되지는 않는다. 만일 이 둘이 역의 관계라고 한다면 한쪽 변수의 박탈은 적어도 다른 변수에 의해서 완화될 수 있을 것이다. 단순히 분포의 지표만을 따로 보아서

는 이러한 다양한 가능성의 어떤 것이 실제로 성립하는지 알 수 없다. 따라서 공선성과 공분산 등을 검토해야만 한다.
58. 유럽의 맥락에서 이탈리아의 빈곤에 대한 연구가 이탈리아 은행에 의해 착수되고 파브리지오 바르카에 의해 수행되었는데, 여기에서 사용된 것은 이러한 보충적 접근법이었다.
59. Angus Deaton, *Microeconometric Analysis for Development Policy: An Approach from Household Surveys*(Baltimore: Johns Hopkins University Press for the World Bank, 1997). 또한 Angus Deaton and John Muellbauer, *Economics and Consumer Behaviour*(Cambridge: Cambridge University Press, 1980); "On Measuring Child Costs: With Applications to Poor Countries," *Journal of Political Economy* 94(1986). 또한 Dale W. Jorgenson, *Welfare*, volume 2, *Measuring Social Welfare*(Cambridge, Mass.: MIT Press, 1997).
60. Hugh Dalton, "The Measurement of the Inequality of Incomes," *Economic Journal* 30(1920); A. B. Atkinson, "On the Measurement of Inequality," *Journal of Economic Theory* 2(1970).
61. *Commodities and Capabilities*(1985); "Well-Being, Agency and Freedom"(1985); *Inequality Reexamined*(1992).
62. 자유의 평가에 대한 보다 기술적인 문제는 다음에서 탐구되었다. *Freedom, Rationality and Social Choice: Arrow Lectures and Other Essays*(forthcoming).

4장 역량 박탈로서의 빈곤
1. 이러한 빈곤관은 다음에서 더 상세하게 전개되었다. *Poverty and Famines*(Oxford: Clarendon Press, 1981); *Resources, Values and Development*(Cambridge, Mass.: Harvard University Press, 1984). 그리고 Jean Drèze and Amartya Sen, *Hunger and Public Action*(Oxford: Clarendon Press, 1989); Sudhir Anand and Amartya Sen, "Concepts of Human Development and Poverty: A Multidimensional Perspective," in *Human Development Papers* 1997(New York: UNDP, 1997).
2. 이러한 주장과 그 함의는 다음에서 더 상세하게 논의되었다. "Poverty as Capability Deprivation," mimeographed, Rome: Bank of Italy.
3. 예를 들어 굶주림과 영양실조는 모두 음식물 섭취나 그 음식물을 소화시킬 수 있는 능력

과 관련되어 있다. 후자의 소화능력은 일반적인 건강 상태의 영향을 크게 받는다(예를 들어 전염병에 걸린 경우). 그리고 일반적인 건강 상태는 또한 지역의료, 공공보건에 따라 크게 달라진다. Drèze and Sen, *Hunger and Public Action*(1989); S. R. Osmani, ed., *Nutrition and Poverty*(Oxford: Clarendon Press, 1993).

4. James Smith, "Healthy Bodies and Thick Wallets: The Dual Relationship between Health and Socioeconomic Status," *Journal of Economic Perspectives* 13(1999). 또한 다른 종류의 결합도 존재하는데, ① 소득 부족으로 인한 영양실조와 ② 영양실조로 인해 일을 하지 못해 생겨난 소득 부족 사이가 그런 예다. 이러한 연관에 대해서는 Partha Dasgupta and Debraj Ray, "Inequality as a Determinant of Malnutrition and Unemployment: Theory," *Economic Journal* 96(1986); "Inequality as a Determinant of Malnutrition and Unemployment: Policy," *Economic Journal* 97(1987); "Adapting to Undernourishment: Biological Evidence and Its Implications," in *The Political Economy of Hunger*, edited by Jean Drèze and Amartya Sen(Oxford: Clarendon Press, 1990). 또한 Partha Dasgupta, *An Inquiry into Well-Being and Destitution*(Oxford: Clarendon Press, 1993); Debraj Ray, *Development Economics*(Princeton: Princeton University Press, 1998).

5. 영국에서 그러한 장애가 만연한 소득 빈곤에 얼마나 기여했는지는 A. B. 앳킨슨의 선구적인 실증적 연구에서 나타난다. *Poverty in Britain and the Reform of Social Security*(Cambridge: Cambridge University Press, 1970). 후속 연구에서 그는 소득의 문제와 다른 종류의 박탈 사이의 연관관계를 더 파고들었다.

6. 이러한 장애의 성질에 대해서는 Dorothy Wedderburn, *The Aged in the Welfare State*(London: Bell, 1961); Peter Townsend, *Poverty in the United Kingdom: A Survey of Household Resources and Standards of Living*(Harmondsworth: Penguin Books, 1979); J. Palmer; T. Smeeding and B. Torrey, *The Vulnerable: America's Young and Old in the Industrial World*(Washington, D.C.: Urban Institute Press, 1988).

7. 나는 다음의 저술에서 성적 불평등을 분석함으로써 역량 박탈의 관점을 탐구하려 하였다. *Resources, Values and Development*(1984; 1997); *Commodities and Capabilities*(Amsterdam: North-Holland, 1985); "Missing Women," *British Medical Journal* 304(March 1992). 또한 Pranab Bardhan, "On Life and Death Questions," *Economic and Political Weekly* 9(1974); Lincoln Chen, E. Huq and S. D'Souza,

"Sex Bias in the Family Allocation of Food and Health Care in Rural Bangladesh," *Population and Development Review* 7(1981); Jocelyn Kynch and Amartya Sen, "Indian Women: Well-Being and Survival," *Cambridge Journal of Economics* 7(1983); Pranab Bardhan, *Land, Labor, and Rural Poverty*(New York: Columbia University Press, 1984); Drèze and Sen, *Hunger and Public Action*(1989); Barbara Harriss, "The Intrafamily Distribution of Hunger in South Asia," Drèze and Sen, *The Political Economy of Hunger*, volume 1(1990); Ravi Kanbur and L. Haddad, "How Serious Is the Neglect of Intrahousehold Inequality?" *Economic Journal* 100(1990).

8. United Nations Development Programme, *Human Development Report* 1995(New York: Oxford University Press, 1995).

9. W. G. Runciman, *Relative Deprivation and Social Justice: A Study of Attitudes to Social Inequality in Twentieth-Century England*(London: Routledge, 1966); Townsend, *Poverty in the United Kingdom*(1979).

10. "Poor, Relatively Speaking," *Oxford Economic Papers* 35(1983), reprinted in *Resources, Values and Development*(1984).

11. *Inequality Reexamined*(Oxford: Clarendon Press; and Cambridge, Mass.: Harvard University Press, 1992), chapter 7.

12. Jean Drèze and Amartya Sen, *India: Economic Development and Social Opportunity*(Delhi: Oxford University Press, 1995).

13. Isher Judge Ahluwalia and I.M.D. Little, eds., *India's Economic Reforms and Development: Essays for Manmohan Singh*(Delhi: Oxford University Press, 1998). 또한 Vijay Joshi and Ian Little, *Indian Economic Reforms, 1991~2001*(Delhi: Oxford University Press, 1996).

14. Drèze and Sen, *India: Economic Development and Social Opportunity*(1995).

15. G. Datt, *Poverty in India and Indian States: An Update*(Washington, D.C.: International Food Policy Research Institute, 1997). 또한 World Bank, *India: Achievements and Challenges in Reducing Poverty*, report no.16483 IN, May 27, 1997(특히 그림 2.3).

16. Adam Smith, *The Theory of Moral Sentiments*(1759; revised edition, 1790); republished, edited by D. D. Raphael and A. L. Macfie(Oxford: Clarendon Press,

1976).

17. John Rawls, *A Theory of Justice*(Cambridge, Mass.: Harvard University Press, 1971). 또한 Stephen Darwall, ed., *Equal Freedom: Selected Tanner Lectures on Human Values*(Ann Arbor: University of Michigan Press, 1995). 여기에는 G. A. Cohen, Ronald Dworkin, John Rawls, T. M. Scanlon, Amartya Sen, Quentin Skinner 등의 강연이 수록되어 있다.

18. Thomas Scanlon, "Contractualism and Utilitarianism," *Utilitarianism and Beyond*, edited by Amartya Sen and Bernard Williams(Cambridge: Cambridge University Press, 1982). 또한 그의 *What We Owe Each Other*(Cambridge, Mass.: Harvard University Press, 1998).

19. James Mirrlees, "An Exploration in the Theory of Optimal Income Taxation," *Review of Economic Studies* 38(1971); E. S. Phelps, ed., *Economic Justice*(Harmondsworth: Penguin Books, 1973); Nicholas Stern, "On the Specification of Modes of Optimum Income Taxation," *Journal of Public Economics* 6(1976); A. B. Atkinson and Joseph Stiglitz, *Lectures on Public Economics*(London: McGraw-Hill, 1980). D. A. Starrett, *Foundations of Public Economics*(Cambridge: Cambridge University Press, 1988).

20. A. B. Atkinson, "On the Measurement of Inequality," *Journal of Economic Theory* 2(1970); *Social Justice and Public Policy*(Brighton: Wheatsheaf; Cambridge, Mass.: MIT Press, 1983). 또한 S. Ch. Kolm, "The Optimum Production of Social Justice," in *Public Economics*, edited by J. Margolis and H. Guitton(London: Macmillan, 1969); Amartya Sen, *On Economic Inequality*(Oxford: Clarendon Press, 1973; expanded edition, including an annex with James Foster, 1997); Charles Blackorby and David Donaldson, "A Theoretical Treatment of Indices of Absolute Inequality," *International Economic Review* 21(1980); "Ethically Significant Ordinal Indexes of Relative Inequality," *Advances in Econometrics*, volume 3, edited by R. Basmann and G. Rhodes(Greenwich, Conn.: JAI Press, 1984).

21. "Inequality, Unemployment and Contemporary Europe"(presented at the Lisbon conference on "Social Europe" of the Calouste Gulbenkian Foundation, May 5~7, 1997, published in *International Labour Review*, 1997). 여기에서 나는 이러

한 대조가 현재 유럽의 정책적 문제에 대해 갖는 의미를 논의했다. (벨기에의 자료를 통해) 실업의 결과로 자유와 역량이 상실된 것에 대해 실업자들 스스로 부여한 중요성은 다음에서 잘 분석되고 있다. Eric Schokkaert and L. Van Ootegem, "Sen's Concept of Living Standards Applied to the Belgian Unemployed," *Recherches Economiques de Louvain* 56(1990).

22. 다음 글에 인용된 문헌들을 보라. "Inequality, Unemployment and Contemporary Europe"(1997). 실업의 심리적이거나 다른 '사회적 해악'에 대해서는 Robert Solow, "Mass Unemployment as a Social Problem" *Choice, Welfare and Development*, edited by K. Basu, P. Pattanaik and K. Suzumura(Oxford: Clarendon Press, 1995); A. Goldsmith, J. R. Veum and W. Darity Jr., "The Psychological Impact of Unemployment and Joblessness," *Journal of Socio-Economics* 25(1996). 또한 '사회적 배제'에 대한 문헌들을 보라. 이 문헌들에 대한 훌륭한 입문서로는 Gerry Rodgers, Charles Gore and J. B. Figueiredo, eds., *Social Exclusion: Rhetoric, Reality, Responses*(Geneva: International Institute for Labour Studies, 1995); Charles Gore et al., *Social Exclusion and Anti-Poverty Policy*(Geneva: International Institute for Labour Studies, 1997); Arjan de Haan and Simon Maxwell, *Poverty and Social Exclusion in North and South*, special number, *Institute of Development Studies Bulletin* 29(January 1998).

23. A. B. Atkinson, Lee Rainwater and Timothy Smeeding, *Income Distribution in OECD Countries*(Paris: OECD, 1996).

24. 새로운 정책을 발안해야 할 필요성이 지금 특히 커지고 있다. Jean-Paul Fitoussi and R. Rosanvallon, *Le Nouvel âge des inégalités*(Paris: Sevil, 1996); Edmund S. Phelps, *Rewarding Work: How to Restore Participation and Self-Support to Free Enterprise*(Cambridge, Mass.: Harvard University Press, 1997). 또한 Paul Krugman, *Technology, Trade and Factor Prices*, NBER Working Paper no.5355(Cambridge, Mass.: National Bureau of Economic Research, 1995); Stephen Nickell, "Unemployment and Labor Market Rigidities: Europe versus North America," *Journal of Economics Perspectives* 11(1997); Richard Layard, *Tackling Unemployment*(London: Macmillan, 1999); Jean-Paul Fitoussi, Francesco Giavezzi, Assar Lindbeck, Franco Modigliani, Beniamino Moro, Dennis J. Snower, Robert Solow and Klaus Zimmerman, "A Manifesto on Unemployment in the

European Union," mimeographed, 1998.

25. M. W. Owen, S. M. Teutsch, D. F. Williamson and J. S. Marks, "The Effects of Known Risk Factors on the Excess Mortality of Black Adults in the United States," *Journal of the American Medical Association* 263, number 6(February 9, 1990).

26. *Commodities and Capabilities*(1985). UNDP의 『인간개발보고서』는 빈곤을 보는 이런 방식에 대해 중요한 정보와 평가를 제공해왔다. 특히 1997년도 보고서를 볼 것. 또한 Sudhir Anand and Amartya Sen, "Concepts of Human Development and Poverty: A Multidimensional Perspective"(1997).

27. Drèze and Sen, *India: Economic Development and Social Opportunity*(1995); Amartya Sen, "Hunger in the Modern World," Dr. Rajendra Prasad Memorial Lecture, New Delhi, June 1997; "Entitlement Perspectives of Hunger," World Food Programme, 1997.

28. 이 구절의 자료와 정보에 대해서는 Drèze and Sen, *India: Economic Development and Social Opportunity*(1995), 제3장과 통계 부록을 볼 것. 활용 가능한 정보의 제약으로 인해 1991년에 초점을 맞추었다. 하지만 최근 인도의 전국적인 설문조사에 따르면 문자해독률이 상당히 늘었다. 또한 서벵골이나 마디아프라데시 같은 주정부가 중요한 정책을 펼치기 시작하기도 했다.

29. C.J.L. Murray et al., *U.S. Patterns of Mortality by County and Race: 1965~1994*(Cambridge, Mass.: Harvard Center for Population and Developmental Studies, 1998), table 6d, p.56.

30. 인도가 자원과 노력을 사회발전에 기울이는 데 참혹하게 실패한 것을 다음의 문헌이 설득력 있게, 그리고 감동적으로 논의하였다. S. Guhan, "An Unfulfilled Vision," *IASSI Quarterly* 12(1993). 그를 기념하기 위한 논문 모음집인 Barbara Harriss-White and S. Subramanian, eds., *Illfare in India: Essays on India's Social Sector in Honor of S. Guhan*(Delhi: Sage, 1999).

31. Drèze and Sen, *India: Economic Development and Social Opportunity*(1995). 또한 Saraswati Raju, Peter J. Atkins, Naresh Kumas and Janet G. Townsend, *Atlas of Women and Men in India*(New Delhi: Kali for Women, 1999).

32. A. K. Shiva Kumar, "UNDP's Human Development Index: A Computation for Indian States," *Economic and Political Weekly*, October 12, 1991, and Rajah J. Chelliah and R. Sudarshan, eds., *Indian Poverty and Beyond: Human*

Development in India(New Delhi: Social Science Press, 1999).

33. World Bank, *World Development Report 1994*(Oxford: Oxford University Press, 1994), 도표 Ⅰ, p.163.
34. Peter Svedberg, *Poverty and Undernutrition: Theory and Measurement*(Oxford: Clarendon Press, 1997). 스베드버그는 영양실조를 측정하는 대안적 방법과 서로 다른 통계에서 야기되는 혼란을 검토한 뒤, 사하라 사막 이남 지역과 비교할 때 인도의 영양실조 상태가 더 열악하다는 확고한 결론에 도달한다.
35. World Bank, *World Development Report 1993*(Oxford: Oxford University Press, 1993), 도표 A.3. 사망률은 AIDS의 확산과 함께 더 악화되었다.
36. Svedberg, *Poverty and Undernutrition*(1997). 또한 C. Gopalan, ed., *Combating Undernutrition*(New Delhi: Nutrition Foundation of India, 1995).
37. Nevin Scrimshaw, "The Lasting Damage of Early Malnutrition," in R. W. Fogel et al., *Ending the Inheritance of Hunger*(Rome: World Food Programme, 1997). 또한 같은 책에 실린 Robert W. Fogel, Cutberto Garza, Amartya Sen의 논문들을 참조할 것.
38. 영양부족에 대한 표준적 기준이 의심의 여지를 남긴다는 걸 부인하려는 것은 아니지만, 건강과 신체 상태에 기반한 지표는 단순히 식량 섭취에 기반한 측정보다 이점을 갖는다. 의학적이고 전문적인 지식을 활용해 이 기준을 개선하는 것도 가능하다. 이 문제에 대해서는 Dasgupta, *An Inquiry into Well-Being and Destitution*(1993); Osmani, ed., *Nutrition and Poverty*(1993); Scrimshaw, "The Lasting Damage of Early Malnutrition,"; Robert W. Fogel, "The Global Struggle to Escape from Chronic Malnutrition since 1700," Fogel et al., *Ending the Inheritance of Hunger*(1997).
39. Svedberg, *Poverty and Undernutrition*과 이 책에서 인용된 참고문헌을 보라. 또한 United Nations Development Programme, *Human Development Report 1995*(New York: Oxford University Press, 1995).
40. 아프리카는 지금 막대한 외채에 시달리고 있기도 하다. 또한 아프리카의 국가들이 독재에 더 많이 시달리는 것도 사실인데, 이것은 부분적으로는 냉전의 결과물이다. 서구와 소련은 각기 군부 세력을 후원해 그들의 비민주적 동맹자들의 쿠데타를 지원했다. 취약한 희생자들의 목소리가 사라지고, 투명성과 재정 책임성이 사라지게 되는 독재의 결말에 대해서는 제6장과 7장에서 논의할 것이다. 군사적 이유와 다른 우선순위의 문제

들 때문에 막대한 부채를 짊어지는 경향은 독재에 의해서 더 강화된다.

41. UNDP는 1990년 마붑 울하크 박사가 주도한 연례 인간개발보고서 이래로 세계 각지에 존재하는 궁핍의 특성에 대해 흥미로우면서도 중요한 상세 자료를 만들어왔다. 그들은 인간개발지수(HDI), 인간빈곤지수(HPI)와 같은 통합적 척도를 제안하고 제시했다. 이러한 통합적 지수는 다른 도표나 보다 실증적인 발표로부터 얻게 되는 상세하고 다양한 실증적인 묘사보다 대중의 관심을 더 많이 끄는 경향이 있다. 사실 공공의 관심을 끄는 것은 UNDP의 목표 중 하나였는데, 그들은 1인당 GNP와 같은 단순한 척도의 과도한 단순화와 투쟁을 벌이려고 시도했다. 이런 단순한 지표는 종종 대중들이 아는 유일한 지표이기도 했다. GNP와 경쟁하기 위해 GNP와 같은 수준의 단순함을 지니는, 또 다른 폭넓은 척도가 필요하다. 이것을 부분적으로 충족시키는 것이 HDI인데, 한편으로는 UNDP가 소득 빈곤의 표준적 척도의 대안으로 HPI를 제시하기도 했다. 대중적 관심이라는 맥락에서 이러한 경쟁적 대안들의 장점을 논하려는 것은 나의 의도가 아니다(사실 나는 이러한 지표들을 만드는 과정에서 UNDP에 기술적인 도움을 주었다). 그럼에도 『인간개발보고서』가 오직 HDI나 HPI와 같은 총합적 지표에만 의존해서 얻을 수 있는 것보다 더 많은 관련 정보를 담고 있다는 것은 사실이다.

42. Amartya Sen, "Missing Women"(1992).

43. *Resources, Values and Development*(1984); Barbara Harriss and E. Watson, "The Sex Ratio in South Asia," *Geography of Gender in the Third World*, edited by J. H. Momson and J. Townsend(London: Butler & Tanner, 1987); Jocelyn Kynch, "How Many Women Are Enough? Sex Ratios and the Right to Life," *Third World Affairs* 1985(London: Third World Foundation, 1985); Amartya Sen, "Women's Survival as a Development Problem," *Bulletin of the American Academy of Arts and Sciences* 43, number 2(1989), pp.14~29; Ansley Coale, "Excess Female Mortality and the Balances of the Sexes in the Population: An Estimate of the Number of 'Missing Females,'" *Population and Development Review* 17, number 3(1991), pp.517~523; Stephan Klasen, "Missing Women Reconsidered," *World Development* 22(1994).

44. I. Waldron, "The Role of Genetic and Biological Factors in Sex Differences in Mortality," in *Sex Differences in Mortality*, edited by A. D. Lopez and L. T. Ruzicka(Canberra: Department of Demography, Australian National University, 1983).

45. "Women's Survival as a Development Problem," *Bulletin of the American Academy of Arts and Sciences*(November 1989); revised version, "More Than a Hundred Million Women Are Missing," *The New York Review of Books*, Christmas number(December 20), 1990.
46. Drèze and Sen, *Hunger and Public Action*(1989), table 4.1, p.52. 또한 나의 "Missing Women"(1992).
47. Coale, "Excess Female Mortality."
48. Stephan Klasen, "Missing Women Reconsidered," *World Development* 22(1994).
49. Chen, Huq, and D'Souza, "Sex Bias in the Family Allocation of Food and Health Care in Rural Bangladesh"(1981), p.7; Sen, *Commodities and Capabilities*(1985), appendix B, 그리고 여기에 인용된 실증적 연구문헌들을 보라(또한 Coale, "Excess Female Mortality," 1991).
50. Atkinson, *Social Justice and Public Policy*(1983); *Poverty and Social Security*(New York: Wheatsheaf, 1989).
51. Harry Frankfurt, "Equality as a Moral Ideal," *Ethics* 98(1987), p.21.
52. 나는 이 구별의 다양한 측면을 다음에서 논의했다. "From Income Inequality to Economic Inequality," *Southern Economic Journal* 64(1997).
53. "The Welfare Basis of Real Income Comparisons," *Journal of Economic Literature* 17(1979), reprinted in *Resources, Values and Development*(1984).

5장 시장, 정부, 사회적 기회
1. 다음에서 이 문제에 관한 검토를 시도하였다. *On Ethics and Economics*(Oxford: Blackwell, 1987), 그리고 "Markets and Freedoms," *Oxford Economic Papers* 45(1993); "Markets and the Freedom to Choose," *The Ethical Foundations of the Market Economy*, edited by Horst Siebert(Tubingen: J.C.B. Mohr, 1994); "Social Justice and Economic Efficiency". 이 논문은 다음 세미나에서 발표되었다. "Philosophy and Politics" in Berlin, November 1997.
2. "Maximization and the Act of Choice," *Econometrica* 65(July 1997). 포괄적인 결과는 최종 상태만을 고려하는 것이 아니라 선택 과정 자체도 고려한다.
3. 시장 판매와 상품 개발의 관계는 어떠해야 하는가에 관한, 그 자체로서 중요한 문제도

있다. Margaret Jane Radin, *Contested Commodities*(Cambridge, Mass: Harvard University Press, 1996).

4. Robert W. Fogel and Stanley L. Engerman, *Time on the Cross: The Economics of American Negro Slavery*(Boston: Little, Brown, 1974). 또한 제1장을 보라.

5. G. A. Cornia with R. Paniccia, *The Demographic Impact of Sudden Impoverishment: Eastern Europe during the 1986~1996 Transition*(Florence: International Child Development Centre, UNICEF, 1995). 또한 Michael Ellman, "The Increase in Death and Disease under 'Katastroika,'" *Cambridge Journal of Economics* 18(1994).

6. Friedrich Hayek, *The Road to Serfdom*(London: Routledge, 1944). 또한 Janos Kornai, *The Road to a Free Economy: Shifting from a Socialist System*(New York: Norton, 1990); *Visions and Reality, Market and State: Contradictions and Dilemmas Revisited*(New York: Harvester Press, 1990).

7. "Gender and Cooperative Conflict," in *Persistent Inequalities: Women and World Development*, edited by Irene Tinker(New York: Oxford University Press, 1990); 또한 이 주제에 대한 실증적이고 이론적인 연구문헌에 대해서는 이 책에서 인용된 포괄적인 참고문헌을 보라.

8. Ester Boserup, *Women's Role in Economic Development*(London: Allen & Unwin, 1970); Martha Loutfi, *Rural Women: Unequal Partners in Development*(Geneva: ILO, 1980); Luisella Goldschmidt-Clermont, *Unpaid Work in the Household*(Geneva: ILO, 1982); Amartya Sen, "Economics and the Family," *Asian Development Review* 1(1983), *Resources, Values and Development*(Cambridge, Mass.: Harvard University Press, 1984); *Commodities and Capabilities*(Amsterdam: North-Holland, 1985); Irene Tinker, ed., *Persistent Inequalities*(1990); Nancy Folbre, "The Unproductive Housewife: Her Evolution in Nineteenth Century Economic Thought," *Signs: Journal of Women in Culture and Society* 16(1991); Naila Kabeer, "Gender, Production and Well-Being," Discussion Paper 288, Institute of Development Studies, University of Sussex, 1991; Lourdes Urdaneta-Ferran, "Measuring Women's and Men's Economic Contributions," Proceedings of the ISI 49th Session(Florence: International Statistical Institute, 1993); Naila Kabeer, *Reversed Realities: Gender Hierarchies in Development*

Thought(London: Verso, 1994); United Nations Development Programme, *Human Development Report* 1995(New York: Oxford University Press, 1995).

9. 다른 경제적, 사회적, 정치적 제도들과 결합된 시장 메커니즘의 작동을 보아야 할 필요성은 다음에서 강조되었다. Douglass North, *Structure and Change in Economic History*(New York: Norton, 1981). 또 강조점이 약간 다르지만 Judith R. Blau, *Social Contracts and Economic Markets*(New York: Plenum, 1993). 또한 다음의 최근 연구를 보라. David S. Landes, *The Wealth and Poverty of Nations*(New York: Norton, 1998).

10. Joseph Stiglitz and F. Mathewson, eds., *New Developments in the Analysis of Market Structure*(London: Macmillan, 1986); Nicholas Stern, "The Economics of Development: A Survey," *Economic Journal* 99(1989).

11. Kenneth J. Arrow, "An Extension of the Basic Theorems of Classical Welfare Economics," *Proceedings of the Second Berkeley Symposium of Mathematical Statistics*, edited by J. Neyman(Berkeley, Calif.: University of California Press, 1951); Gerard Debreu, *A Theory of Value*(New York: Wiley, 1959).

12. 최근 발전경제학에서 시장경제 모델은 애로우-드브루의 정식화에 포함된 다소 협소한 가정을 현실적으로 확장시켜왔다. 거대 규모의 경제가 갖는 중요성, 지식의 역할, 경험으로부터의 학습, 독점적 경쟁의 만연, 서로 다른 행위자들 사이의 조화의 어려움, 정태적 효율성과 대조되는 장기적 성장의 요구 등이 특히 탐구 주제였다. 이러한 변화에 대해서는 Avinash Dixit and Joseph E. Stiglitz, "Monopolistic Competition and Optimum Product Diversity," *American Economic Review* 67(1977); Paul R. Krugman, "Increasing Returns, Monopolistic Competition and International Trade," *Journal of International Economics* 9(1979); Paul R. Krugman, "Scale Economies, Product Differentiation and the Pattern of Trade," *American Economic Review* 70(1981); Paul R. Krugman, *Strategic Trade Policy and New International Economics*(Cambridge, Mass.: MIT Press, 1986); Paul M. Romen, "Increasing Returns and Long-Run Growth," *Journal of Political Economy* 94(1986); Paul M. Romer, "Growth Based on Increasing Returns Due to Specialization," *American Economic Review* 77(1987); Robert E. Lucas, "On the Mechanics of Economic Development," *Journal of Monetary Economics* 22(1988); Kevin Murphy, A. Schleifer and R. Vishny, "Industrialization and the

Big Push," *Quarterly Journal of Economics* 104(1989); Elhanan Helpman and Paul R. Krugman, *Market Structure and Foreign Trade*(Cambridge, Mass.: MIT Press, 1990); Gene M. Grossman and Elhanan Helpman, *Innovation and Growth in the Global Economy*(Cambridge, Mass.: MIT Press, 1991); Elhanan Helpman and Assad Razin, eds., *International Trade and Trade Policy*(Cambridge, Mass.: MIT Press, 1991); Paul R. Krugman, "History versus Expectations," *Quarterly Journal of Economics* 106(1991); K. Matsuyama, "Increasing Returns, Industrialization and the Indeterminacy of Equilibrium," *Quarterly Journal of Economics* 106(1991); Robert E. Lucas, "Making a Miracle," *Econometrica* 61(1993). 이러한 노력은 발전 과정에 대한, 특히 이 과정에서 시장경제가 하는 역할과 기능에 대한 이해를 풍요롭게 해주었다. 이로 인해 과거의 경제학자들이 발전에 대해 가졌던 통찰도 명확하게 밝혀졌는데, 여기엔 애덤 스미스도 포함된다(특히 규모의 경제, 분업, 경험으로부터의 학습). Allyn Young, "Increasing Returns and Economic Progress," *Economic Journal* 38(1928); Paul Rosenstein-Rodan, "Problems of Industrialization of Eastern and South-eastern Europe," *Economic Journal* 53(1943); Albert O. Hirschman, *The Strategy of Economic Development*(New Haven, Conn.: Yale University Press, 1958); Robert Solow, "A Contribution to the Theory of Economic Growth," *Quarterly Journal of Economics* 70(1956); Nicholas Kaldor, "A Model of Economic Growth," *Economic Journal* 67(1957); Kenneth J. Arrow, "Economic Implications of Learning by Doing," *Review of Economic Studies* 29(1962); Nicholas Kaldor and James A. Mirrlees, "A New Model of Economic Growth," *Review of Economic Studies* 29(1962). 주요한 논점과 그 결과들에 대한 훌륭한 설명은 다음에서 찾아볼 수 있다. Robert J. Barro and X. Sala-i-Martin, *Economic Growth*(New York: McGraw-Hill, 1995); Kaushik Basu, *Analytical Development Economics: The Less Developed Economy Revisited*(Cambridge, Mass.: MIT Press, 1997); Debraj Ray, *Development Economics*(Princeton: Princeton University Press, 1998). 또한 Luigi Pasinetti and Robert Solow, eds., *Economic Growth and the Structure of Long-run Development*(London: Macmillan, 1994).

13. 이 정리의 결과와 그 윤리적 함의에 대한 기본적 논의에 대해서는 *On Ethics and Economics*(1985), chapter 2. 여기에는 적절한 초기의 자원 분배 상태로부터 시장 메

커니즘을 통하여 희망하는 파레토 최적의 한 가지 상태에 도달하는 것을 보장해주는 '역 정리'도 포함되어 있다. (원하는 결과를 낳기 위해) 초기의 자원분배 상태를 확정하는 것은 그를 위해 필요한 자산의 재분배를 하기 위해 엄청난 정치권력과 과격한 행정을 요구한다. 이는 꽤 끔찍한 것이 될 수 있다(서로 다른 파레토 최적 사이에서 선택할 때 평등이 가장 두드러진다면). 그런 의미에서 시장 메커니즘을 정당화하기 위해 '역 정리'를 사용하는 것은 '혁명가의 핸드북'에나 어울린다(*On Ethics and Economics*, pp.37~38). 그러나 원래의 정리는 그러한 요구를 하지 않는다. 어떤 경쟁적 균형도, 초기 자원 배분 상태와 무관하게 적절한 조건(특정 유형의 외부성의 제거)만 갖추어 진다면 파레토 최적일 수 있다.

14. "Markets and Freedoms," *Oxford Economic Papers* 45(1993).
15. 효과적인 자유를 논의하는 다른 방식으로는 *Freedom, Rationality and Social Choice: Arrow Lectures and Other Essays*(Oxford: Clarendon Press, forthcoming); 또한 여기 인용된 문헌들을 보라.
16. Kenneth Arrow and Frank Hahn, *General Competitive Analysis*(San Francisco: Holden-Day, 1971; republished, Amsterdam: North-Holland, 1979).
17. 이 정리에서 선호의 형태가 개인들이 추구하는 것으로 보이는 대상을 제한하는 반면, 그들이 원하는 것을 실제로 추구하는 것에 대한 제약은 없다. 정확한 요구사항과 그 의미에 대해서는 "Markets and Freedoms"(1993). 요점은 효율성의 결과―실질적인 자유에 적용되도록 확장된―가 선호의 이유와 상관없이 선호에 직접적으로 관련된다는 것이다.
18. "Poverty, Relatively Speaking," *Oxford Economic Papers* 35(1983), reprinted in *Resources, Values and Development*(1984); "Markets and Freedoms"(1993).
19. A. B. Atkinson, *Poverty in Britain and the Reform of Social Security*(Cambridge: Cambridge University Press, 1970). 또한 Dorothy Wedderburn, *The Aged in the Welfare State*(London: Bell, 1961); Peter Townsend, *Poverty in the United Kingdom: A Survey of Household Resources and Standards of Living*(Harmondsworth: Penguin, 1979).
20. Emma Rothschild, "Social Security and Laissez Faire in Eighteenth-Century Political Economy," *Population and Development Review* 21(December 1995). 스미스는 구빈법에 대해 사회적 안전망의 필요성을 인정하면서도 이 법이 도우려는 빈자들의 이주나 기타 자유를 제한하는 것에 대해서는 비판했다. Adam Smith, *An Inquiry*

into the Nature and Causes of the Wealth of Nations(1776; republished, edited by R. H. Campbell and A. S. Skinner, Oxford: Clarendon Press, 1976), pp.152~154. 토머스 로버트 맬서스의 구빈법 비판의 일반적인 내용과 대조해보라.

21. Vilfredo Pareto, *Manual of Political Economy*(New York: Kelley, 1927), p.379. 또한 Jagdish N. Bhagwati, *Protectionism*(Cambridge, Mass.: MIT Press, 1990). 그는 이 주장을 인용하고 긍정적으로 확대 발전시키고 있다. 또한 Anne O. Krueger, "The Political Economy of the Rent-Seeking Society," *American Economic Review* 64(1974); Jagdish N. Bhagwati, "Lobbying and Welfare," *Journal of Public Economics* 14(1980); Ronald Findlay and Stan Wellisz, "Protection and Rent-Seeking in Developing Countries," in David C. Colander, *Neoclassical Political Economy: The Analysis of Rent-Seeking and DUP Activities*(New York: Harper and Row, 1984); Gene Grossman and Elhanan Helpman, *Innovation and Growth in the Global Economy*(Cambridge, Mass.: MIT Press, 1991); Debraj Ray, *Development Economics*(1998), chapter 18.

22. 대니 로드릭은 관세 지지자들에게 어느 정도는 도움이 될 만한 중요한 비대칭성을 지적했는데, 말하자면 이것이 정부에 지출 가능한 돈을 벌어 준다는 것이다("Political Economy of Trade Policy," in *Handbook of International Economics*, volume 3, edited by G. M. Grossman and K. Rogoff(Amsterdam: Elsevier; 1995)]. 로드릭은 1870~1914년 사이 미국에서 관세가 미국 정부의 재정 수입의 절반 이상이었음을 지적했다(남북전쟁 이전에는 이 비율이 더 높아서 90퍼센트 이상이었다). 이것이 보호주의적(자유무역의 제한이란 뜻—옮긴이) 편견을 강화시키는 만큼, 편견의 근거를 아는 것이 그 자체로 그 편견에 대항하는 방향으로 기여한다는 것도 인식되어야 한다. R. Fernandez and D. Rodrik, "Resistance to Reform: Status Quo Bias in the Presence of Individual-Specific Uncertainty," *American Economic Review* 81(1991).

23. Smith, *Wealth of Nations*, Campbell and Skinner edition(1976), volume 1, book 11, pp.266~267. 정부의 규제적 개입에 관한 애덤 스미스의 비판에 대한 현대적 해석에는, 그러한 규제에 대한 그의 적대감은 이러한 규제들이 주로 부자들의 이익을 보호하기 위한 것이라고 생각했기 때문이라는 사실을 제대로 인식하지 못하는 경우가 있다. 사실 스미스 자신은 이 주제에 대해 꽤 일관된 견해를 드러냈다(Smith, *Wealth of Nations*(1976 Campbell and Skinner edition), pp.157~158): 공장주와 노동자들 사이의 차이를 법적으로 규제할 때 입법자들은 언제나 공장주들이었다. 따라서 노동자들

을 위한 규제가 있다면 그것은 정당하고 평등한 것이다. 하지만 공장주들을 위한 것이라면 상황은 달라진다.

24. Emma Rothschild, "Adam Smith and Conservative Economics," *The Economic History Review* 45(February 1992).
25. "Money and Value: On the Ethics and Economics of Finance," 이것은 이탈리아 은행이 만든 최초의 파올로 바피Paolo Baffi 강연(Rome: Bank of Italy, 1991)으로 *Economics and Philosophy* 9(1993)에 재수록되었다.
26. 애덤 스미스는 이자의 규제가 잘못된 정책이라고 보았을 뿐만 아니라 그러한 금지가 돈이 필요한 사람들이 대출을 할 때 드는 비용을 증가시킬 수 있다고 지적했다. "어떤 국가에서는 이자가 법적으로 규제된다. 하지만 모든 곳에서 돈을 이용해 무엇인가를 할 수 있는 한, 그를 위해서는 무엇인가가 또 지불되어야 한다. 이자의 규제는 고리대금을 막는 대신 그 악을 증진시키는 경향이 있다는 것이 실증적으로 드러났다. 채무자는 빌린 돈에 대해서 이자를 물어야 할 뿐 아니라 대출자가 감당해야 할 위험(리스크)에 대해서까지 비용을 지불해야 한다"(Smith, *Wealth of Nations*(1976 Campbell and Skinner edition), volume 1, book 2, chapter 4, P.356].
27. Smith, *Wealth of Nations*(1976 Campbell and Skinner edition), volume 1, book 2, chapter 4, pp.356~357. '투기꾼(projector)'이란 말은 '기획하는 사람'이라는 중립적 의미가 아니라 비하의 의미로만 사용되었다.
28. Letter 1787, of Jeremy Bentham, "To Dr. Smith," published in Jeremy Bentham, *Defence of Usury*(London: Payne, 1790).
29. 스미스가 제레미 벤담의 주장에 설득당했다는 증거는 없다. 비록 벤담은 스미스가 이전의 입장을 버리도록 설득해냈다는 간접적 증거를 갖고 있다고 생각했지만 말이다(벤담이 느끼기에 "스미스의 감정은, 차이점에 관해서 현재는 나와 같다"). 그러나 『국부론』의 후속 판본들은 벤담이 비판한 단락에 대해 어떤 수정도 가하지 않았다. 이 기이한 논쟁에 대해서는 Smith, *Wealth of Nations*(1976 Campbell and Skinner edition), pp.357~358, 주석 19. 또한 H. W. Spiegel, "Usury," in *The New Palgrave: A Dictionary of Economics*, edited by J. Eatwell, M. Milgate and P. Newman, volume 4(London: Macmillan, 1987).
30. Smith, *Wealth of Nations*(1976 Campbell and Skinner edition), volume 1, book 2, chapter 3, pp.340~341.
31. Smith, *Wealth of Nations*(1976 Campbell and Skinner edition), pp.26~27.

32. 시장경제의 한계에 대해서는 다양하고 분명한 관심이 존재한다. 여러 가지 유형의 우려를 탁월하게 분석한 것으로 Robert E. Lane, *The Market Experience*(Cambridge: Cambridge University Press, 1991); Joseph Stiglitz, *Whither Socialism?*(Cambridge, Mass.: MIT Press, 1994); Robert Heilbroner, *Visions of the Future: The Distant Past, Yesterday, Today and Tomorrow*(New York: Oxford University Press, 1995); Will Hutton, *The State We Are In*(London: Jonathan Cape, 1995); Robert Kuttner, *Global Competitiveness and Human Development: Allies or Adversaries*(New York: UNDO, 1996); *Everything for Sale: The Visions and the Limits of the Market*(New York: Knopf, 1998); Cass Sunstein, *Free Markets and Social Justice*(New York: Oxford University Press, 1997).

33. Alice H. Amsden, *Asia's Next Giant: South Korea and Late Industrialization*(New York: Oxford University Press, 1989); Robert Wade, *Governing the Market: Economic Theory and the Role of Government in East Asian Industrialization*(Princeton: Princeton University Press, 1990); Lance Taylor, ed., *The Rocky Road to Reform: Adjustment, Income Distribution and Growth in the Developing World*(Cambridge, Mass.: MIT Press, 1993); Jong-Il You and Ha-Joon Chang, "The Myth of Free Labor Market in Korea," *Contributions to Political Economy* 12(1993); Gerry K. Helleiner, ed., *Manufacturing for Export in the Developing World: Problems and Possibilities*(London: Routledge, 1995); Kotaro Suzumura, *Competition, Commitment and Welfare*(Oxford: Clarendon Press, 1995); Dani Rodrik, "Understanding Economic Policy Reform," *Journal of Economic Literature* 24(March 1996); Jomo K. S., with Chen Yun Chung, Brian C. Folk, Irfan ul-Haque, Pasuk Phongpaichit, Batara Simatupang and Mayuri Tateishi, *Southeast Asia's Misunderstood Miracle: Industrial Policy and Economic Development in Thailand, Malaysia and Indonesia*(Boulder, Colo.: Westview Press, 1997); Vinay Bharat-Ram, *The Theory of the Global Firm*(Delhi: Oxford University Press, 1997); Jeffrey Sachs and Andrew Warner, "Sources of Slow Growth in African Economies," Harvard Institute for International Development, March 1997; Jong-Il You, "Globalization, Labor Market Flexibility and the Korean Labor Reform," *Seoul Journal of Economics* 10(1997); Jomo K. S., ed., *Tigers in Trouble: Financial Governance, Liberalisation and Crises in East Asia*(London:

Zed Books, 1998). 대니 로드릭은 공적 개입, 시장과 전 지구적 교역이 적절하게 결합해야 할 필요성을 전반적으로 제시했다. 이렇게 선택된 결합방식은 나라에 따라 다르다. *The New Global Economy and Developing Countries*(1999). 또한 Edmond Malinvaud, Jean-Claude Milleron, Mustaphak Nabli, Amartya Sen, Arjun Sengupta, Nicholas Stern, Joseph E. Stiglitz, and Kotaro Suzumura, *Development Strategy and the Management of the Market Economy*(Oxford: Clarendon Press, 1997).

34. James D. Wolfensohn, "A Proposal for Comprehensive Development Framework," mimeographed, World Bank, 1999. 또한 Joseph E. Stiglitz, "An Agenda for Development in the Twenty-First Century," *Annual World Bank Conference on Development Economics 1997*, edited by B. Pleskovi and J. E. Stiglitz(Washington, D.C.: World Bank, 1998).

35. 앞의 제1~4장; 또한 Amartya Sen and James D. Wolfensohn, "Let's Respect Both Sides of the Development Coin," *International Herald Tribune*, May 5, 1999.

36. Jean Drèze and Amartya Sen, *India: Economic Development and Social Opportunity*(Delhi: Oxford University Press, 1995). 또한 나의 "How Is India Doing?" *New York Review of Books* 21(Christmas number: 1982), reprinted in *Social and Economic Development in India: A Reassessment*, edited by D. K. Basu and R. Sissons(London: Sage, 1986).

37. Isher Judge Ahluwalia and I.M.D. Little, eds., *India's Economic Reforms and Development: Essays for Manmohan Singh*(Delhi: Oxford University Press, 1998). 또한 Vijay Joshi and I.M.D. Little, *India's Economic Reforms, 1991~2001*(Delhi: Oxford University Press, 1996).

38. 공공재의 존재에서 '시장의 실패'를 분석한 고전으로 Paul A. Samuelson, "The Pure Theory of Public Expenditure," *Review of Economics and Statistics* 36(1954) 그리고 "Diagrammatic Exposition of a Pure Theory Public Expenditure," *Review of Economics and Statistics* 37(1955). 또한 Kenneth J. Arrow, "The Organization of Economic Activity: Issues Pertinent to the Choice of Market versus Non-market Allocation," *Collected Papers of K. J. Arrow*, volume 2(Cambridge, Mass.: Harvard University Press, 1983).

39. 건강의 불확실성은 의약과 보건 분야에서 시장의 분배를 문제로 만드는 사안이다.

Kenneth J. Arrow, "Uncertainty and the Welfare Economics of Health Care," *American Economic Review* 53(1963). 보건 분야에서 공공정책의 상대적인 미덕은 새뮤얼슨뿐만 아니라 애로우도 인정하였다; Drèze and Amartya Sen, *Hunger and Public Action*(Oxford: Clarendon Press, 1989). 또한 Judith Tendler, *Good Government in the Tropics*(Baltimore: Johns Hopkins University Press, 1997).

40. 이에 대한 저작은 꽤 방대한데, 어떤 저작들은 공공재 및 관련된 문제들을 다루기 위해 필요한 제도적 다양성에 집중하는가 하면, 다른 저작들은 거래와 협력의 비용을 고려한 뒤 '효율성'을 재정의하려고 했다. 만일 전통적인 시장이 실제로 성취하는 것 그 이상이 목표라고 한다면 전통적인 시장에만 의존하는 것을 넘어서 제도적 확장을 해야 할 필요가 있다. 방대한 저작에서 논의된 다양한 논점들을 조명하는 설명으로는 Andreas Papandreou, *Externality and Institutions*(Oxford: Clarendon Press, 1994).

41. Smith, *Wealth of Nations*(1976 Campbell and Skinner edition), volume 1, book 2, p.27, and volume 5, book 1, f, p.785.

42. "Social Commitment and Democracy: The Demands of Equity and Financial Conservatism," in *Living as Equals*, edited by Paul Barker(Oxford: Oxford University Press, 1996), 그리고 "Human Development and Financial Conservatism." 이것은 1995년 11월 7일 아시아개발은행Asian Development Bank이 개최한 International Conference on Financing Human Resource Development의 기조연설로, *World Development*(1998)에 재수록되었다. 이하의 논의는 모두 이 자료들에 기대고 있다.

43. 영양실조는 매우 복잡한 측면들을 갖고 있다. S. R. Osmani, ed., *Nutrition and Poverty*(Oxford: Clarendon Press, 1992). 영양부족의 문제들은 다른 문제들보다 더 쉽게 눈에 띈다.

44. Jean Drèze and Amartya Sen, *Hunger and Public Action*(Oxford: Clarendon Press, 1989), chapter 7(particularly pp.109~113). 실증적 관찰은 다음에서 왔다. T. Nash, "Report on Activities of the Child Feeding Centre in Korem," mimeographed(London: Save the Children Fund, 1986) 그리고 J. Borton and J. Shoham, "Experiences of Non-governmental Organisations in Targeting of Emergency Food Aid," mimeographed, report on a workshop held at the London School of Hygiene and Tropical Medicine, 1989.

45. Drèze and Sen, *Hunger and Public Action*(1989). 또한 Timothy Besley and

Stephen Coate, "Workfare versus Welfare: Incentive Arguments for Work Requirements in Poverty-Alleviation Programs," *American Economic Review* 82(1992); Joachim von Braun, Tesfaye Teklu and Patrick Webb, "The Targeting Aspects of Public Works Schemes: Experiences in Africa" 그리고 Martin Ravallion and Gaurav Datt, "Is Targeting through a Work Requirement Efficient? Some Evidence from Rural India," both published in *Public Spending and the Poor: Theory and Evidence*, edited by Dominique van de Walle and Kimberly Nead(Baltimore: Johns Hopkins University Press, 1995). 또한 Joachim von Braun, Tesfaye Teklu and Patrick Webb, *Famine in Africa: Causes, Responses and Prevention*(Baltimore: Johns Hopkins University Press, 1998).

46. 너무 고령이거나 신체장애가 심한, 혹은 질병이 심한 이들에게는 이런 방법이 큰 도움이 되지는 못한다. 하지만 앞에서 언급했듯이 역량의 장애라는 측면에서 이들은 쉽게 검증할 수 있으며 다른 종류의 보완적 정책에 의해 도움을 받을 수 있다. 그러한 보완적 정책의 가능성과 실제 경험에 대해서는 Drèze and Sen, *Hunger and Public Action*(1989).

47. Sudhir Anand and Martin Ravallion, "Human Development in Poor Countries: Do Incomes Matter?" *Journal of Economic Perspectives* 7(1993). 또한 Keith Griffin and John Knight, eds., *Human Development and the International Development Strategy for the 1990s*(London: Macmillan, 1990). 기근이라는 특정한 맥락에서는 Alex de Waal, *Famines That Kill: Darfur 1984~1985*(Oxford: Clarendon Press, 1989).

48. *On Economic Inequality*(1973), pp.78~79.

49. "The Political Economy of Targeting," 1992년에 열린 Annual World Bank Conference on Development Economics의 기조 연설로 Van de Walle and Nead, *Public Spending and the Poor*(1995)에 재수록되었다. 이 책에 실린 다른 논문들도 참조하라.

50. 비대칭적 정보의 일반적인 문제에 대해서는 George A. Akerlof, *An Economic Theorist's Book of Tales*(Cambridge: Cambridge University Press, 1984).

51. John Rawls, *A Theory of Justice*(Cambridge, Mass.: Harvard University Press, 1971), pp.440~446. 롤스는 어떻게 제도적 배열과 공공정책이 '자존감의 사회적 기초'에 영향을 주는지를 논의한다.

52. William J. Wilson, *The Truly Disadvantaged*(Chicago: University of Chicago Press, 1987); Christopher Jencks and Paul E. Peterson, eds., *The Urban Underclass*(Washington, D.C.: Brookings Institution, 1991); Theda Skocpol, *Protecting Soldiers and Mothers: The Politics of Social Provision in the United States, 1870-1920*(Cambridge, Mass.: Harvard University Press, 1991). 그가 직접 이 문제에 대해 쓴 글은 없지만, 나는 1971년경 런던경제대학교(LSE)에서 테렌스 고먼 Terence(W. M.) Gorman과의 대화를 통해 이 문제를 접했다.

53. Michael Bruno, "Inflation, Growth and Monetary Control: Non-linear Lessons from Crisis and Recovery," Paolo Baffi Lecture(Rome: Bank of Italy, 1996). 또한 그의 *Crisis, Stabilization, and Economic Reform*(Oxford: Clarendon Press, 1993).

54. Bruno, "Inflation, Growth and Monetary Control," pp.7~8.

55. Bruno, "Inflation, Growth and Monetary Control," pp.8, 56.

56. Bruno, "Inflation, Growth and Monetary Control," p.9.

57. 비록 세계은행이 동아시아 경제의 성공에서 정부가 한 역할을 다소 뒤늦게 인정했지만, 그래도 결국은 교육과 인적 자원의 확장을 진작하는 정부의 특정한 역할이 가지는 중요성을 받아들였다. World Bank, *The East Asian Miracle: Economic Growth and Public Policy*(New York: Oxford University Press, 1993). 또한 the Asian Development Bank, *Emerging Asia: Changes and Challenges*(Manila: Asian Development Bank, 1997); Nancy Birdsall, Carol Graham and Richard H. Sabot, *Beyond Trade-Offs: Market Reforms and Equitable Growth in Latin America*(Washington, D.C.: Inter-American Development Bank, 1998).

58. Hiromitsu Ishi, "Trends in the Allocation of Public Expenditure in Light of Human Resource Development—Overview in Japan"(Asian Development Bank, 1995).

59. 이 연관성의 특성에 대해서는 Drèze and Sen, *Hunger and Public Action*(1989). 또한 World Bank, *The East Asian Miracle*(1993)에 제시된 분석을 보라. 그리고 여기 인용된 실증적 문헌의 방대한 목록을 보라. 또한 아시아개발은행(November 17, 1995)이 주최한 International Conference on Financing Human Resource Development에서 발표된 논문들도 참조하라. 이 논문들 중 상당수는 다음에 재수록되었다. *World Development*, 1998. 대조적인 경험에 대한 상세한 분석은 다음에서 발견할 수 있다. Nancy Birdsall and Richard H. Sabot, *Opportunity Forgone: Education, Growth*

and Inequality in Brazil(Washington, D.C.: World Bank, 1993); James W. McGuire, "Development Policy and Its Determinants in East Asia and Latin America," Journal of Public Policy(1994).

60. Jere R. Behrman and Anil B. Deolalikar, "Health and Nutrition," in *Handbook of Development Economics*, edited by H. B. Chenery and T. N. Srinivasan(Amsterdam: North-Holland, 1988).

61. 그러나 대외 채무의 엄청난 압박 때문에 어떤 나라들—특히 아프리카—은 재정 정책을 결정할 때 거의 선택지가 없을 정도다. '현실적'인 경제적 가능성의 일부로서 '상상력'을 가진 국제정책이 필요하다는 주장이 제기되었다. Jeffrey D. Sachs, "Release the Poorest Countries from Debt Bondage," *International Herald Tribune*, June 12~13, 1999.

62. UNDP, *Human Development Report 1994*.

6장 민주주의의 중요성

1. 이 장의 앞부분은 다음 논문에서 가져왔다. "Freedoms and Needs," *New Republic*, January 10 & 17, 1994.

2. 다음에서 인용하였다. John F. Cooper, "Peking's Post-Tiananmen Foreign Policy: The Human Rights Factor," *Issues and Studies* 30(October 1994), p.69; 또한 Joanne Bauer and Daniel A. Bell, eds., *The East Asian Challenge for Human Rights*(Cambridge: Cambridge University Press, 1999).

3. 여기에서 제시된 분석과 뒤따르는 논의는 다음의 논문에서 가져왔다. "Freedoms and Needs"(1994); "Legal Rights and Moral Rights: Old Questions and New Problems," *Ratio Juris* 9(June 1996); "Human Rights and Asian Values," Morgenthau Memorial Lecture(New York: Carnegie Council on Ethics and International Affairs, 1997). 이것은 축약된 형태로 다음에 수록되었다. *The New Republic*, July 14 & 21, 1997.

4. Adam Przeworski et al., *Sustainable Democracy*(Cambridge: Cambridge University Press, 1995); Robert J. Barro, *Getting It Right: Markets and Choices in a Free Society*(Cambridge, Mass.: MIT Press, 1996). 또한 Robert J. Barro and Jong-Wha Lee, "Losers and Winners in Economic Growth," Working Paper 4341, National

Bureau of Economic Research(1993); Partha Dasgupta, *An Inquiry into Well-Being and Destitution*(Oxford: Clarendon Press, 1993); John Helliwell, "Empirical Linkages between Democracy and Economic Growth," Working Paper 4066, National Bureau of Economic Research(1994); Surjit Bhalla, "Freedom and Economic Growth: A Vicious Circle?" presented at the Nobel Symposium in Uppsala on "Democracy's Victory and Crisis," August 1994; Adam Przeworski and Fernando Limongi, "Democracy and Development." 이것은 앞에서 언급된 웁살라에서의 노벨 심포지엄에서 발표되었다.

5. Jean Drèze, *Hunger and Public Action*(Oxford: Clarendon Press, 1989), part 3.
6. "Development: Which Way Now?" *Economic Journal* 93(December 1983); *Resources, Values and Development*(Cambridge, Mass.: Harvard University Press, 1984; 1997).
7. 1840년대 기근 당시 아일랜드가 영국의 일부였지 식민지는 아니었다고 말할 수도 있다. 하지만 아일랜드 사람들과 잉글랜드의 지배자 사이에는 거대한 문화적 간극이 있었고, 잉글랜드인들은 아일랜드인들에 대해 깊은 의구심을 갖고 있었다(이것은 에드먼드 스펜서의 신랄한 작품 『페어리 퀸』에 반영되어 있으며, 거의 16세기까지 거슬러 올라가는 풍조였다). 그리고 정치권력의 배분은 극도로 불평등했다. 여기에서 논의하는 맥락에서 보면, 아일랜드는 외국의 정부가 지배하는 식민지와 크게 다르지 않은 방식으로 지배되었다. Cecil Woodham-Smith, *The Great Hunger: Ireland 1845~1849*(London: Hamish Hamilton, 1962.). 사실 조엘 모키어(Joel Mokyr)가 지적했듯이, "아일랜드는 영국에 의해서 낯설고 심지어 적대적인 지역으로 간주되었다"[*Why Ireland Starved: A Quantitative and Analytical History of the Irish Economy, 1800~1850*(London: Allen Unwin, 1983), p.291].
8. Fidel Valdez Ramos, "Democracy and the East Asian Crisis," inaugural address at the Centre for Democratic Institutions, Australian National University, Canberra, November 26, 1998, p.2.
9. 중요한 요소는 숙의정치(deliberative politics)와 공적 토론에서 도덕적 주장의 활용이 어디까지 미치느냐하는 것이다. Jürgen Haberman, "Three Normative Models of Democracy," *Constellations* 1(1994); Seyla Benhabib, "Deliberative Rationality and Models of Democratic Legitimacy," *Constellations* 1(1994); James Bonham and William Rehg, eds., *Deliberative Democracy*(Cambridge, Mass.: MIT Press, 1997).

또한 James Fishkin, *Democracy and Deliberation*(New Haven, Conn.: Yale University Press, 1971); Ralf Dahrendorf, *The Modern Social Contract*(New York: Weidenfeld, 1988); Alan Hamlin and Phillip Pettit, eds., *The Good Polity*(Oxford: Blackwell, 1989); Cass Sunstein, *The Partial Constitution*(Cambridge, Mass.: Harvard University Press, 1993); Amy Gutman and Dennis Thompson, *Democracy and Disagreement*(Cambridge, Mass.: Harvard University Press, 1996).
10. Drèze and Sen, *Hunger and Public Action*(1989), pp.193~197, 229~239.
11. 생태적 변화가 적절히 포착되었을 때, 사회적 선택과 숙의정치의 핵심적인 문제 중 일부를 제기한다는 것을 주의할 필요가 있다. "Environmental Evaluation and Social Choice: Contingent Valuation and the Market Analogy," *Japanese Economic Review* 46(1995).

7장 기근과 기타 재난

1. 이 장의 앞부분은 1996년 11월 15일 로마에서 열린 세계 식량 정상회담에서 이탈리아 상원에서 열린 세계 의회 연합에서 행한 기조 연설에서 가져왔다. 이 분석은 다음의 이전 저서에 기초한 것이다. *Poverty and Famines: An Essay on Entitlement and Deprivation*(Oxford: Clarendon Press, 1981). 또한 Jean Drèze와의 공저, *Hunger and Public Action*(Oxford: Clarendon Press, 1989).
2. '권한 분석'에 대해서는 *Poverty and Famines*(1981), 또한 Drèze and Sen, *Hunger and Public Action*(1989); Drèze and Sen, eds., *The Political Economy of Hunger*(Oxford: Clarendon Press, 1990). 그 축약된 형태로 Drèze, Sen and Athar Hussain, *The Political Economy of Hunger: Selected Essays*(Oxford: Clarendon Press, 1995).
3. 식량 산출량이나 가용량의 감소가 적거나 없어도 다른 이유로 일어나는 기근의 사례에 대해서는 *Poverty and Famines*(1981), chapters 6~9.
4. *Poverty and Famines*(1981). 또한 Meghnad Desai, "A General Theory of Poverty," *Indian Economic Review* 19(1984) 그리고 "The Economics of Famine," in *Famines*, edited by G. A. Harrison(Oxford: Clarendon Press, 1988). 또한 Lucile F. Newman, ed., *Hunger in History: Food Shortage, Poverty, and Deprivation*(Oxford: Blackwell, 1990). 여기에서 더 나아가 Peter Garnsey, *Famine*

and Food Supply in the Graeco-Roman World(Cambridge: Cambridge University Press, 1988).

5. 기근 관련 문헌에 대한 주요한 비판적 개관으로는 Martin Ravallion, "Famines and Economics," Journal of Economic Literature 35(1997).

6. Poverty and Famines(1981), chapters 7 and 8.

7. 1974년 벵골 기근은 다음에서 분석하였다. Poverty and Famines(1981), chapter 9, 또한 Mohiuddin Alamgir, Famine in South Asia(Boston: Oelgeschlager, Gunn & Hain, 1980)와 Martin Ravallion, Markets and Famines(1987).

8. Ravallion, Markets and Famines(1987).

9. 기근 동안에도 아일랜드가 잉글랜드에 식량을 수출했다는 사실은 아일랜드의 식량 생산이 줄지 않았다는 증거로 종종 인용된다. 하지만 이것은 오류다. 식량 생산량이 줄었다는 직접적인 증거가 있을뿐더러(감자 전염병과 관련된), 식량 이동은 수출하는 나라의 식량 생산량이 아니라 상대적 가격에 의해서 결정되기 때문이다. 사실 '식량의 역수출'(부족한 지역에서 상대적으로 풍족한 지역으로 식량을 수출하는 것)은 일반적인 경제침체가 있을 때 생겨나는 '불황 기근'에서 흔한 현상이다. 이때 식량에 대한 수요는 생산량의 감소량보다 더 빠르게 줄어든다(Poverty and Famines(1981)). 중국의 기근에서도 지방에서 줄어든 식량 생산량의 상당 부분이 정책의 결과로 도시 지역에 옮겨졌다(Carl Riskin, "Feeding China: The Experience since 1949," in Drèze and Sen, The Political Economy of Hunger(1989)).

10. 1943년 벵골 기근에서 특이한 사망률에는 다른 요소가 있다. 정부가 식량 공수, 가격 통제, 공정한 상점 운영 등을 통해 도시 인구를 보호하면서 지방의 빈곤한 이들을 아무 대책 없이 버려둔 것이다. 벵골 기근의 다른 측면에 대해서는 나의 Poverty and Famines(1981), chapter 6.

11. 지방의 인구가 경제적으로나 정치적으로 더 강력한 도시의 인구에 비해 고통을 겪는 것은 흔한 일이다. 마이클 립턴은 고전적 연구에서 '도시 편향'을 분석했다. Why Poor People Stay Poor: A Study of Urban Bias in World Development(London: Temple Smith, 1977).

12. Alamgir, Famine in South Asia(1980), 나의 Poverty and Famines(1981), chapter 9. 식량의 가격(과 기타 인과적 요소)에 대한 분석은 마틴 라발리온Martin Ravallion에 의해 다음에서 광범위하게 논구되었다. Markets and Famines(1987). 라발리온은 또한 쌀시장에서 어떻게 방글라데시의 식량 공급의 미래를 과장하며 필요했던 것보다 가

격이 훨씬 가파르게 상승했는지를 보여준다.

13. *Encyclopaedia Britannica*, 11th edition(Cambridge, 1910~1911), volume 10, p.167.

14. A. Loveday, *The History and Economics of Indian Famines*(London: G. Bell, 1916). 또한 나의 *Poverty and Famines*(1981), chapter 4.

15. Alex de Waal, *Famines That Kill*(Oxford: Clarendon Press, 1989). 또한 나의 *Poverty and Famines*. 1943년의 벵골 기근의 패턴에 대해서는 부록 D를 보라.

16. 이 분석은 다음을 이용했다. "Famine as Alienation," in *State, Market and Development: Essays in Honour of Rehman Sobhan*, edited by Abu Abdullah and Azizur Rahman Khan(Dhaka: University Press, 1996); "Nobody Need Starve," *Granta* 52(1995).

17. Robert James Scally, *The End of Hidden Ireland*(New York: Oxford University Press, 1995).

18. Cormac O Grada, *Ireland before and after the Famine: Explorations in Economic History, 1800~1925*(Manchester: Manchester University Press, 1988) 그리고 *The Great Irish Famine*(Basingstoke: Macmillan, 1989).

19. Terry Eagleton, *Heathcliff and the Great Hunger: Studies in Irish Culture*(London: Verso, 1995), pp.25~26.

20. 아일랜드 기근에 대한 분석으로는 Joel Mokyr, *Why Ireland Starved: A Quantitative and Analytical History of the Irish Economy, 1800~1850*(London: Allen & Unwin, 1983); Cormac O Grada, *Ireland before and after the Famine*(1988) 그리고 *The Great Irish Famine*(1989); Pat McGregor, "A Model of Crisis in a Peasant Economy," *Oxford Economic Papers* 42(1990). 땅이 부족한 것은 남아시아와 사하라 남부 아프리카 일부 지역에서 기근과 관련해 특히 심각한 문제다. Keith Griffin and Azizur Khan, eds., *Poverty and Landlessness in Rural Asia*(Geneva: ILO, 1977) 그리고 Alamgir, *Famine in South Asia*(1980).

21. Alamgir, *Famine in South Asia*(1980) 그리고 Ravallion, *Markets and Famines*(1987). 또한 Nurul Islam, *Development Planning in Bangladesh: A Study in Political Economy*(London: Hurst; New York: St. Martin's Press, 1977).

22. 식량의 '역수출' 문제에 대해서는 Sen, *Poverty and Famines*(1981); Graciela Chichilnisky, "North-South Trade with Export Enclaves: Food Consumption and

Food Exports," mimeographed, Columbia University, 1983; Drèze and Sen, *Hunger and Public Action*(1989).
23. Mokyr, *Why Ireland Starved*(1983), p.291. 이 복잡한 관계의 다른 측면에 대해서는 R. Fitzroy Foster, *Modern Ireland 1600~1972*(London: Penguin, 1989).
24. 이런 노선의 진단에 대한 모키어의 균형잡힌 평가에 대해서는 *Why Ireland Starved*(1983), pp.291~292.
25. Cecil Woodham-Smith, *The Great Hunger: Ireland 1845~1849*(London: Hamish Hamilton, 1962); 또한 O Grada, *The Great Irish Famine*(1989) 그리고 Eagleton, *Heathcliff and the Great Hunger*(1995). 이후 아일랜드의 역사는 기근에 의해서, 그리고 런던으로부터 받은 처우에 의해서 크게 영향을 받았다. Scally, *The End of Hidden Ireland*(1995).
26. Andrew Roberts, *Eminent Churchillians*(London: Weidenfeld & Nicolson, 1994), p.213.
27. Woodham-Smith, *The Great Hunger*(1962), p.76.
28. 굶주림과 기근을 막기 위해 도덕적 추론능력이 갖는 중요성은 다음에서 탁월하게 분석된 바 있다. Onora O'Neil, *Faces of Hunger: An Essay on Poverty, Justice and Development*(London: Allen and Unwin, 1986). 또한 P. Sainath, *Everybody Loves a Good Drought*(New Delhi: Penguin, 1996); Helen O'Neill and John Toye, eds., *A World Without Famine? New Approaches to Aid and Development*(London: Macmillan, 1998); Joachim von Braun, Tesfaye Teklu and Patricia Webb, *Famine in Africa: Causes, Responses, Prevention*(Baltimore: Johns Hopkins University Press, 1999).
29. 이에 대해서는 방대한 문헌들이 있는데, 다음에서 비판적으로 검토하였다. Drèze and Sen, *Hunger and Public Action*(1989), chapter 9. 또한 C. K. Eicher, Transforming *African Agriculture*(San Francisco: The Hunger Project, 1986); M. S. Swaminathan, *Sustainable Nutritional Security for Africa*(San Francisco: The Hunger Project, 1986); M. Glantz, ed., *Drought and Hunger in Africa*(Cambridge: Cambridge University Press, 1987); J. Mellor, C. Delgado and C. Blackie, eds., *Accelerating Food Production in Sub-Saharan Africa*(Baltimore: Johns Hopkins University Press, 1987). 또한 *The Political Economy of Hunger*, edited by Drèze and Sen(1990)에 수록된 Judith Heyer, Francis Idachaba, Jean-

Philippe Platteau, Peter Svedberg, Sam Wangwe의 논문들을 보라.

30. Drèze and Sen, *Hunger and Public Action*(1989), table 2.4, p.33.
31. Drèze and Sen, *Hunger and Public Action*(1989), chapter 8. 그리고 Drèze and Sen, *The Political Economy of Hunger*(1990).
32. 이러한 절차의 역학적 분석은 Drèze and Sen, *Hunger and Public Action*(1989), chapter 8; the papers of Jean Drèze in Drèze and Sen, *The Political Economy of Hunger*(1990).
33. Drèze and Sen, *Hunger and Public Action*(1989), chapter 8.
34. *Poverty and Famines*(1981); Drèze and Sen, *Hunger and Public Action*(1989).
35. 비교를 위한 전체적 그림은 Drèze and Sen, *Hunger and Public Action*(1989), chapter 8.
36. Basil Ashton, Kenneth Hill, Alan Piazza and Robin Zeitz, "Famine in China 1958~1961," *Population and Development Review* 10(1984).
37. T. P. Bernstein, "Stalinism, Famine, and Chinese Peasants," *Theory and Society* 13(1984), p.13. 또한 Carl Riskin, *China's Political Economy*(Oxford: Clarendon Press, 1987).
38. Mao Tse-tung, *Mao Tse-tung Unrehearsed, Talks and Letters: 1956~1971*, edited by Stuart R. Schram(Harmondsworth: Penguin Books, 1976), pp.277~278. 또한 이 진술에 대한 논의로는 Ralph Mijiband, *Marxism and Politics*(London: Oxford University Press, 1977), pp.149~150.
39. Ralph Miliband, *Marxism and Politics*(1977), p.151.
40. Drèze and Sen, *Hunger and Public Action*(1989).
41. 동아시아 및 동남아시아의 위기 방지 및 장기적 개혁에 대한 IMF의 일반적 전략에 대한 '내재적' 설명으로는 Timothy Lane, Atish R. Ghosh, Javier Hamann, Steven Phillips, Marianne Schultz-Ghattas and Tsidi Tsikata, *IMF-Supported Programs in Indonesia, Korea and Thailand: A Preliminary Assessment*(Washington, D.C.: International Monetary Fund, 1999).
42. James D. Wolfensohn, *The Other Crisis: Address to the Board of Governors of the World Bank*(Washington, D.C.: World Bank, 1998).
43. 자연재해나 경제 불황뿐만 아니라 전쟁이나 무력충돌을 통해서도 이러한 사태가 초래된다. "Economic Regress: Concepts and Features," *Proceedings of the World Bank*

Annual Conference on Development Economics 1993(Washington, D.C.: World Bank, 1994). 현대적 재앙으로서 군사주의의 일반적인 역할에 대해서는 John Kenneth Galbraith, "The Unfinished Business of the Century," mimeographed, lecture at the London School of Economics, June 28, 1999.

44. Torsten Persson and Guido Tabellini, "Is Inequality Harmful to Growth? Theory and Evidence," *American Economic Review* 84(1994); Alberto Alesina and Dani Rodrik, "Distributive Politics and Economic Growth," *Quarterly Journal of Economics* 108(1994); Albert Fishlow, C. Gwin, S. Haggard, D. Rodrik and S. Wade, *Miracle or Design Lessons from the East Asian Experience*(Washington, D.C.: Overseas Development Council, 1994). 또한 인도(와 남아시아 일반)와의 대조에 대해서는 Jean Drèze and Amartya Sen, *India: Economic Development and Social Opportunity*(Delhi: Oxford University Press, 1995). 그러나 이런 유형의 낮은 불평등 수준이 민주정치가 위기와 심각한 궁핍의 시기에 가져올 수 있는 종류의 평등을 보장해주지는 못한다. 유종일은 (한국을 포함해) 이런 나라들에서 "낮은 불평등과 높은 이윤 분배는 주로 부가 보기 드물게 균등하게 배분되었기 때문에 공존했다"고 지적한다("Income Distribution and Growth in East Asia," *Journal of Development Studies* 34(1998)]. 여기에서 한국의 과거 역사는 선행한 토지개혁, 교육의 확장 등을 통한 인적 자본의 광범위한 개발 등을 포함해 매우 긍정적인 역할을 한 것으로 보인다.

8장 여성의 행위주체성과 사회변화

1. 나는 이 문제를 이전의 여러 저작에서 논의했다. "Economics and the Family," *Asian Development Review* 1(1983); "Women, Technology and Sexual Divisions," *Trade and Development* 6(1985); "Missing Women," *British Medical Journal* 304(March 1992); "Gender and Cooperative Conflict," *Persistent Inequalities: Women and World Development*, edited by Irene Tinker(New York: Oxford University Press, 1990); "Gender Inequality and Theories of Justice," *Women, Culture and Development: A Study of Human Capabilities*, edited by Martha Nussbaum and Jonathan Glover(Oxford: Clarendon Press, 1995); (jointly with Jean Drèze) *India: Economic Development and Social Opportunity*(Delhi: Oxford University Press, 1995); "Agency and Well-Being: The Development Agenda," in *A Commitment to*

the Women, edited by Noeleen Heyzer(New York: UNIFEM, 1996).
2. 나의 이전 논문은 한 개인의 '행위자 측면'과 '복지 측면' 사이의 철학적 구별을 탐구하며 이 구별을 다양한 분야에 적용했을 때의 방대한 실질적 함의를 규명하려고 시도했다. "Well-Being, Agency and Freedom: The Dewey Lectures 1984," *Journal of Philosophy* 82(April 1985).
3. 다음에서 아시아와 북아프리카의 여러 나라에서 여성의 '초과 사망률'의 크기에 대한 대안적인 통계적 추측들을 논의하였다. *Resources, Values and Development*(Cambridge, Mass.: Harvard University Press, 1984); Sen and Jean Drèze, *Hunger and Public Action*(Oxford: Clarendon Press, 1989). 또한 Stephan Klasen, "'Missing Women' Reconsidered," *World Development* 22(1994).
4. 여기에는 방대한 문헌이 있다. 가능한 증거들을 분석하고 활용하려는 나의 시도는 "Gender and Cooperative Conflict"(1990) 그리고 "More Than a Hundred Million Women Are Missing," *New York Review of Books*(Christmas number, December 20, 1990).
5. *Resources, Values and Development*(1984), "Gender and Cooperative Conflict" (1990) 그리고 "More Than a Hundred Million Women Are Missing"(1990). 이 일반적인 분야에 대한 선구적 연구는 이스터 보스럽Ester Boserup의 고전적인 저작에서 개진되었다. *Women's Role in Economic Development*(London: Allen & Unwin, 1971). 개발도상국의 성 불평등에 대한 최근의 문헌들에는 다양한 유형의 결정변수들에 대한 흥미로우면서도 중요한 연구가 많이 들어 있다. Hanna Papanek, "Family Status and Production: The 'Work' and 'Non-Work' of Women," Signs 4(1979). Martha Loutfi, ed., *Rural Work: Unequal Partners in Development*(Geneva: ILO, 1980); Mark R. Rosenzweig and T. Paul Schultz, "Market Opportunities, Genetic Endowment and Intrafamily Resource Distribution," *American Economic Review* 72(1982); Myra Buvinic, M. Lycette and W. P. McGreevy, eds., *Women and Poverty in the Third World*(Baltimore: Johns Hopkins University Press, 1983); Pranab Bardhan, *Land, Labor and Rural Poverty*(New York: Columbia University Press, 1984); Devaki Jain and Nirmala Banerjee, eds., *Tyranny of the Household: Investigative Essays in Women's Work*(New Delhi: Vikas, 1985); Gita Sen and C. Sen, "Women's Domestic Work and Economic Activity," *Economic and Political Weekly* 20(1985); Martha Alter Chen, *A Quiet Revolution: Women in Transition in*

Rural Bangladesh(Dhaka: BRAC, 1986); Jere Behrman and B. L. Wolfe, "How Does Mother's Schooling Affect Family Health, Nutrition, Medical Care Usage and Household Sanitation?" *Journal of Econometrics* 36(1987); Monica Das Gupta, "Selective Discrimination against Female Children in India," *Population and Development Review* 13(1987); Gita Sen and Caren Grown, *Development, Crises and Alternative Visions: Third World Women's Perspectives*(London: Earthscan, 1987); Alaka Basu, *Culture, the Status of Women and Demographic Behaviour*(Oxford: Clarendon Press, 1992); Nancy Folbre, Barbara Bergmann, Bina Agarwal and Maria Flore, eds., *Women's Work in the World Economy*(London: Macmillan, 1992); United Nations ESCAP, *Integration of Women's Concerns into Development Planning in Asia and the Pacific*(New York: United Nations, 1992); Bina Agarwal, *A Field of One's Own*(Cambridge: Cambridge University Press, 1995); Edith Kuiper and Jolande Sap, with Susan Feiner, Notburga Ott and Zafiris Tzannatos, *Out of the Margin: Feminist Perspectives on Economics*(New York: Routledge, 1995).

6. 가족 내의 성별 분담은 관련된 문헌에서 종종 '협상 문제'로 다루어진다. Marilyn Manser and Murray Brown, "Marriage and Household Decision Making: A Bargaining Analysis," *International Economic Review* 21(1980); M. B. McElroy and M. J. Horney, "Nash Bargained Household Decisions: Toward a Generalization of Theory of Demand," *International Economic Review* 22(1981); Shelley Lundberg and Robert Pollak, "Noncooperative Bargaining Models of Marriage," *American Economic Review* 84(1994). '협상 모형'과는 다른 접근법에 대해서는 Sen, "Women, Technology and Sexual Divisions"(1985); Nancy Folbre, "Hearts and Spades: Paradigms of Household Economics," *World Development* 14(1986); J. Brannen and G. Wilson, eds., *Give and Take in Families*(London: Allen & Unwin, 1987); Susan Moller Okin, *Justice, Gender, and the Family*(New York: Basic Books, 1989); Sen, "Gender and Cooperative Conflict"(1990); Marianne A. Ferber and Julie A. Nelson, eds., *Beyond Economic Man: Feminist Theory and Economics*(Chicago: Chicago University Press, 1993). 이 문제에 대한 유용한 논문 모음집으로는 Jane Humphries, ed., *Gender and Economics*(Cheltenham, U.K.: Edward Elgar, 1995) 그리고 Nancy Folbre, ed., *The Economics of the*

Family(Cheltenham, U.K.: Edward Elgar, 1996).

7. Okin, *Justice, Gender, and the Family*(1989); Drèze and Sen, *Hunger and Public Action*(1989); Sen, "Gender and Cooperative Conflict"(1990); Nussbaum and Glover, *Woman, Culture and Development*(1995). 또한 *American Economic Review* 84(1994)에 수록된 Julie Nelson, Shelley Lundberg, Robert Pollak, Diana Strassman, Myra Strober, Viviana Zelizer의 논문들을 참조하라.

8. 이 문제는 인도에서 주목할 만한 관심을 끌기 시작했다. Asoke Mitra, *Implications of Declining Sex Ratios in India's Population*(Bombay: Allied Publishers, 1980); Jocelyn Kynch and Amartya Sen, "Indian Women: Well-Being and Survival," *Cambridge Journal of Economics* 7(1983); Bardhan, *Land, Labor and Rural Poverty*(1984); Jain and Banerjee, eds., *Tyranny of the Household*(1985). 이 '생존 문제'는 방치의 문제와 관련되어 있는데, 이에 대해서는 또한 다음의 연구를 참조하라. Swapna Mukhopadhyay, ed., *Women's Health, Public Policy and Community Action*(Delhi: Manohar, 1998); Swapna Mukhopadhyay and R. Savithri, *Poverty, Gender and Reproductive Choice*(Delhi: Manohar, 1998).

9. Tinker, *Persistent Inequalities*(1990). 이 모음집에 실린 내 논문("Gender and Cooperative Conflict")은 가족 내 분담에 영향을 끼치는 경제적·사회적 영향을 탐구하는 동시에 왜 이러한 분할이 나라에 따라 달라지는지(예를 들어 반여성적 편견은 사하라 남부 아프리카나 동남아시아보다 남아시아, 서아시아, 북아프리카, 중국에서 더 심하다), 그리고 한 나라 안에서도 지역에 따라 달라지는지(예를 들어 지금 이 시점에서 보면 펀자브와 우타르프라데시 같은 인도 남부 지역에서 성적 편견이 매우 강한 반면, 케랄라 지방에서는 거의 사라졌다)를 논의했다. 여성의 상대적 지위에 대한 서로 다른 영향 요소 사이에는 밀접한 연관이 있는데, 예를 들면 법적 권리와 기초교육 사이가 그렇다(법적인 조력을 받기 위해서는 읽고 쓰는 능력이 필요할 수 있다). Salma Sobhan, *Legal Status of Women in Bangladesh*(Dhaka: Bangladesh Institute of Legal and International Affairs, 1978).

10. 함께 굶주릴 때 성적 분할의 문제에 대해서 연구한 것으로 Megan Vaughan, *The Story of an African Famine: Hunger, Gender and Politics in Malawi*(Cambridge: Cambridge University Press, 1987); Barbara Harriss, "The Intrafamily Distribution of Hunger in South Asia," in *The Political Economy of Hunger*, edited by Jean Drèze and Amartya Sen(Oxford: Clarendon Press 1990).

11. 이 중 몇 가지는 인도의 맥락에서, 인도 내외의 현황을 비교하면서 논의한 바 있다. Drèze and Sen, *India: Economic Development and Social Opportunity*(1995); 또한 Alaka Basu, *Culture, the Status of Women and Demographic Behaviour*(1992) 그리고 Agarwal, *A Field of One's Own*(1995). 서로 다른 불이익의 원천은 가령 가난한 가정의 미망인처럼 경제적 혹은 사회적 지지대가 거의 없는 집단의 특별한 바탈 상태를 분석하는 데 특히 중요하다. Martha Alter Chen, ed., *Widows in India*(New Delhi: Sage, 1998). 그리고 그녀의 신간 *Perpetual Mourning: Widowhood in Rural India*(Delhi: Oxford University Press, 1999; Philadelphia, Pa.: University of Pennsylvania Press, 1999).

12. 이와 관련된 문제에 대해서는 나의 "Gender and Cooperative Conflict," in Tinker, *Persistent Inequalities*(1990)와 여기 인용된 문헌들을 참조하라.

13. L. Beneria, ed., *Women and Development: The Sexual Division of Labor in Rural Societies*(New York: Praeger, 1982). 또한 Jain and Banerjee, *Tyranny of the Household*(1985); Gita Sen and Grown, *Development, Crises and Alternative Visions*(1987); Haleh Afshar, ed., *Women and Empowerment: Illustrations from the Third World*(London: Macmillan, 1998).

14. Mamta Murthi, Anne-Catherine Guio and Jean Drèze, "Mortality, Fertility and Gender Bias in India: A District Level Analysis," *Population and Development Review* 21(December 1995). 또한 Jean Drèze and Amartya Sen, eds., *Indian Development: Selected Regional Perspectives*(Delhi: Oxford University Press, 1996). 이렇게 규명된 관계에서 인과의 방향에 대해 질문을 제기할 수 있다. 예를 들어 여성의 문자해독력이 가정 내에서 위상이나 지위에 영향을 끼치는지, 혹은 여성의 높은 지위로 인해서 어린 소녀가 학교에 갈 수 있게 되는 것인지 등. 또 통계적으로 양자와 상관있는 제3의 요소가 있을 수도 있다. 그런데 최근의 실증적 연구는 대부분 가정이―인도에서 사회적으로 가장 뒤처진 지역에서도―여아를 포함해 아이들의 교육을 강력하게 선호한다는 걸 보여준다. 대규모의 조사에 따르면 여자아이를 학교에 보내는 것이 '중요하다'고 느끼는 부모의 비율은 여성 문맹율이 가장 높은 지역에서도 꽤 높았다. 라자스탄에서는 85퍼센트, 비하르에서는 88퍼센트, 우타르프라데시에서는 92퍼센트, 그리고 마디아프라데시에서는 93퍼센트였다. 여아의 교육에 대한 가장 큰 장애는 인근에 학교가 없다는 것이다. 이것이 문자해독률의 차이를 가져오는 가장 큰 요인이다. Probe Team, *Public Report on Basic Education in India*(Delhi: Oxford University

Press, 1999). 따라서 공공정책은 중요한 역할을 한다. 최근 문맹 퇴치를 위한 공공정책의 뛰어난 성과가 있었는데, 특히 히마찰프라데시, 최근의 서벵골, 마디아프라데시 등이 여기 포함된다.

15. 1991년의 인도 인구조사는 0~4세 집단에서 1천 명당 사망률이 전체 인도를 기준으로 남아의 경우엔 25.6명, 여아의 경우엔 27.5명임을 보여준다. 그러나 안드라프라데시, 아쌈, 히마찰프라데시, 케랄라, 타밀나두 지역에서는 이 연령의 여아 사망률이 남아의 경우보다 더 낮았다. 반대로 비하르, 하랴나, 마디아프라데시, 펀자브, 라자스탄, 우타르프라데시에서는 여아의 사망률이 가장 높았다.

16. Murthi, Guio and Drèze, "Mortality, Fertility and Gender Bias in India" (1995).

17. Jean Drèze and Mamta Murthi, "Female Literacy and Fertility: Recent Census Evidence from India," mimeographed, Centre for History and Economics, King's College, Cambridge, U.K., 1999.

18. 서로 다른 형태의 소유권이 끼치는 영향을 검토하기 위한 적절한 지역 간 편차를 보여주는 자료가 없었는데, 이 제도가 인도 전역에서 비교적 일관되기 때문이다. 물론 고립된 사례로 케랄라의 나이르Nair 집단이 강력하면서도 자주 논의된 사례로 존재하는데, 이들은 오랫동안 모계 상속을 해왔다(이것은 여성의 소유권이 일반적으로 아동의 생존율, 특히 여아의 생존율에 긍정적인 영향을 끼친다는 것을 확증해준다).

19. 여성의 노동 참여와 5세 이하 여아 사망률 사이에도 정의 상관관계가 존재하는 것처럼 보이지만 이 연관성은 통계적으로 그리 중요한 것은 아니다.

20. J. C. Caldwell, "Routes to Low Mortality in Poor Countries," *Population and Development Review* 12(1986); Behrman and Wolfe, "How Does Mother's Schooling Affect Family Health, Nutrition, Medical Care Usage and Household Sanitation?" (1987).

21. 장 드레즈와의 공저에서 이 문제를 포괄적으로 논의했다. *India: Economic Development and Social Opportunity*(1995).

22. 다양한 출처의 근거들이 비판적 검토를 거쳤는데, 당연하게도 이 비판적인 검토 과정에서 서로 다른 실증적 연구들이 다양한 설득력을 보여준다. 다음에서 특히 논문 "critical perspectives"를 참조할 것. Caroline H. Bledsoe, John B. Casterline, Jennifer A. Johnson-Kuhn and John G. Haaga, eds., *Critical Perspectives on Schooling and Fertility in the Developing World*(Washington, D.C.: National Academy Press, 1999). 또한 Susan Greenhalgh, *Situating Fertility: Anthropology*

and Demographic Inquiry(Cambridge: Cambridge University Press, 1995); Robert J. Barro and Jong-Wha Lee, "International Comparisons of Educational Attainment." 이 논문은 다음 컨퍼런스에서 발표되었다. How Do National Policies Affect Long-Run Growth?, World Bank, Washington, D.C., 1993; Robert Cassen et al., Population and Development: Old Debates, New Conclusions(Washington, D.C.: Transaction Books for Overseas Development Council, 1994).

23. "Population: Delusion and Reality," New York Review of Books, September 22, 1994; Population Policy: Authoritarianism versus Cooperation(Chicago: MacArthur Foundation, 1995); "Fertility and Coercion," University of Chicago Law Review 63(summer 1996).

24. United Nations, ESCAP, Integration of Women's Concerns into Development Planning in Asia and the Pacific(New York: United Nations, 1992). 특히 Rehman Sobhan의 논문과 여기 인용된 문헌들을 보라. 이 실질적인 논점들은 여성의 역할에 대한 사회적 인식과 깊은 관련이 있으며, 따라서 여성 연구의 핵심적 부분을 건드리게 된다. 다음에서 광범위한 논문들을 찾아볼 수 있다. Susan Moller Okin and Jane Mansbridge, eds., Feminism(Cheltenham, U.K.: Edward Elgar, 1994). 또한 Catherine A. Mackinnon, Feminism Unmodified(Cambridge, Mass.: Harvard University Press, 1987); Barbara Johnson, The Feminist Difference: Literature, Psychology, Race and Gender(Cambridge, Mass.: Harvard University Press, 1998).

25. Philip Oldenberg, "Sex Ratio, Son Preference and Violence in India: A Research Note," Economic and Political Weekly, December 5-12, 1998; Jean Drèze and Reetika Khera, "Crime, Society and Gender in India: Some Clues for Homicidal Data," mimeographed, Centre for Development Economics, Delhi School of Economics, 1999. 이 흥미로운 발견에 대한 설명은 경제적, 사회적 요인 외에도 문화적 요인을 끌어들일 수 있다. 간략한 논의를 통해 후자에만 집중하기는 했지만, 도덕과 태도에서 기본적인 양성의 차이를 대조한 저자들이 제기한 심리와 가치평가에 관한 질문들도 명백한 연관관계를 갖는다. 특히 Carol Gilligan이 주목해볼 만하다. In a Different Voice(Cambridge, Mass.: Harvard University Press, 1982). 인도의 교도소 개혁 중 가장 뛰어난 사례가 가장 특이한 사례, 즉 여성 교도소장 키란 베디에게서 나왔다는 사실은 중요할 것이다. 급진적 변화와 그 과정에서 마주쳐야 했던 저항에 대한 그녀 자신의 설명으로는 Kiran Bedi, It's Always Possible: Transforming One of the

Largest Prisons in the World(New Delhi: Sterling, 1998). 이런 유형의 사회적 변화에서 여성의 리더십이 갖는 성격을 설명하려는 여러 대안들을 구별하고 선택하는 중요한 문제는 더 파고들지 않으려 한다. 왜냐하면 이 책에서 제시하는 분석을 위해서 이 복잡한 문제를 풀어야 할 필요는 없기 때문이다.

26. 올덴베르크Oldenberg가 전자의 가설을 제시했다. 하지만 다음도 참조하라. Arup Mitra, "Sex Ratio and Violence: Spurious Results," *Economic and Political Weekly*, January 2-9, 1993. 드레즈와 케라는 반대방향의 인과관계를 주장했다. 더 오래된 연구를 포함해서 전반적 개관을 위해서는 Baldev Raj Nayar, *Violence and Crime in India: A Quantitative Study*(Delhi: Macmillan, 1975); S. M. Edwards, *Crime in India*(Jaipur: Printwell Publishers, 1988); S. Venugopal Rao, ed., *Perspectives in Criminology*(Delhi; Vikas, 1988).

27. 높은 상환비율은 집단적인 공동책임제 덕분이기도 하다. Muhammad Yunus with Alan Jolis, *Banker to the Poor: Micro-Lending and the Battle Against World Poverty*(London: Aurum Press, 1998). 또한 Lutfun N. Khan Osmani, "Credit and Women's Relative Well-Being: A Case Study of the Grameen Bank, Bangladesh" (Ph.D. thesis, Queen's University of Belfast, 1998). 또한 Kaushik Basu, *Analytical Development Economics*(Cambridge, Mass.: MIT Press, 1997), chapters 13 and 14; Debraj Ray, *Development Economics*(Princeton: Princeton University Press, 1998), chapter 14.

28. Catherine H. Lovell, *Breaking the Cycle of Poverty: The BRAC Strategy*(Hartford, Conn.: Kumarian Press, 1992).

29. John C. Caldwell, Barkat-e-Khuda, Bruce Caldwell, Indrani Pieries and Pat Caldwell, "The Bangladesh Fertility Decline: An Interpretation," *Population and Development Review* 25(1999). 또한 John Cleland, James F. Phillips, Sajeda Amin and G. M. Kamal, *The Determinants of Reproductive Change in Bangladesh: Success in a Challenging Environment*(Washington, D.C.: World Bank, 1996), and John Bongaarts, "The Role of Family Planning Programmes in Contemporary Fertility Transition," in *The Continuing Demographic Transition*, edited by G. W. Jones et al.(New York: Oxford University Press, 1997).

30. Agarwal, *A Field of One's Own*(1995).

31. Henrietta Moore and Megan Vaughan, *Cutting Down Trees: Gender, Nutrition*

and Agricultural Change in the Northern Province of Zambia, 1890~1990(Portsmouth, N.H.: Heinemann, 1994).

32. 발달한 시장경제에서도 노동시장과 사회의 경제적 관계에서 여성이 극복해야 할 난관들은 많이 있다. Barbara Bergmann, *The Economic Emergence of Women*(New York: Basic Books, 1986); Francine D. Blau and Marianne A. Ferber, *The Economics of Women, Men and Work*(Englewood Cliffs, N.J.: Prentice-Hall, 1986) Victor R. Fuchs, *Women's Quest for Economic Equality*(Cambridge, Mass.: Harvard University Press, 1988); Claudia Goldin, *Understanding the Gender Gap: An Economic History of American Women*(New York: Oxford University Press, 1990). 또한 다음에 수록된 논문들을 참조하라. Marianne A. Ferber, *Women in the Labor Market*(Cheltenham, U.K.: Edward Elgar, 1998).

33. 여성의 '활동성'이나 '자율성'의 문제에 대해 여성의 문자해독률이나 고용률 같은 변수들이 얽힌 단순한 통계적 연관성에만 집중해서 지나치게 정식화된 용어로 파악하려는 것에는 과도한 단순화의 위험이 있다. 이 문제에 대한 통찰력 있는 인류학적 분석에 대해서는 Alaka M. Basu, *Culture, Status of Women, and Demographic Behavior*(Oxford: Clarendon Press, 1992). 또한 다음에 실린 연구들을 참조하라. Roger Jeffery and Alaka M. Basu, eds., *Girls' Schooling, Women's Autonomy and Fertility Change in South Asia*(London; Sage, 1996).

34. Naila Kabeer, "The Power to Choose: Bangladeshi Women and Labour Market Decisions in London and Dhaka," mimeographed, Institute of Development Studies, University of Sussex, 1998.

35. 독립 이후 인도에서 여성의 역할 변화와 그 광범위한 결과는 다음의 논문집에서 논의되었다. Bharati Ray and Aparna Basu, *From Independence towards Freedom*(Delhi: Oxford University Press, 1999).

36. *UNDP's Human Development Report 1995*(New York: Oxford University Press, 1995)는 사회적, 정치적, 경제적 리더십에서 성 차이에 대해 국가 간 비교연구를 보여주는데, 더욱 전통적인 지표를 통해 성 불평등을 보고하고 있다. 여기 인용된 문헌들을 보라.

9장 인구, 식량, 자유

1. Thomas Robert Malthus, *Essay on the Principle of Population, As It Affects the Future Improvement of Society, with Remarks on the Speculation of Mr. Godwin, M. Condorcet, and Other Writers*(London: J. Johnson, 1798), chapter 8; in the Penguin Classics edition, *An Essay on the Principle of Population; A Summary View of the Principle of Population*, edited by Anthony Flew(Harmondsworth: Penguin Books, 1982), p.123. 또한 *The Works of Thomas Robert Malthus*, edited by E. A. Wrigley and David Souden(London: William Pickering, 1986). 이 책에는 훌륭한 편집자의 서문이 포함되어 있다.
2. *Commodity Market Review 1998~1999*(Rome: Food and Agriculture Organization, 1999), p.xii. 이 보고서에 제시된 상세한 분석을 참조하라. 또한 *Global Commodity Markets: A Comprehensive Review and Price Forecast*(Washington, D.C.: World Bank, 1999). 국제식량정책연구소(IFPRI)의 인상적인 연구에 따르면, 1990~2020년 사이에 식량의 실질 가격이 더 떨어질 것이라고 한다. 이 연구는 밀 가격이 15퍼센트, 쌀이 22퍼센트, 옥수수는 23퍼센트, 다른 곡물류는 25퍼센트 하락할 것으로 예측하였다. Mark W. Rosengrant, Mercedita Agcaoili-Sombilla and Nicostrato D. Perez, "Global Food Projections to 2020: Implications for Investment," International Food Policy Research Institute, Washington, D.C., 1995.
3. Tim Dyson, *Population and Food: Global Trends and Future Prospects*(London and New York: Routledge, 1996), table 4.6.
4. Dyson, *Population and Food*(1996), table 4.5.
5. *Poverty and Famines: An Essay on Entitlement and Deprivation*(Oxford and New York: Oxford University Press, 1981), chapter 6.
6. Secretary-General of the United Nations to the Preparatory Committee for the International Conference on Population and Development, third session, A/Conf.171/PC/5, February 18, 1994, p.30. 또한 Massimo Livi Bacci, *A Concise History of World Population*, translated by Carl Ipsen(Cambridge: Cambridge University Press, 1992; 2nd edition, 1997).
7. 이 주장은 인구 문제에 관한 예전의 내 논문들, 특히 다음 논문에 의존하고 있다. "Fertility and Coercion," *University of Chicago Law Review* 63(summer 1996).
8. "Rights and Agency," *Philosophy and Public Affairs* 11(1982), reprinted in

Consequentialism and Its Critics, edited by S. Scheffler(Oxford: Oxford University Press, 1988); "Rights as Goals," *Equality and Discrimination: Essays in Freedom and Justice*, edited by S. Guest and A. Milne(Stuttgart: Franz Steiner, 1985).

9. "Rights and Agency"(1982); "Rights as Goals"(1985); *On Ethics and Economics*(Oxford: Blackwell, 1987).

10. John Stuart Mill, *On Liberty*; in J. S. Mill, *Utilitarianism, On Liberty; Considerations on Representative Government; Remarks on Bentham's Philosophy*(London: Dent; Rutland, Vt.: Everyman Library, 1993), p.140.

11. 나는 다른 곳에서 이 갈등이 너무나 만연해 있어서 무제약의 자유가 갖는 우선성을 최소한도로 인지하기만 해도 파레토 최적처럼 효용에 기반한 사회적 원칙과 충돌이 일어난다고 주장했다. "The Impossibility of a Paretian Liberal," *Journal of Political Economy* 78(January/February 1971). 이 논문은 다음에 재수록되었다. *Choice, Welfare and Measurement*(Oxford: Blackwell; Cambridge, Mass.: MIT Press, 1982; republished, Cambridge, Mass.: Harvard University Press, 1997). 그리고 다른 논문모음집보다도 다음을 보라. *Philosophy and Economic Theory*, edited by Frank Hahn and Martin Hollis(Oxford: Oxford University Press, 1979). 또한 나의 *Collective Choice and Social Welfare*(San Francisco: Holden-Day, 1970; republished, Amsterdam: North-Holland, 1979), "Liberty and Social Choice," Journal of Philosophy 80(January 1983); "Minimal Liberty," *Economica* 57(1992). 다음의 특별호에 실린 이 주제에 대한 심포지엄을 보라. Analyse & Kritik 18(1996).

12. Massimo Livi Bacci and Gustavo De Santis, eds., *Population and Poverty in the Developing World*(Oxford: Clarendon Press, 1999). 또한 Partha Dasgupta, An *Inquiry into Well-Being and Destitution*(Oxford: Clarendon Press, 1993); Robert Cassen et al., *Population and Development: Old Debates, New Conclusions*(Washington D.C.: Transaction Books in Overseas Development Council, 1994); Kerstin Lindahl-Kiessling and Hans Landberg, eds., *Population, Economic Development, and the Environment*(Oxford: Oxford University Press, 1994).

13. 영어 번역은 맬서스 자신이 한 것이다. *Essay* on population, chapter 8, Penguin Classics, p.123. 맬서스는 여기에서 다음 저서의 1795년 초판을 사용하고 있다. Marie-Jean-Antoine-Nicolas de Caritat, marquis de Condorcet, *Esquisse d'un tableau*

historique des progrès de l' esprit humain. 같은 책의 재판은 *Oeuvres de Condorcet*, volume 6(Paris: Firmin Didot Frères, 1847; recently republished, Stuttgart: Friedrich Frommann Verlag, 1968). 이 단락은 1968년판의 256~257쪽에 실려 있다.

14. Condorcet, *Esquisse*; in the translation by June Barraclough, *Sketch for a Historical Picture of the Progress of the Human Mind*(London: Weidenfeld & Nicolson, 1955), pp.188~189.

15. Malthus, *A Summary View of the Principle of Population*(London: John Murray, 1830); in the Penguin Classics edition(1982), p.243. 비록 맬서스가 출산율을 줄이는 데 있어서(경제적인 강제와 달리) 이성의 역할을 다소 무시하긴 했으나, 서로 다른 계급과 직업군의 식량 소비를 결정하는 데 있어서 식량 시장의 역할에 대해서는 참으로 명확하게 분석하였다. *An Investigation of the Cause of the Present High Price of Provisions*(London: 1800). 맬서스의 분석에서 얻을 수 있는 교훈에 대한 논의로는 나의 *Poverty and Famines*(1981), appendix B; E. A. Wrigley, "Corn and Crisis: Malthus on the High Price of Provisions," *Population and Development Review* 25(1999).

16. Malthus, *A Summary View of the Principle of Population*(1982 edition), p.243. 사려깊은 결정을 내릴 가족의 역량을 믿지 않았기 때문에 맬서스는 '구빈법'을 포함해서 빈곤에 대한 공공의 구제에 대해 반대했다.

17. J. C. Caldwell, *Theory of Fertility Decline*(New York: Academic Press, 1982); R. A. Easterlin, ed., *Population and Economic Change in Developing Countries*(Chicago: Chicago University Press, 1980); T. P. Schultz, *Economics of Population*(New York: Addison-Wesley, 1981); Cassen et al., *Population and Development*(1994). 또한 Anrudh K. Jain and Moni Nag, "The Importance of Female Primary Education in India," *Economic and Political Weekly* 21(1986).

18. Gary S. Becker, *The Economic Approach to Human Behavior*(Chicago: University of Chicago Press, 1976); *A Treatise on the Family*(Cambridge, Mass.: Harvard University Press, 1981). 또한 Robert Willis, "Economic Analysis of Fertility: Micro Foundations and Aggregate Implications," Lindahl-Kiessling and Landberg, *Population, Economic Development, and the Environment*(1994).

19. Nancy Birdsall, "Government, Population, and Poverty: A 'Win-Win' Tale," Lindahl-Kiessling and Landberg, *Population, Economic Development, and the*

Environment(1994). 또한 그녀의 "Economic Approaches to Population Growth," *The Handbook of Development Economics*, volume 1, edited by H. B. Chenery and T. N. Srinivasan(Amsterdam: North-Holland, 1988).

20. John Bongaarts, "The Role of Family Planning Programmes in Contemporary Fertility Transitions," *The Continuing Demographic Transition*, edited by Gavin W. Jones et al.(New York: Oxford University Press, 1997); "Trends in Unwanted Childbearing in the Developing World," *Studies in Family Planning* 28(December 1997). 또한 Geoffrey McNicoll and Mead Cain, eds., *Rural Development and Population: Institutions and Policy*(New York: Oxford University Press, 1990).

21. World Bank, *World Development Report 1998~1999*(Washington, D.C.: World Bank, 1998), table 7, p.202. 또한 World Bank and Population Reference Bureau, *Success in a Challenging Environment: Fertility Decline in Bangladesh*(Washington, D.C.: World Bank, 1993).

22. R. A. Easterlin, ed., *Population and Economic Change in Developing Countries*(Chicago: University of Chicago Press, 1980); T. P. Schultz, *Economics of Population*(New York: Addison-Wesley, 1981); J. C. Caldwell, *Theory of Fertility Decline*(1982); Nancy Birdsall, "Economic Approaches to Population Growth," in The Handbook of Development Economics, volume 1, edited by H. B. Chenery and T. N. Srinivasan(Amsterdam: North-Holland, 1988) Robert J. Barro and Jong-Wha Lee, "International Comparisons of Educational Attainment." 이 논문은 다음의 컨퍼런스에서 발표되었다. "How Do National Policies Affect Long-Run Growth?" World Bank, Washington, D.C., 1993; Partha Dasgupta, *An Inquiry into Well-Being and Destitution*(1993); Robert Cassen et al., *Population and Development*(1994); Gita Sen, Adrienne Germain and Lincoln Chen, eds., *Population Policies Reconsidered: Health, Empowerment, and Rights*(Harvard Center for Population and Development/International Women's Health Coalition, 1994). 또한 다음에 수록된 낸시 버드셀Nancy Birdsall과 로버트 윌리스Robert Willis 의 논문을 참조하라. Lindahl-Kiessling and Land-berg, *Population, Economic Development, and the Environment*(1994).

23. Mamta Murthi, Anne-Catherine Guio and Jean Drèze, "Mortality, Fertility, and Gender Bias in India: A District Level Analysis," *Population and Development*

Review 21(December 1995), and Jean Drèze and Mamta Murthi, "Female Literacy and Fertility: Recent Census Evidence from India," mimeographed, Centre for History and Economics, King's College, Cambridge, 1999.

24. Roger Jeffery and Alaka Malwade Basu, *Girls' Schooling, Women's Autonomy and Fertility Change in South Asia*(New Delhi: Sage, 1997).

25. 교육받은 공동체는 구성원들이 문맹인 한 가정이 성취할 수 없는 가치 변화를 겪을 수 있다. 통계적 분석의 '단위'를 선택하는 문제는 아주 중요하며, 이 경우 작은 단위(예를 들어 가정)보다는 더 큰 규모의 집단(지역 단위)이 선호된다.

26. World Bank, *World Development Report 1997 and World Development Report 1998~1999*.

27. Patrick E. Tyler, "Birth Control in China: Coercion and Evasion," *New York Times*, June 25, 1995.

28. 재생산(출산)의 자유와 인구 문제에 대한 그 중요성이라는 일반적 주제에 대해서는 Gita Sen, Adrienne Germain, and Lincoln Chen, *Population Policies Reconsidered*(1994); 또한 Gita Sen and Carmen Barroso, "After Cairo: Challenges to Women's Organizations" *A Commitment to the World's Women: Perspectives for Development for Beijing and Beyond*, edited by Noeleen Heyzer(New York: UNIFEM, 1995).

29. *International Herald Tribune*, February 15, 1995, p.4.

30. 물론 케랄라는 국가가 아니라 국가 안의 한 지역이다. 하지만 2,900만의 인구라면 (캐나다보다 더 많은 인구다) 국가로서도 작은 규모는 아니다. 따라서 그 경험은 무시하기 어렵다.

31. "Population: Delusion and Reality," *New York Review of Books*, September 22, 1994. 또한 Robin Jeffrey, *Politics, Women, and Well-Being: How Kerala Became a "Model"*(Cambridge: Cambridge University Press, 1992); V. K. Ramachandran, "Kerala's Development Achievements," *Indian Development: Selected Regional Perspectives*, edited by Jean Drèze and Amartya Sen(Delhi: Oxford University Press, 1996).

32. 케랄라는 중국(68퍼센트)보다 더 높은 여성 문자해독률(86퍼센트)을 보여준다. 사실 케랄라의 여성 문자해독률은 중국의 어느 지방보다도 높다. 또한 중국의 남녀 기대수명이 각각 68세와 71세인 것에 비해 1991년의 케랄라의 경우 남녀 기대수명은 각각 69세

와 74세였다. 케랄라의 출산율 감소에 깔린 인과적 영향관계에 대한 분석으로는 T. N. Krishhan, "Demographic Transition in Kerala: Facts and Factors," *Economic and Political Weekly* 11(1976), and P. N. Mari Bhat and S. L. Rajan, "Demographic Transition in Kerala Revisited," *Economic and Political Weekly* 25(1990).

33. Drèze and Sen, *India: Economic Development and Social Opportunity*(1995).
34. 남부만큼은 아니지만 북부에서도 어느 정도는 출산율 감소를 볼 수 있다. "Intensified Gender Bias in India: A Consequence of Fertility Decline"(Working Paper 95 02, Harvard Center for Population and Development, 1995)에서 모니카 다스 굽타와 P. N. 마리 바트는 출산율 감소의 다른 측면, 즉 방치를 통한 영유아 사망뿐만 아니라 성별 선택 낙태 때문에 성 차별이 강화되는 경향에 주의를 환기시켰다. 인도에서 이런 현상은 남부보다는 북부에서 더 두드러지는데, 강제적 수단에 의한 출산율 감소 때문이라고 보는 게 그럴 듯하다(케랄라와 중국의 상황을 대조했던 것처럼).
35. Drèze and Sen, *India: Economic Development and Social Opportunity*(1995).
36. 강제적 수단을 거부해야 할 당위적인 필요성 외에도, 비강제적인 가족계획의 질과 다양성을 진작시키는 것도 중요하다. 사실 인도의 가족계획은 특히 남부에서 여성 불임 시술로 이루어진다. 이 지역에서 13세에서 49세 사이의 기혼 여성 중 거의 40퍼센트가 불임시술을 받았으며 오직 14퍼센트의 여성들만이 비영구적인 현대적 피임법을 사용했다. 불임시술 외의 현대적인 가족계획 방법에 대한 지식은 인도에서는 아주 제한되어 있다. 예를 들자면 지방의 13~49세 사이의 기혼 여성 중 절반만이 콘돔이나 링(피임기구)이 무엇인지 알고 있다. Drèze and Sen, *India: Economic Development and Social Opportunity*(1995).
37. Drèze and Sen, *India: Economic Development and Social Opportunity*(1995). 또한 Gita Sen and Carmen Barroso, "After Cairo: Challenges to Women's Organizations."
38. Drèze and Sen, *India: Economic Development and Social Opportunity*(1995), pp.168~171.
39. 다음에서 인용된 인구학적·사회학적 문헌들을 참조하라. Drèze and Sen, *India: Economic Development and Social Opportunity*(1995).
40. "Population and Reasoned Agency: Food, Fertility and Economic Development," Lindahl-Kiessling and Landberg, *Population, Economic Development, and the Environment*(1994); "Population, Delusion, and Reality," *New York Review of*

Books, September 22, 1994; "Fertility and Coercion"(1996).

10장 문화와 인권

1. Immanuel Kant, *Critique of Practical Reason*(1788), translated by L. W. Beck (New York: Bobbs-Merrill, 1956).
2. "Culture Is Destiny: A Conversation with Lee Kuan Yew" by Fareed Zakaria, *Foreign Affairs* 73(March/April 1994), p.113. 또한 민주주의를 옹호하는 아시아의 지도자에 의한 반박으로는 한국의 김대중 대통령의 다음 글을 보라. "Is Culture Destiny? The Myth of Asia's Anti-Democratic Values? A Response to Lee Kuan Yew," *Foreign Affairs* 73(1994).
3. *Information Please Almanac 1993*(Boston: Houghton Mifflin, 1993), p.213.
4. Isaiah Berlin, *Four Essays on Liberty*(Oxford: Oxford University Press, 1969), p.xl. 이 진단에 대한 반론은 Orlando Patterson, *Freedom*, volume 1: *Freedom in the Making of Western Culture*(New York: Basic Books, 1991). 그의 주장은 서구의 고전적 사상(특히 고대 그리스와 로마)에서 정치적 자유를 지적하지만, 아시아의 고전에서도 유사한 요소가 존재한다(여기에 대해서는 패터슨도 많은 주의를 기울이지 않고 있다). 이에 대해서는 나의 모겐트하우 기념 강연을 참조하라. "Human Rights and Asian Values"(New York: Carnegie Council on Ethics and International Affairs, 1997), published in a shortened form in *The New Republic*, July 14 & 21, 1997.
5. *The Analects of Confucius*, translated by Simon Leys(New York: Norton, 1997) 그리고 E. Bruce Brooks and A. Taeko Brooks, *The Original Analects: Sayings of Confucius and His Successors*(New York: Columbia University Press, 1998).
6. Brooks and Brooks, *The Original Analects*(1998). 또한 Wm. Theodore de Bary, *Asian Values and Human Rights: A Confucian Communitarian Perspective*(Cambridge, Mass.: Harvard University Press, 1998).
7. Leys, *The Analects of Confucius* 14.22, p.70.
8. Leys, *The Analects of Confucius* 14.3, p.66.
9. Leys, *The Analects of Confucius* 13.18, p.63.
10. Translation in Vincent A. Smith, *Asoka*(Delhi: S. Chand, 1964), pp.170~171.
11. Jean Drèze and Amartya Sen, *Hunger and Public Action*(Oxford: Clarendon

Press, 1989), pp.3~4, 123.
12. *Kautilya's Arthashastra*, translated by R. Shama Sastry, 8th edition(Mysore: Mysore Printing and Publishing House, 1967), p.47.
13. R. P. Kangle, *The Kautilya Arthashastra*(Bombay: University of Bombay, 1972), part 2, chapter 13, section 65, pp.235~239.
14. Translation from Vincent A. Smith, *Akbar: The Great Mogul*(Oxford: Clarendon Press, 1917), p.257.
15. 여기서의 분석은 내가 UNESCO에 제출한 논문을 기초로 한다. "Culture and Development: Global Perspectives and Constructive Scepticism," mimeographed, 1997.
16. 다윈주의적 진보관에 대해서는 "On the Darwinian View of Progress," *London Review of Books* 14(November 5, 1992); republished in *Population and Development Review*(1993).
17. 나이든 사람들이 MTV나 KFC의 유행에 상처를 입는다고 하더라도, 사람들이 이런 선택을 고려할 기회를 가진 이후에는 이렇게 분개하는 사람들에게 제공할 위안이 거의 없다. 검토하고 선택하는 기회는 각 시민들이 마땅히 누려야 할 중심적인 권리일 다.
18. Rabindranath Tagore, *Letters to a Friend*(London: Allen & Unwin, 1928).
19. "Our Culture, Their Culture," *New Republic*, April 1, 1996.
20. Howard Eves, *An Introduction to the History of Mathematics*, 6th edition(New York: Saunders College Publishing House, 1990), p.237.
21. John Stuart Mill, *On Liberty*(1859; republished, Harmondsworth: Penguin Books, 1974).
22. Edward Jayne's letter in *The New Republic*, September 8 & 15, 1997. 이에 대한 나의 대답은 1997년 10월 13일 판에 실렸다.
23. 이 문헌에 대한 빠른 개관을 위해선 *A Sourcebook in Indian Philosophy*, edited by S. Radhakrishnan and C. A. Moore(Princeton: Princeton University Press, 1973), in the section "The Heterodox Systems," pp.227~346.
24. English translation from H. P. Shastri, *The Ramayana of Valmiki*(London: Shanti Sadan, 1952), p.389.
25. *Brihadaranyaka Upanishad* 2.4, 12.
26. Chris Patten, *East and West*(London: Macmillan, 1998).

27. Stephen Shute and Susan Hurley, eds., *On Human Rights: The Oxford Amnesty Lectures 1993*(New York: Basic Books, 1993); Henry Steiner and Philip Alston, *International Human Rights in Context: Law, Politics and Morals*(Oxford: Clarendon Press, 1996); Peter Van Ness, ed., *Debating Human Rights*(London: Routledge, 1999).

28. Irene Bloom, J. Paul Martin and Wayne L. Proudfoot, eds., *Religious Diversity and Human Rights*(New York: Columbia University Press, 1996).

29. Martha Nussbaum and Amartya Sen, "Internal Criticism and Indian 'Rationalist Tradition,'" *Relativism: Interpretation and Confrontation*(South Bend, Ind.: University of Notre Dame Press, 1989); Martha Nussbaum, *Cultivating Humanity*(Cambridge, Mass.: Harvard University Press, 1997).

30. Joanne R. Bauer and Daniel A. Bell, eds., *The East Asian Challenge for Human Rights*(Cambridge: Cambridge University Press, 1999).

11장 사회적 선택과 개인의 행위

1. 아리스토텔레스의 『니코마코스 윤리학』과 『정치학』 모두 합리적으로 사용될 수 있는 종류의 주장을 검토할 과제를 안고 있다.

2. Kenneth Arrow, *Individual Values and Social Choice*(New York: Wiley, 1951; 2d edition, 1963).

3. 특히 Friedrich Hayek, *Studies in Philosophy, Politics, and Economics*(Chicago: University of Chicago Press, 1967), pp.96~105.

4. 이런 노선의 추론은 다음의 저술들에서 더 충실하게 전개되고 있다. *Collective Choice and Social Welfare*(San Francisco: Holden-Day, 1970; republished, Amsterdam: North-Holland, 1979); *Choice, Welfare and Measurement*(Oxford: Blackwell, 1982; Cambridge, Mass.: MIT Press, 1982; republished, Cambridge, Mass.: Harvard University Press, 1997). 이 책들은 해석적 문제뿐만 아니라 구성적 가능성도 검토하고 있다. 문헌에 대한 비판적 조사는 다음을 참조하라. "Social Choice Theory," in K. J. Arrow and M. Intriligator, *Handbook of Mathematical Economics*(Amsterdam: North-Holland, 1986).

5. 나는 이 주장을 노벨상 강연에서 더 정교하게 가다듬었다. "The Possibility of Social

Choice," *American Economic Review* 89(1999).
6. 나는 미국 경제학회의 회장 취임 강연에서 이 연관관계를 더 정밀하게 검토했다. "Rationality and Social Choice," *American Economic Review* 85(1995). 이 분야에 선구적으로 관심을 쏟은 저작은 James Buchanan, "Social Choice, Democracy and Free Markets," *Journal of Political Economy* 62(1954); "Individual Choice in Voting and the Market," *Journal of Political Economy* 62(1954). 또한 Cass Sunstein, *Legal Reasoning and Political Conflict*(Oxford: Clarendon Press, 1996).
7. 사실 기술적으로 말해 '최대화'는 완전한 순서짓기를 필요로 하지 않는데, 부분적인 순서만으로도 어떤 대안 못지않은 선택의 '최대값'을 분리해낼 수 있기 때문이다. 최대화의 해석학에 대해서는 "Maximization and the Act of Choice," *Econometrica* 65(July 1997).
8. Adam Smith, *The Theory of Moral Sentiments*(1759; revised edition, 1790), republished, edited by D. D. Raphael and A. L. Macfie(Oxford: Clarendon Press, 1976). p.184.
9. Adam Smith, *An Inquiry into the Nature and Causes of the Wealth of Nations*(1776), republished, edited by R. H. Campbell and A. S. Skinner(Oxford: Clarendon Press, 1976), pp.26~27.
10. Smith, *Wealth of Nations*(in the 1976 edition), pp.453~471. 스미스의 생각에서 '보이지 않는 손'의 의미와 역할에 대해서는 Emma Rothschild, "Adam Smith and the Invisible Hand," *American Economic Review* 84, Papers and Proceedings(May 1994).
11. Hayek, *Studies in Philosophy, Politics, and Economics*(1967), pp.96~105.
12. 나는 다른 곳에서 실현되지 않은 의도된 결과의 중요성에 대해 앨버트 허시먼이 지적한 것에 더 많은 통찰이 있을 듯하다고 주장했다. 다음 책의 20주년판 기념 서문을 보라. *The Passions and the Interests: Political Arguments for Capitalism before Its Triumph*(Princeton: Princeton University Press, 1977; twentieth-anniversary edition, 1997). 또한 Judith Tendler, *Good Government in the Tropics*(Baltimore: Johns Hopkins University Press, 1997).
13. 이에 대해서는 나와 Jean Drèze의 공저 *India: Economic Development and Social Opportunity*(Delhi: Oxford University Press, 1995).
14. Drèze and Sen, *India: Economic Development and Social Opportunity*, chapter 4.

15. 나는 다음 저서에서 이 문제들을 꽤 포괄적으로 논의했다. *Choice, Welfare and Measurement*(1982.; 1997); *On Ethics and Economics*(Oxford: Blackwell, 1987); and "Maximization and the Act of Choice"(1977).

16. 애로우, 드브루, 메켄지가 경쟁 시장을 고정적으로 정식화한 것은 그 구조적인 가정의 인색한 성격에도 불구하고 많은 통찰을 제공해왔다. Kenneth J . Arrow, "An Extension of the Basic Theorems of Classical Welfare Economics," *Proceedings of the Second Berkeley Symposium of Mathematical Statistics*, edited by J. Neyman(Berkeley: University of California Press, 1951); Gerard Debreu, *Theory of Value*(New York: Wiley, 1959); Lionel McKenzie, "On the Existence of General Equilibrium for a Competitive Market," *Econometrica* 27(1959).

17. Hirschman, *The Passions and the Interests*(1977; twentieth-anniversary edition 1997). 또한 Samuel Brittan, *Capitalism with a Human Face*(Aldershot: Elgar, 1995).

18. 나는 다음 글에서 이 연관관계를 고찰했다. "Economic Wealth and Moral Sentiments"(Zürich: Bank Hoffman, 1994). 또한 Samuel Brittan and Alan Hamlin, eds., *Market Capitalism and Moral Values*(Cheltenham, U.K.: Edward Elgar, 1995); *International Business Ethics*, edited by Georges Enderle(South Bend, Ind.: University of Notre Dame Press, 1998).

19. Karl Marx and Friedrich Engels, *The German Ideology*(1846; English translation, New York: International Publishers, 1947); Richard Henry Tawney, *Religion and the Rise of Capitalism*(London: Murray, 1926); Max Weber, The *Protestant Ethic and the Spirit of Capitalism*(London: Allen & Unwin, 1930).

20. 여기에서 중심적인 것은 브루노 프레이가 '내재적 동기tertium dater' 라고 부른 것이다. "Tertium Dater: Pricing, Regulating and Intrinsic Motivation," *Kyklos* 45(1992).

21. Adam Smith, "History of Astronomy," *Essays on Philosophical Subjects*(London: Cadell & Davies, 1795); republished, edited by W.P.D. Wightman and J. C. Bryce(Oxford: Clarendon Press, 1980), p.34.

22. Michio Morishima, *Why Has Japan 'Succeeded?' Western Technology and the Japanese Ethos*(Cambridge: Cambridge University Press, 1982).

23. Ronald Dore, "Goodwill and the Spirit of Market Capitalism," *British Journal of Sociology* 36(1983); *Taking Japan Seriously: A Confucian Perspective on Leading*

Economic Issues(Stanford: Stanford University Press, 1987). 또한 Robert Wade, *Governing the Market*(Princeton: Princeton University Press, 1990).

24. Masahiko Aoki, *Information, Incentives, and Bargaining in the Japanese Economy*(Cambridge: Cambridge University Press, 1989).
25. Kotaro Suzumura, *Competition, Commitment, and Welfare*(Oxford and New York: Clarendon Press, 1995).
26. Eiko Ikegami, *The Taming of the Samurai: Honorific Individualism and the Making of Modern Japan*(Cambridge, Mass.: Harvard University Press, 1995).
27. *Wall Street Journal*, January 30, 1989, p.1.
28. *Economica e criminalità*(Roma: Camera dei deputati, 1993)의 저자 루치아노 비올란테가 의장을 맡고 이탈리아 의회의 반마피아 소위원회가 조직한, 1993년 3월 로마에서 열린 '경제학과 범죄' 컴퍼런스. 나의 글 "On Corruption and Organized Crime"은 이탈리아의 상황과 연관을 배경으로 여기에서 간단히 언급한 문제들 중 일부를 분석하였다.
29. Stefano Zamagni, ed., *Mercati illegali e Mafie*(Bologna: Il Mulino, 1993). 또한 Stefano Zamagni, ed., *The Economics of Altruism*(Aldershot: Elgar, 1995), 특히 편집자의 서문; Daniel Hausman and Michael S. McPherson, *Economic Analysis and Moral Philosophy*(Cambridge: Cambridge University Press, 1996); Avner Ben-Ner and Louis Putterman, eds., *Economics, Values and Organization*(Cambridge: Cambridge University Press, 1998).
30. 신뢰에 대한 일반적인 분석은 Diego Gambetta, ed., *Trust and Agency*(Oxford: Blackwell, 1987).
31. "Isolation, Assurance and the Social Rate of Discount," *Quarterly Journal of Economics* 81(1967), reprinted in *Resources, Values and Development*(Cambridge, Mass.: Harvard University Press, 1984; reprinted 1997); *On Ethics and Economics*(Oxford: Blackwell, 1987).
32. 이러한 상호연관 일반의 성격과 중요성에 대해서는 Alan Hamlin, *Ethics, Economics and the State*(Brighton: Wheatsheaf Books, 1986).
33. *Wealth of Nations*, volume 1, book 2, chapter 4.
34. Jeremy Bentham, *Defense of Usury. To Which Is Added a Letter to Adam Smith, Esq., LL.D.*(London: Payne, 1790).

35. 다음의 저술에서 이 구별을 더 깊게 논의하였다. "Rational Fools: A Critique of the Behavioural Foundations of Economic Theory," *Philosophy and Public Affairs* 6(summer 1977); reprinted in *Philosophy and Economic Theory*, edited by Frank Hahn and Martin Hollis(Oxford: Oxford University Press, 1979); 나의 *Choice, Welfare and Measurement*(1982) 그리고 *Beyond Self-Interest*, edited by Jane Mansbridge(Chicago: Chicago University Press, 1990). 또한 나의 "Goals, Commitment and Identity," *Journal of Law, Economics and Organization* 1(fall 1985); *On Ethics and Economics*(1987).

36. 게리 베커의 중요하고도 영향력 있는 '인간 행동에 대한 경제학적 접근'에서, 헌신보다는 공감에 여지를 주어야 한다(*The Economic Approach to Human Behaviour*, Chicago: Chicago University Press, 1976). 합리적인 개인이 추구할 수 있는 극대화 변수는 다른 사람에 대한 배려를 포함할 수 있다. 이것은 자기 중심적인 개인이라는 표준적인 신고전주의적 가정을 의미심장하게 확장한 것이다[행동 분석의 틀을 더 확장한 것은 베커의 이후의 저서 *Accounting for Tastes*(Cambridge, Mass.: Harvard University Press, 1996)에서 확인할 수 있다].

하지만 베커의 이론에서 극대화 변수는 개인의 자기 이익을 반영하는 것으로도 볼 수 있다. 이것은 헌신이 아니라 공감의 특징이다. 이것은 최대화하는 틀을 보존하는 동시에 자기 이익의 추구와는 다른 가치를 동시에 조화시킬 수 있다(객관적 함수를 자기 이익의 통념을 넘어 확장시킴으로써). 이에 대해서는 "Maximization and the Act of Choice"(1997).

37. Smith, *The Theory of Moral Sentiments*(revised edition, 1790; republished, 1975), p.191.

38. Smith, *The Theory of Moral Sentiments*, p.191.

39. Smith, *The Theory of Moral Sentiments*, p.190.

40. George J. Stigler, "Smith's Travel on the Ship of the State," in *Essays on Adam Smith*, edited by A. S. Skinner and T. Wilson(Oxford: Clarendon Press, 1975).

41. Smith, *Wealth of Nations*(1776; republished 1976), pp.26~27.

42. Smith, *The Theory of Moral Sentiments*, p.189.

43. "Adam Smith's Prudence," *Theory and Reality in Development*, edited by Sanjay Lal and Francis Stewart(London: Macmillan, 1986). 스미스에 대한 오해의 역사는 다음의 글을 참조하라. Emma Rothschild, "Adam Smith and Conservative

Economics," *Economic History Review* 45(February 1992).

44. John Rawls, *Political Liberalism*(New York: Columbia University Press, 1993), pp.18~19.

45. 이 연관의 다른 유형들에 대한 사례로는 Drew Fudenberg and Jean Tirole, *Game Theory*(Cambridge, Mass.: MIT Press, 1992); Ken Binmore, *Playing Fair*(Cambridge, Mass.: MIT Press, 1994); Jorgen Weibull, *Evolutionary Game Theory*(Cambridge, Mass.: MIT Press, 1995). 또한 Becker, *Accounting for Tastes*(1996); Avner Ben-Ner and Louis Putterman, eds., *Economics, Values, and Organization*(Cambridge: Cambridge University Press, 1998).

46. Immanuel Kant, *Critique of Practical Reason*(1788), translated by L. W. Beck(New York: Bobbs-Merrill, 1956); Smith, *The Theory of Moral Sentiments*; *Wealth of Nations*(1776; republished, 1976).

47. Thomas Nagel, *The Possibility of Altruism*(Oxford: Clarendon Press, 1970); John Rawls, *A Theory of Justice*(Cambridge, Mass.: Harvard University Press, 1971); John C. Harsanyi, *Essays in Ethics, Social Behaviour, and Scientific Explanation*(Dordrecht: Reidel, 1976); Mark Granovetter, "Economic Action and Social Structure: The Problem of Embeddedness," *American Journal of Sociology* 91(1985); Amartya Sen, *On Ethics and Economics*(1987); Robert Frank, *Passions within Reason*(New York: Norton, 1988); Vivian Walsh, *Rationality, Allocation, and Reproduction*(Oxford: Clarendon Press, 1996). 또한 다음의 논문집을 보라. Hahn and Hollis, *Philosophy and Economic Theory*(1979); Jon Elster, *Rational Choice*(Oxford: Blackwell, 1986); Mansbridge, *Beyond Self-Interest*(1990); Mark Granovetter and Richard Swedberg, eds., *The Sociology of Economic Life*(Boulder, Colo.: Westview Press, 1992); Zamagni, *The Economics of Altruism*(1995). 이 주제에 대한 심리학적 문헌의 풍요로운 역사에 대해서라면 Shira Lewin, "Economics and Psychology: Lessons for Our Own Day from the Early Twentieth Century," *Journal of Economic Literature* 34(1996).

48. *On Ethics and Economics*(1987); Ben-Ner and Putterman, eds., *Economics, Values and Organization*(1998)에 수록된 나의 서문.

49. Smith, *The Theory of Moral Sentiments*, p.162.

50. 그러나 우리는 '군중 행동'에 의해 움직일 수도 있다. 이에 대해서 Abhijit Banerjee, "A

Simple Model of Herd Behaviour," *Quarterly Journal of Economics* 107(1992).
51. Frank H. Knight, *Freedom and Reform: Essays in Economic and Social Philosophy*(New York: Harper & Brothers, 1947; republished, Indianapolis: Liberty, 1982), p.280.
52. Buchanan, "Social Choice, Democracy and Free Markets"(1954), p.120. 또한 그의 *Liberty, Market, and the State*(Brighton: Wheatsheaf Books, 1986).
53. Kautilya, *Arthashastra*, part 2, chapter 8; English translation, R. P. Kangle, *The Kautilya Arthashastra*(Bombay: University of Bombay, 1972), part 2, pp.86~88.
54. Syed Hussein Alatas, *The Sociology of Corruption*(Singapore: Times Books, 1980); 또한 Robert Klitgaard, *Controlling Corruption*(Berkeley: University of California Press, 1988), p.7. 이러한 종류의 지불 체계는 '임금 효과'를 통해 부패를 감소시킬 수 있다. 관료는 아마도 불로소득을 덜 필요로 하게 될 것이다. 하지만 여기에는 '대체효과'도 있다. 관료는 '일이 잘못되면'(사실은 제대로 된다면) 부패를 저질렀을 때 높은 임금을 받는 일자리를 잃을 수 있다는 것을 알 수 있다.
55. *Economica e criminalità*, the report of the Italian Parliament's Anti-Mafia Commission, chaired by Luciano Violante.
56. Smith, *The Theory of Moral Sentiments*, p.162. 사회규범의 영리한 사용은 헌신적인 행위를 요구하는 비영리적 사업의 주요한 동맹자가 될 수 있다. 이것은 무함마드 유누스의 그라민 은행, 파즐레 하산 아베드의 BRAC, 자푸룰라 초드후리의 인민 건강 센터와 같은 방글라데시의 활발한 NGO들에 의해서 잘 드러나고 있다. 남미에서의 정부의 효율성에 대한 분석으로는 Judith Tendler, *Good Government in the Tropics*(1997).
57. English translation from Alatas, *The Sociology of Corruption*(1980); 또한 Klitgaard, Controlling Corruption(1988).
58. 나는 다음의 논문집에 포함된 많은 논문들에서 이러한 다양한 문제들을 토론하려고 했다. *Resources, Values and Development*(1984; 1997).

12장 사회 참여로서의 개인의 자유
1. 나는 이 이야기를 이사야 벌린에게서 들었다. 이 강연을 한 뒤에 벌린은 사망했고(1909~1997), 나는 이 기회를 빌어 그를 기억하며 지난 세월 동안 자유와 그 함의에 대한 나의 기본적인 생각에 대한 그의 부드러운 비판이 얼마나 큰 도움을 주었는지 말하고

싶다.

2. "The Right Not to Be Hungry," in *Contemporary Philosophy* 2, edited by G. Floistad(The Hague: Martinus Nijhoff, 1982); "Well-Being, Agency and Freedom: The Dewey Lectures 1984," *Journal of Philosophy* 82(April 1985); "Individual Freedom as a Social Commitment," *New York Review of Books*, June 16, 1990.

3. "Equality of What?," *Tanner Lectures on Human Values*, volume 1, edited by S. McMurrin(Cambridge: Cambridge University Press, 1980), reprinted in *Choice, Welfare and Measurement*(Oxford: Blackwell; Cambridge, Mass.: MIT Press, 1982; republished, Cambridge, Mass.: Harvard University Press, 1997); "Well-Being, Agency and Freedom"(1985); "Justice: Means versus Freedoms," *Philosophy and Public Affairs* 19(1990); *Inequality Reexamined*(Oxford: Clarendon Press; Cambridge, Mass.: Harvard University Press, 1992).

4. 자유를 규정하고 평가하는 주된 문제는—그 기술적 문제들을 포함해서— 다음의 저서에 포함된 케네스 애로우의 강연에서 검토되었다. *Freedom, Social Choice and Responsibility: Arrow Lectures and Other Essays*(Oxford: Clarendon Press, forthcoming).

5. 발전은 여기에서 실질적인 자유가 성취 가능한 것으로부터 그 부족한 부분을 제거하는 것으로 간주된다. 이것이 일반적 관점을 제공하지만—광의의 용어로 발전의 본질을 규정하기엔 충분하지만—서로 다른 일군의 판단기준을 어떻게 정확히 특정하느냐를 놓고 많은 논쟁이 존재한다. *Commodities and Capabilities*(Amsterdam: North-Holland, 1985); *Inequality Reexamined*(1992); 또한 *Freedom, Rationality and Social Choice*(forthcoming). 마붑 울하크가 1990년에 개척한 UNDP의 인간개발 연례보고서 역시 어떤 특정한 차원에서의 부족함을 제거하는 것에 집중하고 있다. 이언 해킹이 그의 리뷰 논문에서 제시한 심도 있는 논의를 보려면 "In Pursuit of Fairness," *New York Review of Books*, September 19, 1996. 또한 Charles Tilly, *Durable Inequality*(Berkeley, Calif.: University of California Press, 1998).

6. *Commodities and Capabilities*(1985); *Inequality Reexamined*(1992); "Capability and Well-Being," in *The Quality of Life*, edited by Martha Nussbaum and Amartya Sen(Oxford: Clarendon Press, 1993).

7. John Rawls, *A Theory of Justice*(Cambridge, Mass.: Harvard University Press, 1971); John Harsanyi, *Essays in Ethics, Social Behaviour and Scientific*

Explanation(Dordrecht: Reidel, 1976); Ronald Dworkin, "What Is Equality? Part 2: Equality of Resources," *Philosophy and Public Affairs* 10(1981). 또한 John Roemer, *Theories of Distributive Justice*(Cambridge, Mass.: Harvard University Press, 1996).

8. *Inequality Reexamined*(Oxford: Clarendon Press, 1992; Cambridge, Mass.: Harvard University Press, 1992.)와 "Justice and Assertive Incompleteness" (mimeographed, Harvard University, 1997)에서 논의했는데, 후자는 1998년 9월에 노스웨스턴 대학 법학부에서 한 로젠탈 강연의 일부였다.

9. 우리의 선호에서 우선순위가 나뉠 때 개인적 이득을 판단하는 방법의 경쟁과 관련하여 유사한 문제가 있다. 여기에서 '사회적 선택 문제'를 피해갈 수 없는데, 이것은 공유된 해법을 요구한다(제11장에서 논의되었다).

10. "Gender Inequality and Theories of Justice," *Women, Culture and Development: A Study of Human Capabilities*, edited by Martha Nussbaum and Jonathan Glover(Oxford: Clarendon Press, 1995). 이 선집에는 이 주제와 관련된 글들이 많이 들어 있다.

11. Aristotle, *The Nicomachean Ethics*, translated by D. Ross(Oxford: Oxford University Press, revised edition 1980), book 1, section 6, p.7.

12. 선구적인 정치경제학자의 저작에서 자유가 갖는 중요성에 대해서라면 *The Standard of Living*, edited by Geoffrey Hawthorn(Cambridge: Cambridge University Press, 1987).

13. 이것은 『국부론』(1776)뿐 아니라 『도덕감정론』(개정판, 1790)에도 적용된다.

14. Marx and Engels, *The German Ideology*(1846); English translation in D. McLellan, *Karl Marx: Selected Writings*(Oxford: Oxford University Press, 1977), p.190. 또한 Marx's *The Economic and Philosophical Manuscript of 1844*(1844); *Critique of the Gotha Programme*(1875).

15. John Stuart Mill, *On Liberty*(1859; republished: Harmondsworth: Penguin Books, 1974); *The Subjection of Women*(1869).

16. Friedrich Hayek, *The Constitution of Liberty*(London: Routledge and Kegan Paul, 1960), p.35.

17. Peter Bauer, *Economic Analysis and Policy in Underdeveloped Countries*(Durham, N.C.: Duke University Press, 1957), pp.113~114. 또한 *Dissent*

on *Development*(London: Weidenfeld & Nicolson, 1971).

18. W. Arthur Lewis, *The Theory of Economic Growth*(London: Allen & Unwin, 1955), pp.9~10, 420~421.
19. Hayek, *The Constitution of Liberty*(1960), p.31.
20. 이와 함께 '자유의 평가'에 관련된 문제는 *Freedom, Rationality and Social Choice*에 수록된 나의 케네스 애로우 강연에서 논의하였다. 여기에서 다룬 문제 중에는 자유들 사이의 관계와 선호 및 선택의 문제가 있다.
21. Robert J. Barro and Jong-Wha Lee, "Losers and Winners in Economic Growth," Working Paper 4341, National Bureau of Economic Research(1993); Xavier Sala-i-Martin, "Regional Cohesion: Evidence and Theories of Regional Growth and Convergence," Discussion Paper 1075, CEPR, London, 1994; Robert J. Barro and Xavier Sala-i-Martin, *Economic Growth*(New York: McGraw-Hill, 1995); Robert J. Barro, *Getting It Right: Markets and Choices in a Free Society*(Cambridge, Mass.: MIT Press, 1996).
22. Adam Smith, *An Inquiry into the Nature and Causes of the Wealth of Nations*(1776), republished, edited by R. H. Campbell and A. S. Skinner(Oxford: Clarendon Press, 1976), pp.28~29.
23. Emma Rothschild, "Condorcet and Adam Smith on Education and Instruction," *Philosophers on Education*, edited by Amelie O. Rorty(London: Routledge, 1998).
24. 예를 들어 Felton Earls and Maya Carlson, "Toward Sustainable Development for the American Family," Daedalus 122(1993); "Promoting Human Capability as an Alternative to Early Crime," Harvard School of Public Health and Harvard Medical School, 1996.
25. 이 문제는 다음의 글에서 논의하려고 했다. "Development: Which Way Now?" *Economic Journal* 93(1983), reprinted in *Resources, Values and Development*(Cambridge, Mass.: Harvard University Press, 1984; 1997), 또한 *Commodities and Capabilities*(1985).
26. 1990년 나온 UNDP의 연례 인간개발보고서는 상당한 정도로 이런 종류의 광범위한 시각에 대한 필요에 의해 촉발되었다. 작년에 세상을 떠난 나의 동료 마붑 울하크는 이 과정에서 지도적인 역할을 했으며, 나와 다른 친구들은 이를 자랑스럽게 기억하고 있다.

27. Smith, *The Theory of Moral Sentiments*(1759; revised edition, 1790), republished, edited by D. D. Raphael and A. L. Macfie(Oxford: Clarendon Press, 1976), book 4, chapter 24, p.188.

찾아보기

ㄱ

가족계획 293, 296, 308, 312~315, 319, 321~325, 371
가치평가 67, 75, 76, 135
강제적인 산아제한 308, 319, 324
거래의 자유 45, 182, 183, 189
거시경제학 72
결과주의 60, 113, 115~117, 309, 310, 341
경제적 부자유 45, 47
경제적 용이성 49, 50, 86, 87, 103
경제적 자유 32, 72, 103
경제협력개발기구(OECD) 160
고용 73, 74, 94, 95, 107, 108, 119, 142, 159, 183, 186, 187, 192, 207, 246, 248, 256, 260, 265, 266, 268, 273, 345, 363, 373, 397, 398, 408
고용과 소득 246
공공 서비스 203, 212
공공재 201~203
공공정책 34, 49, 61, 100, 112, 140, 152, 153, 175~177, 196, 204, 206~208, 217~220, 231, 237, 255, 256, 258, 261, 264, 266, 271, 272, 292, 308, 323, 324, 340, 364, 374, 379, 381, 389, 390, 397, 398, 406, 416
공리주의 63, 75, 109, 110~118, 123, 124, 136, 146, 197, 309, 310, 405, 410
관료제 181
구빈법(Poor Laws) 193, 261, 313
국민총생산(GNP) 41, 43, 44, 57, 84, 85, 93, 94, 96, 230, 255, 275, 276, 405, 409, 411, 420
국제통화기금(IMF) 274
그라민 은행 187, 295
기근 31, 57~59, 89, 92, 102, 103, 122, 129, 168, 207, 231, 233, 235, 237, 238, 245~268, 287, 301, 306, 307, 365, 406, 408, 413
기근 시 식량 수출 257
기근의 원인으로서의 소외 256, 260, 261, 263

500 자유로서의 발전

기근 방지 59, 207, 255, 263, 266~269
기대수명 65, 73, 92~94, 96, 98~101, 164, 165, 167, 169, 171, 172, 184
기업윤리 377, 380
기초교육 43, 44, 78, 89, 91, 94, 96~98, 119, 155, 156, 200, 202, 203, 219, 222, 238, 314, 346, 347, 398, 403, 409, 418
기초재화 130, 132, 133, 136, 137, 211, 405

ㄴ

남미 313
남북전쟁 45, 74, 183
낭비자와 투기꾼 197, 198, 383
노예제도 46, 73, 183
노직의 자유지상주의 122~123
뉴욕 시의 기대 수명 67, 165

ㄷ

담보노동(bonded labor) 72, 74
대만 91, 94, 95, 155
대상선별(targetting) 62, 207, 208, 210~213
대약진운동 92, 270, 276
도구적 자유 33, 49, 50, 86~89, 92, 200, 273, 274, 277
독일 160, 164, 262
동아시아 경제 90, 94, 220, 230, 379

동아시아의 경제발전 90, 94, 155, 220, 230, 372, 379

ㄹ

러시아 167, 184
롤스의 정의론 109, 146
리 명제(Lee thesis) 58, 228, 229, 231, 232

ㅁ

마스트리히트 조약 217
마피아 378, 380~382, 391, 393
맬서스의 분석 311~314
무신론과 회의주의 전통 351
문자해독률 90, 98, 167, 169, 230, 234, 288~292, 316~318, 322, 326, 372, 373
미국 34, 44, 45, 65, 67, 73, 74, 99, 132, 154, 160~165, 170, 171, 175, 183, 192, 210, 211, 216, 217, 236, 241, 257, 272, 289, 336, 350
민주주의 34, 44, 45, 65, 67, 73, 74, 99, 132, 154, 160~165, 170, 171, 175, 183, 192, 210, 211, 216, 217, 236, 241, 257, 272, 289, 336, 350
민주주의와 기근 방지 266

ㅂ

박탈 31, 32, 46, 57~60, 63~65, 69, 70, 78, 85, 118, 123, 129, 151~154, 157, 159, 161, 164, 168~170, 174~176, 183, 185, 191, 205~207, 213, 217, 228, 232, 234~236, 245~247, 258, 260, 263, 273, 275, 277, 283, 285, 288, 292, 342, 365, 401, 403, 409

발전의 목적과 수단 57, 104

방글라데시 농촌발전위원회(BRAC) 187, 296

버마(미얀마) 232, 294, 353

범죄 128, 184, 294, 381~383, 412

베트남 184, 335

벵골 기근 249, 250, 252, 262, 268, 307

보건 32, 41, 42, 44, 58, 67, 88~101, 104, 119, 155~157, 161, 163, 164, 168, 172, 175, 191, 201, 203, 204, 208, 209, 219~222, 236, 256, 283, 314, 320, 322~324, 366, 370, 372, 373, 409, 416

보츠와나 59, 165, 167, 229, 264, 265, 267, 273

보호주의와 이익집단 192

복지 83, 95~99, 101, 112, 115, 117~119, 126, 127, 129, 130, 132, 136, 139, 140, 146, 158, 161, 164, 176, 177, 191, 193, 201, 281, 283, 284, 286~288, 292, 297, 325, 362, 363, 368, 384, 385, 401, 403, 408, 418

복지국가 161, 164, 191

부르키나파소 264

부자유 32, 42, 45, 47, 56, 57, 60, 69, 74, 78, 147

부조 주도형 과정 95~100

부패 48, 88, 211, 378, 380~382, 390~395, 397

북한 59, 267, 278

불교 335, 338, 339, 352

불평등 58, 64, 92, 94, 96, 114, 116, 117, 130, 141~144, 152, 153, 157~164, 169, 170, 173~176, 190, 191, 220, 235, 237, 249, 275~277, 282, 283, 286, 287, 289, 324, 325, 342, 344, 361, 365, 376, 381, 405~407, 418

브라질 44, 94~96, 167

빈 국제인권대회 226

ㅅ

사라진 여성 169, 171, 172, 175, 283

사망률과 소득의 관계 64, 65, 153, 162, 175

사헬지대 59, 272

사회적 기회 32, 49, 50, 86, 88~92, 94, 96, 103, 200, 201, 220, 221, 238, 240

사회적 배제 64, 154, 160, 174

사회적 선택 43, 135, 137, 138, 140, 177, 360, 361, 364

삶의 질 43, 57, 67, 68, 70, 95, 98, 99, 108~110, 126~129, 137, 139, 140, 155, 158, 167, 191, 207, 221
상대적 박탈 65, 153, 168, 175, 283, 285, 288
서구적 가치 336
서벵골(인도) 225
선택행동 111, 125, 126, 138
성 불평등 235, 237, 289
성장 매개형 과정 95, 97
세계화 88, 345, 346
세인트루이스 흑인의 기대수명 165
소득 분배 174, 277
소득 불평등 142, 143, 158, 160, 161, 174, 175, 191
소말리아 59, 251, 263, 272, 278
수단 263, 264, 272
스리랑카 44, 65, 95, 96, 161, 165, 294
시민권(시민의 권리) 85, 87, 101, 121, 233, 277, 333, 334, 347, 374
시장과 자유 69
시장의 한계 181, 201, 381
시장의 효용 70
식량 가격 249, 250, 253, 259, 304, 305
식량 가용성 251
실업 64, 89, 94, 107, 122, 159, 160, 161, 164, 174, 191, 204, 217, 246, 249, 251, 254, 256, 269, 272, 274
실질 소득 96, 123, 126, 127, 129, 131, 138, 139, 140, 412
실질적 자유 41, 42, 47, 49, 58, 61, 63, 68, 70, 78, 84, 88, 122, 123, 133, 146, 147, 151, 175, 176, 189, 190, 191, 220, 246, 292, 405, 408, 410
심적 조절 117, 118, 135
싱가포르 58, 155, 226, 228~230, 264, 336, 338

ㅇ
아동노동 75, 185, 186
아동사망률 167, 286, 288, 289, 291, 293
아시아의 경제위기 34, 94
아시아적 가치 77, 229, 331, 334, 335, 338, 339, 344, 350, 353, 354
아일랜드 59, 162, 237, 252, 256~263
아일랜드 기근 252, 257~263
아프리카의 기근 168, 251, 254, 263~265, 267, 268, 271, 272, 303
안전보장 33, 49, 86, 88, 89, 94, 103, 200, 273, 274, 277
애로우-드브루 정리 188~190
애로우의 불가능성 정리 360, 363, 395
야당의 역할 236~238
언론의 자유 50, 78, 87, 398
에티오피아 59, 165, 253, 259, 263, 267, 272, 278
에티오피아 기근 253, 253, 259
여성의 교육 284, 288, 294, 296, 314, 316, 317, 322, 325, 398
여성의 행위주체성 282

여성자영업자연합(Self-employed Women's Association, SEWA) 187
역량(capabilities) 49, 56, 60~64, 67, 68, 71, 84, 86, 87, 89~91, 100, 103, 104, 109, 112, 119, 130~135, 138, 140~147, 151~157, 159, 161, 162, 164, 169, 170, 176, 189, 191, 201, 203, 205~209, 213, 217, 220, 221, 227, 231, 232, 250, 255, 256, 263, 264, 268, 273, 347, 350, 373, 387, 403, 405, 408, 409, 413~418
역량 박탈로서의 빈곤 151~153, 169, 176, 205
역량집합 133~135, 142
역량평가 144
영국 34, 59, 72, 99~101, 132, 169, 170, 193, 197, 234, 237, 253, 257~262, 270, 283, 339, 348, 349, 413
영국에서의 사망률 감소 99~101
영아사망률 65, 173, 319, 321, 322, 325, 371, 398
영양부족 63, 64, 153, 168, 169, 175, 245, 247
우크라이나 기근 53
워싱턴 D.C. 흑인의 기대수명 165
유엔개발계획(UNDP) 35, 131, 138
의도되지 않은 결과 360, 365~369, 371, 373
이슬람교 47, 77, 259, 343, 344
이슬람의 관용 343

이익집단 192
이탈리아 153, 160, 164, 217, 378, 381, 393
인간개발 90, 98, 131, 156, 220~222
『인간개발보고서(Human Development Reports)』(UNDP) 35, 36, 138
인구 문제 48, 288, 311, 324, 326
인권 31, 60, 229, 319, 329~334, 343, 347, 350, 408
인도 34, 44, 47, 55, 59, 65, 74, 90~92, 94~96, 98, 102, 155, 156, 161, 162, 164, 165, 167~170, 172, 173, 175, 184, 185, 187, 200, 201, 218, 225, 226, 229, 231, 232, 234, 235, 237~239, 253, 254, 256, 262, 263, 265, 267~270, 273~276, 288~294, 303, 305, 316~324, 335, 337~339, 341, 343, 344, 348, 349, 351, 352, 372, 391
인도네시아 274~276, 294
인도의 민주주의 238~239
인적 자본 79, 373, 413~418
인적 자원 90, 156, 220
인플레이션(통화팽창) 203, 213~217
인허가 왕국(license Raj) 155, 200, 391
일본 89, 90, 155, 202, 220, 221, 253, 264, 335, 366, 379, 380, 413

ㅈ

자본주의 45, 73, 74, 99, 183, 185, 193,

194, 372, 375~382, 396
자유의 구성적 역할 84, 233
자유의 도구적 역할 50, 85, 87, 103
자유의 우선성 120
자유지상주의(libertarianism) 60, 63, 75, 109, 111, 120, 122, 123, 146, 309~311
재산권 115, 119, 122
재정 보수주의 214~218, 220, 222
정의 61, 76, 109, 111, 112, 114, 117, 119, 120, 146, 151, 154, 157, 158, 211, 220, 240, 283, 326, 347, 363~365, 374, 375, 384~386, 388~390, 393~398, 404~408
정치적 권리 58, 121, 226, 227, 231~233, 235, 236, 267, 269, 276, 334, 408
정치적 인센티브 101, 102, 233, 240, 263, 267, 269, 271, 273
정치적 자유 31~33, 43, 48~50, 58~60, 75, 84~87, 94, 101~103, 120, 121, 177, 196, 225~233, 235, 239~241, 277, 336, 407
중국 44, 59, 64, 65, 67, 90~92, 95, 96, 102, 156, 161, 162, 170~173, 175, 184, 201, 226, 229, 230, 234, 252, 269~272, 275, 276, 278, 289, 293, 303, 305, 308, 318~322, 324, 335, 337~339, 352, 370~373, 392, 394, 396, 398
중국과 인도 간 대조 90~92

중국의 기근 92, 252, 270
짐바브웨 59, 165, 265, 267, 273

ㅊ
최종 결과 71, 72, 238
출산율의 감소 292, 293, 295, 314, 316, 398
출산권 308, 309, 311, 324, 325
출산율 48, 98, 172, 202, 221, 234, 286, 288, 289, 292~297, 312~322, 324~326, 371, 398, 409, 418
칠레 237

ㅋ
카보베르데 272
캄보디아 59, 165, 278
케랄라(인도의 주) 44, 65, 67, 95, 96, 98, 156, 161, 162, 175, 234, 276, 293, 320, 321, 322
코스타리카 65, 96, 162, 229
쿠바 184

ㅌ
탄자니아 272
태국 156, 221, 232, 276, 335
테크노크라시 138
토지개혁 94, 156, 219, 220, 230, 237, 372, 373

투명성 보장 33, 49, 86, 88, 103, 200, 274

ㅍ

파레토 최적 188, 189, 191
파키스탄 47, 94, 165, 170, 184, 185, 232, 289, 294
포괄적 결과 71
프랑스 73, 160, 164, 170, 193, 234
필리핀 236, 294

ㅎ

한국 91, 94, 95, 155, 229, 230, 232, 237, 264, 274, 276, 277, 335
합계순위 113, 115
행위주체(agency) 32, 43, 51, 62, 265, 282
협력적 갈등 285
획득권한(entitlements) 87, 89, 122, 123, 204, 222, 247, 248, 253, 255, 256, 259, 286, 287, 330, 332, 406
효율성과 평등 191, 192, 397, 405

자유로서의 발전

1판 1쇄 발행 2013년 10월 7일
1판 8쇄 발행 2025년 7월 28일

지은이 아마티아 센 | 옮긴이 김원기 | 감수 · 해제 유종일
편집 김지환 백진희 | 재쇄 관리 유온누리 | 표지 디자인 가필드

펴낸이 임병삼 | 펴낸곳 갈라파고스
등록 2002년 10월 29일 제2003-000147호
주소 03938 서울시 마포구 월드컵로 196, 801
전화 02-3142-3797 | 전송 02-3142-2408
전자우편 books.galapagos@gmail.com
ISBN 978-89-90809-57-5 (03200)

갈라파고스 자연과 인간, 인간과 인간의 공존을 희망하며, 함께 읽으면 좋은 책들을 만듭니다.